통찰

vol.2

휴넷CEO 비즈니스 인사이트

리더를 바꾸고, 비즈니스를 바꾸고, 세상을 바꿉니다

통찰

휴넷리더십센터 엮음

행복한북클럽
Happy Bookclub

머리말

모든 것이 불확실한 시대입니다. 경기 침체, 기술 혁신, 글로벌 분쟁 등으로 경영 환경은 점점 더 예측 불가능해지고 있습니다. 그럼에도 기업은 멈출 수 없습니다. 변동성과 위기 속에서 기회를 발견하고, 조직을 이끌며 성장의 길을 찾아야 합니다. 이런 시기일수록 경영자에게 필요한 것은 바로 '혜안'입니다. 보이지 않는 것을 꿰뚫어 보고, 지금의 결정을 미래의 성과로 연결하는 통찰의 리더십이 절실히 요구됩니다.

지난 1년, 휴넷CEO는 독자에게 더 넓고, 더 깊이 있는 인사이트로 보답하기 위해 끊임없이 고민했습니다. 한 해 동안 경영, 리더십, 경제, 트렌드, 인문, 예술 등 각 분야에서 국내 최고의 교수진과 전문가가 참여해 다양하고 풍부한 지식을 전달해주셨고, 이를 통해 콘텐츠의 깊이와 완성도는 한층 더 높아졌습니다. 그 결과, 복합적인 경영 환경 속에서 경영자가 의사 결정에 적용할 수 있는 실질적이고 유익한 인사이트를 제공할 수 있었습니다.

이제 휴넷CEO에서 매일 선보였던 다양하고 깊이 있는 인사이트를 모은 두 번째 《통찰》을 출간합니다. 최고의 교수진과 전문가의 인사이트는 언제나 리더의 도전에 든든한 동반자가 되어줄 것입니다.

2025년 휴넷CEO는 다시 한번 도약합니다. 기존의 프리미엄 콘텐츠에 더해, 쉽고 빠르게 지식을 전달하는 카드뉴스 '위클리픽', 트렌드와 경영 이슈를 깊이 있게 분석한 'CEO 리포트', 매달 한 권의 명저를 빠르게 스크린하는 '북다이제스트' 등 새로운 서비스를 선보였습니다. 많은 리더가 더 빠르게, 더 깊이 있는 인사이트를 얻을 수 있도록 깊이 있는 콘텐츠를 다양한 형식으로 제공합니다.

비즈니스 환경을 읽고 미래를 준비하는 능력, 조직과 사람을 성장시키는 리더십, 그리고 인간에 대한 깊은 이해를 모두 갖춘 리더가 시대의 중심에 설 수 있도록 휴넷CEO는 지속적으로 혁신적인 솔루션을 개발할 것입니다. 불확실성의 시대에도 흔들리지 않는 리더십, 위기 속에서도 기회를 찾는 혜안을 여러분과 함께 키워나가겠습니다.

휴넷CEO리더십연구원장

조영탁

차 례

1장 경영 I

2장 경영 II

3장 리더십 · 트렌드

4장 인문 · 혁신

1

경영 I

지금 기업이 관리해야 할 위기 요소 일곱 가지

송동현 밍글스푼

나는 위기관리를 '불확실성이 높은 위기 요소를 예측 가능한 상황에 놓는 것'이라고 정의한다. 이것을 가능하게 하기 위해서는 가장 먼저 위기 요소를 정의해야 하고, 내부적으로 위기에 대해 명확하게 인식해야 한다.

우리가 정기적으로 건강 검진을 받고 몸에 이상이 있는 부분을 찾아 관리하는 이치와 동일하다. 우리가 건강할 때도 정기적으로 건강 검진을 하는 이유는 갑작스러운 질병을 조기에 발견하고 치료해 건강을 유지하기 위해서다. 기업의 위기관리도 마찬가지다.

시대와 환경에 따라 변화하는 위기 요소를 지속해서 따라가며 인식하는 것이 매우 중요하다. 하지만 실제로는 외부 이해관계자의 위기 인식보다 기업의 변화와 적응이 더딘 경우가 많다. 위기 요소를 파악하는 것이 생각처럼 쉽지는 않지만 변화하는 환경에 따라 위기 요소를 인식하고, 끊임없이 관리하는 것은 기업의 영속성을 유지하는 필요충분조건이다. 이에 현재의 기업 환경에서 앞으로 몇 년간 중요하게 관리되어야 할 대표적인 위기 요소 일곱 가지를 정리해보았다.

기업이 관리할 위기 요소 일곱 가지

위기 요소 1. 기업의 사회적 책임을 요구하는 외부 압력

기업은 고객과 소비자의 신뢰가 생명이다. 최근에는 지역 사회에 대한 관심, 공정한 세금 납부 등 기본적인 책임 활동 외에도 기업이 인간 존중과 사회적 공헌을 어떻게 하는지가 신뢰에 큰 영향을 미치고 있다. 이렇듯 사회적 책임이 강조되는 환경에서는 '기업 리더의 경영 능력이나 자질과 더불어 긍정적 사회 활동으로 사회에 필요한 기업이라는 신뢰감 여부'가 위기관리 요소가 된다.

2015년 폭스바겐(Volkswagen)이 디젤 차량의 배기가스 배출량을 조작한 사건, 이른바 '디젤 게이트'가 대표적 반면교사 사례다. 폭스바겐은 '클린 디젤'이라는 이름으로 연비뿐 아니라 자동차 회사가 고려해야 할 환경에 대한 사회적 책임을 강조하면서 고객의 호감을 얻었다. 하지만 환경 테스트를 통과하기 위해 디젤 차량 소프트웨어를 조작했고, 이 사실이 대중에게 밝혀지며 폭스바겐의 평판은 추락했다. 이 위기로 폭스바겐은 차량 1,070만 대를 리콜했고 10조 원 이상의 손실을 기록했다. 또한 2022년에는 현대자동차와 기아가 디젤 차량에 불법 배출가스 조작 장치를 부착한 것에 대해 독일 법원이 과실 판단을 내려 2023년 4월 5,850만 유로의 벌금이 부과되었고, 2024년 2월 토요타의 엔진 제조 자회사에서는 오랫동안 성능 테스트 결과를 조작해온 사실이 내부 고발로 적발되었다. 2015년 디젤 게이트 이후 계속 드러난 자동차 회사의 부정행위는 자동차 업계 전반에 대한 부정적 인식을 가중시키고 있다.

2021년 배달의민족이 배달 기사를 응원하기 위해 진행한 '고마워요 키트' 캠페인은 기업의 사회 공헌 활동을 홍보에 활용하면서 오히려 위기를 만들었다. 배달의민족은 배달 기사에게 간식을 전해주는 가방이 포함된 키트를 고객에게 나누어주고, 고객이 그 가방에 배달 기사를 위한 간식을 넣어 고마움을 전달하는 캠페인을 진행했다. 이에 실질적으로 배달 기사의 처우는 개선하지 않고 고객에게 그 책임을 전가한다는 비난이 급증했고, 선의로 시작한 사회 공헌 활동이 오히려 위기가 되어 고객과 배달 기사 모두에게 호응을 얻지 못한 채 급히 캠페인은 종료되었다. 마케팅을 위한 사회 공헌 활동으로는 착한 사마리아인처럼 포장된 기업이 사회적 책임을 다했다고 인정받을 수 없는 시대가 되고 있다.

위기 요소 2. 갑질로 대변되는 상생 이슈

팬데믹이 끝나면서 영업이익 호조로 환경이 개선된 기업도 있지만 중소기업이나 소상공인은 형편이 더욱 어려워졌다. 대기업과 중소기업의 경영 상황과 제반 환경의 격차는 더 커지고 빈부 격차도 더 벌어지고 있다. 그래서 서로의 권리와 입장을 존중하고, 소통하며 협력하고, 공정하게 이익을 나누며 함께 성장하는 상생 문화가 더 강조되는 분위기다. 만약 좀 더 여유가 있는 기업이 상생을 무시한다면 매출 증가로 경영 자체에 대한 평가는 좋아지겠지만 자기 이윤만을 추구하는 이기적 기업이라는 비판에 직면할 가능성이 매우 크다.

2022년 10월 카카오 먹통 사태 이후 플랫폼 독점으로 중소기업과 자영업자에게 불공정한 거래를 요구하는 플랫폼의 독점적 지위로 인한 폐해, 이른바 '플랫폼 갑질' 이슈가 다시 수면 위로 올라왔다. 그 뒤 산업 전반에서 협력 업체나 소상공인과의 불공정 이슈는 기업의 상생 위기로 지적받는다. 이제 기업은 을의 위치에 있는 개인 및 조직과의 협력 과정에서 관행이란 이름으로 진행되던 계약 및 대금 지급, 의사 결정 프로세스 전반을 재점검하고 을의 목소리에 귀 기울이는 노력을 병행해야 한다. 기업 위기가 발생하면 대중은 상대적 강자와 약자를 구분하고 가해자와 피해자로 인식하며,

사실 여부와 상관없이 기업을 가해자로 여기는 일종의 선입관을 갖는다. 이때 일관된 기업의 상생 활동이 긍정적 자산이 되어 까방권('까임방지권'의 준말)의 역할을 하기도 한다.

위기 요소 3. 고객과 구성원의 안전 이슈

2022년 1월부터 시행된 「중대재해처벌법」은 많은 기업에 위기관리라는 화두를 던졌다. 「중대재해처벌법」에 대한 이해도 중요하지만, 평소 재해 예방을 위한 인력과 예산을 투입하고 안전보건관리 시스템을 체계적으로 구축하는 등 사전에 중대재해를 방지하기 위한 노력이 선행되어야 한다. 그러나 실상 많은 기업이 이와 관련해 사후의 법적 대응 준비에만 더 집중하는 모습이다. 그러다 보니 정작 안전 이슈가 발생했을 때 현장의 관리나 커뮤니케이션이 미흡해지는 안타까운 일이 반복된다. 기업의 이익 극대화를 위해 무시했던 안전 요소가 없는지, 그리고 방임된 안전 관리 절차가 없는지 등 경영자와 구성원의 안전 의식 점검이 필요하다. 아무리 안전 관련 수칙과 매뉴얼이 완벽해도 예산이 투여되지 않고 사람이 움직이지 않으면 무용지물이기 때문이다.

기업에서 발생하는 다수의 안전사고를 보면, 사고 현장에는 법에서 규정한 안전장치 외에도 추가적인 안전장치와 제도가 완비된 경우가 많았다. 그런데도 인명 사고가 발생한 원인을 면밀히 분석해보면 하드웨어 차원을 넘어서는 기업 문화 혹은 구성원 인식이 더 큰 문제였다. 안전장치 시스템은 필연적으로 특정 작업에 숙련된 구성원에게 어느 정도 불편함을 준다. 그로 인해 작업 속도가 늦어질 수밖에 없다. 그래서 이 안전장치를 무력화하면 좀 더 편하고 빠르게 작업을 할 수 있다. 안전장치를 작업자 스스로 무력화해야만 하는 기업 문화가 없는지, 안전 시스템을 불편한 걸림돌 정도로 생각하는 구성원은 없는지 점검하고 개선하는 것이 안전사고 이후에 법적 대응보다 강화해야 할 이슈 관리의 본질이다.

위기 요소 4. 친환경 이슈

갈수록 환경 문제가 심각해지면서 친환경 이슈는 국내는 물론 전 지구적인 위기로 부각되고 있다. 더구나 착한 소비를 지향하는 새로운 세대가 소비의 주역으로 떠오르면서 친환경은 경영에서 주요한 요소로 대두되었다. 이에 편승해 친환경 마케팅을 하면서도 오히려 환경 파괴를 일삼는 기업이 많아졌는데, 이런 현상을 그린워싱(green washing)이라고 한다. 친환경 흐름을 거스르는 기업뿐만 아니라 친환경을 주장하는 기업이 혹시 그린 워싱은 아닌지 소비자가 직접 확인에 나서기도 한다. 이를 통해 모순적인 행보가 공개되어 평판에 악영향을 입는 경우가 있다.

2020년 아모레퍼시픽의 브랜드 중 이니스프리가 'I'm paper bottle'이라고 쓰인 종이 포장으로 출시한 세럼의 용기가 사실은 플라스틱 용기에 종이를 두른 것으로 확인되어 소비자에게 뭇매를 맞았다. 2021년 스타벅스의 리유저블 컵 이벤트도 마찬가지다. 다회용 컵으로 일회용 제품 사용을 줄이자는 친환경적 메시지를 전하고자 했던 이벤트는 50주년 특별 디자인이 적용된 컵을 받기 위해 수많은 고객이 오랜 시간을 기다릴 만큼 인기가 있었지만, 정작 새로운 플라스틱 쓰레기를 양산하는 모순된 행태라고 비판을 받았다. 환경 문제에 관심 있는 소비자는 계속 늘고 있으나 이 문제는 개선될 기미가 보이지 않는다. 이 간극이 기업의 조급증을 가중시키고 급기야 과도하게 친환경을 내세운 마케팅을 진행하다가 그린워싱으로 지목되어 도리어 위기를 맞기도 한다.

위기 요소 5. 해외 이슈

해외 이슈에 영향을 받거나 한국의 역사와 지리적 특징에서 비롯되는 글로벌 이슈에도 주목해야 한다. 최근 러시아의 우크라이나 침공으로 인한 원자재 수급과 현지 생산 문제, 중국 및 일본의 역사 왜곡과 정치적 상황 등 한국을 둘러싼 동북아시아 국세 정세 변화에 따라 대중의 반러 감정, 반중 감정, 반일 감정이 증가하고 있다. 기업의 관련 국가 진출, 관련 국가 생산 및 수입, 관련 국가 마케팅 활동 등에서 위기관리를 위한 예방과 대응 활동을 할 필요가 있다.

위기 요소 6. 디지털 미디어 이슈

DT(Digital Transformation, 디지털 전환) 시대가 도래하면서 예측 불가능한 위기의 종류와 확산의 양상이 추가되었다. 특히 기업이 광고 마케팅 목적으로 생산하는 디지털 콘텐츠가 때로 뜻밖의 논란을 빚는다. 젠더, 상대적 약자 비하, 동물 학대, 역사 인식, 저작권 문제 등이 위기관리의 새로운 숙제가 되었다.

최근에는 기업 구성원이 생산하는 콘텐츠 중 회사 생활 브이로그(vlog, 자신의 일상을 동영상으로 촬영한 영상 콘텐츠)가 동료를 불편하게 만들고 기업 보안의 문제가 되기도 한다. 그만큼 최소한의 가이드라인을 만들어 공유할 필요가 있다. 특히 인플루언서와의 협업은 대상의 이력과 성향을 사전에 확인하는 절차를 매뉴얼에 업데이트하고 적용해야 한다. 단순히 개인적인 친분이나 주변 추천으로 소개받은 인플루언서와 협업했다가 과거의 부정적인 전력으로 오히려 기업 이미지에 악영향이 미치는 경우가 많아졌기 때문이다. 이때 일부 대중의 집착과 탁월한 검색 능력이 이슈를 견인하기도 한다.

사람들의 관심과 주목을 끌기 위해 과도한 표현을 담아내는 마케팅 콘텐츠가 대중의 반감이나 부정적인 해석을 불러 위기가 되는 사례도 증가했다. 기업 광고 마케팅 콘텐츠 창작자는 항상 새로운 것을 추구하기에 제삼자 시각에서 볼 때 놓치는 지점이 있다. 다양성이 강조되는 최근의 사회적 흐름에 따른 다양한 반응을 예상하려면 다양한 관점을 갖춘 검수자를 두고 의견을 참고하는 과정을 제도화할 필요가 있다.

디지털 광고 마케팅 콘텐츠와 관련한 이슈의 원인은 세 가지로 들 수 있다.

첫째, 현재 사회적 이슈를 제대로 이해하지 못하는 것이다.
둘째, 이해관계자(타깃 오디언스)의 관점을 고려하지 않는 것이다.
셋째, 이해관계자(대중)의 수준을 무시하는 것이다.

그래서 콘텐츠 검수는 이 세 가지를 거꾸로 하면 된다. 먼저 콘텐츠 기획 제작 때 연관될 수 있는 사회적 이슈를 고려하며, 콘텐츠를 타깃 오디언스의 관점에서 이해하고 검수해야 한다. 마지막으로 대중의 리터러시 능력을 고려하고 존중한다.

위기 요소 7. 기업의 사내 문화 이슈

오랜 기간 수면 밑에서 묵혀왔거나 침묵했던 기업의 사내 문화 이슈가 봇물 터지듯 등장하는 요즘이다. 임원의 막말, 직장 내 괴롭힘으로 인한 극단적 선택, 소비자 불매 운동을 일으킨 고강도 노동 환경, 새로운 세대 구성원 주도의 성과급 논쟁 등 최근 기업 사내 문화 이슈가 계속 가중되고 있다. 블라인드와 같은 익명 커뮤니티의 발달로 누구나 쉽게 문제를 제기할 수 있는 환경이기에 사내 이슈는 얼마든지 외부로 알려질 수 있다. 더군다나 확산 속도 또한 빠르다. 따라서 내부 핵심 이해관계자인 직원들과의 긍정적 관계 형성이 무엇보다 중요해지고 있다.

블라인드 서비스가 주목받은 계기는 2014년 12월에 벌어진 대한항공 땅콩 회항 사건이다. 당시 블라인드 앱의 내부 고발로 시작된 이슈는 대중에게 큰 주목을 받았고, 이후 익명성이 보장된다는 강력한 신뢰하에 블라인드는 기업 구성원의 자유로운 익명 소통 창구를 넘어 내부 고발 창구로 인식되었다. 기업 경영자, 임원과 관리자가 명확히 이해할 점은 블라인드 서비스는 근본적으로 구성원의 의견을 듣는 '리스닝 툴(listening tool)'이지 대응 채널이 아니라는 것이다. 과거 퇴근 후 회사 뒷골목에서 소주를 먹으며 직장 생활의 희로애락을 공유하고 배출했던 포장마차나 선술집 같은 기업 구성원의 자유로운 커뮤니케이션 공간은 이제 익명의 모바일로 이동했다. 기업은 이런 커뮤니케이션 방식의 변화를 이해해야 한다. 이 변화를 이해하지 못하고 블라인드 서비스를 통해 기업이 특정 이슈에 공공연하게 개입하면 개선과 소통의 목적을 달성하기보다 오히려 감시당한다는 불만이나 이슈에 대한 관심도만 높일 수 있다. 만에 하나 대응이 필요한 이슈라면 블라인드 채널 밖에서 커뮤니케이션하는 것이 낫다.

보수적인 기업일수록, 내부 잠재 이슈가 많은 기업일수록 기업 광고는 극단적인 이상과 선(善)함을 보여준다. 기업 구성원이 느끼는 내부의 현실과 기업 광고가 표방하는 이상과 선함의 격차가 클수록 내부 구성원의 불만과 이슈가 표면으로 드러날 가능성이 크고, 이슈 발생 시 이해관계자의 조롱과 비난의 수위는 높아진다. 기업의 이상과 현실의 간극을 좁히려면 내부 구성원을 향한 사내 커뮤니케이션이 중요하다. 이때 광고가 이야기하는 이상적 위치로 가기 위한 여정을 내부 구성원과 지속해서 소통해야 한다. 위기관리의 핵심은 이해관계자고, 그 이해관계자의 출발점은 기업 내부 구성원이어야 한다. 어떤 위기도 기업 내부 구성원이 설득되지 않으면 외부 이해관계자의 설득은 묘연하다. 어떤 좋은 평판도 우리 내부 구성원이 공감하거나 동감하지 않으면 빛 좋은 개살구에 불과하다.

기정학의 시대, 무엇을 준비해야 하는가

서용석 KAIST

예일대학교의 사학자 폴 케네디(Paul Kennedy)는 1987년 저술한 역작 《강대국의 흥망》에서 강대국의 부상과 쇠퇴의 이유를 설명한 바 있다. 그는 16세기부터 20세기까지 강대국 부상의 요인으로는 자원과 경제적 내구성을, 쇠퇴의 요인으로는 군비 증강과 그로 인한 경제력 쇠퇴를 말했다. 케네디 외에도 많은 논자가 강대국의 조건으로 영토와 자원, 인구 등의 하드웨어적인 요소와 정치, 문화, 금융, 경제, 특허 시스템 등의 소프트웨어적인 요인을 손꼽는다.

그런데 최근 들어 '기술 패권'이라는 개념이 국제 정치와 경제에 주요 화두로 부상하고 있다. 미국 전 대통령 조 바이든(Joe Biden)은 재임 시절 중국과의 '기술 패권 경쟁'을 공식적으로 선언했으며, 반도체와 배터리 등 핵심 품목의 공급망 재편을 위해 동맹국과 협력하겠다고 밝혔다. 이처럼 중국의 경제력과 군사력은 미국의 패권적 지위를 위협할 만큼 성장했다. 그리고 그 바탕에는 과학 기술력의 급격한 발전이 자리한다.

미국은 중국의 기술력 강화를 잠재적인 위협이 아닌 실질적인 위협으로 인식한다. 특히 반도체는 산업을 넘어 군사력에도 직결되는 기술 분야로, 첨단 기술의 영향이 경제는 물론 안보와 동맹의 영역까지 확대되는 형국이다.

이런 맥락에서 바이든은 한국과 미국, 대만, 일본을 아우르는 '칩4(Chip4) 동맹'을 구축하자고 제안한 바 있다. 한국, 대만, 일본은 미국의 잠재적 적국으로 분류되는 중국과 러시아를 마주하기에 지정학적으로 미국에 매우 중요하다. 공교롭게도 이들 3개국은 미국과 함께 전 세계 첨단 반도체 생산의 대부분을 담당한다. 반도체라는 첨단 기술의 보유 여부가 '기술 동맹'을 만들 정도로 국가 관계에서 중요한 지렛대 역할을 하게 된 것이다. 중국이 대만을 침공한다면 안정적 반도체 공급을 위해서라도 미국이 대만을 방어해야 한다는 이야기가 나온다. 그만큼 기술력은 국제 정치와 경제에 핵심 요인으로 부상하고 있다.

지정학 시대에서 기정학 시대로

지정학(geo-politics)은 국제 관계 한 분과의 학문으로, 국가 이익이나 국가 관계에 있어 중요한 요소가 되는 지리적인 위치나 형태를 연구한다. 여기에는 한 국가가 어디에 위치하는지, 대륙 국가인지 아니면 해양 국가인지에 따라 흥망성쇠가 좌우될 수 있다는 논리가 적용된다. 역사적으로 많은 국가가 지정학적 위치를 기반으로 국가의 이익을 도모했으며, 관련 사례는 열거할 수 없을 정도로 많다.

만약 한반도가 아프리카 대륙에 위치했다면 과연 한국이 오늘날과 같은 발전을 이룰 수 있었을까. 한국의 성장과 발전을 논할 때 미국이라는 초강대국을 빼놓을 수 있을까. 한반도는 중국과 러시아, 그리고 일본이라는 세계적 강대국 사이에 위치한다. 미국은 2차 세계대전 이후 중국과 소련이라는 공산주의 세력의 확산을 막기 위해 고군분투했다. 미국은 공산주의 확산을 막아주는 방파제 역할을 하는 한반도의 지정학적 가치를 누구보다 잘 인지하고 있었다. 한국이 공산화되면 바로 일본이 위협받을 테고, 일본이 공산화되면 미국은 태평양 서쪽을 모두 잃는 셈이었다. 이런 논리로 미국은 한국전쟁에서 3만 6,574명의 자국 젊은이를 희생했으며, 한미 상호방위조약을 체결했고, 자국의 시장을 개방해 한국 물건을 사주었다.

최근 미중 간에 기술 패권 경쟁이 격화되면서 국제 관계에서 지정학적 가치를 상쇄할 중요한 가치가 새로이 대두되고 있다. 바로 기정학(技政學, techno-politics)의 부상이다. 오늘날 미국과 중국 등 초강대국은 경제적·군사적 패권을 유지하고 획득하기 위해 첨단 기술 확보에 범국가적 노력으로 경주(傾注)하고 있다. 첨단 기술의 확보 여부가 경제는 물론 군사와 안보, 국가 간의 동맹 관계에 이르기까지 핵심 변인이 되었다. 군사적 수단을 통해 달성하고자 하는 목적, 경제적 수단을 통해 달성하고자 하는 목적, 그리고 기술적 수단을 통해 달성하고자 하는 목표는 본질상 동일하다. 바로 국가 이익의 극대화다.

미국은 일찍이 중국과의 기술 패권 경쟁을 선언하고 반도체, 배터리 등 핵심 품목의 공급망 재편을 위해 동맹국과 협력하고 있다. 일본도 미국, 대만과 기술 동맹을 강화하고 있다. 일본은 소부장(소재, 부품, 장비) 기술을 기술 동맹의 전략적 지렛대로 활용할 계획이다. 호주도 2021년 총리실 산하에 전략기술정책조정실을 설립하고 쿼드(QSD, 미국·일본·호주·인도의 안보 협의체)에 참여함으로써 첨단 기술과 자원의 공급망 안정화를 추구하기 시작했다. 바야흐로 국가 관계가 지정학적 관계에서 기정학적 관계로 전환되고 있다.

특히 우리나라는 격화하는 미국과 중국 간의 기술 패권 경쟁의 한가운데 서 있다. 반도체를 비롯해 배터리와 통신 분야의 첨단 기술과 산업을 가진 우리나라로서는 기술 주권 확보의 중요성이 그 어느 때보다 커졌다. 현재 국가의 전략 기술로 평가되는 반도체와 배터리 이후, 미래 국가의 전략 기술을 확보하기 위한 선제적 고민과 대응이 필요한 이유다.

몰락한 일본 반도체 산업의 시사점

현재 미중을 포함한 글로벌 차원에서 진행 중인 기술 패권 경쟁은 인재 유치 경쟁이라고 해도 과언이 아니다. 사실 경쟁이 아니라 전쟁에 가깝다.

2022년 과학 기술정보통신부에서 지정한 '12대 국가 전략 기술'은 우리나라는 물론, 다른 나라도 사활을 걸고 확보하려는 전략 기술이다. 예를 들어, 글로벌 공급망 안정화를 위해 반도체 제조 역량의 강화를 전략적 목표로 삼은 미국은 글로벌 인재의 블랙홀이 되었다. 미국은 「반도체법」으로 반도체 인력 양성을 강조하고, 독일은 반도체 인재를 유치하려 「이주노동자유치법」까지 통과시켰다.

기술 패권 시대에 반도체의 역할이 중요해지면서 일본도 반도체 제조 부활의 날갯짓을 하고 있다. 일본은 1980년대만 해도 세계 반도체 시장을 주름잡던 절대 강자였다. 1988년 일본의 전 세계 반도체 시장 점유율은 50퍼센트가 넘었으며, 1992년 전 세계 10대 반도체 기업 중 일본 기업이 다섯 개나 포진했었으나 1990년대 이후 쇠퇴의 길을 걸었다. 역설적이게도 일본 반도체 산업을 몰락으로 이끌었던 미국이 이번에는 일본 반도체 산업의 부활에 큰 도움을 주고 있다. 중국과의 반도체 패권 경쟁에서 일본이라는 동맹국의 협조가 필요하기 때문이다. 일본 정부도 이에 적극적으로 호응하면서 빠르게 움직이고 있다. 일본에 투자하는 외국 반도체 기업에 천문학적인 보조금 지원을 약속한 것이다.

문제는 이런 계획에도 불구하고 일본에 반도체 개발과 생산을 담당할 인력이 턱없이 부족하다는 데 있다. 일본 정부는 도쿄 지역 대학의 규제까지 풀어가면서 반도체 인력 양성에 사활을 걸었지만, 빠른 시일 내에 성과를 거두기가 쉽지 않을 전망이다. 반도체는 자본 투입과 제조 설비만 늘린다고 해서 바로 경쟁력이 갖추어지는 것이 아니다. 제조와 생산에는 충분히 훈련된 엔지니어와 기술자가 필요하다. 실례로 대만의 TSMC는 숙련 인력이 부족하다는 이유로 미국 애리조나에 건설 중인 공장의 가동을 연기하겠다고 발표한 바 있다.

일본은 1990년대 이후 반도체 산업이 쇠락하면서 많은 전문 인력이 국외로 빠져나갔다. 그리고 이 공백을 메꿀 인력이 오랜 기간 제대로 양성되지 않았다. 1980년대만 하더라도 일본 대학의 반도체학과 연구실에는 학생으로 북적였으나 최근에는 반도체를 연구하는 학생을 거의 찾아볼 수 없다고 한다. 반도체 산업은 기술적 진입 장벽이 높아 단기간에 인력을 키워내기 어렵다. 결국 오랫동안 인재를 양성하지 않은 대가가 오늘날 일본 반도체 산업의 부활에 최대 걸림돌이 되었다.

일본 사례는 우리나라에도 시사하는 바가 크다. 반도체 산업이 아무리 세계적 경쟁력을 갖추었다 해도 인재 양성을 게을리한다면 한순간 나락으로 떨어질 수 있다. 그리고 인재 양성보다 더 중요한 것은 많은 예산과 노력을 들여 양성한 인재를 지키는 것이다. 현재 전 세계적인 반도체 생산 설비 확충으로 인해 인재 확보 경쟁이 치열하다. KAIST의 한 교수는 애써 키워놓은 인재를 미국에 다 빼앗기고 있지만, 붙잡을 방도가 없다고 한탄했다.

인재를 지켜야 기술 경쟁에서 이긴다

인재 유출은 비단 반도체 분야만의 이야기가 아니다. 국가 전략 기술과 산업 거의 모든 영역에서 고급 두뇌가 유출되고 있다. 지난 10여 년간 해외로 빠져나간 이공계 인재의 숫자가 30만 명이 넘는다는 기사도 있었다. 장래가 촉망되는 젊은 연구자뿐 아니라, 경험과 노하우가 쌓인 은퇴 연구자도 속속 해외로 향하고 있다. 많은 예산과 노력을 들여 애써 키워놓은 인재를 빼앗긴다면 국가적으로 커다란 손해가 아닐 수 없다.

앞으로 고급 두뇌를 포함해 숙련된 엔지니어, 기술자 등의 해외 유출도 가속할 가능성이 크다. 이 추세는 한국의 산업과 경제의 근간을 뒤흔들 심각한 위기로 작용할 수 있다. 인재 양성만큼 고급 두뇌와 숙련된 엔지니어를 '유지'하는 것이 더 중요하다. 전문 기술 인력의 양성과 확보, 유지에 대한 종합적인 전략과 계획이 절실히 요구되는 시점이다.

연구자에게 급여보다 훨씬 중요한 것은 신명 나게 일할 수 있는 자율적인 연구 환경이다. 기업과 정부는 이 사실을 인지해야 한다. 고급 인재가 행정 업무 등의 늪에 빠져 지치지 않도록, 창의적인 과학 기술 연구에 매진하도록 하는 환경의 개선도 필요하다. 또한 정년이 없는 연구직과 교수직 운영을 통해 연구자의 풀(pool)을 두껍게 하고, 연구의 맥이 끊어지지 않게 해야 한다. 결국 인재 양성과 확보, 유지야말로 한국이 글로벌 기술 패권 경쟁에서 경쟁력을 유지하고 전략적 우위를 점할 수 있는 핵심 요인이다.

한편 우리도 해외의 우수 인재를 적극 유치해야 한다. 부족한 과학 기술 분야의 인재 문제를 해결할 하나의 대안이다. 미국, 유럽, 일본, 싱가포르 할 것 없이 모든 나라가 우수 인재를 유치하는 데 사활을 걸었다. 고숙련 전문가와 비즈니스 리더 등 고급 인력도 대상이지만, 과학 기술 분야의 우수 인재가 최우선 유치 대상이다. 그렇다면 한국은 과학 기술 분야의 해외 인재에게 매력적인 곳일까. 해외 인재가 전문성을 인정받고, 능력을 발휘하며, 합당한 대우를 받을 수 있을까. 사실 처우는 차치하고, 주요국에 비해 주거 및 자녀 교육 등의 정착 환경이 매우 부족하다. 무엇보다도 비영어권이라는 점이 큰 핸디캡이다. 즉, 경쟁국과 비교해 구조적인 한계가 있다.

따라서 현실적이면서도 효율적인 대안은 해외의 우수한 학생을 한국에 유치해 우리 인재로 활용하는 것이다. 국내에서 공부하는 우수 인재를 눌러 앉히는 것이다. 현재 KAIST는 석·박사 학위를 취득한 외국인 학생에게 총장 추천을 통해 거주 자격을 주는 제도를 시행하고 있다. 이후 연구 성과에 따라 한국 국적을 부여받는, 이른바 '과학 기술 우수 인재 영주 및 귀화 패스트트랙' 제도다. 어리면 어릴수록 우리 사회에 적응하기 쉬울 테니 과학 영재고와 대학 학부도 이에 적극적으로 동참할 필요가 있다.

아울러 과학 기술정보통신부 혹은 인사혁신처 산하에 '글로벌 인재청'을 설치해 과학 기술과 이공계 위주로 해외의 우수 인재를 발굴하고 유치하는 방법을 모색해야 한다. 코트라(KOTRA)가 관련 업무를 수행하나 아직은 많이 미약하다. 정부 차원의 체계적 수행을 검토해야 한다.

마지막으로 기술 주권을 확보하기 위해 다른 나라와의 연대를 적극적으로 모색해야 한다. 기술 주권의 의미는 '기술을 개발하는 주체의 완벽한 자급자족 및 민족주의 추구'가 아니다. 디지털 전환과 초연결 시대가 된 오늘날 모든 기술을 자급자족하는 것은 가능하지도 않고 바람직하지도 않다. 기술 주권을 확보하려면 기술 역량의 내재화와 기술의 안정적인 조달과 협력 체계 구축이 필수다.

지금은 특히 디지털 기술 분야의 표준과 관련한 연대가 필요하다. 디지털 표준을 기반으로 글로벌 공급망, 통상, 안보, 동맹 관계 등에서 새로운 전환이 진행되고 있기 때문이다. 앞으로 한국이 어떻게 디지털 표준화를 선도하고, 이를 위해 다른 나라와 어떻게 연대할 수 있을지 다각적인 대응 전략이 필요하다.

우리는 지난 반세기 이상, 강대국의 틈바구니에서 성장과 번영을 이룩해왔다. 기술 패권 경쟁이 격화되는 기정학 시대는 우리에게 또 하나의 번영 기회가 될 수 있다. 다시 한번 지혜를 모아야 한다. 미래를 내다보는 선제적 전략으로 앞으로도 계속해서 성장과 번영을 이어가야 할 것이다.

굴러온 돌이 완성한 제국, 개방의 플랫폼 로마

김경준 CEO스코어

개방성과 독자성은 인류 사회를 관통해온 화두다. 개인의 경우 외향성이 지나치면 사교적이지만 줏대가 없게 되고, 지나치게 내향적이면 개성은 있어도 고집불통이게 마련이다. 사회나 국가도 마찬가지다. 개방성이 과하면 독립성이 훼손되기 쉽고, 독자성이 과하면 배타적이 된다. 그런데 조직에서의 개방성과 독자성은 양자 선택의 대상이 아니라 건전한 상호 긴장 관계에서 합리적으로 균형을 잡아야 할 덕목이다.

《로마인 이야기》의 저자 시오노 나나미(塩野七生)는 로마인의 개방성에 대해 이렇게 설파했다. "지성에서는 그리스인보다 못하고, 체력에서는 게르만인보다 못하고, 기술력에서는 에트루리아인보다 못하고, 경제력에서는 카르타고인보다 뒤떨어진다고 로마인 스스로 자신들의 부족함을 인정했음에도 로마가 세계 제국으로 발전할 수 있었던 것은 타민족에 대한 개방성과 유연함 때문이었다."

로마는 고대 이탈리아반도 중부 변두리의 폐쇄적 마을에서 출발했지만, 개방적 플랫폼으로 정체성이 형성되고 그것이 국가 정책으로 이어지면서 세계 차원의 보편 제국으로 도약했다. 또한 로마는 고대 서양 문명의 저수지로서 현대 문명의 모태가 되었다. 덕분에 로마는 2,000년 전 역사의 화석으로만 남은 것이 아니라 오늘날에도 전 세계의 법률, 종교, 문화, 건축 등 다방면에서 살아 숨 쉬고 있다.

로마인에게 시민은 피가 아닌, 뜻이 같은 사람

고대 세계에서 민주 정치를 시행했던 그리스인에게 시민이란, '피를 나눈 자'라는 혈연 개념이었다. 아테네의 문화 발전에 큰 공을 세운 당대 최고의 석학 아리스토텔레스(Aristoteles)조차도 마케도니아 출신이라는 이유로 아테네 시민권을 얻지 못했다. 이에 비해 로마인이 생각하는 시민은 '뜻을 같이하는 자'였다. 로마는 선천적으로 타고나는 피부색과 출신지만이 아니라 공동체에 대한 기여도와 헌신도에 따라 시민권을 부여했다. 정복을 통한 영토 확대가 로마의 하드웨어 M&A였다면, 개방성으로 패배자를 동화시키는 정책은 로마의 소프트웨어 M&A였다. 뜻을 같이하는 사람에게 시민권을 부여하고 적대국 출신이라도 역량이 있다면 지도층으로 편입한 로마는 제국을 경영할 인재를 계속 충원했다.

로마의 전통 있는 명문가인 클라우디우스 가문도 기원전 6세기에 일족 5,000여 명 전부가 이주하여 자리 잡았고, 공화정 말기의 국가적 혼란을 수습하고 로마 최전성기인 팍스 로마나(Pax Romana, BC 27~AD 180)를 개막한 카이사르(Caesar)가 배출된 율리우스 가문도 거슬러 올라가면 기원전 7세기 중엽 로마에 패망한 알바롱가의 왕족이다. 당시 승자였던 로마가 알바롱가 왕가를 멸족시켰다면, 600년 후 로마를 중흥시킨 카이사르 또한 존재하지 않았을 것이다. 이처럼 로마의 성장기인 공화정 시대에 활약한 지도층 상당수가 로마와의 전쟁에서 패배한 부족의 후손이었다.

수평적 개방성이 로마와 전쟁을 벌인 패전국을 포용하는 방향이었다면, 사회 내부적으로는 신분제 사회에서 노예가 자유 시민이 되어 출세하는 수직적 개방성이 교차했다. 로마가 역사상 수없이 명멸했던 정복자로 끝나지 않고 유럽, 아프리카, 아시아에 걸친 다인종, 다민족, 다종교, 다문화로 구성된 공동체로 발전했던 원동력은 바로 개방성이었다.

패전국을 동맹으로 대우하는 유연성

고대 세계에서 전쟁은 일상에 가까웠고 강자가 약자를 이기면 모든 것을 빼앗았다. 패전국은 승전국에 흡수되었고, 시민은 처형되거나 운이 좋으면 노예가 되었다. 하지만 로마인은 건국 초기부터 정복한 부족을 죽이지 않았다. 대신 정복을 통한 식민지 확대가 아닌 동맹 방식의 연합이라는 네트워크 확장의 개념을 창안했다. 이런 정책은 로마를 고립된 오아시스가 아니라 개방된 저수지로 만들었다.

로마의 정복 사업이 성공하자, 확장된 권역으로부터 수학, 철학, 문학, 예술, 토목, 항해술 등 모든 문물이 흘러들어 융합되면서 로마 문화는 높은 수준으로 발전했다. 그리고 이는 다시 저수지 밖으로 흘러나가 오늘날 서양 문화의 토대를 이루었고 근대에 들어 전 세계로 확산했다.

로마는 승자였지만 모든 것을 독식하지 않았다. 로마는 군사와 외교의 주도권만 인정받으면 패전국에 일정 수준의 독자적 권리를 인정하는 국가 간 연합의 형태로 공존하는 네트워크를 구성했다. 동맹국은 로마와의 협정만 맺을 수 있었고 동맹국 사이의 협정은 허용되지 않았다. 동맹국 간 분쟁도 로마의 중재로만 해결되었다. 대신에 패전국 시민은 로마 시민에 준하는 권리를 누렸다. 국방과 외교를 제외한 행정, 법률, 언어, 종교 등의 자치도 폭넓게 인정했다. 로마 연합은 동맹국의 지도층과 시민 모두가 충분히 수용 가능한 방식이었다. 로마는 승자가 패자를 죽이지 않고 노예로 삼기만 해도 관용으로 받아들여지던 당시에, 패자를 공동 경영자로 삼는 유례없는 전략을 창안했다.

로마 연합은 로마와 동맹국 모두에게 이익이 되는 윈윈(win-win), 상호 이익의 구조였기에 생명력이 끈질기고 길었다. 그뿐 아니라 로마는 통치 비용을 최소화하면서 지배하는 권역의 힘을 최대로 이용할 수 있었다. 로마가 정복한 지역을 직접 통치하려 했다면, 인력과 군사력이 기하급수적으로 소요되어 세금도 증가했을 것이다. 세금 증가는 피정복민의 불만을 야기하고, 이를 진압하려면 추가적인 군사력이 필요하다. 하지만 로마는 패전국과 동맹 관계를 설정하고 자치권을 부여해 안정을 유지하는 방식으로 통치 비용을 줄였다. 동맹국 입장에서도 로마 연합은 이익이었다. 로마의 주도권이 분명해지는 시점에 이를 인정만 하면 공동체가 유지되었기 때문이다.

이처럼 로마는 정복을 통한 확장 방식의 M&A와 전략적 제휴라는 연합 형태의 개방적 동맹 관계를 고안했다. 이는 로마와 동맹국이 '따로 또 같이' 공존하면서 비용 대비 효율성이 높은 구조의 네트워크를 형성하고 안정적으로 유지되는 기반이었다.

황제가 된 노예의 아들, 페르티낙스

고대부터 근대에 이르기까지 동서양 사회 구조의 기본은 신분제였다. 귀족과 평민, 브라만과 수드라, 양반과 상민 등 국가별로 다양한 형태의 신분제가 존재했다. 타고난 신분에 따라 계층이 고정되었고 재산, 직업, 교육, 결혼 등이 결정되었다.

로마도 신분제의 틀을 유지했지만, 개방적이고 유동적인 공동체라는 점에서 달랐다. 로마에서 신분 간 경계는 꽉 막힌 벽이 아니라 삼투막이었다. 고귀한 신분으로 태어난 사람의 프리미엄은 인정했으나, 비천한 신분에서 출발한 사람도 실력으로 출세할 수 있었다. 로마에는 건국 초기부터 원로원, 기사, 시민, 해방 노예, 노예 등의 계급이 존재해 공화정을 거쳐 제정까지 기본 구조가 유지되었다. 로마 사회는 원칙적으로 자유민 신분으로 태어난 사람만이 시민 이상의 지위를 획득했다. 노예는 대부분 전쟁 포로의 후손으로 사고파는 것이 당연하게 받아들여졌다.

평등을 표방하는 민주 정치 체제의 고대 그리스조차 지도자, 시민, 노예로 이루어진 계급제가 있었다. 노예는 인간으로 분류되지 않아서 평등의 대상이 아니었고, 그리스에서 노예는 자손 대대로 노예였다. 그러나 로마에는 노예 신분에서 당대에 해방된 '해방 노예'라는 독특한 계급이 있었다. 그리스에도 간혹 해방된 노예는 있었지만, 해방 노예라는 사회 계급은 없었다. 로마처럼 지속해서 노예가 해방되어 사회로 편입되는 구조가 아니었기 때문이다.

하지만 로마에서는 노예가 해방된 후, 시민권을 얻어 사회적 계급의 사다리를 타고 위로 올라가는 것이 제도적으로 열려 있었다. 로마의 제정 시대에는 해방 노예의 아들이라는 비천한 신분에서 출발해 실력으로 차근차근 계단을 밟아 올라가 황제에까지 오른 페르티낙스(Pertinax)와 같은 사람도 등장했다. 폭군 콤모두스(Commodus)가 살해되고 뒤이어 즉위한 페르티낙스. 그의 아버지는 원래 노예였다가 해방되어 북이탈리아의 제노바에서 모직물 거래로 부자가 되었다. 군인이 된 페르티낙스는 두각을 나타내며 원로원 의원, 집정관, 시리아 총독을 거쳐 황제에 올랐다. 페르티낙스의 인생은 그 자체가 단 2세대 만에 노예에서 황제로, 사회 계급의 가장 밑바닥에서 최고 위치로 상승한 드라마였다.

해방 노예의 활발한 사회 진출이 제도적으로 이루어진 것은 이들이 로마 정신을 가진 전문가였기 때문이다. 로마인 가정에서 노예는 필수적 존재였다. 기술자, 의사, 교사도 노예 신분인 경우가 많았고, 노예의 자식도 어릴 때부터 주인집 자녀와 함께 공부하면서 성장했다. 주인집 자녀가 성장해 사회 활동을 하면, 함께 성장한 노예는 각자의 역할과 능력에 따라 젊은 주인을 보좌했다. 그래서 신분은 노예지만 기능상 전문가였고, 무엇보다 로마의 정신을 공유하는 '뜻을 같이하는 자'였다.

이렇듯 로마의 유연한 신분제는 세계 제국으로 확장해나가는 로마 사회에 끊임없이 인재를 공급하는 혈관 역할을 했다. 번영을 유지시키는 핵심 소프트웨어였다. 로마는 개방적이고 유연한 신분제를 기반으로 사회 내부의 인적 자원 활용을 극대화하여 강력하고 안정적인 공동체로 발전했다.

개방의 플랫폼, 로마로부터 배우다

AI 시대의 특징은 개방성, 플랫폼, 네트워크다. 과학 기술의 발전, 변화의 가속화, 불확실성의 증폭이 진행되는 환경에서 개방적 문화, 플랫폼 구성, 이해관계자 연계의 중요성이 높아지고 있다. 이런 상황에서 전쟁으로 정복한 패전국과 상호 협력하여 동맹 연합 구조를 만들고, 사람들을 포용하여 내부 인적 자원을 확충했던 로마의 사례는 우리가 벤치마킹해야 할 개방 플랫폼의 모델이다. 오늘날 조직이 도약하는 데 도움이 될, 로마에서 찾은 시사점은 다음과 같다.

윈윈하는 공존공영 플랫폼

정복은 하드파워로 충분하지만 패권 유지에는 소프트파워가 필요하다. 로마인이 구축한 세계 질서의 지속가능한 생명력은 '강한 힘'과 '상호 이익'이라는 두 축으로 유지되었다. 로마가 중심인 연합 체제의 핵심은 공존공영의 윈윈 구조였다. 로마는 주도권을 확보하고 통치에 따른 부담을 줄였고, 피정복 국가는 자치권을 확보하여 공동체를 유지했다. 정치적·군사적 동맹은 경제적 측면에서 국제 분업 구조를 통해 상호 이익 플랫폼으로 발전했다. 에트루리아인은 토목, 시칠리아인은 식량, 카르타고인은 무역, 그리스인은 교육과 의료, 게르만인은 기병 전력을 담당하는 식이었다. 이러한 공존공영의 구조는 체제의 안정성을 강화하고 로마가 평화를 유지하며 번영하는 기반이 되었다.

기원전 1세기 아우구스투스(Augustus) 황제 시절, 로마 제국 전체에 시민권을 가진 17~45세 남자는 500만 명이었고, 같은 연령대 남자는 5,000만 명이었다. 10퍼센트의 시민권자로 제국이 안정되었을 정도로 로마 연합의 구조는 강력했다. 오늘날의 표현을 빌리면 글로벌 차원의 협력 플랫폼을 형성한 것이다.

출신보다 역량을 우선하는 실력주의

개방성은 자칫 안정성을 해칠 수도 있다. 개방적 로마가 안정성을 유지할 수 있었던 근본 원인은 철저한 실력주의가 뿌리내린 데 있다. 이는 로마의 정복 사업으로 편입된 갈리아와 아프리카 출신이 시민권을 획득해 공동체로 편입되고, 해방 노예가 시민이 되는 유동성이 높은 체제면서도 로마가 사회적 갈등으로 붕괴하지 않은 요인이다.

로마에서 지도자가 되는 기준은 신분과 혈연보다 실력과 역량이 우선이었다. 건국 초창기 왕정 시대에도 왕위를 세습이 아닌 선출로 뽑았고, 공화정 시대에 매년 선출하는 국가 지도자는 당연히 실력 본위였다. 제정으로 변모한 뒤에는 혈연에 따라 후계자를 삼는 방식이 도입되었지만, 이 경우에도 로마 황제는 능력 있는 젊은 세대를 양자로 입양하여 정통성과 효율성을 동시에 확보했다.

로마 역사를 관통하는 사회적 DNA였던 개방성은 애초에 주어진 것이 아니라 로마인 스스로 만들어간 것이다. 어제의 적을 오늘의 동지로 포용해 상호 공존의 구조를 구축하는 과정에서 형성된 개방 정책은 로마의 권역이 확대될수록 강력한 힘을 발휘했다. 이것이 바로 로마가 폐쇄적인 승리자 집단에 머무르지 않고 개방적인 리더로 자리 잡았던 원동력이다.

AI 시대라는 격변기를 맞이하여 기업은 외부와의 연계와 소통, 상호 이익을 기반으로 협력 구조 형성, 내부 역량 활용의 극대화를 요구받는다. 이 과제 앞에서 변두리 마을에서 세계 제국으로 성장하고 오랫동안 번영했던 로마의 사회의 핵심, '상호 이익의 개방적 플랫폼'은 많은 기업에 타산지석의 지혜로 삼아야 할 교훈이다.

성격과 태도를 구분하면 그를 이해할 수 있다

김태규 고려대학교

누군가의 일하는 방식이나 행동에 관해 이야기할 때 많은 이가 성격을 판단의 근거로 삼는다. 동료가 30분 늦게 출근하면 "저 사람은 성격이 게을러서…"라고 생각하기도 한다. 행동이 성격에서 비롯되었다고 판단하는 것이다.

미국에서 같은 병원에서 근무하는 350여 명의 직원을 대상으로 연구가 진행된 적이 있다. 당시 연구자는 직원들에게 "업무 수행의 일환이라고는 할 수 없지만, 조직에 도움이 되는 행동을 자발적으로 하는 사람이 있다. 왜 그렇게 할까?"라는 질문을 했다. 그리고 이에 대한 답변을 분석했더니, 87퍼센트가 '성격'이나 그와 유사한 의미를 뜻하는 단어를 포함하고 있었다. 이렇듯 성격이 행동에 미치는 영향이 막강하다면 우리는 부하 직원이나 상사, 동료, 혹은 가족 구성원의 행동에 변화를 기대하기 힘들 것이다.

그렇다면 이런 질문에 대해 한번 답을 해보자. "나의 어제 성격과 오늘 성격이 같은가?" "나의 오늘 성격과 한 달 전 성격은 차이가 있는가?" 만일 "다르다"라고 답하는 사람이 있다면, 드물게는 정신과적 치료가 필요할지도 모른다. 하지만 대부분은 단순히 성격과 태도를 구분하지 못해 "같다"라고 답한다. 성격은 하루 혹은 한 달 정도의 짧은 기간에 변하지 않는다. 매우 안정적이라는 이야기다. 따라서 성격이 인간의 행동을 지배한다는 말은 개인의 행동 역시 변화를 기대하기는 어렵다는 의미다.

다행히 인간의 행동은 성격보다 태도로 원인을 설명하는 것이 가능하다. 그리고 태도의 특성은 '가변성'이다. 네덜란드 심리학자 아이제크 아지엔(Icek Ajzen)의 '계획된 행동 이론(theory of planned behavior)'에 따르면, 인간 행동을 설명하는 세 가지 기준은 '행동에 대한 태도, 행동 능력에 대한 인식, 주관적인 규범'이다. 특정 행동을 하고 싶은가, 할 수 있는가, 해도 되는가에 대한 나의 인식이 행동을 결정짓는다는 것이다. 다시 말해, 행동에 영향을 미치는 결정적인 요소는 성격이 아닌 태도다.

성격은 바뀌지 않지만, 태도는 바뀔 수 있다

그렇다면 사람들은 왜 태도와 성격을 혼동할까? 이 둘은 어떻게 구분해야 할까? 성격이란 '개인이 드러내고 표현하는 행동, 사고, 감정 등의 저변에 있는 독특하고도 안정적인 패턴'이다. 성격 연구는 미국 사회심리학자 고든 올포트(Gordon Allport)가 진행한, 개인을 묘사하는 형용사에 대한 분석이 바탕이 되었다. 올포트는 인간을 묘사하는 4,500여 개의 단어가 있으며, 성격의 차원(dimension)도 같은 수만큼 존재한다고 주장했다. 그에 따르면, 태도 역시 개인의 묘사(성실한, 친절한, 용감한…)를 포함한다. 성격과 태도가 혼동되는 이유는 바로 두 개념이 차원을 공유하기 때문이다.

하지만 성격은 태도와 비교했을 때 한층 안정적이고 쉽게 바뀌지 않는다. 그리고 개인을 묘사하는 데 어떤 대상을 내포하지 않고, 묘사하는 개인에 대한 기술로 국한된다는 점에서 태도와 구분된다. 특정 상황(예를 들어, 심각한 트라우마 경험)을 제외하면 성격은 하루아침에 바뀌는 것이 불가능하지만, 태도는 언제든지 바뀔 수 있다. 그리고 개인의 판단이나 인식의 형태를 띠는 태도는 언제나 특정 대상을 향하고 있다는 점에서 성격과 다르다.

일례로 '친절하다'라는 형용사는 쓰임에 따라 개인의 성격을 표현할 수도 있고, 태도를 표현할 수도 있다. 만약에 '김영수는 친절한 사람이다'라고 한다면, '김영수는 보편적인 상황에서 친절하다'

라는 표현이므로 이는 김영수의 성격을 묘사한다. 반면 '김영수는 이철수에게 친절하다'라는 표현은 김영수가 가진 '이철수'라는 대상에 대한 태도를 묘사하는 표현이다. 이 말에서 김영수가 보편적으로 친절한 사람인지는 드러나지 않는다. 김영수는 이철수라는 특정 대상에게는 친절하지만, 다른 사람에게는 친절하지 않을 수도 있다. 이처럼 태도는 시간이나 대상에 따라 언제든 바뀔 여지가 있다. 또한 두 표현에서 보듯 '친절하다'는 형용사 표현이 보편적 인물에 대한 묘사라면 성격을 표현하지만, 태도를 표현할 때는 반드시 그 대상이 포함되어야 한다. 성격과 달리, 태도는 언제나 그 대상을 포함한다.

태도를 변화시키면 행동도 변한다

대부분의 사람은 타인의 행동 일부만 관찰한 뒤 그 결과로 성격을 추론하고, 이 두 가지를 연관 짓는 일련의 과정을 반복한다. 그러면서 성격이 행동과 매우 밀접한 관계라고 인식한다. 그러나 미국 심리학자 월터 미셸(Walter Mischel)은 저서 《성격과 인격》에서 행동과 성격은 상관 계수가 0.3 이하라고 언급했다. 이는 성격이 행동을 모두 설명할 수 없다는 뜻이다.

주변 사람의 행동을 관심 있게 관찰하면 태도를 분석할 수 있고, 행동의 변화도 끌어낼 수 있다. 그러므로 사람의 행동을 성격

탓으로 돌리는 것은 '나는 그 사람의 행동 변화에 관심 없어. 그건 내 능력 밖이야'라는 자기방어적 표현일지 모른다. 다른 사람의 행동에 변화를 일으키고 싶다면 더욱 많은 관찰과 관심, 분석이 필요하다.

그렇다면 다른 사람의 태도를 바꾸는 것이 가능할까? 가능하다면 어떻게 바꿀 수 있을까? 다른 사람의 태도를 바꾸기 위해서는 먼저 태도가 어떻게 형성되는지 생각해볼 필요가 있다. 인간의 태도는 '인지적 정보, 정서적 정보, 행동적 정보'를 통해 구성된다.

인지적 정보 행동 주체의 인지적 과정에서 태도의 대상에 대해 얻은 정보다. 예를 들어, 흡연과 비흡연은 흡연이라는 행동에 대해 긍정적 혹은 부정적 태도에서 비롯한다. 이때 '흡연하면 건강을 해친다' 혹은 '흡연하면 살이 빠진다'라고 인식한다면, 행동 주체가 인지적 과정에서 얻은 특정 정보가 긍정적 혹은 부정적 태도를 유발한 것이다.

정서적 정보 인지적 정보와 달리 감정적으로 처리된 정보다. 정서적 정보는 태도의 대상에 대한 감정적 판단으로부터 얻은 정보로, 순간적으로 긍정과 부정을 넘나들기도 한다. 만일 흡연으로 마음이 편안해지고 스트레스가 풀린다고 느낀다면, 흡연에 대한 긍정적인 정서적 정보를 갖고 있는 것이다.

행동적 정보 태도의 대상과 과거, 현재, 미래의 경험을 통해 생성되는 긍정적 혹은 부정적 판단이다. 경우에 따라 인지적 정보, 정서적 정보와 공유하는 정보라고 생각할 수 있지만, 이를 제외한 부분이라고 생각하는 것이 행동적 정보를 이해하는 데 도움이 된다. 지속적인 습관으로 흡연이 익숙하고 매우 친밀하다면, 흡연에 대한 긍정적인 행동적 정보를 갖고 있다고 할 수 있다.

흥미롭게도 개인마다 태도를 형성하는 데 세 가지 정보 요인이 차지하는 가중치가 다르다. 앞서 언급한 대로, 흡연이라는 행동에 대해 긍정적 태도를 갖고 있어서 흡연하는 것이다. "왜 흡연하느냐?"라는 질문에 누군가가 "습관입니다"라고 답한다면, 그 사람의 흡연에 대한 긍정적 태도가 만들어지는 데 행동적 정보의 가중치가 매우 높았음을 알 수 있다. 같은 질문에 상대가 "연기를 내뿜으면 마음속 응어리가 빠져나가는 듯한 희열이 느껴집니다"라고 답했다면, 그 사람의 흡연에 대한 긍정적 태도는 주로 정서적 정보를 통해 형성되었으리라 예측할 수 있다.

구성원의 몰입을 높이는 세 가지

태도에 대한 정보를 조직에도 적용해볼 수 있다. 조직에서의 큰 화두인 조직 몰입(organizational commitment)도 마찬가지다. 조직 몰입은 조직과 나를 동일시하는 정도, 일과 조직을 나 자신의 일부로 받아들이고 내재화하는 정도를 의미한다. 조직과 일에 대한 충성도와도 같은 개념이다.

이와 같은 정의를 바탕으로 과거에는 조직 몰입이 '일과 조직에 빠져드는 정도'라는 단일 차원으로 연구되었다. 그러나 미국 심리학자인 나탈리 앨런(Natalie Allen)과 존 마이어(John Meyer)의 연구에 힘입어 조직 몰입을 세 가지 차원으로 구분하게 되었다. 이들의 연구에 따르면, 태도는 '인지적·감정적·행동적 요소'로 구성된다. 조직 몰입이라는 태도도 형성 요인에 따라 '정서적·규범적·지속적 몰입' 등 세 가지 하위 개념으로 구분할 수 있다. 두 연구자는 일반적으로 관찰되는 조직 구성원의 몰입도는 세 가지의 합으로 측정된다고 했다.

정서적 몰입 감정적이고 정서적 요인에 근거한 몰입이다. 예를 들어, 함께 일하는 조직과 동료에게 감정적으로 애틋함을 느끼기 때문에 조직에 몰입한다면 이는 정서적 몰입에 해당한다. 주로 정서적 정보와 행동적 정보(과거 경험을 통한 익숙함)가 정서적 몰입의 메커니즘이다.

규범적 몰입 '받은 만큼 돌려준다'라는 보편적 규범에서 표현의 뿌리를 찾을 수 있다. 조직으로부터 주고받음에 대해 인지적 판단이 개입되므로 인지적 정보에 근거한 몰입 요소다.

지속적 몰입 현재 상황에 대한 대안의 매력도에 따라 결정되는 몰입도를 뜻한다. 지금 일하고 있는 조직 외에 다른 대안이 전혀 없다면 지속적 몰입은 매우 강할 것이다. 반면 다른 조직에서 현재 조건보다 월등한 조건으로 이직을 제안받는다면 지속적 몰입은 매우 낮아질 것이다. 대안에 관해 판단과 인식이 개입하므로 인식적 정보에 근거한 몰입 요소다.

지금까지 살폈듯 이해하기 힘든 조직 몰입 개념도 태도의 관점에서 보면 분석이 가능하다. 이를 통해 개별 구성원의 조직 몰입을 이해하고 변화의 가능성 또한 가늠할 수 있다. 마찬가지로 주변에 나를 힘들게 하는 사람이 있다면, 그의 행동을 바꾸기 어려울 거라고 단정하기보다 그런 행동의 원천이 되는 태도를 이해하려는 노력이 필요하다. 그러면 변화를 향한 시도는 결코 멀고 험난한 과제만이 아닐 것이다.

대한민국 안보를 위협하는 중국 정보전의 실체

강순영 한국외국어대학교

모든 국가는 국제 사회는 물론이고 다른 국가나 사회에 직간접적으로 자국의 영향력을 확대하려 한다. '영향력 공작(influence operation)'은 목표 국가의 모든 분야에 영향력을 행사해 여론을 움직이고, 자국에 유리한 여건을 조성해 영향력을 확대하는 데 그 목표가 있다. 이런 활동이 정상적인 국제 규범의 범주에서 이루어진다면 문제가 없다.

하지만 기술의 발전으로 대량 생산된 부정확한 정보가 네트워크를 통해 광범위하고 빠르게 확산하면서 체제에 피해를 주거나 가짜 뉴스나 허위 정보 등이 이슈가 되는 것이 현실이다. 우리나라는 남북 관계의 특수성, 미중 갈등의 한복판에서 중국, 러시아까지 상대해야 하기에 영향력 공작에 더욱 민감한 상황이다. 게다가 작금의 국가 안보 영역은 전통적인 외교 안보와 군사 안보, 경제 안보까지 포괄하는 개념으로 확대되었다. 국가 간 경쟁은 물론 전쟁도 '하이브리드 전쟁(hybrid warfare)'의 양상으로 발전해나가고 있다.

하이브리드 전쟁의 주요 전쟁터는 영토적 경계선이 아닌 인간의 마음속에 존재한다. 정보전은 하이브리드 전쟁의 중요한 수단이다. 여기서 정보란 인간의 사회적·문화적 인식과 이해의 영역이다. 이를 조성하는 도구는 언론, 홍보, 전략 커뮤니케이션, 심리 등이다. 정보전에서는 집단 내 혼란을 조성하여 시스템과 집단 조직을 마비시킴으로써 굴복시키는 것이 목표다. 정보전에 노출된 집단은 모순된 정보로부터 반복적 공격을 당하여 진위를 구별할 수 없는 상태에 이르고, 의사 결정권자가 적절한 대응을 하지 못하게 된다.

초연결 사회의 새로운 안보 위협

사람은 자신이 원하는 정보만 선택적으로 모으거나, 어떤 설명이나 주장을 할 때 편향된 방법을 동원해 문제를 이해하려는 '인지 편향(cognitive bias)'을 갖고 있다. 사이버 공간에서 정보를 왜곡하고 조작하여 의사 결정에 영향을 미치고, 대중에게 공포감을 심어 심리적 효과를 창출하는 전략을 인지전(cognitive warfare)이라고 한다. 2017년 미 육군 보고서는 인지전을 '전투에 참가하는 전사와 민간인의 인지 메커니즘을 조작함으로써 전쟁 의지를 훼손·말살시키는 비살상 전투'라고 정의했다.

영향력 확대 공작은 국제 사회에서 중요한 안보 위협 사안이 되었다. 이런 관점에서 우리는 한반도에 강력한 영향력을 행사하려는 중국의 영향력 확대 공작에 특히 경각심을 가져야 한다. 일반적인 수준보다 훨씬 심각하고 위협적이기 때문이다. 이미 중국은 해외 각지에서 비밀경찰서 설치와 선거 개입, 공공 외교를 내세운 문화 침투 활동을 펼치고 있다. 그리고 미국과 마찰을 빚는 첨단 과학 기술과 군사 기밀 절도와 해킹, 정치적 우호 세력 구축 등 다양한 형태의 영향력 확대 활동을 전개 중이다.

이 활동이 지속적이고 반복적으로 이루어지면 대중의 사고, 감정, 행동 방식은 물론, 개인이나 집단의 신념과 행동에 영향을 미칠 수 있다. 나아가 내부 분열을 일으키고, 표적 집단의 인식과 이해를 조작해 최종적으로는 공격자의 전술이나 전략적 목표를 달성하는 데 유리한 상황이 조성된다. 이는 한국이 과거와는 다른, 새로운 형태의 안보 위협에 노출되어 있음을 뜻한다. 지금 우리나라에 대한 중국의 영향력 확대 공작에 분명한 관심과 대응책을 가져야 하는 이유다.

중국의 대(對)한국 영향력 확대 공작, 인지전

영향력 확대 공작은 과학 기술의 비약적 발전으로 합법을 가장해 은밀하게 추진되며 그 방식도 다양하다. AI 기술을 동원한 사이버 정보전, 정보의 우위를 점하기 위한 심리전을 병행하여 대중 여론에 개입하는 정치전, 자국 정책의 정당성을 홍보하는 전략적·심리적 내러티브 전술도 있다. 사이버 공간에서 지속해서 '가짜 뉴스'를 생산하고, 로봇 부대(bot army)로 소모전을 전개하기도 한다.

자국의 입장에 반하는 활동에 대해서는 직간접적인 압력을 행사하고, 학자, 정치인, 언론인 등 목표 국가 현지의 여론을 주도하는 세력을 포섭하는 데도 열을 올린다. 중국의 영향력 확대 및 통제 체계는 매우 복잡하여 명확하게 밝히기 어렵지만, 공산당이 정치를 영도하는 '이당영정(以黨領政)' 시스템 때문에 가능한 것으로 보인다.

최근 중국의 정보 전략의 목적은 미디어와 AI 기술로 허위 정보가 담긴 대량의 영상 콘텐츠를 생성하여 전파하고, 목표 국가와 사회의 내부에 대립과 갈등을 유발하는 것이다. 그러기 위해 먼저 개인 정보 및 정치 성향을 수집하여 서로 다른 태도, 선호, 입장을 가진 대상을 파악한다. 이들에게 다양한 정보를 제공하면 비슷한 견해를 가진 대상이 그룹을 이루고, 반향실 효과(echo chamber effect)[1]를

1 미디어에서 전하는 정보가 이용자가 갖고 있던 기존의 신념을 강화하는 방향으로 증폭되어, 유사한 정보만 계속 되풀이하여 수용하는 현상.

형성한다. 이와 동시에 각 그룹을 격리하여 소통의 기회를 줄이고, 각 그룹의 성향에 맞는 정보만 제공하여 사고와 행동에 영향력을 행사한다. 이로써 대중 의견 및 심리적 감정을 조작하고, 결과적으로 정치적 목적을 달성한다.

인지전은 전통적인 선전전, 심리전, 사상전, 법률전 등 여러 분야를 포괄하는데, 중국은 2005년부터 여론전, 심리전, 법률전 등 이른바 '3전(三戰)'을 전개해왔다. 형태는 공식 매체를 이용하는 '선전 모델(外宣模式)', 애국주의 성향을 가진 젊은 중국 네티즌의 '분홍 모델(粉紅模式)', 뉴스 콘텐츠를 공유하는 '농장 모델(農場模式)', 목표 국가의 우호 세력과 결합한 '협력 모델(協力模式)' 등 네 가지로 구분할 수 있다.

중국 인지전의 기반은 미디어 콘텐츠 및 SNS를 통해 인터넷 여론과 사상을 통제하는 것이다. 또 통제의 효율성을 높이기 위해 전략적인 내러티브로 상대에게 중국의 가치관과 이익을 투사하여 영향력을 유지하고 확대한다.

중국은 자국에 유리한 담론 경쟁을 위해 악의적 댓글 부대인 트롤 팜(troll farm)을 동원한 중화주의 내러티브를 확산시키고 있다. 또 세계 곳곳에 비밀경찰서를 설치하여 자국민을 감시하고, 공자학원과 차하얼학회 등을 통해 현지의 학생, 지식인, 기업가, 정계 인사에게 접근한다. 얼마 전 중국 언론 홍보 업체가 국내 언론 위장 사이트 38개를 통해 친중 및 반미 콘텐츠를 무단 유포했다는 사실이 적발되어 뉴스에 보도되기도 했다.

중국은 학술 교류를 표방한 정계, 기업계, 학계와 지식인의 포섭에도 열을 올린다. 다양한 싱크탱크가 학술 교류를 표방하며 특히 한반도 문제 및 종교, 인권 등 분야에서 중국의 논리를 강조하면서 접근할 수 있어서다. 정상적인 학술 활동이라면 문제가 없지만, 다른 목적이 있다면 경각심을 가지고 스스로를 지켜야 한다.

문제는 중국의 영향력 확대 전략이 '강대국 중국'이라는 하드 파워와 첨단 과학 기술을 결합해 결국 중국의 영향권 내로 여러 나라를 복속시키려는 방향으로 전개된다는 점이다. 중국은 공산당과 정부 조직, 정보기관까지 동원해 경제력을 무기화하고, 보복과 강압을 여과 없이 자행한다. 이미 사드(THAAD, 고고도 미사일 방어 체제) 배치를 두고, 다양한 심리전과 여론전을 통해 북핵이라는 본질을 무시한 채 우리 국민에게 중국에 대한 공포감을 유발하면서 한국의 대미 경사(傾斜)만 여전히 질책하는 중이다. 이는 가짜 정보를 만들어내거나, 조작을 통해 목표 국가나 사회에 부정적 감정과 사회적인 불만을 퍼뜨리거나, 특정한 신념과 행동을 옹호, 조장, 선동하여 내부 분열을 일으키는 불안정화를 유도한 대표적 사례다.

이 밖에도 중국이 자국 문화 및 사회주의 가치 확산을 위한 선전 수단으로 사이버 플랫폼을 활용하며, 적용 범위를 게임 산업에까지 확대하고 있다는 사실도 최근 밝혀졌다. 〈사이버 공간을 통한 중국의 역외 영향력 확대: 모바일 게임을 중심으로〉(2024, 아산정책연구원) 보고서에 따르면 중국 기업은 자국의 「사이버보안법(網絡安全法)」에 따라 대만, 홍콩, 티베트, 신장 등 영토 관련 어휘 및 천안문 사태 등 역사적 사건에 대한 검열은 물론, 회원 가입 절차를 이용해 개인 정보를 수집한다. 국가 안보 이슈가 있거나 정부가 요청하는 경우 정보 공개를 정당화하는 규정도 있다.

중국은 자국법의 역외 적용으로 중국식 정보 수집을 통해 한국 내 반중국, 비우호적인 인사를 선별한다. 이런 행위는 안보 위협을 넘어 디지털 권위주의 확산으로 이어질 수 있다.

중국 전자상거래 기업인 테무(Temu), 알리익스프레스(AliExpress) 등이 회원 가입 시 요구하는 개인 정보도 문제다. 이름과 ID, 비밀번호, 전화번호, 이메일 등 통상적인 정보 외에 집 주소와 계좌 번호는 물론 개인 고유 통관 번호 등의 정보까지 요구한다. '급박한 생명, 신체, 재산의 이익을 위해 필요하다고 인정되는 경우, 동의 없이 제3자에게 개인 정보를 제공할 수 있고, 그 처리를 위탁 업체에 맡길 수 있다'라는 내용도 포함되어 있다.

중국 「국가정보법」 제7조에는 중국의 모든 조직과 국민은 중국의 정보 활동을 지지, 지원, 협력해야 한다고 명시하고 있다. 더 큰 문제는 이 정보를 어디에 어떻게 사용할지 모른다는 점이다. 정보가 유출되면 보이스피싱 등 금융 범죄는 물론 중국의 한국에 대한 정치적·사회적 영향력을 확장하는 도구로 악용될 소지가 있다. 중국 체제의 속성상 정부 지원 없이 기업이 정보 보호의 자율성을 갖는 것은 불가능하다. 중국 당국이 필요에 따라 각종 개인 정보를 합법적으로 볼 수 있다는 것은 널리 알려진 사실이다.

시진핑 체제는 출범 초기부터 반테러와 국가 기밀 정보, 데이터 보안 등 국가 안보 관련 입법에 주력해왔다. 이는 국가 차원의 사이버 안보 위협이라는 무기를 만들어냈다. 더 중요한 것은 이미 안보 위협의 유형과 주체가 다양화되어 진단과 대처가 과거에 비해 훨씬 불확실해졌고, 무력 충돌보다 비군사적 정보전으로 전개된다는 데 있다.

특히 주목해야 할 것은 한국에는 중국 정부의 통제를 받는 84만 명의 중국인 체류자가 있다는 사실이다. 선거에 참여할 수 있는 약 10만 명의 중국 국민도 있다. 이를 통해 중국은 국내 정치에 영향력을 직접 발휘하는 것은 물론 인지적·정신적 해킹(mind-hacking)을 진행하려 할 것이다. 중국의 각종 영향력 공작 활동이나 위협에 대해 직접적인 대비를 해야 하는 이유다.

중국 영향력 공작을 차단할 입법 제정의 시급성

미국이나 유럽에서도 중국의 글로벌 영향력 공작에 주목하고 있다. 미국 의회는 중국 공산당의 공작이 미국 정치와 사회에 가하는 위협을 경고하면서, 미국의 국익에 손상을 입히고 있다는 보고서를 내놓기도 했다. 유럽연합(EU) 역시 '해외 정보 조작 및 개입 위협(Foreign Information Manipulation and Interference, FIMI)'에 관한 대외관계청(EEAS)의 1차 보고서에서 중국이 합법 혹은 불법으로 기술을 이전하고, 화교 사회를 감시하며, 중국에 우호적인 내러티브를 조작한다면서 경각심 제고에 나섰다. 미국은 2024년 4월 「국외의 적이 통제하는 앱으로부터 미국인을 보호하는 법안(틱톡금지법안)」을 압도적 지지로 통과시켰으며, 프랑스 하원 역시 패스트 패션 기업 쉬인(Shein)의 규제 법안을 만장일치로 통과시켰다.

문제는 우리나라의 대응이다. 합법을 가장해 은밀하게 이루어지는 영향력 공작의 특성상 대응이 말처럼 쉽지 않다. 허위 정보나 가짜 뉴스 등의 생산 자체를 막기 힘들고, 허위 정보의 유통을 감별해 확산을 제어하는 데 근본적 어려움이 있어서다. 인권 침해 소지나 민주주의 절차를 희생시킬 수 있다는 부담도 있다. 외교 문제를 야기할 소지가 다분하기 때문이다.

사실 한국의 보안 관련 법안은 모든 초점이 북한 및 북한과 연계된 반국가 단체에만 맞추어져 있다. 그런데 상황이 달라졌다. 미국은 「외국대리인등록법(Foreign Agents Registration Act, FARA)」과 「음모법(Conspiracy Law)」을 시행하는 한편, 해외악의적영향력센터(Foreign Malign Influence Center, FMIC)를 운영하고 있다. 대만이 국가 안전과 관련한 다섯 개 법을 정비하고 「침투방지법」을 제정한 점은 참고할 만하다. 중국도 국가 이익을 내세우며 「반간첩법」을 2023년 7월부터 시행하고 있다.

국제 사회는 복합적인 힘으로 움직인다. '힘은 누구의 군대가 이기느냐에 달려 있지만, 또한 누구의 스토리가 이기느냐에 달려 있기도 하다'라는 미국 정치학자 조셉 나이(Joseph Nye)의 말은 자유, 민주, 인권, 개방 및 시장 가치를 추구하는 대한민국의 정체성에 대한 우리의 각성을 촉구한다.

하루빨리 종합적인 국가 차원의 컨트롤 타워를 구축해 정부 기관과 군·민간이 협력하는 정보 취합 체계가 수립되어야 한다. 꼭 중국을 겨냥하지 않더라도 새로운 안보 위협에 맞서려면 간첩죄의 적용 대상을 외국 혹은 외국인 단체로 넓히는 형법 개정이 필요하다. '외국 대리인 등록에 관한 법률안'도 신속하게 제정해야 한다. 실질적인 법적 정비로 영향력 공작을 규범적으로 차단하고, 허위 뉴스 감별 센터 설치나 '사이버보안법' 제정 등을 통해 사회적 경각심을 불러일으키는 것을 강력히 고려해야 한다.

일의 미래, 스킬 중심의 애자일 조직에 있다

김주수 휴넷리더십센터

성냥과 양초 한 자루, 그리고 압정 한 통이 있다. 이 세 물건을 이용해 양초를 벽에 붙이고 촛불을 밝혀야 한다. 단, 촛농을 바닥에 흘리면 안 된다. 어떻게 이 수수께끼를 풀 수 있을까?

해법의 핵심은 상자 속 압정을 밖으로 빼내는 것! 우선, 상자 속 압정을 밖으로 쏟아낸다. 압정을 몇 개 집어 든다. 빈 상자를 벽에 수평으로 댄다. 압정으로 상자를 고정시킨다. 상자 바닥에 양초를 세운다. 성냥불을 켠다. 마지막으로 양초에 불을 붙이면 끝이다. 압정을 상자 안에 둔 채 수수께끼를 풀 방법은 없다. 압정을 쏟아

낸 사람만이 해결책에 도달할 수 있다.[1]

우리는 직무가 지배하는 세상에 산다. 일은 직무로 잘게 나뉜다. 세부 과업이나 필요 요건이 유사하면 하나의 직무로, 그렇지 않으면 다른 직무로 구분하는 식이다. 직무에 따라 마주하는 업무 환경은 제각각이다. 호칭도 달라진다. 우수한 직원으로 인정받고 싶은가? 그렇다면 직무에서 기대하는 성과를 내면 된다. 담당하는 직무가 특별히 어렵거나 중요하다면 높은 급여를 받을 수 있다.

직무의 중요성은 앞으로도 여전할 것이다. 다만 새로운 경영 환경은 직무 지상주의를 되돌아보게 한다. 모든 것이 빠르게 변하고 방향을 가늠하기 어려운 지금, 무엇보다 기민함이 필요하다. 새로운 시도와 실패, 학습을 빠르게 반복하는 조직 운영이 부상한다. 정해진 직무가 아닌, 일의 변화에 따라 사람을 짜 맞추어 대응하는 방식, '애자일(agile)' 조직이다.

직무를 해체하고 스킬을 재구성한다

'일은 고정되어 있다.' 조직이 흔히 하는 가정이다. 어떤 직무에 공석이 발생하면 조직 내에서 대체자를 찾거나, 전임자와 비슷한 역량을 갖춘 사람을 외부에서 구한다. 직무는 그대로 두고, 이 직

1 독일의 심리학자 카를 둔커(Karl Dunker)가 고안한 '촛불 실험(candle problem)'이다. 둔커는 실험을 통해 고정관념에서 벗어나 창의적 사고를 하는 게 쉽지 않음을 보여주었다.

무를 담당할 사람을 확보하는 데 집중한다.

노동 시장에 인재가 충분하다면 적합한 인력을 시의적절하게 충원할 수 있다. 반면, 노동 시장에 숙련된 인력이 충분치 않은 경우에는 원하는 인재를 타이밍 맞게 확보하기가 하늘의 별 따기다. 수요는 느는데 공급은 부족하니 기업은 인재 쟁탈전으로 내몰린다. 희소한 스킬이 필요한 자리라면, 인력 부족은 더욱 심각하다. 다급한 상황에 경쟁적으로 급여를 높이는 전략을 벗어나지 못한다. 2021년 일어난 개발자 연봉 인상 치킨게임은 이런 현실을 여실히 보여주었다.

디지털 전환과 기술 발전으로 노동 시장이 변하고 있다. 특히 IT 분야에서 기존 직무의 수요는 감소하는 반면, 디지털 관련 새로운 일자리가 증가하는 모양새다. 기존 직무와 비슷하더라도 일의 방식이나 내용, 요건이 달라지는 것이다. 이는 구직자가 보유한 스킬과 새로운 일자리 간 미스매치 현상을 초래한다.[2]

이런 상황에서 직무를 고정해놓고 여기에 사람을 맞추려는 시도는 원하는 스킬을 갖춘 인재를 더욱 확보하기 어렵게 만든다. 사람들은 맡은 직무 범위 안에서만 일하게 되고, 결국 조직의 유연성을 떨어뜨린다. 빠르게 변하는 환경에서 새로운 스킬에 계속 뒤처질 수밖에 없다.

2 〈최근 노동 시장의 현황과 특징〉, 상공회의소, 2022.

일과 사람을 '직무와 직무 담당자'로 바라보고, 직무에 적합한 사람을 찾아 일을 맡기는 관점은 오랜 기간 조직 운영의 상식이었다. 그런데 최근 들어서 직무 중심의 조직 운영이 유효하지 않은 상황을 자주 목격한다. 직무가 아닌 프로젝트, 혹은 단기 과제에 맞추어 일하는 상황이 빈번하다. 프로젝트나 단기 과제가 수시로 생겼다가 사라지기를 반복한다. 애자일하게 일하는 방식이 일은 고정되어 있다는 가정을 무너뜨리고 있다. 이제 직무를 업무 환경에 맞추어 해체하고 재구성해야 기민한 조직 운영의 이점을 누릴 수 있다.

> 미국 A사는 대형 마트와 이커머스 사업을 운영하는 유통 기업이다. A사는 팬데믹으로 큰 도전을 마주한다. 매장을 찾는 고객은 급격히 줄고, 온라인과 전화 주문은 폭발적으로 늘어난다. 이런 상황에서 계산원과 재고 관리 직원 상당수가 해고 대상자로 내몰렸다. 한편 콜센터에서는 몰려드는 주문과 문의로 애를 먹는다.

A사는 이 인력 불균형 문제를 수요 관점에서 접근한다. 직무를 세부 과업의 묶음으로, 그리고 구성원을 스킬의 묶음으로 재정의했다. 관점을 전환한 덕분에 '홈 콜센터'라는 업무를 생각해냈다. 그런 다음 재고 관리 직무에 묶여 있던 매장 직원을, 업무 시간 중 일부는 기존처럼 매장에서 일하고, 나머지 시간은 집에서 콜센터

업무를 수행하게 했다. 매장 직원은 콜센터 일에 필요한 대부분의 스킬을 이미 갖추고 있었다. 상품 지식뿐만 아니라 고객 응대가 뛰어났다.

> 유럽의 대형 보험사 B는 중개인 중심의 보험 판매 방식에서 소비자가 직접 보험 상품을 고르는 디지털 방식으로 비즈니스 모델 변화를 꾀했다. 혁신 과정에서 다양한 프로젝트가 생겨났고, 프로젝트를 이끌어갈 디지털 인력 수요가 급증했다. 데이터 사이언티스트, UX 전문가, 소프트웨어 엔지니어 등이다.

문제는 디지털 인력이 기능 조직 속에 묶여 있다는 점이었다. 정해진 직무만 담당하다 보니 수시로 생기는 프로젝트에 디지털 인력을 시의적절하게 투입하는 데 걸림돌이 되었다. 이슈를 해결하기 위해 B사는 모든 디지털 인력을 기존 조직에서 빼냈다. 그리고 별도의 디지털 '인재 클라우드(talent cloud)'를 구성했다. 인재 클라우드에 속한 인력은 고정된 직무를 담당하지 않고, 보유한 스킬에 따라 프로젝트에 애자일하게 투입되어 단기 과제 중심으로 일한다. 한 명이 동시에 여러 프로젝트를 맡기도 한다. 프로젝트에 필요한 스킬과 디지털 인력이 지닌 스킬을 최적 매칭한 결과다.[3]

3 Can't Fill Jobs? Deconstruct Them, Ravin Jesuthasan & John W. Boudreau, MIT Sloan Management Review, 2022.

일의 파편화, 그리고 융합화

2023년 올해의 경영 사상가로 선정되었던 라빈 제수타산(Ravin Jesuthasan)은 '일의 미래' 분야에서 세계적 권위자다. 그가 미래의 조직 운영을 위한 필수 요소로 강조하는 게 있다. 일의 '파편화(deconstruction)'와 '융합화(reconstruction)'다. 파편화는 직무를 세부 구성 요소로 해체하는 것을 말한다. 세부 과업과 활동, 혹은 스킬로 쪼개라는 것이다. 직무뿐 아니라 직무 담당자 역시 이들이 지닌 스킬로 해체하라고 한다. 융합화는 해체한 요소를 기존과 다르게 재조합하는 것을 의미한다.[4]

살다 보면 촛불 붙이기 수수께끼와 비슷한 상황을 자주 마주한다. 상자 속 압정을 밖으로 꺼내야 하는, 그런 순간 말이다. 압정 상자는 압정과 빈 상자로 '해체'해야 원래보다 쓸모 있어진다. 일도 그렇다. 기민한 조직을 만들고 싶다면 직무 해체가 필수다. 한 사람이 하나의 직무만 담당하는 방식에서 벗어나, 일을 스킬 단위로 해체하여 인재를 레고 블록처럼 조합하는 접근이다.

업무 현장을 떠올려보자. 조직에서 일어나는 일은 직무 체계 안에서만 움직이지 않는다. 사업과 조직의 우선순위에 따라 계획에 없던 일을 하는 경우가 허다하다. 글로벌 컨설팅사 딜로이트

4 Work without Jobs: How to Reboot Your Organization's Work Operating System, Ravin Jesuthasan & John W. Boudreau, MIT Press, 2022.

(Deloitte)의 2022년 조사에 따르면, 근로자 열 명 중 일곱 명은 자신의 직무 이외에 다른 일을 하고 있었다. 직무 기술서상에는 존재하지 않는 그런 일 말이다.[5]

최근에는 단기 과제나 프로젝트에 참여했다가 또 다른 프로젝트로 이동하는 경우도 빈번하다. 1994년 〈포천〉에 '직무의 종말'이라는 기사를 쓴 윌리엄 브리지스(William Bridges)는 직무를 가리켜, "이런 프로젝트 위에 겹쳐진 인위적 단위"라고 말했다. 누구의 직무 기술서에도 존재하지 않는 일의 조각들은 누더기가 되기 일쑤다. 책임 소재 갈등도 자주 일어난다. 일을 완수하려면 업무 책임을 나누거나, 새로운 직무를 추가할 수밖에 없다. 이에 브리지스는 직무 중심의 위계 조직을 탈피하라고 말했다. 그리고 역동적인 업무 환경에 맞는 조직 형태로 프로젝트 조직을 제안했다.[6]

미래 스킬 중심으로 성장하고, 이동하는 조직

종말이 있다는 것은 그만큼 새로운 시작이 있다는 것을 의미한다. 일의 세계도 마찬가지다. 일의 근본적인 목표와 일을 수행하는 방법이 이제까지와는 전혀 다른 개념으로 바뀌고 있다. 실제로 곳곳에서 일어나는 변화를 보면, 직무 지상주의에서는 떠올리지 못

5 The Future of Work, Deloitte, 2022.
6 The End of the Job, William Bridges, Fortune, 1994.

한 혁신이 진행되고 있다.

페이스북(Facebook)으로 유명한 메타(Meta)는 '필즈 오브 워크(fields of work)'를 운영한다. 겉모습은 전통적 직무 체계와 별반 다르지 않다. 다만 운영 방식에 차이가 있다. 전통적 직무 체계에서는 '1인 1직무'가 원칙이다. 한 명의 직원이 한 개의 직무를 담당하는 게 일반적인 데 반해, 메타에서는 담당 역할, 일의 성격에 맞추어 한 명에게 여러 개 필드를 태깅할 수 있다. 예를 들어, 피플 애널리틱스 매니저는 #Data & Analytics, #People & Recruiting, #Research 등 세 개 필드의 태그를 붙인다. 실제 일할 때 필드 간 교차하는 업무가 있는 점을 고려한 방식이다.

메타 사례는 일을 '스킬'로 해체하는 흐름을 보여준다. 사람을 하나의 직무에 묶어두기보다, 여러 직무가 교차하는 일을 하도록 장려한다. 변화무쌍한 요즘에는 스킬을 토대로 인력을 짜 맞추어 기민함을 높이는 이런 조직 운영이 어울려 보인다.

토탈은 글로벌 오일 기업이다. 전 세계 석유·천연가스 시장에 큰 영향력을 발휘하고 있다. 2010년대 들어 토탈은 사업적 도전을 마주한다. 파리협정으로 기후 위기 경각심이 고조되자, 주주, 정부, 시민 단체는 환경 오염에 대한 책임을 이유로 토탈을 압박했다. 이에 토탈은 대대적 비즈니스 변화를 모색한다. 사업의 90퍼센트 이상을 차지하는 석유·천연가스를 그린 비즈니스로 점차 전환하여, 2050년에는 75퍼센트까지 확대하는 목표를 세우고, 회사 이름도 토탈에너지스(Total Energies)로 바꾼다. 수소, 바이오매스, 풍력, 태양광 등 에너지 전반을 다룬다는 의미의 사명이다.

비즈니스 모델의 근본적 전환은 여러 고민으로 이어진다. 먼저, 스킬 갭에 대한 우려다. 그린 비즈니스는 기존 정유 사업과는 전혀 다른 전문성을 요하는데, 조직 내 신재생 에너지 전문가가 충분치 않았다. 직원의 동요도 간과할 수 없는 문제였다. 축소가 예견된 사업부에서는 일자리를 잃을까 불안해했다. 이에 토탈에너지스는 구성원을 '구세계(석유·천연가스)에서 새로운 세계(신재생 에너지)로 공정하게 전환시킨다'라는 방향을 선언하고 조직 변화를 꾀했다.

가장 우선적으로 새로운 사업이 요구하는 전문성, 즉 미래 스킬을 선명히 밝히는 프로젝트를 진행했다. 기존 핵심 사업부인 E&P(Exploration & Production)의 역량 및 스킬 체계를 재편하는 데, 그린 비즈니스에 유효한 항목을 스킬셋에 포함시켰다. 예를 들어 시추엔지니어에게 필요한 역량 중 지질학 지식과 수학 지식은 스킬셋으로 포함했지만, 굴착 장치 계약 관리는 필요 없는 항목으로 제외했다. 에너지 분석 모델링, 화학 폐기물 정화, 바이오테크놀로지 등 그린 비즈니스 중점 영역에 필요한 미래 스킬도 새롭게 규명했다.

업·리스킬은 '리지(Lizzy)'가 맡았다. 리지는 학습 플랫폼으로 Learning과 Easy를 합친 이름이다. 구성원은 리지에 자신의 스킬을 등록한다. 그리고 경력 이동을 원하는 포지션을 선정하면, 필요

스킬 대비 현재 자신의 수준을 확인할 수 있다. 리지는 5,000여 사내외 학습 과정을 제공하며, 스킬 갭을 채워줄 맞춤 학습을 추천한다. 몇몇 과정은 스킬 레벨 업의 필수 요건에 해당한다.

미래 스킬을 갖추었다면 그에 걸맞은 일을 할 차례다. 토탈에너지스는 사내 경력 이동의 장으로 탤런트 마켓플레이스를 운영하고 있다. 연 2회 이루어지던 구성원 이동을 탤런트 마켓플레이스 방식으로 전환한 것이다.

탤런트 마켓플레이스는 일종의 스킬 검색·매칭 플랫폼이다. 구성원 스킬을 조직 내 다양한 일에 최적으로 연결하는 게 목표다. 회사는 공석이 발생한 포지션을 탤런트 마켓플레이스에 게시한다. 만약 구성원이 관심 업무를 등록해두었다면, 포지션 오픈 즉시 알림이 오고 이동을 신청할 수 있다. 또는 리지에 등록해놓은 자신의 스킬에 맞는 포지션이면 AI가 해당 포지션에 지원해보라고 추천한다. 이 스킬 기반 경력 이동에 직원도 만족하는 편이다. 전문성을 살리는 기회에 쉽게 접근할 수 있고, 경력 이동 과정이 투명해졌다는 평이다.

비즈니스 혁신의 수렴값, 스킬

디지털 전환으로 일의 미래가 어떻게 변할지는 뜨거운 관심사다. 과연 우리가 마주할 일의 미래는 어떠할까? 이에 대해서 여러 연구 기관은 공통적으로, 우리의 일이 지금과는 크게 달라지며, 상당 부분 기계로 대체되거나, 전혀 다른 전문성을 요할 것이라고 예측한다.

그렇다면 일의 미래에 대비해 기업들은 어떤 준비를 하고 있을까? 2023 세계경제포럼이 발표한 〈일의 미래 연구〉는 흥미로운 결과를 보여준다.[7]

- 새로운 비즈니스에 필요한 스킬을 규명하고 있다.
- 미래 스킬을 얼마나 보유하고 있는지 파악하고 있다.
- 부족한 스킬을 어떻게 메울지 고민하고 있다.

이처럼 기업의 대응은 대부분 '스킬'로 수렴한다. 매년 인재 관리 트렌드를 발표하는 글로벌 HR컨설팅사 머서(Mercer)의 2022년 조사에 따르면, 비즈니스 혁신에서 사람들이 꼽은 가장 큰 걸림돌은 자금 조달이나 공감대 부족이 아니라 '스킬 갭'이었다.[8] 컨설팅사 맥킨지(McKinsey)의 연구도 같은 결과를 보여준다. 열 개 기업 중 여섯 곳이 스킬 갭을 줄이는 것이 조직의 최우선 과제라고 응답했다.[9]

7 The Future of Jobs Report 2023, World Economic Forum.

8 Global Talent Trend 2022-2023, Mercer.9 Building Workforce Skills at Scale to Thrive During-and after-the COVID-1.

9 Crisis, McKinsey, 2021.

이제 우리도 관점을 바꾸어보자. 직무와 직무 담당자에 기반한 조직 운영에서 벗어나, 직무를 스킬로 해체하고, 구성원을 스킬의 묶음으로 바라보는 것이다. 뽕나무 밭이 푸른 바다로 바뀌는 세상이다. 우리의 일 역시 몰라볼 정도로 변하고 있다. 각광받던 일이 빛을 다하고, 새로운 일이 혜성처럼 등장한다. 조직 운영 역시 다르지 않다. 안정은 더 이상 본질이 아니다. 사람을 기민하게 조직화하는 방식이 상전벽해(桑田碧海) 시대에 통하는 방식이다.

시간을 초월한 가치, 헤리티지로 차별화하라

최순회 동덕여자대학교

헤리티지(heritage)는 기업 혹은 브랜드가 오랜 기간 유지해온 가치 있는 정신과 문화, 물리적 자원 등을 의미한다. 경영 철학과 의사 결정 방식, 고유의 조직 문화 등 기업 역사를 구성하는 핵심 요소이자 성장의 원동력이다. 수십 년, 수백 년간 이어진 헤리티지는 기업의 과거와 현재의 모습을 설명할 뿐 아니라 미래를 예측 가능하도록 한다.

오랜 역사를 지닌 기업은 헤리티지를 바탕으로 브랜드 정체성을 정의하고, 소비자의 마음속에 이미지와 연상을 심어주는 헤리티지 마케팅을 펼친다. 기업이 보존해온 헤리티지가 강력한 차별화의 원천으로 마케팅 전략의 근간이 되는 셈이다. 에르메스(Hermès)는 1837년 마구상으로, 루이뷔통(Louis Vuitton)은 1854년 트렁크 제작 공방으로 시작해 장인 정신과 디자인 정체성을 고수하며 독보적인 브랜드로 자리 잡았다. 이들은 최고급 제품과 서비스, 흥미로운 스토리를 통해 희소하고 모방이 어려운 헤리티지 가치를 극대화하여 소비자의 욕망을 자극한다.

헤리티지 마케팅은 과거 요소를 이용한다는 점에서 노스탤지어, 레트로 마케팅과 유사하지만 몇 가지 차별성을 지닌다. 노스탤지어, 레트로 마케팅은 향수를 자극하는 사물이나 사건을 재해석하는 활동으로, 기업 고유의 헤리티지와 무관한 경우가 많다. 또한 노스탤지어, 레트로 마케팅이 과거에 초점을 두는 반면, 헤리티지 마케팅은 과거와 현재를 연결하는 데서 나아가 미래를 제시한다. 즉, 헤리티지 마케팅은 단기적인 성과 창출을 넘어 헤리티지 계승을 통한 장기적인 경쟁력 강화에 목적을 둔다는 점에서 여타 마케팅 활동과 차별된다.

기업의 경쟁력, 헤리티지의 구성 요소

헤리티지를 기업 경쟁력의 근원으로 활용하려면 몇 가지 조건을 충족해야 한다. 브랜드의 헤리티지의 구성 요소는 다음 다섯 가지로 설명할 수 있다.

오랜 역사(longevity) 기업과 브랜드는 여러 세대의 경영자, 임직원, 고객을 거치며 헤리티지를 쌓아간다. 특히 창업자의 정신과 원칙을 대대로 이어가는 가족 기업이 고유한 헤리티지를 보존할 가능성이 크다. 장수 제품과 브랜드는 높은 인지도와 신뢰를 바탕으로 부모에서 자녀 세대로 전해진다. 오랜 역사의 기준을 정량적으로 정의하기는 어렵지만, 런던브루넬대학교의 존 발머(John Balmer) 교수는 경영자, 직원, 소비자 등이 세대에 걸쳐 3대 이상 이어진 기업이 헤리티지를 보유할 가능성이 크다고 설명한 바 있다.

핵심 가치(core values) 기업의 핵심 가치는 임직원의 태도와 행동에 대해 기준을 제시하고, 전략과 정책, 전반적인 경영 활동 과정에서 가이드라인이 된다. 기업은 핵심 가치를 바탕으로 제품과 서비스를 개발하고, 광고와 다양한 커뮤니케이션 활동을 실행하며 소비자와 관계를 구축한다. 오랜 역사 속에서 내외부 이해관계자의 지지와 공감을 얻은 핵심 가치는 헤리티지의 일부가 되어 기업의 미래 방향을 제시하고 구성원의 결집력을 강화한다.

축적된 실적(track record) 역사에 축적된 성과는 기업이 오랜 기간에 걸쳐 다양한 이해관계자, 특히 소비자에게 긍정적인 가치를 제공해왔다는 증거다. 예를 들어, 사우스웨스트항공(Southwest Airlines)은 직원을 최우선시하는 문화와 유쾌한 고객 서비스를 유지하며 팬데믹 이전까지 47년 연속 흑자를 달성했다. 일관된 기업 경영을 바탕으로 실적을 쌓은 기업은 미래에도 성공적인 결과를 이어갈 것이라는 기대를 품게 한다.

상징(symbols) 중세 시대 문장(紋章)이 국가, 국왕, 가문의 정통성을 보여주었듯이, 기업은 고유한 로고, 슬로건, 제품 디자인 등의 상징을 통해 역사와 전통, 가치와 메시지를 전달한다. 오랜 기간 일관되게 사용된 상징은 소비자에게 각인되어 기업의 헤리티지를 자연스럽게 연상시킨다. 메르세데스벤츠의 삼각별 엠블럼, 코카콜라의 로고와 시그니처 병 등은 전 세계 소비자가 쉽게 식별하고 기업의 전통과 스토리, 차별성을 떠올리게 하는 헤리티지 상징의 대표 사례다.

공감대(consensus) 기업 내부적으로 헤리티지의 중요성을 인식하고 공유하는 문화가 형성되어야 한다. 헤리티지 기반 기업은 역사를 체계적으로 기록하고 관리하기 위해 노력하고, 과거로부터 영감을 얻어 성장을 이어간다. 이케아(Ikea)는 설립자 잉바르 캄프라드(Ingvar Kamprad)의 경영 철학을 내외부적으로 전달하는 박물관을 운영하며, 과거 제품을 활용한 빈티지 제품을 지속해서 출시한다. 역사와 전통이 미래 경쟁력의 근원이라는 믿음이 조직 내부에 공유될 때 헤리티지는 강화되고 그 가치가 극대화한다.

헤리티지와 혁신을 융합한 현대자동차

2023년 현대자동차의 '헤리티지 프로젝트'가 전 세계적으로 큰 관심을 끌었다. 프로젝트는 5월 이탈리아 코모에서 개최된 「현대

리유니온(Hyundai Reunion)」 행사에서 시작되었다. 과거를 돌아보고 미래를 향한 비전과 방향성을 소개한다는 취지로 진행된 이 행사는 그동안 주목받지 못했던 현대자동차의 헤리티지를 세계에 알리는 계기가 되었다. 현대자동차의 첫 콘셉트카였던 포니 쿠페를 49년 전 원형 그대로 복원하자, 역동적이고 기하학적인 모습이 시간을 초월한 디자인이라는 호평이 이어졌다.

포니 쿠페는 현대자동차는 물론 한국 자동차 산업의 역사를 상징한다. 1970년대 척박한 환경에서 포드(Ford) 자동차를 조립하던 현대자동차가 처음으로 자체 생산한 모델로, 이탈리아 디자이너 조르제토 주지아로(Giorgetto Giugiaro)가 디자인을 맡았다. 포니와 포니 쿠페 콘셉트는 1974년 이탈리아 「토리노 모터쇼」에서 함께 소개되었으나, 석유 파동과 세계 경제 침체, 도면 유실 등으로 포니만 양산되고 쿠페는 역사 속으로 사라졌었다.

2022년 주지아로의 주도하에 시작된 포니 쿠페 콘셉트 복원 작업은 예전 방식과 소재를 최대한 그대로 사용하는 것을 원칙으로 했다. 그의 아들인 파브리지오 주지아로(Fabrizio Giugiaro)가 복원 작업에 동참한 것도 세대를 잇는다는 의미를 지닌다. 「현대 리유니온」에서는 포니 쿠페에서 영감을 받아 개발된 콘셉트 카 'N비전 74'도 함께 소개되었다. 역사적 유산과 최첨단 기술의 만남은 '과거와 현재가 융합하여 미래를 제시한다'라는 현대자동차 헤리티지 프로젝트의 핵심 메시지를 보여주었다.

한국에서는 '포니의 시간(PONY, The Timeless)' 프로젝트가 진행되었다. 포니 쿠페 콘셉트, N비전 74뿐 아니라 30여 년 전 단종된 포니1, 포니2, 포니 웨건 등 실제 차량도 복원되어 전시되었다. 포니와 현대자동차의 헤리티지는 전시, 서적, 영상, 소비자 참여 이벤트 등 다양한 방식으로 전달되었고, 인디 밴드와 함께 아날로그 감성을 담은 노래와 뮤직비디오도 제작되었다. 사진 공모전에는 옛 시절을 추억하는 많은 사람이 참여해 화제를 낳았다.

미래를 향한 기술 혁신에 매진해온 현대자동차가 과거를 돌아보고 경쟁력을 강화하고자 진행한 헤리티지 프로젝트는 젊은 세대 소비자에게 브랜드 역사와 스토리를 알리며 호감과 자부심을 전달했다. 자동차 산업이 전동화, 모빌리티 시대로 진입하는 시점에 헤리티지와 혁신을 융합하여 도약과 변신을 시도하는 현대자동차의 전략은 유효해 보인다.

위기를 헤리티지로 극복한 아디다스

아디다스는 '운동선수를 위한 최고의 제품(only the best for the athlete)'을 만든다는 창업자 아돌프 아디 다슬러(Adolf Adi Dassler)의 경영 철학과 원칙을 최우선시한다. 다슬러는 집요한 탐구심과 뛰어난 손기술로 운동선수에게 최적화된 신발을 만드는 데 집중했다. 1925년 스파이크와 징을 박은 축구화와 러닝화를 개발해 특허권을 확보했고, 1928년 암스테르담올림픽에 출전한 독일 육상 선수 리나 라트케(Lina Radke)가 800미터 경기에서 아디다스 스파이크화를 신고 세계 신기록을 세웠다. 1936년 베를린올림픽에서는 미국 육상 선수 제시 오언스(Jesse Owens)가 다슬러의 운동화를 신고 금메달 네 개를 획득했다.

1980년대 나이키의 맹렬한 추격으로 선두를 뺏긴 아디다스는 레저용 패션 등으로 사업을 확장했지만, 결과는 성공적이지 않았다. 이후 다시 과거로 눈을 돌린 아디다스는 운동선수의 니즈를 정확하게 파악하기 위해 끊임없이 연구하며 시행착오를 거쳤던 다슬러의 열정을 되새기며 변화를 시도했다. 고객의 일상 습관과 행동을 밀착 관찰했고, 고객 분석 기법을 고도화해 인류학적 연구, 잠재의식 분석을 위한 심층 인터뷰도 진행했다.

다슬러의 철학을 근간으로 1991년 론칭한 이큅먼트(EQT) 라인은 '운동선수들의 최고 파트너'를 지향한다. 선수들이 최상의 성과를 달성할 수 있도록 오직 성능과 안전성에 초점을 둔 제품 개발에 집중했다. 이큅먼트 라인은 프로 선수나 유명인으로부터 긍정적인 평가를 받았고, 대중 시장에서도 큰 성공으로 이어졌다. 역사를 바탕으로 이룬 결실은 아디다스 직원들의 자긍심을 회복하는 데 큰 역할을 했다.

2001년 출시된 아디다스 오리지널(Originals) 라인은 헤리티지 복구를 상징하는 대표적인 결과물이다. 오리지널 프로젝트는 아디다스의 역사 속에서 잠자던 제품을 재출시하거나 과거 디자인 콘셉트를 새로운 제품에 적용하는 식으로 진행되었다. 2014년에는 1963년 제작했던 세계 최초의 가죽 테니스화 스탠 스미스(Stan Smith)를 부활시켰다. 1971년 US오픈과 데이비스컵, 1972년 윔블던 챔피언십에서 우승한 스탠 스미스가 사용해 유명해지면서 미국과 유럽에서 인기를 끌었지만, 판매량이 서서히 줄어 2012년 생산이 중단된 제품이었다. 스탠 스미스는 재출시된 후 현재까지 전 세계적으로 1억 켤레 이상 팔려 아디다스의 베스트셀러로 등극했다.

아디다스는 복구한 브랜드 헤리티지를 내외부적으로 공유하는 데도 노력을 기울였다. 2009년에는 역사, 기술, 커뮤니케이션 등 다양한 분야의 전문가로 구성된 역사관리팀(History Management Team)을 신설했다. 이 팀의 주요 업무는 다슬러의 기록물과 과거 제품을 되찾아 헤리티지 아카이브를 만드는 것이다. 다슬러의 명언집 《아디 다슬러 스탠더드(Adi Dassler Standards)》와 브랜드 히스토리북도 발간했다. 역사관리팀에서 컬렉션을 담당하는 수젠 프리드리히(Susen Friedrich)는 "역사가 곧 브랜드 차별화의 근원"이라고 말한다.

한국 기업이 80년, 100년 장수 기업을 넘어 헤리티지 기업으로 성장하기 위해서는 미래를 위한 혁신만큼 과거로부터 이어온 정신과 철학, 정체성을 보존하고 관리하는 노력이 필요하다. 기업 헤리티지의 보존과 활용은 마케팅, 홍보 차원이 아닌 전사 차원에서 실행되어야 하는 핵심 활동이다. 그러려면 최고 의사 결정자에게 기업의 근원과 역사의 중요성을 인식하고 체계적으로 전승하려는 의지가 있어야 한다. 그로 인해 조직 안에 헤리티지를 중시하는 문화와 제도가 정착된다면, 고객을 비롯한 외부의 이해관계자에게도 효과적으로 전달하는 바탕이 될 것이다.

진정한 우수함을 알리는 전략, 시그널링

한순구 연세대학교

중국의 전국 시대. 전국 7웅으로 불리는 7개국이 중국을 나누어 차지하고 서로 싸우고 있었다. 그중 연(燕)나라는 북서쪽 끝에 위치한 비교적 약소국이었는데, 소왕(昭王)이라는 젊고 의욕이 넘치는 군주가 새 왕이 되었다. 연나라의 부국강병을 이루고자 했던 소왕은 구석진 연나라에 훌륭한 인재가 충분하지 못한 것을 항상 안타깝게 여겼다. 그러다가 연나라에서 지략이 가장 뛰어나다는 곽외를 불러 천하의 인재를 모을 비책을 물었다. 이때 곽외가 소왕에게 들려준 이야기가 바로 '매사마골(買死馬骨)'이다. 한자를 풀이하면 죽은 말의 뼈를 사는 전략인데, 다음과 같은 이야기가 배경에 있다.

오래전 중국의 한 지역에 천하의 명마(名馬)를 얻고자 하는 욕망이 아주 큰 왕이 있었다. 그는 멀리 떨어진 곳에 명마가 있다는 소문을 듣고 신하에게 엄청난 재물을 주고서라도 그 명마를 사 오라고 명령했다. 그런데 신하가 막상 사 온 것은 명마가 아니라 명마의 뼈였다. 신하가 도착했을 때, 그 명마가 갑작스러운 병으로 죽어버린 뒤라 할 수 없이 뼈만 사 왔다는 설명이었다. 왕은 당연히 신하를 크게 꾸짖었다. 쓸데없는 말의 뼈를 사 왔다면서 말이다. 그런데 예상 밖의 일이 벌어졌다. 중국 전역에서 명마를 사달라며 사람들이 몰려온 것이다. 명마의 주인들은 명마의 뼈마저도 큰돈을 주고 산 왕이라면 살아 있는 말은 당연히 더 높은 값을 지불할 것이라 여겼다.

매사마골의 이야기를 끝낸 곽외는 소왕이 천하의 인재를 얻고자 한다면, 연나라의 가난한 인재들부터 융숭히 대우하는 것이 우선이라고 건의했다. 깨달음을 얻은 소왕은 곽외를 비롯한 연나라의 인재들에게 궁궐 같은 집을 지어주고 토지를 넉넉히 하사했다. 이 소식은 중국 전역으로 퍼져나갔고, 천하의 인재들은 '나보다 못한 곽외가 저런 대접을 받는데, 내가 가면 엄청난 대접을 받을 것이다'라는 생각에 연나라로 모여들었다. 그 결과 악의(樂毅), 추연(鄒衍), 극신(劇辛) 등의 인재들이 몰려 연나라는 부국강병을 이루었고, 이웃 강대국이었던 제나라를 무찌르고 영토를 크게 넓혔다.

경제학자가 말하는 '시그널링'

이 이야기를 경제학적으로 보면, 연나라 소왕은 자신이 인재를 등용해서 진심으로 부국강병을 이루려는 의지가 있다는 것을 천하에 알릴 필요가 있었다. 그래서 일단 능력이 부족한 연나라 출신 인재에게 과한 대접을 해줌으로써 자기 의지를 중국 전역으로 시그널(signal)한 것이다.

어떤 개인이 뛰어난 능력이 있고, 어떤 기업이 우수한 품질의 상품을 생산한다고 해서 그 개인과 기업의 성공이 보장되지는 않는다. 성공하기 위해서는 뛰어난 능력과 우수한 품질을 널리 알려야만 한다. 경제학에서는 이러한 작업을 시그널링(signaling)이라고 부른다.

2001년 노벨 경제학상 수상자인 미국 경제학자 마이클 스펜스(Michael Spence)는 능력이 우수한 개인은 교육을 통해 자기 능력을 잠재적 고용자에게 시그널링할 수 있다고 했다. 아마도 대학교에서 4년간 받는 교육이 현실의 비즈니스에는 전혀 도움 되지 않는다고 생각하는 사람이 적지 않을 것이다. 취업한 뒤에는 대학에서 배운 19세기 영문학 작품에 대한 지식을 사용하거나 미분방정식을 이용해서 이익을 얻을 일이 거의 없기 때문이다. 하지만 스펜스에 따르면, 19세기 영문학과 미분방정식은 기업에 대학 졸업생의 능력을 정확히 시그널링해줌으로써 경제에 기여한다.

지적 능력이 뛰어난 개인이 고등학교 졸업 후 바로 기업에 취직했다면, 기업으로서는 그 개인이 우수한 능력을 갖춘 인재인지 아닌지 판단하기 어렵다. 그런데 능력이 뛰어난 개인만 대학에 입학할 수 있고, 거기에서 높은 학점을 받아야 졸업할 수 있다면 상황이 다르다. 비록 전공 공부가 현실적으로는 도움이 되지 않더라도, 기업은 4년간 대학 교육을 이수한 졸업생이라면 능력이 우수하다고 믿을 수 있다. 그리고 좋은 대우를 약속하고 채용할 것이다. 이때 중요한 것은 대학 교육의 난이도가 우수하지 못한 개인은 졸업할 수 없도록 설정되어야 한다는 점이다. 그래야 능력이 우수하지 못한 개인은 고등학교를 졸업한 뒤 바로 취직하고, 오직 능력이 뛰어난 개인만 대학 교육을 마치고 취업에 나설 것이다.

이런 관점에서 대학은 인재의 생산성을 높여주는 기관이 아니라 우수한 인재와 그렇지 못한 인재를 가려주는, 개인이 자기 능력을 시그널링하도록 돕는 기관이다. 젊은 인재는 4년이라는 귀중한 시간을 대학에서 낭비했지만, 기업이 뛰어난 인재를 파악하게 해줌으로써 낭비한 4년을 보충하고 그 이상으로 경제에 기여한다는 것이 스펜스가 제시한 '에듀케이션 게임(education game)' 이론의 결론이다.

현금을 불태운 광고, 어떻게 본전을 뽑았을까?

기업도 우수함을 알리고자 하는 주체 중 하나다. 그리고 기업이 제품의 우수한 품질을 소비자에게 시그널링하는 가장 대표적인 수단이 바로 광고다. 우리는 어째서 광고를 믿을까? 유명한 연예인이 광고에 출연해서 "이 과자는 정말 맛있고 영양이 풍부하다"라고 하는 말을 사람들은 정말 믿을까?

그렇지 않다. 일단 그 연예인은 생물학이나 식품영양학을 전공하지 않았을 테니 과자의 성분을 알지 못할 가능성이 크다. 더 나아가 해당 과자를 생산하는 기업으로부터 엄청난 출연료를 받는다면, 설사 과자가 맛없다 하더라도 광고에서는 아주 맛있다고 이야기할지 모른다. 그러므로 소비자가 기업이 돈을 주고 내보내는 광고를 믿고 과자나 옷, 자동차를 구매하는 것은 합리적인 선택이라고 보기 힘들다.

그렇지만 정말 광고가 믿을 수 없는 것이라면 기업은 어째서 큰돈을 들여서 광고할까? 사실 경제학자들은 앞서 지적한 이유에도 불구하고 소비자가 광고를 믿고 상품을 구매하는 것이 합리적이라고 본다. 그것은 광고가 '캐시 버닝 시그널링(cash burning signaling)'이기 때문이다. 잘 알다시피 캐시는 '현금', 버닝은 '불태워버린다'라는 뜻이다. 경제 이론에 따르면 광고는 상품에 대한 정보를 말로 전달하기보다 엄청난 현금을 불태워버리는 과정으로 전달한다.

예를 들어, 어떤 자동차 회사가 서울역 광장에 현금 100억 원을 쌓아놓고 휘발유를 끼얹은 후 불을 붙였다고 하자. 이 일은 바로 장안의 화제가 되고, 저녁 뉴스와 SNS를 통해 널리 퍼질 것이다. 자동차 회사의 캐시 버닝 행동을 관찰한 소비자라면 당연히 어째서 이런 말도 안 되는 행동을 했는지 의문을 품을 것이다. 자동차 회사의 행동을 정당화시키는 논리적인 설명은 다음과 같다.

자동차 회사는 소비자에게 자사 자동차가 가격과 품질의 측면에서 우수하다는 것을 시그널링하고 싶다. 물론 자동차의 가격과 품질이 형편없어도 마치 우수한 것처럼 속이고 광고를 할 수도 있다. 하지만 그 자동차를 구매해서 운전해본 소비자는 바로 광고가 거짓말임을 알게 될 테고, 즉시 주변에 소문을 낼 것이다. 즉, 광고 효과는 잠깐에 그치고 오히려 불매 운동이 벌어질 수 있다. 만일 품질이 좋지 않은 자동차 회사가 캐시 버닝의 형태로 광고한다면 엄청난 액수의 현금을 불태웠으니 손실은 크고 매출은 거의 오르지 않을 것이다. 결론적으로 품질이 나쁜 자동차 회사는 엄청난 비용이 들어가는 캐시 버닝 광고를 통해 이익을 얻을 가능성이 없다.

반면, 가격과 품질이 우수한 자동차를 생산하는 회사가 캐시 버닝 형태의 광고를 하면 소비자는 일단 관심을 가지고 한번 타볼 것이다. 이후 자동차의 우수성이 인정되면 주변에 입소문으로 이어져 매출이 증가할 것이다. 그리고 매출 증가의 폭이 커지면 광고로 불태워버린 현금을 모두 회수하고도 많은 이익을 낼 수 있다.

즉, 캐시 버닝은 "상품 품질이 나쁜데도 이렇게 막대한 현금을 태워버리는 광고를 할 리가 없지 않은가. 나는 어리석은 사람이 아니다. 현금을 불태우는 행위가 정당화될 유일한 가능성은 반복 구매할 만큼 우수한 상품에 있다. 내 상품은 우수해서 소비자가 구매하면 반복해서 구매하게 될 것이다"라는 메시지를 기업이 소비자에게 시그널링하는 것이다.

시그널링 전략을 활용한 사례들

시그널링 전략은 경영 분야를 비롯해 자연, 전쟁 등에서도 활용된다. 대표적인 사례를 몇 가지 살펴본다.

건강함을 알리는 수컷 공작새

수컷 공작새는 화려한 깃털을 자랑한다. 하지만 화려한 깃털은 공작새가 표범이나 늑대의 공격을 피해 도망쳐야 할 때는 도움이 되지 않는다. 다시 말해, 깃털이 화려하고 풍성할수록 수컷 공작새의 생존 가능성은 떨어진다. 하지만 진화론의 목표는 생존이 아니고 번식이다. 진화의 원칙에서는 많은 자손을 퍼뜨리는 자가 이긴다. 따라서 수컷 공작새는 암컷 공작새에게 "나는 이토록 화려한 깃털을 풍성히 유지할 정도로 건강할 뿐 아니라, 거추장스러운 깃털을 달고도 표범과 늑대의 공격을 피할 수 있을 정도로 우수하다고.

나와 결혼해서 자녀를 낳는 것이 좋을 거야"라고 시그널링을 하는 것이다. 수컷 공작새는 건강함과 우수함을 암컷에게 알려서 자손 번식에 유리한 위치를 차지하고자 목숨을 담보로 하는 셈이다.

10년 무상 수리를 보증한 현대자동차

현대자동차가 미국 시장에 처음 진출했을 때, 이전에는 없었던 엄청난 서비스의 제안으로 화제가 되었다. 바로 '10년 무상 수리 보증제'였다. 많은 사람이 자동차를 10년간 무상으로 고쳐주다가는 파산할지 모른다고 걱정했지만, 현대자동차는 우수한 품질을 미국 소비자에게 효과적으로 시그널링함으로써 판매량을 엄청나게 높였다. 아무리 자동차의 품질에 확신이 있었더라도 10년간 무상 수리라는 결정은 쉽지 않았을 것이다. 쉬웠다면 미국, 독일, 일본의 자동차 회사들이 앞서 시행하지 않았을 리가 없다. 마치 수컷 공작새가 목숨을 걸고 화려하고 풍성한 깃털을 과시하듯, 파산을 각오한 현대자동차의 전략이 성공한 것이다.

풍족함을 자랑한 권율 장군

경기도 오산에는 독산성(禿山城)이 있다. 그리고 그 한가운데에 세마대(洗馬臺)라는 곳이 있다. 말을 목욕시킨 곳이라는 의미다. 임진왜란 때 권율 장군이 왜군에 포위된 채 이 독산성을 지키고 있었는데, 하필 독산성 안에 물이 부족해졌다. 이 사실을 안 왜군이 공격을 준비하자, 권율 장군은 꾀를 내어 왜군에게 잘 보이는 곳에 말들을 세워놓고 물을 부어가면서 목욕을 시켰다. 그 장면을 본 왜군은 독산성 안에 얼마나 물이 풍족하면 말들까지 목욕을 시킬까 하고 당황하여 전투를 포기하고 물러갔다.

물이 부족한 상황에서 권율 장군은 어떻게 말들을 목욕시켰을까? 사실 권율 장군은 말에게 부은 것은 물이 아닌 쌀이었다. 멀리서 보면 물을 붓는 것처럼 보이도록 말이다. 보통 시그널링은 자신의 우수함을 상대에게 정확히 알리는 것이지만, 자신의 불리함을 감추고 우수함으로 위장하고자 하는 다른 전략이 동시에 존재할 수밖에 없다. 권율 장군은 일종의 위장 시그널링 전략으로 적을 속였던 것이다.

그러나 위장 전술에 능숙하지 않은 일반인이 자신의 우수성을 전달하고자 한다면, 경쟁자가 감히 따라 하지 못할 정도의 규모와 금액으로 시그널링을 해야 한다. 만일 현대자동차가 10년이 아닌 2년간 무상 수리를 보증했다면 미국 소비자는 절대 현대자동차를 구매하지 않았을 것이다. 그야말로 상상도 하지 못했던 10년이라는 엄청난 조건을 걸었기에 미국 소비자를 설득할 수 있었다.

콜라 맛을 제대로 보여준 펩시 챌린지

기업 경영자라면 우수한 품질의 상품을 생산하는 것이 최우선이다. 그다음에는 우수한 상품을 효과적으로 구매자에게 시그널링

할 방안을 모색하는 데 전력을 기울여야 한다. 펩시콜라는 오랜 기간 상품의 품질을 개선해서 코카콜라에 뒤지지 않는 맛있는 콜라를 만들었지만 코카콜라의 아성을 무너뜨릴 수 없었다. 펩시보다 코카콜라가 맛있다는 소비자의 인식을 깨기 어려웠기 때문이다. 그래서 생각한 방법이 바로 1975년에 시작한 '펩시 챌린지(Pepsi Challenge)'였다. 사람들의 눈을 가리고 펩시콜라와 코카콜라를 마시게 하고, 어느 쪽이 더 맛있는지 가려내는 이 행사를 대규모로 시행했다. 놀랍게도 행사에 참여한 많은 사람이 펩시가 코카콜라에 뒤지지 않는 맛을 가지고 있다는 사실을 알게 되었다.

자신의 우수성을 고객이 인정할 수밖에 없도록 만드는 시그널링은 기업의 생존을 좌우하는 중요한 전략이다. 효과적인 시그널링을 위해서는 항상 새롭고 효과적인 방법을 연구할 필요가 있다. 또 많은 경우 경쟁자가 감히 따라 하지 못할 수준의 과감한 투자가 시그널링 작업에 필요하다는 것도 기억해야 할 조건이다. 우수한 제품을 만들고 있는 기업이라면, 이제 시그널링을 시작해보자.

AI 시대 인재의 기준, 호모 심비우스

맹성현 KAIST

AI가 가져다주는 세상은 유토피아일 것인가, 디스토피아일 것인가? 이런 거대 담론은 AI가 가져올 미래에 대한 우리 생각을 가다듬어주기는 하지만, 매일 전쟁을 치러야 하는 기업 환경에서는 할 일 없는 학자들의 탁상공론으로 비칠 수 있다. AI 기술을 사업화하는 기업이나 그 기술로 혁신을 이루어야 하는 기업은 먼 미래보다 내년이 더 무섭기 때문이다. 하루에도 AI 관련 논문이 수백 편씩 쏟아진다는 사실을 모른다 해도, 점점 압박을 느끼고 있는 것이 사실이다.

구체적인 현실을 직시하자. AI의 성능과 지능 수준을 결정하는 계산 능력(compute)이 지수적으로 증가하고 있다. 생성형 인공지능(Artificial Intelligence, 이하 'AI')의 대명사 격인 GPT-3 모델에서 GPT-4 모델로 진화한 지난 2년여 동안, 그 능력이 약 1,000배, 즉 10의 3승 배로 증가한 것으로 보고되었다. 어림잡아 매년 10배 이상 계산 능력이 향상하니 4년 후인 2028년에는 현재보다 10의 4승, 즉 1만 배 정도 증가할 것으로 예측할 수 있다. 이런 추세와 알고리즘에 의한 지능 발전을 모두 감안하면 2028년에는 범용 인공지능(Artificial General Intelligence, AGI)이 출현할 것이라는 미국 국무부의 보고서는 간과하고 넘어갈 예측이 아니다.

과거에 경험해보지 못한 속도로 발전하는 AI 기술은 '선 적용, 후 테스트' 형태로 산업과 일상생활에 도입되고 있다. 인간의 정신노동을 대체하는 AI를 개발하면서 가능한 모든 상황을 예측하고 테스트해보는 것은 불가능에 가깝다. 그러다 보니 일단 출시한 다음에 전 세계 사용자의 힘을 빌려 테스트하는 것이다. 따라서 기업은 예측 가능한 안전성 테스트만을 거친 후, AI를 출시하여 인간 사회에서의 쓰임새와 영향을 보면서 미래의 모습을 만들어가는 방식을 택한다. 그런 뒤 필요에 따라 추가 학습으로 AI의 면모를 바꾸어 나가는데, 이 방식에는 소프트웨어적으로 클라우드상에 있는 AI를 업그레이드하면 전면적 보완을 할 수 있는 장점도 있다.

AI 지능의 업그레이드나 수리 비용은 일반 제조업에서의 부품

교체, 리콜, 재생산 등과 비교가 되지 않을 정도로 자주 일어날 수밖에 없다. 따라서 AI는 사회라는 환경에 적응하며 무서운 속도로 진화하는 생물과 같다.

현재의 AI 발전 상황을 보면 영화 〈설국열차〉가 떠오른다. 영화는 새로운 빙하기에 생존을 위해 폭주하는 열차에 갇힌 사람들이 계층 간에 투쟁을 벌이는 설정이다. 사람들이 앞쪽 칸으로 이동하려 분투하는 모습은 권력 구조하에서의 사회 현상과 신분 상승을 위한 인간의 욕망을 보여준다. 무한 경쟁으로 기술의 혁신을 이루고 있는 현재 AI 기술의 발전상도 마치 폭주하는 기차와 같다. 개발자와 기업이 문제 해결력을 증대시키면서 인간의 감성과 창의성을 갖춘 AI를 만들기 위해 엄청난 투자를 하는 모습은, 기술 주도권을 잡아 열차의 앞쪽으로 옮겨 가면서 그들의 끝없은 욕구를 충족시키려는 것과 다를 바가 없다.

이처럼 끝없는 욕망이 폭주하는 가운데, 최근 생성형 AI의 막대한 개발비와 운영비로 인해 오픈AI를 비롯한 거대 IT 기업들이 무한 경쟁을 견디지 못할 것이라는 회의론도 있다. 과거에 AI 기술이 거쳐 간 '겨울'을 회상하면서 지금의 폭발적인 관심과 투자의 열기도 한계에 다다른 것이 아니냐는 우려가 대두되는 것이다. 하지만 이미 시작된 AI로 인한 사회의 전환(transformation), 즉 AIX는 비가역적인 것으로, 기술적 한계는 극복될 것이며 각 산업 영역에서 AI가 파괴적인 혁신을 가져오리라는 것은 자명하다.

인간, 느낄 수 있는 생물학적 존재

AIX가 열기를 뿜기 시작하는 지금, 일자리 지평에서 인간이 설 자리는 어디일까? 개인은 어떤 능력을 추구하고, 기업이나 기관은 어떤 인재 양성 계획을 수립해야 할까? 그 답은 인간의 본성을 탐구하는 것에서 찾아야 한다. 즉, 'AI 사고'의 특이성이 인간 사고나 본성과 어떤 차이가 있는지를 찾고 개인, 기업, 국가의 경쟁력이 어디에 있는지 파악해야 한다.

문제가 복잡할 때는 가장 근본적인 차이부터 들여다보는 것이 좋다. AI가 디지털 존재인 데 비해 인간은 생물학적 존재라는 것에 주목하면 현재뿐만 아니라 가까운 미래에도 적용할 수 있는 두 존재의 차이를 알 수 있지 않을까? AI에 생물학적 특성을 부여한 사이보그 형태 ASI(Artificial Super Intelligence) 시대는 아직 예측조차 하기 어려운 미래이므로, 더 현실적인 이슈에 초점을 맞추어보자.

생물학적 존재로서 인간의 특성은 '느낄 수 있다'라는 것이다. 진화 과정에서 출현한 뇌 신경계 덕분에 가능해진 '느낌'은 인간의 의식, 특히 자아의식과 불가분의 관계에 있다. 감각(sensing)을 통해 받아들인 외부 세계에 대한 이미지들이 자신의 경험과 연결되는 지각(perception)의 과정을 거치면서 우리는 자기 존재를 느낀다. 이렇게 우리 뇌는 자아 감각 이미지와 외부 대상 이미지나 세계 모델을 동시에 가지고 있기에 우리의 생각을 우리에게 속하게 한다. 반면에 AI는 센서를 통해 외부 데이터를 받아들여 지각할 수는 있어도 '느낌'의 부재로, 의식이나 자아 감각을 가질 수 없다.

인간의 자아 감각 혹은 자의식은 의도, 호기심, 내적 동기, 욕망, 욕구 등을 만들어내어, 자신과 주변 세계의 차이를 인지하면서 목표를 설정하고 끊임없이 수정하게 한다. 사회적 욕구를 충족시키기 위해 생겨난 사회성은 관계의 일부인 자신의 존재를 객관적으로 고려하는 메타인지 능력도 출현시켰다. 주관성이 뚜렷한 우리의 경험과 감정은 자아와 강력하게 연결되어 타인과의 관계 형성에 필수적인 역할을 하고, 의사 결정에 강력한 영향을 준다. 또 의도와 연결되어 창의성의 바탕이 된다.

즉, 창의력, 공감력, 경험체화 능력 등 미래 인재가 갖추어야 할 속성은 우리의 의식과 밀접한 관련이 있다. 이 일련의 인지적 과정은 인간의 본성하에서만 가능한 것으로 현재의 AI에서는 찾아볼 수 없다. 따라서 느낌과 의식이 없는 AI는 의도에서 비롯되는 창의력을 가질 수 없고, 감정과 경험을 연결하여 지식화할 수 없으며, 정서 기반의 공감을 할 수 없다. 육체가 없으므로 체화된 지식을 가질 수도 없다.

최근 공개된 챗GPT4-o의 데모에서는 화자의 감정을 이해하고 감정이 포함된 대화를 하는 AI를 볼 수 있었다. 그러나 이 능력은 훈련 데이터에 포함된 감정 상황을 이해하여 유사한 감정을 표현한 것에 지나지 않을 뿐, 상대의 감정을 느끼면서 대응하는 것과는 거리가 멀다. 지능 관점에서만 보더라도 AI는 의식에 의해 스스로 목표를 설정하고 수정해나가는 고급 인지 능력을 가질 수 없다.

결국 이런 차이가 우리에게 보호막이 될 것이다. 인간으로서의 고유성을 중심으로 AI에 대적하는 진을 칠 수 있게 한다. 적어도 상당 기간은 그럴 것이다.

AI 시대의 인재는 공생인

폭주하는 AI 기술의 발전 속도와 생물학적 진화 과정에 따라 성장하는 개인 능력 발전의 속도는 너무나 달라, 그 간극이 점점 벌어질 수밖에 없다. 다행히 인류에게는 문명이라는 이름으로 지식이 축적되었기 때문에 개인 능력의 한계를 극복해왔지만, AI가 이 지식을 급속도로 빨아들이면서 인간이 설 자리는 점점 좁아지는 것이 사실이다. 대적해서 이길 수 없다면 공생을 도모하는 것이 현명한 전략이다. 그러므로 AI 시대 인재는 공생 혹은 공존 전략에 능통해야 한다.

기업은 산업 생태계에서 경제적 목표를 달성하기 위해 공존 전략에 이미 익숙해져왔다. 그렇다면 기업의 인재 양성 전략으로는 별로 새로울 게 없는 것일까? '호모 심비우스(Homo Symbious, 공생인)'라는 단어의 의미와 배경을 상기해보자. 인간은 지구상에서 모든 다른 생물과 함께 살아가는 방법을 자연으로부터 배워야 한다.

인류가 7만여 년의 역사를 통해 지구상 다른 종들을 90퍼센트 이상 멸종시킬 정도로 공존의 본성이 없었다는 것은, 그동안의 비즈니스 전략도 공생과 공존보다 '경쟁을 통한 생존'이 더 보편적이었을 것임을 알려준다.

공존의 핵심은 상호 보완성과 시너지다. 서로가 도움이 되는 상태를 유지하면서 각자의 장점을 살리고 약점을 보완해서 둘의 합보다 큰 결과인 시너지를 도출할 수 있어야 한다. 이미 경영학 분야에서도 하버드대학교 석좌교수 마이클 포터(Michael Porter)의 '공유가치 창출'이나 경영학자 제임스 무어(James Moore)의 '생태계 전략' 등 경쟁을 넘어 협력과 공존의 가치를 중요시하는 경향은 강해지고 있다.

그렇다면 AI 시대 비즈니스 환경에서 공생인이 되기 위해서는 어떤 능력이 필요할까?

첫째, 인간과의 공감을 기반으로 하는 협업 능력이다. 인간의 뇌가 진화되어온 방향을 자연스럽게 따라가면 된다. 인간이 사회적인 동물로 진화하면서 뇌는 자신이 속한 사회에 대한 '마음 모형'을 만들어 다른 사람의 행동을 이해하고 예측하여 통제하려 한다. 마음 모형을 잘 만들어 활용하는 길은 스스로 끊임없는 호기심을 가지고 타인과 소통하는 것이고, 지속적인 협업을 통해 그 모형을 계속 업데이트하는 것이다. 타인과 나누는 감정적·언어적·문화적 요소는 우리의 정체성을 확립시켜줄 뿐만 아니라 공감 능력을 확장해 바람직한 협력을 끌어낼 수 있다. 특히 감정, 언어, 문화 요소와 같은 소통 기제를 모방하는 데 그치는 AI를 보완하기 위해서는 인간 사이의 소통과 협력이 더욱 빛을 발할 것이다.

둘째, AI와의 협업 능력이다. 챗GPT 이후 AI와의 공존이 핵심 화두가 된 것은 생성형 AI가 인간의 정신노동에 큰 시너지 효과를 주고 있어서다. 엄청난 양의 지적 노동을 분담할 수 있기 때문이기도 하지만, AI가 가진 방대한 개념 스페이스로부터 새로운 아이디어를 얻어낼 수도 있기 때문이다. 따라서 공존 전략을 실행하는 기업–개인과 그렇지 않은 기업–개인 간 생산성의 간극은 더욱 벌어질 것이다. 반면, AI는 창발 능력(emergent abilities)으로 인간이 예측하지 못한 행동을 할 수 있기에 통제를 위해서라도 '협력과 공존'의 프레임이 더욱 중요하다는 것도 염두에 두어야 한다.

셋째, AI와의 진정한 공존 관계를 이해하여 AI의 지속가능성을 위한 노력이 필요하다. 즉, 인간은 공존의 조건을 만족시키고 공존의 평형 상태를 유지하는 역할을 담당해야 한다. 공존의 모습으로 AI를 도와준다는 개념은 AI를 우리 통제하에 두고자 하는 노력의 일환이기도 하다. 공존의 조건이란 AI의 안전성과 신뢰성을 확보하는 것이고, AI로 인해 발생하는 윤리적 문제에도 민감하게 대응하는 것이다. 이런 조건을 따질 수 있는 인재는 AI와의 협업 과정에서 적절한 판단력을 발휘하여 공존의 평형 상태를 유지하는 데 일조할 수 있다.

격변의 시대, 대응은 리더의 역량에 달렸다

AI 시대 인재 양성의 첫걸음은 앞서 언급한 세 가지 핵심 역량을 기준으로 인재를 재정의하는 것이다. 리더는 인재 선발부터 양성 과정, 그리고 지속적인 평가까지 인적 자원 관리에 새로운 감각을 갖추어야 한다. 그뿐만 아니라 '인적 자원 풀'에 AI를 포함하는 것이 중요하다. 당분간은 AI를 핵심 도구로 보며 비즈니스에 활용하고 운영하는 계획을 세워야 하지만, 궁극적으로 AI를 협업하는 일꾼으로 인정하여 진정한 공존과 협업 체계를 만들어가야 할 것이다.

모든 기술이나 사상의 도입이 그렇듯이 AIX의 성공 여부는 조직 문화가 어떻게 바뀌는가에 달렸다고 해도 과언이 아니다. 리더의 AI 관련 비전이나 마음가짐 못지않게 조직원이 어떤 마인드셋으로 리더와 공조하는가의 문제다. 조직 전체에 세 가지 역량의 중요성이 지속적으로 전달되고, 실제 조직 운영과 평가에 반영되는 과정을 거치는 것이 우선이다. 그리고 부서별로 필요한 AI 역량과 발전 방향이 제시되어야 한다. 이 같은 변화를 위해 리더를 중심으로 모든 구성원의 AI에 대한 이해도를 높이는 것이 선결 조건임은 말할 나위 없다.

리더가 특별히 관리해야 할 공존의 대상은 조직원이다. 리더가 조직 내에서 AIX의 범위를 어떻게 정할지에 따라 조직을 구성하는 지식 노동자의 운명이 달라질 수 있기 때문이다. 예를 들어, 법무 법인에서 AI를 사용할 때 초임 변호사의 능력을 신장시키는 데 초점을 맞출지, 아니면 AI를 더 적극적으로 사용하여 경험 있는 변호사의 생산성 향상을 도모할지에 따라 명암이 엇갈린다. 이는 AI를 초급 지식 노동자의 기량을 향상시킬 목적으로 사용하여 전체적인 역량을 높일지, 고급 지식 노동자의 보조로 사용하여 전체적인 효율을 올릴지의 결정이다.

AI와의 공존, 협업 대상과의 공존, 조직 구성원과의 공존, 모두의 지속가능성을 위한 리더십이 중요하다. 지속적인 학습과 혁신이 없다면 리더라 할 수 없고 그 비전은 공염불로 끝날 수 있다.

주주자본주의를 대하는 기업의 자세

김우진 서울대학교

지난 몇 년간 ESG(Environmental, Social, Governance)는 국내 재계와 규제 당국은 물론 국민의 화두였다. ESG 강사들의 강의 슬라이드를 보면, 주로 2019년 미국 대기업 협의체인 비즈니스라운드테이블(Business Roundtable)의 이해관계자 중심주의 선언으로 시작하여 이제는 주주자본주의가 끝났다고 설명하는 경우가 적지 않았다. 이처럼 다소 과열 양상을 띠던 ESG에 대한 관심이 최근 해외를 중심으로 가라앉고 있다.

〈파이낸셜타임스〉에 따르면 2024년 2월 15일 투자운용사 JP모건(J.P. Morgan) 자산운용사업부와 스테이트스트리트(State Street)는 기후행동100+(Climate Action 100+)에서 탈퇴했다. 기후행동100+는 항공사, 정유사 등 온실가스 배출량이 많은 기업을 상대로 감축 노력을 강제하기 위해 2017년 12월 결성된 민간단체다. 블랙록 역시 기후행동100+ 회원 자격을 하위 사업부인 인터내셔널 부문으로 한정하며 관여도를 낮추었다. 심지어 2024년 1월 〈월스트리트저널〉의 한 기사는 "미국 기업의 가장 더러운 단어는 ESG"라고 언급했다. 그 기사에서는 최근 경영 트렌드가 '책임지는 기업 경영' 등 전통적인 단어로 회귀하고 있다고 했다.

그렇다면 이제 지속가능성은 기업 경영에서 필요 없는 가치가 된 것일까? 이해관계자 중심주의는 5년의 짧은 유행을 마치고 다시 주주자본주의로 회귀한 것인가? 아니면 주주자본주의는 오히려 한 번도 우리 곁을 떠난 적 없는 시장 경제의 기본 원리인가?

기업의 창조적 파괴가 경제를 발전시켰다

주주자본주의에 대한 논의에 앞서 먼저 시장 경제가 무엇을 의미하는지 이해할 필요가 있다. 이는 흔히 재계의 이해를 대변하는 단체와 연구 기관이 대중의 '반기업 정서'를 근거로, 대중이 시장 경제에 대해 잘 모른다는 논리를 펼치기에 더욱 중요하다. 시장 경제는 경제 내 희소한 자원을 배분하는 문제를 시장에서 결정되는 가격에 의존하는 시스템이다. 시장 가격은 제품과 서비스에 대한 수요와 공급에 따라 결정된다. 수요는 자신의 효용을 극대화하려는 소비자에 의해 결정되며, 공급은 자신의 이윤을 극대화하려는 생산자에 의해 결정된다.

효용 극대화는 쉽게 말하면 가성비 좋은 제품을 구매해서 만족도를 높이려는 가장 기본적인 경제 주체의 행동 방식이다. 이윤 극대화는 그야말로 돈을 많이 버는 것이다. 즉, 시장 경제는 개개인의 사적 이익을 추구하는 동기에 의해 돌아간다. 1776년 영국 경제학자 애덤 스미스(Adam Smith)는 저서 《국부론》에서 사회 구성원이 필수적인 재화와 서비스를 생산하고 소비할 수 있는 근본적 이유를 인류 최초로 밝혔다. 그는 그것이 타인에 대한 배려나 이타심이 아닌 자신의 이윤을 극대화하고자 하는 동기임을 간파했다.

시장 경제에서는 유망한 사업 기회를 포착하려는 수많은 기업이 끊임없이 혁신을 일으킨다. 몇 년 전 알파고가 이세돌 9단을 이기면서 전 국민이 충격을 받았다. 상당수의 언론은 정부의 적극적인 AI 개발 지원을 촉구했다. 당시 나는 기고를 통해 알파고는 나사(NASA)가 만든 것이 아니라고 지적한 바 있었다. 주지하다시피 알파고는 구글이 만든 프로그램이다. 구글은 알파고를 인류의 행복한 미래를 위해 만들었을까, 아니면 더 많은 이윤을 창출하기 위해 만들었을까?

혁신은 기존 제품 혹은 서비스를 더 효율적으로 (즉, 더 저비용으로) 생산하거나, 새로운 제품 혹은 서비스를 창출함으로써 일어난다. 그리고 이에 적응하지 못한 기업은 바로 도태된다. 이것이 바로 경제학자 조지프 슘페터(Joseph Schumpeter)가 지적한 '창조적 파괴'며, 이 과정에서 경제가 발전한다.

하지만 시장 경제와 반대되는, 계획 경제에서는 경제 내 희소한 자원의 배분이 시장 가격에 따라 결정되지 않는다. 결정은 중앙 당국이 한다. 개인의 사적 이윤 추구가 허용되지 않기에 혁신이 일어나기 어렵다. 필수재조차 품질이 안 좋고 그나마 공급량까지 부족한 경우가 허다하다.

이처럼 현실에서 사회주의 체제를 통해 약 100년간의 실험을 거친 계획 경제는 북한 등 일부 지역을 제외하고는 현대 사회에서 도태되었다. 시장 경제, 즉 자본주의가 인류에 기여한 것은 상류층, 귀족을 더 잘살게 한 것이 아니다. 일반 대중의 생활 수준을 향상시킨 것이다. 당신이라면 화장실도 없는 베르사유궁에서 귀족으로 사는 것과 오늘날 서울에서 중산층으로 사는 것 중 어느 쪽을 선택할 것인가?

시장 경제에서 주주자본주의의 의미

그렇다면 시장 경제에서 주주자본주의는 어떤 의미인가? 주주자본주의는 시장 경제의 기본 원리인 사적 이익 추구를, 전체 주주

'공동의' 사적 이익 추구로 확대한 것이다. 기술이 발전하면서 사업에 필요한 자금의 규모가 커졌고, 개인 자금으로는 부족하기에 주식회사 제도를 통해 여러 주주로부터 자금을 조달하게 된 것이다. 어떻게 보면 주식회사는 동업자의 수가 N으로 확대된 공동 사업 형태로 볼 수 있다.

각 주주는 출자한 지분 비율대로 해당 회사의 이윤에 대한 N분의 1의 청구권을 보유한다. 10주 보유한 주주, 20주를 보유한 주주 등 가진 주식 수에 따라 배당을 받는다. 즉, 보유한 주식 수만큼 공평하게 대우받는다.

흔히 주주자본주의를 주주, 채권자, 종업원, 협력 업체, 지역 사회 등 기업의 다양한 이해관계자 중 주주의 이익을 가장 최우선시하는 사고방식 정도로 이해하는 경향이 있다. 그런데 주주자본주의를 공동의 사적 이익 추구라고 이해하면, 이는 시장 경제 원리 중 핵심인 공급자 혹은 생산자 이윤 극대화의 또 다른 표현에 지나지 않는다. 주주가치 극대화는 시장 경제 원리의 핵심 구성 요소며, 양자는 독립적으로 존재하는 별도의 개념이 아닌 셈이다. 즉, 시장 경제를 주장하면서 주주자본주의에 의문을 제기하는 것은 논리적 모순에 빠진 자가당착이 된다.

한국의 이해관계자 자본주의와 ESG 수용성

2019년 비즈니스라운드테이블의 이해관계자 중심주의 선언 이후, 국내에서는 이를 비교적 빠르게 수용했다. 그래서 대기업과 재계를 중심으로 전통적인 기업의 사회적 책임을 넘어 이해관계자 자본주의와 ESG 경영이 신경영의 대세처럼 여겨졌다. 한국에서 이해관계자 중심주의가 빠르게 수용된 데에는 한국 상장기업 지배주주의 이해와 일치하는 측면이 있어서다. 이해관계자 중심주의에서는 주주가 채권자, 종업원, 협력 업체, 지역 사회 등과 동급으로 취급된다. 따라서 점점 거세지는 투자자의 요구에 효과적으로 대응하는 데 이해관계자 중심주의는 매우 유용한 개념이었다.

최근 금융 당국이 강력하게 추진 중인 밸류업 정책에 대한 경영진의 인식에서도 이런 접근을 엿볼 수 있다. 국내를 대표하는 상장대기업의 경영진은 대부분 밸류업 정책의 핵심을 주주환원 확대로 인식한다. 마치 노사 협상의 결과로 임금을 인상하듯이, 주주 협상의 결과로 배당을 확대하는 식으로 이해하는 모양새다.

기업을 구성하는 다양한 이해관계자 중 하나인 주주가 배당을 더 달라고 하니, 우는 아이 떡 하나 더 주는 것과 같은 그림이 연상된다. 하지만 이런 인식은 앞서 설명한 시장 경제 원리와 정면으로 배치된다. 시장 경제에서는 생산자의 이윤 극대화 과정을 통해 공급이 결정되는데, 주식회사 제도 아래에서 생산자의 이윤 극대화는 바로 주식회사의 이윤 극대화다. 이때의 이윤은 회계적 이윤이 아니라, 자본의 기회비용, 즉 자본비용을 제한 경제적 이윤이다. 자본비용은 회사 입장에서는 비용이지만, 투자자 입장에서는 요구수익률이다. 자본비용은 '사회적' 비용처럼 어떤 추상적인 개념이 아니고, 투자자가 해당 투자로부터 얻고자 하는 구체적인 수익률이다.

회사가 버는 이익이 자본을 쓰는 데 따른 비용(Cost of Equity, COE)을 초과할 때 비로소 가치가 창출된다. 그런데 회사가 요구수익률보다 더 많이 벌었는데도, 배당하지 않고 재투자한다면 오히려 주주 이익에 부합된다. 반대로 회사가 요구수익률보다 낮은 수익을 냈다면 차라리 주주에게 환원하여, 주주가 다른 산업에 투자하도록 하는 것이 사회적으로도 더 바람직하다.

주식회사가 벌어들인 이익은 회사에 남아 있든, 배당으로 나가든 원칙적으로 모두 주주의 것이다. 따라서 주주환원은 궁극적으로 회사의 주인인 주주의 현재 가치 극대화를 위한 수단적인 성격을 띠며, 임직원에 대한 보수와는 성격이 전혀 다르다.

주주자본주의에서 발생하는 대리인 문제

미국 상장기업은 대부분 창업 세대가 지나면 전문 경영인 체제로 전환하므로, 경영진은 보유 지분으로 지위를 유지하지 않는다.

지분이 없거나, 매우 적으므로 전문 경영인은 기업 가치에 별로 신경 쓰지 않는다. 여기서 고액 보수, 연임, 전용 항공기 사적 사용 등에만 관심 있는 소위 '대리인 문제'가 발생한다. 반면, 한국처럼 투자자에 대한 법적 보호가 취약한 나라에서는 지배주주가 상장기업과는 별도의 개인 회사를 세워 내부 거래를 통해 상장기업의 이익을 개인 회사로 이전시키는 형태의 대리인 문제가 발생한다.

최근 국내에서 추진 중인 밸류업 정책은 일본 도쿄증권거래소의 'Actions to Implement Management Conscious of Cost of Capital and Stock Price'를 벤치마킹한 것으로, 정책 제목에서 알 수 있듯 자본비용을 전면에 내세운다. 그동안 일본과 한국의 경영진은 자본비용을 아예 무시해온 것이 사실이다. 한국 상장기업에는 대부분 지배주주가 존재하므로, 일반주주에게 배당 혹은 주가 상승을 통한 수익을 돌려주지 않아도 경영진의 지위 유지에 큰 문제가 없었다. 하지만 미국 상장기업은 대부분 전문 경영진 체제여서 자본비용을 무시하는 CEO는 자리를 유지하기 어렵다. 자본비용을 하회하는 수준의 투자를 계속하다가는 이사회에서 경질될 가능성이 크다.

이와 달리 한국은 자본비용을 거의 0으로 간주해와서 손익분기만 넘으면, 즉 흑자 전환만 하면 괜찮다고 인식하는 경향이 있다. 그러나 이는 '생산자 이익 극대화'라는 시장 경제 원리에 맞지 않는다. 흑자 전환은 이제 수익률이 겨우 마이너스를 면했다는 의미에 불과하다. 주주가 요구하는 수익률(예컨대, 10퍼센트)을 맞추기 위해서는 회사는 생산, 영업 활동을 통해 더 많은 수익을 내야 한다. 그만큼의 수익을 내지 못한다면, 해당 투자는 진행하지 않는 것이 생산자 이익 극대화와 이를 포함한 시장 경제 원리에 부합한다.

흔히 국내 재계 및 경제 단체는 반기업 정서의 원인으로 시장 경제에 대한 오해를 지적한다. 하지만 진정한 시장 경제는 당연히 주주 간 공평한 대우 혹은 주주에 대한 충실 의무를 함축하며, 일부 주주가 다른 주주의 이익을 침해하는 자기거래(self-dealing)를 용인하지 않는다. 계열사 간 손익거래, 분할과 합병 등 자본거래를 통해 지배주주의 이익을 추구하고 일반주주의 이익을 침해하는 국내 자본시장의 관행은 시장 경제가 추구하는 바와 방향이 전혀 다르다. 글로벌 스탠더드와도 전혀 부합하지 않는다는 점을 명심할 필요가 있다.

투자와 주주환원에 대한 오해

미국 조지타운대학교의 데이비드 매클레인(David McLean) 교수는 최근 저서 《The Case for Shareholder Capitalism: How the Pursuit of Profit Benefits All》에서 투자와 주주환원 간의 선택에 대해 다음처럼 설명한다.

미국이나 한국이나 정치권에서는 일반적으로 기업이 배당하는 것보다 투자하는 것이 더 낫다고 인식한다. 특히 한국에서는 재계와 언론을 중심으로, 배당을 하면 투자 재원이 부족해진다고 주장한다. 그런데 시장 경제 원리에 따르면 주식회사의 목표는 주주 이익의 극대화며, 재무 이론상 이는 순현가(Net Present Value, NPV)가 양인 모든 투자 기회를 실행함으로써 달성할 수 있다. 만약 어떤 기업이 투자를 하지 않고 있다면, 이는 양의 순현가를 실현할 투자 기회가 없다는 뜻이다. 이런 기업이 투자했을 때는 오히려 자본비용보다 못한 수익으로 기업 가치에 악영향을 미칠 수 있다. 즉, 모든 투자가 무조건 좋은 것은 아니다. 이 역시 앞서 설명한 자본비용과 자본수익성의 상대적 관계에 따라 결정된다.

일반적으로 배당이나 자사주 매입을 통해 주주에게 환원된 현금은 소비될 것이라 생각하는 경향이 있다. 그러나 주주는 해당 금액을 다른 기업, 특히 수익성이 좋은 기업에 재투자할 수 있다. 즉, 주주에 대한 환원을 통해 사회의 자원이 더 수익성 높은 투자 기회나 산업으로 이동하는 것이다. 이것이 바로 행동주의 투자자가 강조하는 자본 재배치(asset reallocation)로, 시장 경제 원리에 매우 부합하는 방식이다.

자사주 매입에 대한 오해

한편, 미국과 한국 모두 자사주 매입의 효과에 대해서도 많은 오해가 있다. 정치권이나 언론은 자사주 매입의 효과를 다음처럼 인식한다. 기업이 자사주 매입을 하면, 유통 주식 수가 감소하여 주당 순이익이 증가하고 따라서 주가가 상승한다고 말이다. 그러나 이 설명은 자사주 매입 이후에도 시가총액이 동일하게 유지된다는 암묵적인 전제를 바탕으로 한다. 그런데 자사주 매입은 공짜로 되는 게 아니다. 매입한 자사주만큼 기업에서 현금이 유출된다. 그러므로 유출된 현금 규모만큼 주주환원이 일어나고, 기업의 시가총액이 감소하며, 주가는 변하지 않는다. 여기서 중요한 점은 주가가 오르지 않더라도 주주환원은 일어난다는 것이다. 자사주 매입을 통해 주가가 오르면 주주환원이라고 설명하는 언론 기사가 있는데, 이 설명은 정확하지 않다.

이 오해는 미국보다 한국에서 특히 심하다. 자사주 매입 이후에도 거래소가 발표하는 시가총액에 변함이 없어서다. 매입한 자사주, 즉 자기주식 혹은 금고주는 상법상 의결권과 배당권이 없으며, 회계적으로는 자본차감 계정이다. 그래서 자기주식은 미발행 주식으로 보는 것이 자본시장 선진국의 일반적인 인식이며, 이에 따라 자사주 매입 즉시, 자사주 매입분만큼 시가총액에서 제외한다. 자사주 매입분만큼 현금이 유출되어서다.

그런데 한국에서는 아직도 실무계와 일부 학계에서 소위 '자산설'이 지지를 받으면서, 발행 회사의 자기주식을 마치 다른 회사의 주식처럼 취급한다. 심지어 회사가 보유한 자사주를 지배주주 측

지분으로 인정하는 규정도 있을 정도다. 이 관행은 글로벌 스탠더드와 전혀 맞지 않으므로 매입 자사주는 시가총액에서 바로 제외하도록 조기에 시정될 필요가 있다.

그동안 과도한 주주이익의 추구로 기후 변화 등 전 지구적 사회문제가 발생한 점은 부인할 수 없다. 그러나 이에 대한 반작용으로 주주자본주의를 버리고, 이해관계자 이익 극대화를 기업의 목표로 해야 한다는 주장 역시 합리적이라고 보기 어렵다.

시장 경제에서 혁신의 원동력은 이윤 추구라는 점을 인정해야 한다. 성과에 대한 보상이 없으면 누가 열심히 일할 것인가? 성적에 대한 평가가 없으면 누가 공부할 것인가? 서울의 택시 기사 보수를 완전 월급제로 전환하여 성과 보수를 축소하자 택시 공급이 감소했던 일을 기억할 필요가 있다. 국내 모든 기업이 이윤 추구를 포기하고 사회적 기업으로 전환한다면 과연 대한민국 경제는 굴러갈 것인가? 시장 경제와 주주자본주의에 대한 정확한 이해를 통해 건강한 기업 경영의 방향을 정해야 할 때다.

기업의 위기관리,
여론 법정에서 무죄를 증명하라

송동현 밍글스푼

대부분의 기업의 심각한 위기는 불법 행위에 따른 법률적인 판단으로 법정에서 마무리되는 경우가 많다. 하지만 24시간 실시간으로 정보가 공유되는 다채널 미디어 환경 속에서는 실제 법정으로 가기 전 기업은 또 하나의 법정을 반드시 거쳐야 한다. 바로 '여론 법정(court of public opinion)'이다. 실제 법정에서 의뢰인을 변호하는 변호사에 빗대어, 위기관리 전문가를 상징적으로 '여론의 변호사'로 칭하기도 한다. 공식 타이틀이 아닌 비유적이고 상징적인 표현이다.

여론 법정은 인류사와 함께했다. 소크라테스(Socrates)에게 독배를 들게 한 고대 그리스 재판부터 도로 추격 장면이 헬기로 생중계되었던 미국 미식축구 선수 O. J. 심프슨(O. J. Simpson)의 부인 피살 사건까지 여론 법정은 항상 존재해왔다. 또한 실제로 법정이 열리든 열리지 않든 중요한 역할을 했다. 비이성적인 여론 속에서 소크라테스는 독배를 마셨고, 백인 경찰이 흑인을 비하하는 인종차별주의자라는 여론 법정 전략 속에 배심원은 심프슨에게 무죄 평결을 내렸다.

현대판 불경죄를 처벌하는 '국민정서법'

우리나라의 경우, 실제 법정은 죄형법정주의에 따른 대한민국 법률 체계 내에서 작동된다. 그렇다면 법률 체계 밖에서 운영되는 여론 법정은 어떤 근거로 작동할까? 여론 법정은 법률상 죄가 성립되지는 않지만 소위 '국민정서법'이라고 불리는 무형의 법률이 지배한다. 이를 위반하면 이른바 '괘씸죄'가 성립된다. 근대 형법상 기본 원칙인 죄형법정주의에 따라 범죄와 형벌을 미리 법률로써 규정해야 한다는 원칙에 어긋나지만, 여론 법정에서는 괘씸죄가 엄연히 존재한다.

과거에는 군주와 왕족의 존엄을 해치는 불경한 자를 불경죄로 처벌했다. 주권자인 군주와 국가를 동일시하는 체제에서 불경죄는 백성을 다스리는 수단 중 하나였다. 국민이 주권자인 민주주의 국가에서는 불경죄가, 헌법보다 먼저 국민정서법으로 재단하는 괘씸죄로 변모한 셈이다. 과거 전두환 정권 시절에는 괘씸죄로 대기업이 공중분해가 되기도 했다. 고무신 생산에서 시작해 국내 굴지의 그룹으로 성장한 국제그룹은 당시 정치 자금을 적게 낸 것이 괘씸죄가 되어 해체에 이르렀다. 대한민국 기업 비사로 널리 알려진 이야기다. 이때 괘씸죄는 불경죄에 가깝다.

여론 법정의 판결은 실제 법적 효력은 없지만, 기업의 위기관리 측면에서는 돌이킬 수 없는 악영향을 미친다. 대다수 국민감정과 국민정서를 거스른다는 이유로 받는 무형의 죄이기 때문이다.

모 방송인은 10년여 전 음주 운전 논란 이후 대법원에서 무죄를 받았다. 최근 방송 복귀를 준비했지만 대중의 시선은 아직 냉랭하다. 10년이면 강산도 변한다는데 여론 법정에서는 그 룰이 통하지 않는 것이다. 당시 논란이 일었던 정황과 대응 과정에 대해 실제 법정에서는 무죄를 선고했으나, 여론 법정의 배심원인 대중은 괘씸죄를 선고했다.

병역 기피로 도마 위에 올랐던 가수 유승준의 사건 역시 국민정서법을 위반한 대표적인 사례다. 그는 1997년 데뷔 이후 바른 청년 이미지로 큰 사랑을 받다가 돌연 미국으로 건너가 미국 국적을 취득한 뒤 병역 의무를 피했다고 알려져 있다. 그 결과, 그는 20여 년간 한국 땅을 밟지 못했다.

유죄 추정의 원칙이 작동되는 여론 법정

이른바 여론 법정에서 나쁜 기업으로 낙인찍히면 장기간의 불매 운동과 부정적 평판으로 이어지기도 한다. 최근 여론 법정에서는 기업의 규모에 비해 사회 공헌도가 낮은 기업, 기업 CEO의 돌출 언행으로 신뢰감이 떨어지는 기업, 상생하지 않는 행보를 보이는 기업, 기업 문화가 시대에 뒤떨어진 기업, 안전과 친환경에 관심이 없는 기업 등에 여지없이 괘씸죄를 선고한다. 이런 흐름 속에 여론 법정의 이해와 기업의 위기관리를 위한 핵심을 정리했다.

여론 법정에서는 '유죄 추정의 원칙'이 작동한다. 실제 법정에서 작동하는 '무죄 추정의 원칙'과 정반대인 셈이다. 이는 기업 위기관리 측면에서 여론 법정을 이해할 수 있는 핵심이기도 하다. 여론 법정에서 대응에 실패하는 원인은 대부분 이 원칙을 잘 이해하지 못했기 때문이다.

모든 위기는 부정적 요소와 긍정적 요소를 내포한다. 미디어는 그중 부정적 이슈에 집중한다. 그렇게 해야 독자와 시청자의 관심을 더 얻을 수 있어서다. 여론 법정의 배심원인 대중은 호불호, 진영이나 소속, 가치관에 따라 부정적 요소 혹은 긍정적 요소 둘 중 하나에 집중한다. 이를 통상적으로 '관점'이라고 한다. 이후 해당 이슈가 어느 정도 화제성이 생기면 미디어는 원하는 관점이 대중에게 형성되도록 커뮤니케이션의 틀과 주제를 잡는데, 그것이 '프레임'이 된다.

특정 이슈에 대해 미디어가 관심을 가지고 대중의 반응은 증폭될 때 미디어는 의도가 있는 질문을 하고, 대중은 감정적 의견을 표출한다. 이때 관점의 차이가 진실이 되고, 자신이 이야기하는 진실을 상대에게 설득하려는 의지가 발동하기 시작한다.

특정 이슈에 대한 사회적 관심이 커지고 논란과 논쟁이 증폭되면 확인되지 않은 여러 진실이 난무하는 이유가 여기에 있다. 사람들은 '진실은 오직 하나'라고 생각하지만 여론 법정에서의 현실, 미디어 공간에서 진실은 그렇지 않다. 어떤 위기가 발생하든 '내가 이야기하고 싶은 진실', '언론이 쓰고 싶은 진실', '국민, 고객, 대중, 특정 이해관계자가 듣고 싶어 하는 진실'이 뒤섞인다. 그 간극을 줄이는 것이 바로 전략적 커뮤니케이션이다.

해당 이슈의 당사자가 된 기업이나 정치인, 연예인의 입장에서는 이런 상황이 답답하기 마련이다. 그러다 여론 법정을 지배하는 유죄 추정의 원칙을 이해하지 못한 채 '나는 무죄고 오히려 피해자며, 언론과 대중이 무지해서 이런 상황이 발생했다'라며 책임을 전가한다. 그러다 '정확하게 이야기하고 설득해야 한다'는 생각에까지 이른다.

이때 주변의 응원은 커뮤니케이션 의지를 가중시킨다. 이윽고 당사자는 미디어의 구조화된 질문과 추측성 추궁에 감정적 반응과 함께 아주 상세하고 장황하며 지극히 이성적이며 과학적 논리로 상대를 설득하기 위해 노력한다. 미디어와 대중의 관점과 의문 제기가 굉장히 비논리적이고 비상식적이라며 자신의 논리를 중심으로 설득을 시도한다.

그러나 미디어와 대중에게 진실은 중요하지 않다. 그들은 그 이슈가 사회에 미치는 영향에만 집중한다. 따라서 이슈는 더 복잡해지고 논쟁은 더 확산한다. 나아가 해당 이슈는 희화화되어 논쟁의 주제는 가라앉아버리고, 언쟁과 온라인의 놀이 문화 속에서 소비되는 상황이 벌어지기도 한다.

첫 프레임은 뒤집기 어렵다

흔히 자동차 사고에서는 '100퍼센트의 피해자도, 100퍼센트의 가해자도 없다'라는 말이 있다. 이는 위기관리에도 그대로 적용된다. 사안이 복잡할수록 서사를 들여다보면 100 대 0으로 피해자와 가해자가 나뉘는 상황이 거의 없다. 이처럼 여론 법정에서의 위기관리는 판단이 어렵다.

100퍼센트의 가해자와 피해자가 확실하다는 판단이 든다면 해결 방식은 간단하다. 통상적으로 가해자는 사회적 비난을 받고 피해자는 보호와 공감, 옹호와 동정을 받는다. 당연한 이야기지만 이때는 가해자보다 피해자로 평가받는 것이 훨씬 낫다. 그래서 대중에게 가해자라 낙인찍힌 기업은 '나도 피해자'라고 입장을 정하고 이에 따른 커뮤니케이션 전략을 짠다. 이 때문에 여론 법정은 정작 가해자는 없고 피해자만 존재하는 '피해자만의 세상'처럼 보일 때도 있다.

피해자와 가해자라는 양측의 주장은 대부분 '내 말이 팩트'라는 근거로 이루어진다. 그리고 대중이 이를 합리적으로 해석하도록 설득하는 과정이 병행된다. 이때 소위 정상 참작을 할 수 있는 특별한 사유가 있거나 해당 위기 이슈 발생 전후에 이슈의 당사자가 해야 할 일을 마땅히 했지만 불가항력의 상황이었다면 피해자의 포지션을 선택하고 주장하는 데 유리하다. 하지만 그게 아니라면 대중에게는 일방적인 주장으로 비칠 뿐이다. 오히려 대중의 비난이 거세지거나 분노를 증폭시키기도 한다.

위기 발생 초기에 여론 법정에서 프레이밍된 가해자 포지션은 극단적으로 사실 관계가 뒤바뀌지 않는 한 뒤집히기 어렵다. 그러므로 좀 더 혁신적인 수준의 합리적 결정이 필요하다. '우리가 왜 가해자 포지션에 서게 되었는지'에 대한 히스토리와 결과를 정확히 고찰하는 시간이 필요하다. 이 과정은 즉흥적인 결정과 즉답으로 인한 실수를 예방하며 장기적으로는 위기관리를 위한 포석이 된다.

사안에 따라 다르지만 여론 법정에서는 이성적이고 과학적이고 논리적인 설명이 최선의 모범 답안이 되지 않는다. 나만의 논리를 바탕으로 장황한 설명만 하면 해석은 더욱 복잡해지고 판단은 불확실해질 가능성이 커진다.

여론 법정에서는 해당 이슈의 성격에 따라 메시지의 종류와 깊이, 양을 세심하게 조절해야 한다. 대중과 미디어가 주장하는 진실과 내가 주장하는 진실의 간극을 줄일 수 있는 메시지를 중심으로 신뢰성과 긍정적인 지지자를 확보할 필요가 있다. 여론 법정의 배심원인 대중은 '나를 이해하는 그룹'이 아니라 기본적으로 '나를 오해하는 그룹'이라는 것도 명심한다.

세상에는 완벽한 기업도 없고 완벽한 사람도 없다. 그러므로 평소 기업은 이해관계자와 대중에 대한 철학을 바탕으로 모범적인 경영을 하고, 긍정적인 평판을 쌓아야 한다. 이런 과정이 있었다면 기업에 특정 이슈가 발생했을 때 여론 법정에서 이해관계자와 대중은 발 벗고 나서서 기업을 옹호할 것이다. 이를 여론 법정에서 속칭 '까방권', 즉 '까임방지권'이라고 한다. 기업과 유명인이 잘못을 저질렀을 때 비난이나 악성 댓글을 면제받을 권리를 속되게 이르는 말이다.

하지만 평소 그런 긍정적인 자산이 없는 상태라면, 격정적인 심경 토로 혹은 감정적 읍소와 하소연으로만 점철된 커뮤니케이션은 악영향만 끼친다. 그렇지 않아도 가해자라는 선입관을 가진 대중이 올바른 판단과 해석을 하는 데 별 도움을 주지 못해서다.

어설프게 대응하기보다 차라리 침묵하라

'우리도 피해자임을 몰라주는 대중 수준이 문제'라는 논리의 커뮤니케이션보다는 차라리 침묵이 해답일 수 있다. 이런 인식이라면 부정적인 반응이 이어질 수밖에 없고 결국 가해자 포지션은 더 고착한다. 여론 법정의 대중에게 시쳇말로 '중립 기어를 박고 이성적 판단을 하기 위해 좀 더 기다려보겠다'라는 평가를 받기 위한 전략이 아니라면 전혀 도움이 되지 않는다.

여론 법정에서 피해자와 가해자를 가르는 것은 오로지 대중의 몫이다. 배심원 역할을 하는 대중이 합리적으로 판단하게 만들고, 피해자라는 판결을 받아내려면 간결하고 명확한 커뮤니케이션이 훨씬 전략적이다.

여론 법정에서 괘씸죄는 대중과 다수의 언론이 생산하고 온라인에서 확산, 재생산된다. 이 과정에서 다수 언론과 대중은 표면상으로 기업의 사회적 책임을 묻지만 이른바 '무릎 꿇기'를 원하기도 한다. 대부분 괘씸죄의 대상이 되는 기업 혹은 유명인은 그 분야에서 승승장구하는 상황일 때가 많다. 실수가 노출되면 명성과 평판이 떨어질 가능성이 크다. 잃을 것이 많다는 이야기다.

그래서 과거에는 여론 법정에서 괘씸죄 판결을 받으면 무조건 피하자는 전략이었다. 공식 사과와 함께 자숙의 시간을 보내는 경우도 많았다. 사실과 다르더라도 언론과 대중을 향해 적극적으로 해명하는 것이 오히려 다른 논란을 일으킨다고 여겨서다. 오랜 기간 이런 과정을 통해 언론과 대중을 이길 수 없다고 학습된 것이다.

그렇다고 무조건 침묵할 수는 없다. 최근에는 기업과 개인이 언론과 대중에게 맞서는 일종의 저항도 새로운 전략으로 인식되고 있다. 중요한 것은 정확한 상황 판단을 통한 사실 관계 정립과 이를 통한 설득과 교정이다.

이때 의견과 주장, 추정이 아닌 객관적 사실을 중심으로 한 이해관계자와 공감 가능한 맥락이 핵심이다. 여론의 정서와 흐름, 맥락을 이해하지 못하고 거짓말만 하거나 무관심만을 보인다면 여론 법정에서 대중이 내린 괘씸죄 선고는 상소할 수 없는 확정 판결이 된다. 그리고 쌓아왔던 긍정적 평판은 신기루처럼 사라진다. 혹시 지금 여론 법정에서 미디어와 대중의 문제 제기를 받아 답답하다면 다음 항목을 꼭 한 번 고민해보길 바란다.

- 지금 우리가 ○○○를 통해 ○○○를 향해 이 말을 하면 도움이 될 것인가?
- 이 상황과 이 시점에서 우리가 하고 싶은 이 말은 적절한가?
- 미디어는 나만의 주장에 설득당하는 존재가 아니다.
- 우리가 하고 싶은 이야기는 우리의 프레임 안에서만 맞을 수 있다.
- 반응을 하지 말고 대응을 하자.

종종 여론 법정에서 대중의 괘씸죄 선고에 대해 강력한 법적 대응만을 강조하는 모습도 본다. 때에 따라서는 강력한 법적 대응 포지션이 사안과 상황에 적절할 수 있다. 단, 이 경우라도 불특정 다수를 상대로 한 선전 포고 방식은 권하지 않는다. 정말 법적 대응이 필요하다면 다연장 로켓이 아닌 유도탄이 더 낫다.

불특정 다수를 향한 무분별한 법적 대응은 대중의 방어 기제를 작동시켜 대다수를 적으로 돌리고 우군 확보를 방해할 수 있다. 성급한 대응으로 위기관리에 실패해서는 안 된다. 기업의 변호가 아닌 여론 법정에 대한 이해를 바탕으로, 단순히 지금의 위기를 넘기자는 목표가 아니라 기업의 생존을 목표로 해야 한다. 이는 괘씸죄로 인한 위기뿐 아니라 모든 위기관리의 최종 목표다.

심리를 알면 답이 보인다, 경영을 위한 심리학

신임철 와인드업필름

행동경제학이란 심리학의 관점에서 인간의 경제적 선택, 즉 의사 결정을 연구하는 학문이다. 행동경제학에 따르면, 사람들은 다양한 심리적 요인 때문에 비합리적인 선택을 한다. 그런데 우리가 선택하는 상황은 불확실한 조건을 가진 경우가 많다. 그리고 불확실성은 우리 심리를 자극해 합리적 선택을 더욱 어렵게 만든다.

한편 경영은 선택, 의사 결정의 연속이다. 불확실성이 존재하는 상황에서 선택해야 하기에 경영이 어렵다. 그리고 거의 모든 경영진의 선택에는 심리적 요인이 영향을 미친다. 경영진이 불확실한 상황에서도 최적의 선택을 하려면 자신과 이해관계자의 심리를 이해하는 것이 중요하다.

전망 이론, 불확실성 속에 경영의 답을 찾다

사람들은 불확실성이 존재하는 상황에서 어떤 선택을 할까? 그리고 불확실한 상황에서는 어떤 심리적 요인이 선택에 영향을 미칠까? 행동경제학에 관한 연구로 노벨 경제학상을 수상한 대니얼 카너먼(Daniel Kahneman)과 에이머스 트버스키(Amos Tversky)는 이 질문들에 답하기 위해 '전망 이론(prospect theory)'을 제시했다. 이 이론의 핵심은, 사람들은 이득의 상황에서는 확실한 이득을 취하고 손실의 상황에서는 확실한 손실을 피하고 싶어 한다는 것이다.

사람들은 자신만이 아니라 다른 누군가가 아무것도 하지 않고 있는 것 역시 그대로 놔두질 않는다. 카너먼과 트버스키 이전에는 주류 경제학의 기대효용 이론이 불확실성한 상황에서의 선택을 설명했다. 이에 따르면, 사람들은 어떤 선택을 할 때 기댓값 혹은 기대효용이 가장 큰 대안을 선택한다. 예를 들어, 90만 원을 받을 확률이 100퍼센트인 대안(기댓값=90만 원)보다 1,000만 원을 받을 확률이 10퍼센트인 대안(기댓값=1,000만 원×10퍼센트=100만 원)을 더 선호하는데, 그 이유는 후자의 기댓값이 더 커서다.

하지만 카너먼과 트버스키는 사람들이 실제로 선택하는 걸 보니 기대효용 이론의 설명과 달리, 특정 대안의 기댓값보다 그 대안이 얼마나 확실한가를 더 중요하게 생각한다고 주장했다. 예를 들어, 10퍼센트의 확률로 1,000만 원을 받는 대안보다 확실하게 90만 원을 받는 대안을 선호한다는 것이다. 사람들은 불확실하게 주어지는 이득보다 확실한 이득을 더 높게 평가한다. 기댓값보다는 확실성에 더 가중치를 두려고 하기 때문이다. 이 심리를 '확실성 효과(certainty effect)'라고 한다.

그렇다면 이득의 상황이 아닌 손실의 상황에서는 어떨까? 90만 원을 잃을 확률이 100퍼센트인 대안(기댓값=-90만 원)과 1,000만 원을 잃을 확률이 10퍼센트인 대안(기댓값=-100만 원) 중에서 사람들은 어떤 대안을 선택할까? 기대효용 이론에 따르면, 기댓값이 더 큰 전자를 선택하는 것이 합리적이다. 하지만 전망 이론에 따르면, 사람들은 확실성 효과 때문에 손실을 확실하게 피하려 후자를 선택한다.

이를 위험에 대한 태도 측면에서 설명하면, 사람들은 이득 상황에서는 확실한 이득을 취하려는 위험 회피적(risk-averse) 태도를 보이지만, 손실 상황에서는 확실한 손실을 피하려는 위험 선호적(risk-taking) 태도를 보인다고 할 수 있다. 특정 확률로 이득 보는 것보다는 100퍼센트 확실한 이득을 더 선호하며, 100퍼센트 확실한 손실보다는 특정 확률로 손실을 보는 것을 선호한다. 그리고 어떤 선택의 상황인지(이득 상황인지, 손실 상황인지)도 매우 중요하다.

기업에서 신사업 추진은 이득 상황과 유사하다. 신사업의 기댓값은 성공 가능성(확률)에 달려 있다. 신사업을 추진할 때, 일반적으로 오너(창업가)보다 전문 경영인(임원)이 더 위험 회피적이다. 오너는 확실성보다 성공의 기댓값에 더 큰 가중치를 부여하지만, 전문 경영인은 실패했을 때 본인이 책임지고 물러나야 하기에 확실성을 더 중시한다. 그런데 기업이 성장하려면 위험을 무릅쓰고 지속해서 새로운 사업을 시도해야 한다. 확실한 이득만 안정적으로 추구하는 기업은 곧 한계에 부딪히고 결국 도태된다. 따라서 성장을 위해서는 경영진의 위험 선호적 태도가 필요하다.

행동경제학자는 경영진이 위험을 무릅쓰고 어려운 신사업과 프로젝트를 적극적으로 시도하게 하려면, 심리를 고려한 인센티브 설계가 필요하다고 제안한다. 가령 경영진이 신사업이 실패하더라도 자리를 지킬 수 있게 임기를 보장하고, 성공 보상을 크게 책정함으로써 성공의 기댓값을 매우 높게 설정해야 한다. 그래야 경영진이 작고 확실한 단기적 성과에만 집착하지 않는다.

또한 경영진은 직원이 '금액이 큰 불확실한 보상'보다 '금액은 작지만 확실한 보상'을 더 선호한다는 사실을 인지하고 보상 체계를 설계해야 한다. 대다수의 직원은 불확실한 스톡옵션이나 성과급보다 확실한 기본 연봉을 선호한다. 스타트업에서 많은 스톡옵션을 과감히 포기하고 기본 연봉이 더 높은 회사로 이직하는 사람이 있는데, 이는 바로 확실성을 중요하게 생각하는 심리에서 비롯된 행동이다. 경력직의 처우 협상에서도 확실한 성과급을 더 선호하는 심리가 나타난다. 예를 들면, 경력직은 성과급 범위를 기본 연봉의 0~100퍼센트로 설정하는 것보다 30~50퍼센트로 하는 것을 선호한다. 최소한 기본 연봉의 30퍼센트는 성과급으로 확실하게 받을 수 있어서다.

손실회피 이론, 이득보다 손실에 민감하다

한편 손실 상황에서 '확실한 손실을 회피하고 싶어 하는 심리'를 손실회피(loss aversion) 성향이라고 부른다. 행동경제학의 핵심은 전망 이론이고, 전망 이론의 핵심은 손실회피라고 할 수 있다. 카너먼과 트버스키는 전망 이론을 통해 사람들의 선호 체계가 비합리적인 것은 손실회피 성향 때문이라고 설명했다. 실제로 손실회피 성향은 경영의 다양한 영역에서 나타난다.

경영진은 종종 직원에 대해 불가피한 선택을 내려야만 하는 상황에 직면한다. 회사 경영이 어려워져 어쩔 수 없이 인력을 감축하는 상황도 그렇다. 이때 직원을 다음 그림처럼 네 개 유형으로 분류한다면, 어떤 순서로 감축해야 할까?

성과와 인성이 모두 나쁜 ①유형을 가장 먼저 감축하는 데는 이견이 없을 것이다. 또한 성과와 인성이 모두 좋은 ②유형을 무조건 유지하는 것도 이견이 없을 것이다. 문제는 ①, ④유형 중에 누

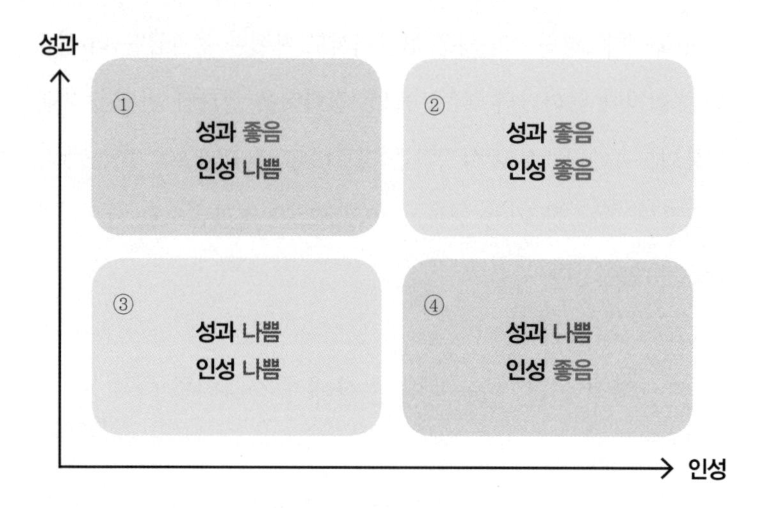

구를 먼저 감축할지 정하는 일이다. 이때의 답은 ①유형이다. ④유형보다 회사에 훨씬 더 위험한 유형이기 때문이다. 잭 웰치(Jack Welch) 전 제너럴일렉트릭(General Electric, GE) 회장도 비슷한 주장을 했다. 이유는 크게 네 가지다.

첫째, ①유형의 직원 탓에 ②유형의 인재가 회사를 떠난다. ①유형의 직원은 가장 강력한 경쟁 상대인 ②유형의 인재를 모함하거나 공격한다. ②유형의 인재는 성과는 좋지만 인성이나 태도가 나쁜 ①유형의 직원이 회사에서 인정받는 것을 공정하지 못하다고 생각한다.

둘째, ①유형의 직원은 성과를 무기로 회사를 위협해 원하는 것을 얻는다. 자신이 없으면 회사의 성과도 없을 거라며 으름장을 놓는다.

셋째, ①유형의 직원이 만들어낸 고성과는 나중에 문제가 되기도 한다. 특히 금융사에서 그런 경우가 많다. 수단과 방법을 가리지 않고 무리한 방법으로 만들어낸 성과는 얼마 못 가 큰 부실로 이어지기 쉽다.

넷째, ①유형의 리더는 주로 부하 직원을 혹독하게 다루어 성과를 만들어내므로 부하 직원에게 나쁜 모델이 될 수 있다.

반면 ④유형의 직원은 개진(second chance)의 가능성이 있다. 인성과 태도가 좋으니 회사 정책에 따라 열심히 일할 확률이 높고, 그러면 성과를 낼 가능성도 있다. 그리고 대체로 다른 직원과 협업도 수월하다. 하지만 대부분의 경영진은 ④유형보다 ①유형의 직원을 더 높게 평가하고, ④유형의 직원을 먼저 감축하려고 한다. 이유는 경영진의 손실회피 성향에 있다. 다시 말해 ①유형의 직원을 감축하면 그들의 성과를 포기해야만 하는데, 경영진은 이것을 확실한 손실로 인식한다.

그렇다면 사람들은 이득과 손실 중 어느 쪽에 더 민감할까? 주류 경제학의 주장과 달리, 사람들은 선택을 통해 최종적으로 얻는 가치보다 선택 과정에서 경험하는 이익과 손실의 가치를 더 중요하게 생각한다. 특히 이익보다는 손실에 더 민감하게 반응한다.

예를 들어, 다음과 같은 두 선택지가 있을 때 사람들은 어떤 것을 선호할까?

A: 100만 원을 받음.

B: 200만 원을 받은 후 100만 원은 다시 돌려줌.

A와 B에서 최종적으로 얻는 가치는 100만 원으로 동일하다. 주류 경제학에서 A와 B는 최종 가치 측면에서 차이가 없다. 그럼 두 선택지에 대해 사람들이 느끼는 마음은 어떨까? A는 100만 원이 주는 가치를 그대로 느낀다. 하지만 B는 좀 다르다. 중간에 어떤 과정을 거친 후에 최종적으로 100만 원을 얻어서다.

200만 원을 받았을 때 사람들이 느끼는 가치는 200만 원이다. 하지만 100만 원을 도로 가져가면 기분이 좋지 않다. 남은 돈은 100만 원으로 A와 B가 같지만, 사람들이 느끼는 100만 원의 가치는 다르다. 중간 과정에서 100만 원을 돌려주었기 때문에, 100만 원이 주는 가치에서 '좋지 않은 기분'을 빼야 한다.

만약 좋지 않은 기분을 −10만 원이라 한다면, B의 경우에 사람들이 느끼는 가치는 '200만 원−100만 원−10만 원=90만 원'이 된다. 결국 100만 원의 이득을 봤을 때 심리적으로 얻는 가치의 절댓값(100만 원)보다 100만 원의 손실을 봤을 때 심리적으로 잃은 가치의 절댓값(−100만 원−10만 원=−110만 원)이 훨씬 더 크다. 이로써 사람들은 이득보다 손실에 더 민감하게 반응한다는 것을 알 수 있다.

그렇다면 이 사실을 실제 경영에서 어떻게 활용할 수 있을까? 시카고대학교 경제학과 존 리스트(John List) 교수의 실험에서 그 단초를 찾을 수 있다. 리스트 교수는 시카고 지역 교사를 두 그룹으로 나누어 실험을 진행했다. 한 그룹에는 학생들의 기말시험 점수가 특정 수준을 넘으면 성과급을 지급했다. 반면 다른 그룹에는 학기 초에 성과급을 미리 지급하되, 학생들의 기말시험 점수가 특정 수준 이하가 되면 성과급을 다시 반납하게 했다.

실험 결과, 두 번째 그룹에 속한 교사가 가르친 학생의 점수가 훨씬 더 높았다. 성과급을 반납하지 않기 위해 교사가 더 열심히 가르친 덕분이었다. 이 반응의 바탕에는 이득보다 손실에 더 민감하게 반응하는 손실회피 성향이 있다. 사람들이 이익과 손실에 반응하는 이 같은 심리를 활용하면 임직원의 보상 체계를 설계하는 데 큰 도움이 된다.

준거점 효과, 엄청 저렴하니까 이건 사야 해

전망 이론에 따르면, 사람들이 어떤 선택을 할 때 중요하게 생각하는 것은 최종적으로 얻는 금액의 크기가 아니다. 자신이 원래 보유한 금액(준거점)을 기준으로 발생한 이득(+) 혹은 손실(−) 금액의 크기다. 다시 말해, 결괏값의 절대적인 크기보다 준거점 대비 가치의 변화(이득 혹은 손실)를 평가하는 것이 더 중요하다. 이처럼 선택할 때 자신이 기준으로 정해놓은 준거점의 영향을 받는 현상을 '준거점 효과(reference point effect)'라고 한다.

준거점 효과는 기업이 가격 전략을 수립할 때 사용한다. 애플은 2007년 6월 처음 출시하는 아이폰의 가격을 599달러로 책정했다. 그런데 몇 달 뒤 가격을 399달러로 인하했고, 그때부터 아이폰 판매량이 폭발적으로 증가했다. 399달러로 할인된 가격이 아이폰 가격의 준거점을 599달러로 생각했던 소비자를 심리적으로 자극한 결과였다. 599달러라는 준거점이 '무려 200달러나 할인되다니 이건 엄청나게 싼 거야'라고 느끼게 해 소비자의 구매 심리에 커다란 영향을 미쳤다.

전망 이론을 이해하면 심리적 요인을 통해 불확실한 상황에서 사람이 어떤 선택을 하는지 이해할 수 있다. 이득 상황에서는 확실한 이득을 취하고, 손실 상황에서는 확실한 손실을 회피하려는 심리가 핵심이다. 그리고 사람은 이득보다 손실에 더 민감하게 반응하며, 자신이 설정한 준거점의 영향을 받는다. 이와 같은 전망 이론은 리더십, 보상 체계 설계, 인적 자원 관리, 마케팅 등 경영에서 다양하게 활용할 수 있으며, 실제로 경영의 현장에 많이 도입되어 있다. 심리를 알면 경영의 답이 보인다. 이것이 경영이 심리를 연구하는 이유다.

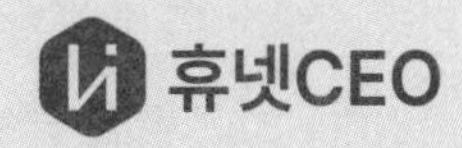
휴넷CEO

2

경영II

지역 소멸과 저출산 해소 전략은 ESG로 통한다

전영수 한양대학교

시대가 변한다는 것은 사업도 재편된다는 뜻이다. 시대가 변하는데도 확고부동한 사업 모델은 없다. 시대 변화는 인구 구조로 확인할 수 있다. 한국에 저출산의 물결이 거세게 불어닥쳤다. 출산율이 계속 갱신되더니 2023년 0.72명을 기록했다. 세계 신기록 감인 출산율을 보면 앞으로 비즈니스가 얼마나 괴롭고 힘들어질지 알 수 있다. 이제 어떠한 과거의 질서도 먹히지 않을 것이다.

정황상 이를 뒷받침하는 증거는 많다. 2023년 한국의 잠재성장률이 2퍼센트보다 하향한 것은 그동안 우리를 먹여 살린 성장 모형의 유통 기한이 끝났다는 얘기다. 즉, 제조, 수출, 대기업 등 삼박자가 완성한 수출 주도론은 과거로 전락할 처지다. 낙수 효과에 의존한 정책의 한계는 불협화음만 키울 뿐이다.

그래서 이제 변해야 한다. 문제는 우리 상황이 외롭고 고달프며, 피할 수도 없다는 것이다. 무한의 경쟁 상황에서 적자생존의 법칙만 점점 더 강해질 뿐이다. 사실상 피아가 구분 없는 'all or nothing'과 같다. 평온한 듯 보이지만 물밑의 서열은 수십 번씩 바뀐다. 버티면 되는 시대가 아니고, 변해야 사는 시대다. 기본값을 수정한 새로운 질서의 패러다임이 필요하다. 변신이 요구되는 분야와 내용은 무한대다. 기업, 고객, 사업, 정책 등 전방위적인 게임 룰을 아우른다.

기업의 존재 이유까지 바뀌고 있다. 기업의 목적은 어느새 이익 극대화에서 문제 해결로 재편되었다. 사회 문제가 곧 비즈니스다. 그래도 고민스럽다. 어디로 가야 하는지, 무엇을 위해 가야 하는지 모르니 어떻게 변신할지 힌트조차 찾기 어렵다. 그동안 잘 사는 선진국을 본보기 삼아 따라가기만 해도 충분했던 후발자의 추격이라는 수혜도 모두 사라졌다.

정부의 실패 속에 기업의 기회가 있다

힌트는 ESG에서 찾으면 된다. 시대 변화가 불러온 ESG는 기업을 압박하는 중요 요소 중 하나다. 환경과 사회를 위한 지배 구조를 내재화한 새로운 룰은 지금까지 '하면 좋은' 공헌에서 '안 하면 안 될' 의무가 되었다. ESG가 없는 기업은 수출도 힘들 지경이다. 경제적 책임만 잘 지면 되던 기업에 법, 윤리, 자선적 책임까지 요구하는 것은 거세진 균형 파괴와 격차 확대 때문이다. 이에 생태계와 공동체를 챙기라는 외부의 압력이 생겨났다. 이러한 변신에 대한 압력은 탐욕적이고 약탈적으로 소수의 이익을 챙기던 비즈니스에서 상생 공존형의 비즈니스로 옮겨 탈 때 성장할 수 있다는 메시지를 전한다.

방치하면 공멸한다는 위협도 구체적이다. ESG의 가치를 확인할 최적이자 최악의 현장은 로컬 공간이다. 소멸 직전의 농산어촌을 보자. 소멸 지역은 사회 문제를 볼 수 있는 축소 무대로, 자본주의발 인구 충격의 최전방이다. 소멸 지역은 무관심 속에 방치되어 88퍼센트의 면적에 49퍼센트의 인구만 거주하는 열위 공간으로 전락했다.

결국 소멸 지역은 기업의 논리로 재편되고 개선될 수 있다. 즉, 'ESG=인구 해법'으로 보아도 좋다. 줄어든 인구 탓에 힘들어진 지역에 기업이 ESG로 활로를 열어주면 일석이조의 기대 효과가 나타날 것이다. 사회 문제를 풀어내는 비즈니스면서 지속가능한 이익을 추구할 수 있는 새로운 사업 모델을 실험하고 확장할 소중한 디딤돌로 제격이다.

어차피 우리보다 앞장서 길을 열어줄 선행 주자는 없다. ESG의 개념조차 낯선데, 소멸 지역의 사업 모델에 대한 세부 설계가 있을 리 없다. 스스로 만들고 고쳐서 달라진 질서를 세팅하는 게 남는 장사다. 기업은 ESG를, 로컬은 활력을 주고받는 신비즈니스를 제안해야 한다. 요컨대 '패스트팔로-퍼스트펭귄'의 선수 교체를 시작하는 것이다. 앞서 있는 경로 개척자가 없다면 절벽 끝 펭귄에게 선택지는 두 가지다. 잘 뛰어들어 어장을 독점하든가, 주저하다 떠밀려 천적에게 잡아먹히든가. 기업의 운명도 똑같다. 인구 변화를 변신의 기회로 삼아 신사업에 뛰어들 안목이 요구된다.

지금까지 시장을 이긴 정부는 없었다. 이것은 비싼 값을 치르고 얻은 경험칙이다. 인구 문제에서도 마찬가지다. 취업난이 저출산으로 이어지는 문제를 해결하려면 일자리 결정권을 쥔 시장과 기업의 의지가 관건이다. 원만하고 원활한 고용 창출을 유도하는 방식이 바람직하다. '기업 성장-고용 안정-청년 희망-출산 결정'이라는 상식적인 가치의 흐름을 따라가면 된다.

정부도 변신에 대한 압박을 받는다. 민간 기업이었다면 해고되고도 남을 효과 없는 정책으로 뼈아픈 실패를 맛봤다. 20년 동안 380조 원을 쓰고도 출산율이 더 떨어졌다면 입이 열 개라도 할 말 없다. 그래서인지 정부가 대놓고 강조하지는 않지만, 인구 문제에 기업이 다양한 경로로 나서는 것을 환영하는 분위기다. 이런 행보는 '지방 시대'라는 슬로건과도 일맥상통한다. 정부와 기업의 달라진 이인삼각 협력으로 집합 성과(collective impact)를 내려는 차원이다. 이제 기업이 답해야 할 순간이다. ESG를 분해해 로컬 이슈로 연결하는 기업가 정신이 필요하다.

지구의 균형을 지키기 위한 E(Environmental)뿐 아니라 고용 평등, 여성의 사회 진출, 노동 환경, 지역 사회 문제를 다루어야 하는 S(Social) 역시 한국형 인구 문제의 해결 방향과 정확히 겹친다. 의사 결정과 자원 배분에 대한 G(Governance)도 오래된 고정 관념을 탈피하면 문제를 해결할 수 있다. ESG는 더 오랫동안, 더 잘 벌려는 기업에 필요한 몸부림이다. 고객과 시장이 있어야 매출과 이익도 생겨난다. 공동(空洞) 사회에 미래는 없다. 인구 위기는 경제 사회 가치를 지닌 양수겸장의 기회며, 로컬 공간이야말로 다음 가능성을 준비하는 성장 토대가 될 수 있다. 그런 점에서 ESG에 현명하게 올라타는 변신은 기업에 필수다.

소멸 지역+기업 도시=저출산 해결 실험 모델

사실 기업이 내놓을 수 있는 인구 문제의 해법은 많다. 시간의 효율성, 기대 효과의 극대화를 노린다면 '기업 도시' 모델이 1순위 해법이다. 이는 사실상 극강의 ESG 실천 전략이다. 출산을 지원하는 수많은 장치를 세트로 엮어 기업 도시에 집중하는 것이다. 초저출생을 유발한 원인 중에는 고출산지인 지방에서 저출산지인 수도

권으로 인구가 집중된 현상이 큰 비중을 차지한다. 그러므로 로컬에서 기업의 활약이 커지면 출산율의 회복과 균형적인 지역 발전에도 도움이 된다.

1958년 일본 아이치현 고모로시는 지자체 명을 '토요타시'로 바꿨다. 기업 도시로의 전환 실험의 일환이다. 이후 토요타시는 자동차 공업 도시를 지향하며 전후방 클러스터를 완성했다. 우선 지역 내 일자리가 늘었다. 총인구의 70~80퍼센트가 토요타 밸류 체인의 일자리에 투입되었다. 토요다의 본사 공장, 대학 등이 들이와 지역 내 발전적 순환 경제를 달성했다. 법인세 등 재정 수입이 탄탄하니 자연스럽게 공공 서비스의 품질이 높아졌다. 결과적으로 이 선택은 기업 주도의 상생 협력이란 점에서 선구적 모델이라 평가받는다. 더구나 토요타시는 거듭해 발전하고 있다. 회사와 주민을 잇는 사회 공헌 차원의 자원 공유가 활발하다. 회사는 사내 병원을 주민에 개방하고, 공유 전기차로 이동 편의를 돕는다. 반대로 금융 위기 때 잉여화된 외국인 근로자는 토요타시가 나서서 고용과 취업을 도왔다. 그리고 금융 시장이 다시 기업을 도우며 연대의 퍼즐을 맞추었다.

지역 소멸이나 인구 감소에 대한 위기를 고용으로 극복하는 비전은 기업 도시 모델로 속속 현실화하고 있다. 상당한 특례를 제공하며 사활을 걸고 테슬라 본사를 유치한 미국 텍사스주 오스틴이나 아마존(Amazon)의 제2 본사를 유치하고자 눈물겨운 유치 총력

전에서 승리한 버지니아주 알링턴이 대표적이다. 모두 기업 도시의 지속가능성에 주목한 결과다. 작게는 고용과 출산을, 크게는 경제와 번영을 믿는 처절한 생존 카드다. 지방 소재의 기업마저 인재를 찾기 위해 수도권에 몰려드는 한국으로서는 부러운 대목이다.

다행히 고무적인 건 정부와 기업의 변화다. 대선 주자의 '기업과 연계한 공공 기관 리쇼어링(reshoring)' 공약만 봐도 공통점은 고용 창출로 향한다. ESG를 품어야 할 기업이 소멸 위험에 직면한 지역 문제를 고민하는 것도 그렇다. 즉, 기업 도시는 정부와 기업에 최선의 카드다. 물론 ESG 워싱이라는 지적이 있듯, 기업 도시를 내세운 탐욕적이고 약탈적인 자본주의는 경계해야 한다. 그리고 정부도 복지적 고용 정책에서 벗어난 혁신적 산업 정책으로 기업 하기 좋은 지역 환경을 만들어야 한다.

무엇보다 당사자인 지역 주민을 중심으로 기업을 활용해야 한다. 기업 도시는 잠재력과 지속성이 구비된 꽤 매력적인 카드다. 밥벌이를 위한 좋은 일자리 앞에 피아는 없다. 영웅의 귀환에 성대한 대접은 당연하다. 지역을 되살릴 기업의 역할에 주목할 때다.

수출 주도형 모델의 대안

소멸 지역을 복원하는 비즈니스는 지속 성장을 위한 과정이기도 하다. 그리고 고도성장이 멈춘 한국 경제가 지속 성장할 수 있는 유력한 대안 모델이다. '인구 문제는 곧 비즈니스'이듯 '지속 성장은 곧 로컬리즘'으로 확대된다. 이때 로컬리즘을 분해해보면 '서비스-내수-유니콘'으로 정리된다. 바로 '제조-수출-대기업'을 보완하고 대체할 구원 투수다. 하나같이 농산어촌의 로컬리즘, 다시 말해 기업의 ESG를 실현할 대상으로 풀이할 수 있다.

아쉽게도 갈수록 수출 주도형 전략은 이제 한계에 봉착한 느낌이다. 잠재성장률 1~2퍼센트대의 저성장, 세계는 제품을 만들어도 팔리지 않는 초유의 악순환을 맞이했다. 미중 갈등으로 야기된 보호 무역도 한몫했다. 이제는 전략을 재검토해야 한다. 선진국처럼 과도하고 편향적인 제조에 대한 의존도를 낮추자는 주장도 설득력 있다. 선진국답게 자본재, 서비스에 집중하여 탈(脫)제조하자는 의미다. 구조 전환에 성공한 일본도 GDP 대비 수출입은 전체의 20퍼센트에 불과하다. 80퍼센트는 내수에서 발생한다. 제조에 의존한다는 것은 우리 경제가 취약하다는 의미다. 그나마도 반도체(20퍼센트)와 자동차(11퍼센트) 산업에 쏠려 있는 현상마저 심각하다.

인구가 감소하면서 수출 주도형 전략은 멈춘 셈이다. 저성장의 압박과 그 강도로 볼 때 해외에서 새로운 블루오션을 찾을 수 없다면 저성장은 오래전부터 예고된 것이었다. 첨단 제조, 투입 혁신, 해외 공간 등 수출 주도형 전략을 대체할 강력한 모델을 찾고, 무엇을 어떻게 어디로 구조화할지 고민해야 한다. 그리고 투입과 산출이라는 과거의 밸류 체인과 총체적인 결별을 해야 한다. 줄어든 노동력, 약해진 자본 축적, 불안한 해외 수요, 멈춘 성장이란 종합적이고 구조적인 압박을 넘어설 새로운 투입 요소를 찾아내는 게 관건이다.

이런 문제에 대안은 '서비스–내수–유니콘'으로 정리할 수 있다. 비즈니스는 향(向)서비스로, 성과는 내수 파트에서, 실행의 주체는 유니콘으로 무게 중심을 옮김으로써, 기울어진 운동장의 구조적 붕괴 위험을 낮추는 것이다. 제조에서 서비스로 전향하고, 수출 대신 내수를 키우고, 대기업이 아닌 유니콘에서 새로운 성장 엔진을 갖추어야 한다.

인구 감소에 따른 고용 환경의 변화에는 순응하는 게 좋다. 탄력적 고용으로 시대 변화에 대응하고, 연공주의와 연령차별을 없애 청년 인재를 흡수하며, 회사에 부담을 가중하는 기업 복지에서, 정부와 기업, 가족, 시민 사회 등 여러 주체가 다양한 자원을 투입하는 혼합형 복지를 제공하는 방향으로 변화를 꾀해 인력 활용의 숨통을 확보하는 게 바람직하다.

물론 단번에 완벽한 선수 교체는 어려울 것이다. 수출 주도형이 거두었던 과거의 성과를 가져다줄 완전한 모델을 찾아내기도 어렵다. 그러니 현실적인 보완 모델, 수출 주도형을 고도화하고, 포트폴리오의 균형감을 적절히 혼합한 보완 체계가 필요하다. '제조–수출–대기업'의 성과와 숙련을 재검토하여 지속가능성을 높인다. 이를 위해서는 로컬의 등판이 필수다. 강점의 극대화와 약점의 역발상에 제격이기 때문이다.

결국 로컬리즘을 실현하는 ESG는 인구 대응을 넘어 신자본주의를 향한다. 이를 제안하고 실현하면 단순히 경쟁 우위를 차지하는 데서 끝나지 않는다. 달라진 질서를 장악할 수 있다.

가계는 노동력의 경쟁이 약화하면서 임금 인상을 기대할 수 있다. 그리고 자녀가 줄어든 덕에 소득 이전과 집중 투자가 가능하다. 기업은 다양한 근로 형태를 실현하며 소비자의 새로운 욕구에 올라타고 혁신 모델을 제안하여 평생 고객을 확보할 수 있다. 정부는 균형 있는 성장에 대한 돌파구로 다양한 사회를 실현하고, 새 제도와 질서로 지속해서 성장하는 한국판 경제 버전을 만들 수도 있다. 수출은 물론 세계 질서까지 움켜쥘 기회가 될지 모른다.

물론 낯설고 힘겨운 과정일 것이다. 그렇다고 물러설 수는 없다. 먼저 인구 감소가 곧 기회라는 긍정적인 인식의 전환이 필요하다. 그리고 다양한 방향으로 적극적인 해법을 타진해보자. 타이밍은 무르익었다. ESG와 로컬이 만나 어떤 결과를 내놓을까? 우리나라의 가까운 미래가 기대된다.

생성형 AI 시대의 새로운 통찰, 불쾌한 골짜기

구본권 한겨레신문 사람과디지털연구소

챗GPT, 제미나이(Gemini), 미드저니(Midjourney), 소라(Sora)와 같은 생성형 AI의 등장으로 상상과 창작의 문턱이 크게 낮아졌다. 창작을 위한 전문 기술이나 지식을 수련하지 않아도, 누구나 간단한 자연어 명령만으로 원하는 글이나 그림, 음악, 동영상 등 콘텐츠를 만들어낼 수 있는 환경이다. 대형언어모델(Large Language Model, LLM) 기반의 생성형 AI가 눈 깜짝할 사이에 만드는 결과물은 편리함뿐 아니라, 정교함과 현실감에서도 사람의 창작물과 거의 구별하기 어렵다.

생성형 AI는 '상상력의 시대', '창작의 민주화'를 열었다는 기대를 받는 동시에 새로운 질문을 던진다. 사람이 의도적으로 만든 것과 AI가 만든 것의 식별이 어려워졌기 때문이다. AI로 인해 인간과 인공의 경계가 모호해지는 상황이다. 그렇다면 인간과 인공의 경계를 가르는 기준은 무엇일까? AI가 점점 발달할 미래에도 과연 인간과 인공의 경계는 남아 있을까? 인간과 인공의 경계가 모호해지는 상황에서도 변함없이 중요한 가치는 무엇일까?

튜링 테스트와 불쾌한 골짜기

일찍이 이런 문제의 본질을 건드린 주요한 개념 두 가지가 있다. '튜링 테스트'와 '불쾌한 골짜기 현상'이다.

앨런 튜링(Alan Turing)은 2차 세계대전 당시 독일군의 암호 체계 에니그마를 해독해 종전을 앞당긴 영국의 천재 수학자로, AI 연구의 선구자이기도 하다. 튜링은 'AI'라는 단어를 사용하지 않았지만, 1950년 〈계산 기계와 지능〉이라는 논문을 통해 AI 연구의 문을 열었다. 튜링이 논문에서 구상한 '생각하는 기계'가 오늘날 범용 기능의 컴퓨터다. 그는 기계가 사람과 같은 지능이 있는지 판단하는 평가 방법으로 '사람을 흉내 내는 기계가 5분간의 대화를 통해 심판의 30퍼센트 이상을 속일 수 있는가'라는 기준을 제시했다. 이후 이것은 '튜링 테스트'로 불리며 AI의 주요한 판단 기준이 되었다.

튜링 테스트는 지금도 기계와 인간을 구별하는 실질적 기준으로 활용된다. 대표적인 것이 캡차(CAPTCHA) 프로그램으로, 인터넷에서 자동 프로그램이 사이트 회원 가입을 하거나 티켓을 구매하고 댓글을 다는 것을 막기 위해 활용되는 기술이다. 기계가 판독하지 못하게 글자와 숫자를 비틀어놓은 뒤 사용자에게 입력을 요구한다. '로봇이 아니라는 것을 증명하시오'라는 캡차 서비스는 '컴퓨터와 사람을 식별하는 완전 자동화된 튜링 테스트(Completely Automated Public Turing test to tell Computers and Humans Apart)'라는 설명의 영문 머리글자를 딴 약어다.

컴퓨터의 연산 능력은 무어의 법칙이 지배하는 기술의 발달 속도에 따라 빠르게 개선되어왔지만, 캡차 프로그램에서 확인되듯 튜링 테스트는 유효했다. 덕분에 AI는 사람보다 퀴즈 정답을 잘 맞추고 바둑과 체스를 훨씬 잘 두지만, 여전히 사람의 지적 수준을 넘어서지 못한다고 여겨졌다.

그런데 2022년 등장한 챗GPT 이후 튜링 테스트는 사실상 무력화되었다. 생성형 AI가 만든 결과물은 심사 위원의 30퍼센트가 아닌 전체를 속이는 수준이 되었다. AI로 만든 그림과 소설이 공모전 심사를 통과해 수상작으로 선정된 경우가 이미 여럿이다. AI 기술이 갈수록 발달할 것을 감안하면, 앞으로 대부분의 사람은 AI에 속아 넘어갈 것이라 예상할 수 있다.

사람과 똑같은 인형이 섬뜩한 이유

그런데 기계 학습과 알고리즘을 통해 AI가 점점 더 발달하면 결국 사람과 AI의 구별은 불가능해질까? 여기에 대해서는 논란이 있다. 사람과 사람을 닮은 기계(AI) 사이에는 뜻밖의 심연이 존재하기 때문이다. 바로 '불쾌한 골짜기(uncanny valley)'다. 불쾌한 골짜기는 1970년 일본 로봇 공학자 모리 마사히로(森政弘)가 제시한 개념으로, 로봇과 애니메이션 캐릭터 제작 이론에서 널리 수용된 이론이다. 로봇의 모습이 사람과 가까워질수록 친밀도가 증가하다가 어느 순간 사람 모습에 거의 가까워지면 불쾌감이 느껴져 친밀도가 추락하는 골짜기에 도달한다는 것이 이 이론의 설명이다.

우리는 사람 모습과 비슷한 인형에는 친근감을 느낀다. 그러나 사람과 아주 유사한 모습의 존재가 피가 흐르지 않는 밀랍 인형이라는 걸 알면 오싹함을 느낀다. 좀비가 섬뜩한 이유도 100퍼센트 사람과 똑같지만 사람이 아니어서다.

인형이나 애니메이션 캐릭터도 완벽하고 정교하게 사람을 모방하면 큰 인기를 끌지 못한다. 2004년 개봉한 애니메이션 〈폴라 익스프레스〉가 대표적이다. 이 작품의 등장인물은 모션 캡처 기술을 이용해 매우 사실적으로 묘사되었는데, 많은 관객이 친근감보다 섬뜩함을 느꼈다. 상영 도중 울음을 터뜨리는 아이도 있었다. 사람을 상당히 닮았지만 어딘가 모르게 어색함이 느껴진 캐릭터에 불쾌한 골짜기 현상이 발생한 것이었다.

무심코 누군가의 손을 만졌다가 진짜 인체가 아니라 매우 사실적인 피부 질감과 형태를 지닌 의수라는 것을 안다면 사람들은 섬뜩함을 느낀다. 불쾌한 골짜기 현상이다.

왜 휴머노이드 로봇을 사람과 다르게 만들까?

불쾌한 골짜기 현상은 휴머노이드 로봇 제작에서도 통용된다. 휴머노이드 로봇은 인간형 로봇으로 사람 신체와 비슷한 형태다. 휴머노이드 로봇은 사람과의 소통이나 사람의 노동을 대신하는 게 목적이므로, 사람의 생김새와 형태를 모방한다. 하지만 인체를 그대로 모방하진 않는다.

현재 개발 중인 휴머노이드 로봇은 얼굴은 사람을 닮지 않았고, 키가 작다는 공통점이 있다. 2000년 세계 최초 두 발 보행 로봇으로 개발된 일본 혼다(Honda)의 아시모(Asimo)는 키가 120센티미터였다. 배낭을 메고 걷는 아시모의 모습은 등교하는 초등학생을 연상시킨다. 소프트뱅크(Softbank)가 세계 최초의 휴머노이드 감성로봇이라며 2015년 선보인 페퍼(Pepper)의 키 역시 121센티미터다. 감정 인식 인간형 로봇인 페퍼는 커다란 눈과 귀가 있지만, 사람과 다르게 디자인되었다. 사용자가 사람과의 유사성으로 인해 두려워하지 않도록 귀엽고 친근한 표정을 짓는다. 페퍼의 표정과 몸짓도 초등학교 저학년 학생을 떠올리게 한다. 한국에서 개발한 휴보도 마찬가지다.

2015년 6월 미국 국방성 방위고등연구계획국이 개최한 재난로봇경진대회(DRC)에서 KAIST가 개발한 휴머노이드 로봇 휴보2가 우승을 차지했다. 2011년 동일본대지진으로 방사능이 유출된 후쿠시마 원전 사고 같은 상황에서 사람 대신 투입할 수 있는 재난 로봇의 성능을 겨루는 대회였다. 오준호 KAIST 교수팀이 개발한 휴보의 키는 원래 125센티미터인데 대회 출전을 위해 168센티미터로 키웠다. 재난 현장의 기기 조작이 사람 키에 맞추어져 있어서다.

로봇을 사람의 표준 체형으로 만들면 쓸모가 많을 것 같지만 실상은 그렇지 않다. 휴머노이드 로봇은 사람과 눈높이를 맞출 수 있는 작지 않은 키, 친근감을 주는 몸집과 생김새로 만든다. 사용자가 로봇을 귀여운 초등학생처럼 여기면 실수에도 너그러워진다.

불쾌한 골짜기 현상의 원인

불쾌한 골짜기 현상과 관련한 여러 연구와 보고가 있지만, 이 현상이 발생하는 이유에 대해서는 해석이 분분하다. 일각에서는 사람의 생김새지만 사람이 아닌 대상은 질병이나 죽음을 연상시키기 때문이라고 설명한다. 로봇인지 사람인지 구분할 수 없으면 우리 뇌가 혼란스러워지기 때문이라는 설명도 있다.

진화 심리학에서는 불쾌한 골짜기 현상을 인류가 생존을 위해 채택한 전략이라고 설명한다. 옛날에 인간은 자신을 아프게 하거나 죽음을 가져오는 대상을 경계했다. 그래서 사람과 비슷해 보이지만 어색하거나 이상한 로봇, 혹은 인물을 만나면 그 옛날의 경보음이 울린다. 즉, 사람처럼 보이지만 병에 걸려 모습이 이상하거나, 부족 전체를 감염시킬 수 있는 병을 가진 나와 다른 대상에 대해 우리 뇌가 보내는 경고가 섬뜩함의 원인이다. 나도 감염될 수 있다고 발동하는 사이렌인 셈이다.

그러나 AI 기술이 발달하면서 불쾌한 골짜기 현상을 논의하는 대상과 차원도 달라지고 있다. 지금까지 불쾌한 골짜기 현상은 주로 사람의 생김새를 닮은 로봇이나 캐릭터, 인형이었지만, 이제는 거의 완벽하게 사람 흉내를 내는 AI 에이전트가 등장했다. 소셜 로봇, 가상 인간(virtual human), 가상 인플루언서, 글 쓰는 AI 등이 출현하는 상황이다.

생성형 AI와 불쾌한 골짜기

고령화, 개인주의 현상 속에 소셜 로봇의 효용과 기대는 커진다. 간병, 고객 서비스, 연애 파트너, 말동무가 되어주기 위해 정교한 소셜 로봇이 설계되고 있다. 그리고 이러한 로봇들은 불쾌한 골짜기를 넘기 위해 노력한다. 로봇 개발사 핸슨로보틱스(Hanson

Robotics)가 개발한 소셜 로봇 소피아(Sophia)는 미국 배우 오드리 헵번(Audrey Hepburn)을 닮은 얼굴로, 생생한 표정과 자연스러운 대화를 나눌 수 있다. 그러나 전원이 꺼지면 사람과 똑같이 닮은 소피아의 외모와 행동은 불안과 공포의 원인이 된다.

국내의 로지, 국외의 릴 미켈라와 같은 가상 인플루언서는 컴퓨터로 생성된 캐릭터로 가상 공간에서 광고 모델 등으로 활동하지만, 외모만 보면 사람과 구별할 수 없을 정도다. 이런 가상 모델은 현실과 인공의 경계를 모호하게 하고, 사람이 아님을 알게 되는 과정에서 놀라움과 불안감을 동시에 전한다. 소셜 로봇이나 가상 인간 같은 인공물은 사람의 외모적 유사성 넘어선다. 언뜻 최근 AI 기술은 불쾌한 골짜기를 넘어선 것으로 보인다. 챗GPT와 같은 인공물이 사람과 구별되지 않는 수준의 창작물을 만들고 상호 작용을 하기 때문이다.

인터넷의 방대한 데이터를 학습한 생성형 AI는 웬만한 사람을 능가하는 문장 구사력, 표현력, 콘텐츠 창작 능력을 선보인다. 소설가보다 훨씬 빠르게 흥미로운 줄거리의 소설을 써내고, 화가와 비교할 수 없이 빠른 속도로 근사한 그림을 그려낸다. 학술 논문도 예외가 아니다. 조지아대학교 연구진은 2024년 챗GPT를 대상으로 튜링 테스트를 실시했으나, 통과하지 못했다는 연구 결과를 발표했다. 챗GPT가 내놓은 대답이 인간의 답변보다 훨씬 뛰어났던 나머지 심사 위원을 속일 수 없었다는 게 이유였다.

이제 누구든 실제 같은 합성 인간의 얼굴과 목소리를 만들 수 있다. 딥페이크를 이용한 합성 영상은 애초에 유명인을 대상으로 시작되었지만 얼마 지나지 않아 일반인에게 확산했고 새로운 형태의 성범죄를 양산했다.

가상 세계에서 불쾌한 골짜기는 유용한 신호

생성형 AI가 사람과 구별되지 않는다는 사실은 이제 인간과 기계를 구별하는 새로운 능력이 필요하다는 신호이기도 하다. 새로운 차원의 불쾌한 골짜기 현상을 발견하는 능력이 요청된다. 챗GPT가 너무 뛰어난 답변을 내놓아 튜링 테스트를 통과하지 못했다는 것이 중요하다. 프랑스 철학자이자 사회학자인 장 보드리야르(Jean Baudrillard)의 말대로, 현대는 실재를 모방한 '파생 실재'가 더 사실적이어서 실재를 압도하는 가상 현실의 세상이다.

회화에는 하이퍼리얼리즘(hyperrealism, 극사실주의)이라는 화풍이 있다. 사실을 정교하게 묘사하는 수준을 넘어, 초고해상도 카메라로 찍은 사진처럼 맨눈으로는 볼 수 없는 미세하고 정밀한 그림을 말한다. 하이퍼리얼리즘 작품은 사실을 정교하게 모방하지만, 사람 눈에는 뭔가 어색함이 느껴진다. 챗GPT가 튜링 테스트를 통과하지 못한 것처럼 인간답지 않은 구석이 있기 때문이다.

사실 AI의 결과물은 매끄러운 문장으로 보여도 황당하고 뜬금

없는 답변을 포함한 경우가 적지 않다. 사람은 의사소통과 표현을 할 때 항상 의도와 감정을 갖고 있지만, AI는 그렇지 않다. 대화나 발언, 사람의 행동은 특정한 상황과 배경 속에서 일어나므로 상황에 따라 미묘한 차이가 있는데, AI는 그런 인간의 특성을 반영하지 못한다.

그래서 AI가 작성한 답변을 읽다 보면 문장과 내용은 매끄러워도, 진정성이 부족하다. 언어는 세련되지만 인간의 기발함이나 미묘한 의외성이 없다. 사무적이고 기계적인 자동 응답 메시지와 유사하다.

아무리 생성형 AI가 자연스럽고 매끄러운 언어로 대화한다고 해도 불쾌한 골짜기 현상을 피할 수 없다. 우리는 진정성 있는 감정과 의도, 대화와 눈빛으로 상호 작용을 주고받지만 AI는 그렇지 않다. 대화의 배경이나 의도에 대한 이해 없이 그럴듯한 응대와 매끄러운 문장으로 말하는 상대에게 우리는 불쾌함을 넘어 섬뜩함을 경험한다. 생성형 AI 시대에 만나게 될 불쾌한 골짜기다. 그러므로 불쾌한 골짜기 현상은 생성형 AI와 딥페이크가 난무하는 상황에서 진정한 인간다움이란 무엇인가에 대한 새로운 통찰을 열어주는 개념이 될 것이다.

알면서도 반복하는 의사 결정의 오류를 잡아라

안재현 KAIST

경영자의 가장 중요한 역할은 좋은 의사 결정을 내리는 것이다. 그런데 다양한 이유로 좋은 의사 결정을 내리기란 쉽지 않다. 우선 의사 결정할 문제의 본질을 파악하는 일이 어려운 데다가 통제할 수 없는 내외부의 불확실성이 의사 결정을 더욱 힘들게 한다.

경영자의 잘못된 의사 결정은 기업뿐만 아니라 해당 국가와 글로벌 경제에까지 영향을 미친다. 최근의 예를 들어보자. 미국 실리콘밸리은행(Silicon Valley Bank, 이하 'SVB')은 스타트업을 주 고객으로 하는 기술 중심의 특화 은행이었다. 2023년 3월 SVB가 파산하며 전 세계에 큰 충격을 안겨주었다. 잘나가던 은행에 무슨 일이 일어났을까?

결론적으로 SVB 경영진은 2020년 세계를 위협한 팬데믹을 거치며 변화한 경제 환경에 대해 잘못된 판단을 했다. 그리고 이에 따라 잘못된 투자를 했고, 위험 관리도 실패했다. SVB가 파산한 원인을 인간의 사고 시스템과 연결해 살펴보자.

잘나가던 실리콘밸리은행은 어쩌다 파산했나

1983년 실리콘밸리에서 출범한 SVB는 실리콘밸리와 함께 성장하여, 2022년 말 기준 총자산 규모가 2,090억 달러(약 277조 원)에 이르며 미국 전체 16위의 은행이 되었다. SVB의 주 고객은 기술 중심 스타트업으로, 특히 기술과 생명공학 분야 스타트업 펀딩의 절반 이상을 담당할 정도로 이 분야에 특화된 선도적 은행이었다.

이렇게 성공적으로 운영되던 SVB의 파산은 역설적이지만 예상치 않은 행운에서 출발했다. 2020년 전 세계가 팬데믹 상황에 들어가며 기술 중심의 벤처캐피털로 돈이 몰려들기 시작했다. 그리고 여윳돈은 자연스럽게 SVB의 예금 증가로 이어졌다. 그 덕분에 2022년 1분기 SVB의 예금은 2019년 팬데믹 이전과 대비하여 세 배 이상 증가한 1,980억 달러였다.

이 시점에서 SVB 경영진의 잘못된 판단과 결정이 시작된다.

SVB의 주 고객은 소규모로 저축하는 일반 소비자가 아니라 벤처캐피털의 풍부한 자금을 예치한 소수의 성공적 스타트업이었다. 그들은 이미 충분한 자금을 확보하고 있었고, 자금에 대한 수요가 높지 않았다. 2년 사이 예금이 세 배 이상 증가한 데 비해 대출이 부진하자, SVB의 경영진은 여유 자금을 장기 국채와 주택담보증권(Mortgage-Backed Securities, MBS)에 투자했다.

이때 미국 연방준비제도(Federal Reserve System, 미 연준)가 급격히 발생하는 인플레이션을 억제하기 위해 2022년 7회에 걸쳐 기준금리를 연 0~0.25퍼센트에서 4.25~4.5퍼센트 수준까지 올리면서 경제 상황이 급변했다. 이자율이 올라가면 채권의 가치는 반대로 떨어진다. 이자율의 급격한 상승에 따라 장기 채권에 대규모 투자를 했던 SVB는 막대한 투자 손실을 입었다.

2022년 금리가 급격히 상승하고 경기가 나빠지며 스타트업들은 SVB에서 운영 자금을 인출하기 시작했다. SVB는 이에 대응하기 위해 큰 손해를 감수하며 보유한 장기 채권을 팔 수밖에 없었다. 설상가상으로 SVB의 어려운 재무 상황을 감지한 기업들의 대규모 예금 인출이 이어졌고, 사태가 일어난 지 단 이틀 만에 SVB는 뱅크런으로 파산하고 말았다. 파산에서 비롯된 손해 규모는 200억 달러로 추산되어, 미국 역사상 두 번째로 큰 규모의 금융 기관 파산 사례가 되었다.

판단을 흐리는 '현상 유지 편향'과 '과도한 낙관'

SVB이 파산한 원인은 크게 두 가지다.

첫째, 금리에 대해 경영진이 판단을 잘못했다. SVB의 경영진은 향후 금리 상승에 따른 채권 가치의 하락 가능성을 과소평가했다. 따라서 단기 투자로 유동성을 확보하는 대신 장기 채권에 투자함으로써 위험 관리가 이루어지지 않았다. 이는 낮은 금리 상황이 당분간 유지될 것이라는 현상 유지 편향(status-quo bias)이 작용한 결과였다.

둘째, 금리가 상승하더라도 예금 인출은 제한적일 것이라는 과도한 낙관(overconfidence bias)을 했다. SVB의 주요 고객은 대규모 자금을 예치한 소수 스타트업에 편중되어 있었다. 이 기업들은 예금 잔고 수준이 예금 보호 한도인 25만 달러를 초과한 큰손이었다. 예금 보호를 받지 못하는 그들은 SNS로 퍼지는 SVB의 재무 상황을 접하고는 신속하게 대규모 예금 인출을 했고, 결과적으로 뱅크런 사태가 일어났다.

이와 같은 SVB의 파산 사례를 보면 경영자의 의사 결정 오류를 확인할 수 있다. 그렇다면 의사 결정 오류의 원인을 좀 더 명확히 이해하면 오류를 줄일 수 있을까? 인간의 듀얼 사고 시스템을 통해 이를 확인해보자.

우리는 어떻게 판단을 내리는가?

인간이 판단을 내리는 과정은 듀얼 사고 시스템으로 이해할 수 있다. 듀얼 사고 시스템은 시스템1과 시스템2 등 두 시스템으로 구성된다. 시스템1은 즉각적이고 자동적으로 작동하며 휴리스틱을 이용해 정보를 쉽게 처리하고 판단한다. 시스템2는 논리적이고 분석적으로 작동하는데, 시스템1을 모니터링하면서 필요한 경우 시스템1을 제어하며 이성적 판단을 내리게 한다. 시스템1과 시스템2는 상호 작용을 하면서 제한된 인지적 자원을 바탕으로 최선의 판단과 결정을 내리게 해준다. 이 듀얼 사고 시스템은 대단히 효율적으로 작동한다는 장점이 있지만, 판단과 결정의 과정에서 오류를 발생시키기도 한다. 그러므로 경영자로서 좋은 의사 결정을 내리려면, 듀얼 사고 시스템과 이 시스템이 발생시키는 의사 결정의 오

【 인간의 듀얼 사고 시스템 】

시스템1

- 자동적·즉각적 특성
- 휴리스틱 활용
- 인지적 자원이 거의 필요 없으며 편향에 노출

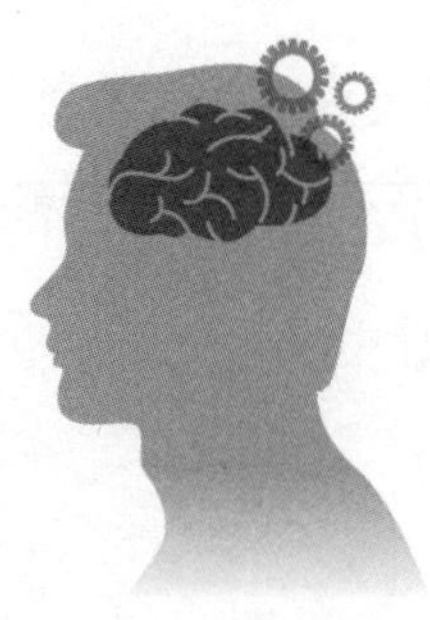

시스템2

- 논리적·분석적 특성
- 의식적·이성적 판단 활용
- 인지적 자원이 필요함

류를 명확하게 이해해야 한다.

우선 시스템1의 문제는 빠른 의사 결정을 하게 해주는 휴리스틱이 편향과 오류를 만든다는 점이다. 그리고 시스템2의 문제는 논리적이고 분석적인 접근 대신, 문제에 대한 잘못된 이해나 잘못된 논리나 프로세스가 적용된다는 점이다.

그러므로 좋은 의사 결정을 하기 위해서는 시스템1과 시스템2의 역할과 그에 따른 오류를 인지하고 줄이려는 노력이 필요하다. 이와 관련해 시스템1이 활용하는 휴리스틱과 이에 따른 인지적 편향(cognitive bias), 그리고 대처법에 대해 알아보자.

확률 평가에 사용되는 세 가지 휴리스틱

의사 결정에서 불확실성을 명확하게 이해하고 평가하기 위해서는 확률을 사용하는 것이 매우 유용하다. 우리는 확률을 평가할 때 자연스럽게 휴리스틱을 활용한다. 예를 들어, 물체의 거리를 추정할 때 대상이 명료하게 잘 보이면 그 거리가 가깝다고 판단하고, 흐릿하면 그 거리가 멀다고 판단한다. 이 시각적 명료성은 거리 추정에 도움을 주지만, 흐린 날씨와 같은 환경 요인에 따라 같은 거리의 물체도 다르게 보일 수 있는 오류가 발생한다. 1997년 발생한 대한항공 801편의 괌 공항 추락은 이런 식으로 공항 활주로까지의 거리에 대한 착각이 발생시킨 비극적 사고였다.

같은 이유로 확률 평가의 휴리스틱은 빠르게 판단할 수 있도록 우리를 도와주지만, 인지적 편향이 개입되면 이후의 판단과 결정에 오류가 발생한다. 확률 평가에 사용되는 대표적 휴리스틱으로는 대표성(representativeness) 휴리스틱, 가용성(availability) 휴리스틱, 기준점과 조정(anchoring and adjustment) 휴리스틱 등 세 가지가 있다.

대표성 휴리스틱

A라는 사람이 특정한 직업군 B에 속할 것이라는 확률적 판단을 한다고 하자. 이때 A가 B 범주의 사람들과 유사성이 높다면 우리는 A가 B에 속할 확률을 높게 평가한다. 대표성 휴리스틱은 확률적 판단을 할 때 대표적 특정 이미지, 즉 프로토타입(prototype)을 활용한다. 예를 들어 A가 대화에 능통하고, 남의 이야기를 듣는 것보다 본인이 말하는 경향이 있으며, 리더십이 있으나 다소 권위주의적 특성을 보인다면 A는 어떤 직업을 가졌을까? 정치인과 과학자 중에 선택한다면 A는 정치인의 특성과 유사성이 많아서 정치인이라고 판단할 확률이 더 높다. 이런 대표성 휴리스틱은 쉽게 활용할 수 있지만, 사전 확률 무시, 샘플 사이즈에 둔감, 결합 오류 등의 편향을 발생시킬 수 있다.

가용성 휴리스틱

어떤 사건이 일어날 가능성을 평가할 때, 사건이 일어나는 상황을 머릿속에서 그려보고 그 정보를 활용하는 것을 가용성 휴리스틱이라고 한다. 예를 들어 전기차 배터리로 인한 화재가 발생할 확률을 생각해보면, 방송에서 BMW 자동차 화재 사고를 접한 사람은 배터리의 화재 확률을 실제보다 높게 평가할 수 있다. 주변에서 화재가 발생했다면 이를 관찰함으로써 가용성 휴리스틱은 확률 평가에 도움이 된다. 더 많은 사건을 접할수록 더 많은 기억이 더 빨리 떠올라 실제로 유용하게 사용된다. 그러나 방송으로 접한 특별히 기억 때문에 연상이 쉬워 생생하게 장면이 떠오르거나, 관련 없는 연관 관계를 만들어 잘못된 확률적 판단을 내리는 편향도 일어날 수 있다.

기준점과 조정 휴리스틱

확률을 평가할 때 처음 주어지는 정보를 기준으로 추가 정보를 통한 조정과 최종 평가가 이루어지는 것이 기준점과 조정 휴리스틱이다. 문제는 기준점이 정해지면 조정이 쉽지 않다는 점이다. 또한 초기의 기준점이 잘못된 경우, 판단을 흐리는 기준점 편향(anchoring bias)이 발생한다.

후견지명의 한계를 극복하는 법

지금까지 살펴보았듯 의사 결정 과정에서는 다양한 요인이 편향을 일으키고, 결과적으로 판단과 의사 결정의 오류를 발생시킨다. 그리고 휴리스틱에 의한 직관적 판단은 빠른 결정에 도움이 되지만 편향의 위험성이 존재한다. 그래서 좋은 의사 결정을 내리려면, 휴리스틱에 기인한 편향, 평가의 오류, 논리적 오류 등 의사 결정에 부정적 영향을 미치는 요인이 존재한다는 것을 이해해야 하고, 이를 줄여나가는 시도가 필요하다.

잘못된 의사 결정을 사후적으로 돌아보면 판단과 의사 결정의 오류를 쉽게 찾아낼 수 있다. 그러나 결정 내리기 전에는 편견과 오류가 개입하는지 알지 못할 때가 많다. 이처럼 사후적으로 보면 잘못된 이유를 쉽게 찾아낼 수 있는 것을 사후 편향(hindsight bias)이라고 한다.

좋은 의사 결정을 위해서는 미래에 대한 선견지명(foresight)이 필요하지만, 불행하게도 우리 인간은 과거를 돌아보아 사후적으로 이해하는 후견지명(hindsight)이 발달되어 있다. SVB 파산 사태도 마찬가지다. 사후적으로 보았을 때는 파산의 원인을 쉽게 찾을 수 있으나, 그 원인을 사전에 파악해서 제거하지 못한 과오를 생각하면 똑똑하지만 똑똑하지 않은 인간의 한계를 이해할 수 있다.

의사 결정의 과정에서 다양한 인지적 편향은 시스템1의 직관적 의사 결정에서 오류를 발생시키고, 시스템2의 논리적이고 합리적 의사 결정을 방해한다. 의사 결정을 돕는 휴리스틱이 편향과 오류를 만들어내는 것이다. 이와 같은 휴리스틱의 오류를 최대한 줄이는 여러 방법이 있다. 경영 과정에서 수많은 의사 결정을 하는 리더에게 그중 몇 가지 간단한 방법을 추천한다.

첫째, 편향이 있을 수 있음을 인식한다. 맨 처음 정보가 틀릴 수 있다고 여기고 의도적으로 신중해진다.

둘째, 편향 가능성에 대해 교육하고 훈련한다. 사실 성공한 경영자가 자신에게 편향과 오류가 있음을 스스로 인정하기는 쉽지 않다. 그러니 교육을 통해 자신이 편향에 노출된다는 사실을 확인하고, 진지하게 오류를 줄이는 방법을 훈련한다.

셋째, 믿을 만한 객관적 조언을 얻는다. 인간에게는 스스로 보지 못하는 판단의 사각지대가 존재한다. 객관적 시각을 바탕으로 하는 믿을 만한 멘토와 컨설턴트의 조언은 큰 도움이 된다.

넷째, 좋은 경험을 축적한다. 경험은 직관적 판단 능력을 향상시킨다. 노련한 은행 직원이라면 재무제표 등 서류상으로 알 수 없던 기업의 상태를 현장을 방문 시 잘 파악해낸다. 이처럼 오랜 경험에서 나오는 예리한 관찰과 단서는 효과적인 휴리스틱으로 작동한다.

다섯째, 정형화된 의사 결정 프로세스를 활용한다. 불분명한 문제를 작은 부분으로 분해하고 다시 통합하는 과정은 판단과 결정에 도움을 준다. 분해와 통합의 과정에서 객관성을 확보하고 편향의 가능성을 줄일 수 있다.

성공한 경영자일수록 자신이 잘못된 판단을 내릴 수 있다고 생각하기 어렵다. 이런 생각은 자신이 '성공한 사람'이라는 인식과 충돌하기 때문이다. 그래서 편향의 가능성을 인정하기보다는 저항하게 된다. 그러나 경영에서 언제나 옳은 선택을 하기는 어렵다. 지속가능한 미래를 위해 더 합리적인 선택을 하고 싶다면, 경영자 스스로가 자신을 의심하는 의도적이고 적극적인 노력이 필요하다.

빅데이터에서 인사이트로, 새로운 비즈니스의 탄생

이승윤 건국대학교

시대마다 그 시대를 아우르는 키워드가 있다. 디지털 전환 시대를 맞이하며 기업의 주목을 가장 크게 받은 키워드가 있다. 바로 빅데이터다. 빅데이터가 우리 삶에 큰 영향을 미칠 수 있음을 극단적으로 보여준 몇 개 사건이 있다. 그중 대표적인 것이 2016년 미국 대선 결과의 예측이었다. 2016년 대부분의 전통적인 여론 조사 기관은 도널드 트럼프가 아닌 힐러리 클린턴(Hillary Clinton)의 당선을 점쳤다. 그러나 놀랍게도 압도적인 격차로 트럼프가 선거에서 승리했다. 당시 전통적인 여론 조사 기관과 달리, 구글 트렌드와 같은 빅데이터를 활용한 조사 기관은 트럼프의 승리를 정확하게 예측하면서, 빅데이터를 활용한 분석 방식이 전 세계적으로 크게 주목받기 시작했다. 그때까지 전통적인 여론 조사 기관은 전체를 대변하는 표본을 뽑아서 전화 설문 조사를 실시했는데, 통화로는 자신의 의중을 이야기하지 않는 '샤이 트럼프(shy Trump)'의 표심을 읽어내지 못한 것이 문제였다.

과거 데이터를 활용한 분석 방법으로 고객이 남긴 데이터를 통해 사후의 고객 행동을 추적 분석할 수는 있지만, 왜 해당 형태의 데이터가 남겨졌는지를 명확하게 알기 어렵다. 그러나 점차 분석 기술이 발전하면서, 이제는 표면적인 데이터에 남겨진 패턴을 기반으로 고객에게 직접 묻지 않고도 숨겨진 니즈를 읽어낼 수 있게 되었다.

케임브리지대학교와 스탠퍼드대학교의 공동 연구진은 어떤 사용자가 페이스북에서 300개 이상의 '좋아요'를 눌렀을 때, 페이스북이 알고리즘을 통해 사용자의 성향을 해당 사용자의 친한 친구나 배우자보다 더 잘 파악할 수 있다는 연구 결과를 〈미국국립과학원회보(Proceedings of the National Academy of Sciences, PNAS)〉에 발표했다. 이제 테크 기업이라면 고객의 행동 데이터를 분석해서 고객이 무엇을 원하는지, 왜 해당 행위를 하는지 설명할 수 있다.

고객 개개인이 스마트폰으로 자기 성향을 직간접적으로 드러내는 시대, 기업은 데이터를 비즈니스 성공을 위해 반드시 사용해야 할 무기 중 하나라고 여긴다. 기업이 데이터를 잘 활용하려면 어떤 방식으로 수집하고 분석할지, 나아가 소유하고 분석한 결과를 어떻게 결합하여 창의적인 고객 경험을 창출할지 생각해야 한다. 비즈니스를 한층 창의적인 방향으로 이끌어갈 도구로, 경영의 각 단계에서 데이터를 어떻게 활용할 수 있는지 살펴보자.

좋은 데이터 수집은 플랫폼 성공의 시작

과거에 기업은 다른 여러 사이트의 도메인에서 축적된 이용 기록(3자 쿠키)을 활용해 고객을 파악하고, 고객에게 고객 경험을 전달하는 방식으로 상호 소통을 해왔다. 예를 들어, 나이키는 구글이나 네이버 같은 검색 사이트에서 '나이키 신발'이라고 검색한 사람이나, 패션 잡지 〈지큐(GQ)〉가 운영하는 웹사이트에서 신발 기사를 열람한 사람의 3자 쿠키 데이터를 확보했다. 그런 다음 데이터를 활용해 해당 고객을 신발 구매 가능성이 많은 사람으로 파악하고, 이들이 페이스북이나 인스타그램 등에 접속할 때, '나이키 신발' 이미지나 정보를 지속적으로 보여주는 광고를 집행했다. 하지만 최근 고객의 개인 정보 보호가 강화되고 있기에 데이터의 통제권이 높은 0자 데이터(zero party data)와 1자 데이터(first party data)를 확보하는 것이 중요해지고 있다.

0자 데이터는 고객이 의도적이고 적극적으로 공유하는 정보다.

일반적으로 고객이 온라인 플랫폼에 방문해서 남기는 관심사, 구매 의사, 좋아요 등의 정보를 의미한다. 1자 데이터는 고객이 온라인 플랫폼에 방문한 뒤 개인 정보 활용에 동의하여 수집된 개인 정보를 의미한다. 채널 방문 이력, 구매 이력, 동의로 획득한 인구 통계학적인 정보가 이에 해당한다.

0자 데이터 확보를 위해 기업은 다양한 노력을 한다. 대표적인 사례가 OTT 플랫폼 넷플릭스(Netflix)다. 넷플릭스는 가입자에게 0자 데이터인 좋아하는 콘텐츠를 선택하도록 자연스럽게 유도한다. 맞춤형 고객 경험을 제공함으로써 넷플릭스를 계속 이용하게 하려는 것이다. 이외에도 여성 쇼핑몰 앱 지그재그는 가입 시, 여러 스타일의 이미지를 보여주고 사용자가 평소 좋아하는 스타일을 선택하도록 유도한다. 역시 고객 취향을 파악해 개인화된 고객 경험을 제공하려는 0자 데이터 획득 과정이다.

최근에는 더 깊이 있는 고객 데이터를 획득하기 위해 커뮤니티를 만든다거나, 고객이 적극적으로 활동하는 마켓플레이스를 만드는 등 다양한 시도가 이루어진다. 인테리어 전문 플랫폼 오늘의집은 서비스를 시작하고 나서 2년 동안 커뮤니티에 중점을 두고 운영되었다. 집에 관심 있는 고객이 상호 소통하며 데이터가 많이 쌓이도록 한 것이다. 그리고 고객이 자기 집을 찍어서 남긴 수많은 사용자 생성 콘텐츠(User Generated Content, UGC) 데이터를 바탕으로 상품을 개인별로 추천하는 효율적인 서비스를 만드는 데 성공했다. 아름다운 집의 이미지는 인스타그램에도 있지만, 우리 집과 유사한 크기거나 구조인 다른 집이 어떤 스타일로 집을 꾸몄는지를 찾아볼 수 있는 것은 오늘의 집만의 핵심 경쟁력이 되었다.

국내 OTT 서비스 왓챠 역시, 왓챠피디아라는 콘텐츠 평가 커뮤니티에서 시작되었다. 200만 이용자가 좋아하는 영화를 다양한 방식으로 평가하는 데이터를 활발하게 남기는 커뮤니티로 자리 잡고 난 후, 고객 선호 콘텐츠에 대한 정보를 기반으로 차별화된 OTT 서비스가 만들어졌다. 왓챠는 영화 콘텐츠로만 보면 글로벌 OTT 서비스인 넷플릭스보다 열 배 더 많은 콘텐츠를 보유하고 있다. 하지만 많다고 해서 이용자가 콘텐츠를 전부 이용하는 것은 아니다. 그런 이유로 왓챠는 철저하게 고객 데이터를 기반으로 한, 롱테일 전략에 집중했다. 이 전략은 주목받지 못하는 다수가 핵심적인 소수보다 더 큰 가치를 창출하도록 만드는 것이다. 왓챠피디아에 모인 데이터를 분석해 다양한 콘텐츠 중 고객이 좋아할 만한 것을 꼭 집어서 추천하여, 가능하면 다양한 콘텐츠가 소비되게 유도했다.

최근 왓챠는 어려움을 겪고 있지만, 왓챠피디아에는 여전히 영화를 정말로 좋아하는 골수팬이 많이 활동하고 있다. 이들은 왓챠에서 콘텐츠를 보고, 왓챠피디아에 자신의 의견을 반영한 별점을 남긴다. 왜냐하면 스스로가 열심히 별점 관리를 해야 다른 왓챠 이용자도 그렇게 할 것으로 생각하고, 이 같은 건전한 생태계가 왓챠 추천 시스템이 망가지지 않도록 해준다고 믿기 때문이다. 그리고 왓챠가 수많은 콘텐츠 중 자기 취향에 맞는 영화를 앞으로도 잘 추천해줄 것이라 여긴다.

결국 오늘의 집과 왓챠의 공통점은 고객 스스로에게 커뮤니티적인 가치를 부여하여 좋은 데이터를 확보하고, 이것이 핵심적인 고객 취향을 반영한 시스템에 스며들도록 한 것이다.

데이터, 어떻게 효율적으로 활용할 수 있을까?

좋은 데이터를 확보했다면 이미 절반 정도는 성공한 것이다. 이후에는 획득한 데이터를 더 효율적으로 활용하기 위해 구체적으로 분석해야 한다. 먼저 개발자나 엔지니어가 필요 데이터를 효과적으로 수집하고, 주제와 목적에 따라서 정제한 뒤, 기업별로 보유한 기술과 알고리즘에 적용하는 초기 단계를 거친다. 그다음은 마케터와 의사 결정자의 데이터 해석 과정이다.

특히 획득된 데이터를 더 잘 활용하려면 해석 절차가 중요하다. 흔히 해석은 '시각화', '이합집산', '합종연횡' 과정을 거친다.

시각화 데이터를 활용해 창의적인 고객 경험을 창출하는 첫걸음은 데이터 시각화에서 시작된다. 데이터 시각화란 데이터 분석 결과를 이해하기 쉽게 시각적으로 표현하고, 전달하는 것을 의미한다. 일반적으로 그림을 통해 전달되는 정보의 입력 속도는 문자를 통한 정보 입력에 비해 최대 600배 정도 빠르다.
빅데이터 자체가 수많은 데이터로 구성되어 있으니 문자 형태를 그림 형태로 전환하는 것은 필수다. 이 단계에서는 데이터를 획득한 곳에서 적절하게 시각화 유형을 선택하고, 고객 경험 전략으로 이어지게 유도해야 한다. 시장에는 이를 돕는 다양한 시각화 중심의 데이터 분석 bi(business intelligence) 툴이 존재한다. 예를 들어, 태블로(Tableau)를 이용하면 이용자가 엑셀이나 txt 등 유통되는 모든 데이터 형태를 간단하게 시각화할 수 있다.

이합집산 시각화가 끝났다고 바로, 획득된 데이터로부터 인사이트를 얻기는 힘들다. 그래서 다음 단계는 여러 데이터를 합치거나, 다시 분리하는 데이터 이합집산(離合集散)을 통해 다양하게 다루는 해석 과정이다.
이합집산 해석은 크게 'group by 과정'과 'drill down 과정'이라는 두 단계를 거친다. group by 과정은 데이터를 상호 구분 가능한 여러 차원으로 구분하여 묶는 것이다. 예를 들어, 일별로 획득한 판매 데이터를 평일 판매 데이터 그룹과 휴일 판매 데이터로 그룹화하고, 어떤 인사이트가 보이는지 확인할 수 있다. 그리고 drill down 과정은 반대로 데이트를 세분화하는 것이다. 시계열 데이터를 연월일로 나누거나, 조직 데이터를 본부, 실, 팀 등 파트별로 나누어 인사이트를 뽑아낸다.

합종연횡 획득된 데이터를 그룹화하고 잘게 쪼개는 것도 중요하지만, 다양한 내외부 데이터를 연결하는 것도 중요하다. 데이터의 합종연횡(合從連衡), 즉 여러 데이터를 이리저리 짝지어 인사이트를 뽑아내는 과정이라고 할 수 있다. 다양한 데이터를 공통 요소 기반으로 보는 것이다.

이때 데이터는 크게 '현상 파악을 위한 데이터'와 '고객 이해를 위한 데이터'로 나누어진다. 현상 파악을 위한 데이터는 주로 외부에서 획득하는 데이터로, 카드 소비 데이터, 이동 통신 유동 인구 데이터, 내비게이션 데이터, 검색 데이터 등이 있다. 그리고 고객 이해를 위한 데이터는 주로 내부에서 획득하는 데이터로, 개별 기업이 확보한 CRM 데이터, 기업 홈페이지에서 얻은 데이터, 콜센터 데이터 등이 있다.

기업이 직접 확보한 내부 데이터를 외부에서 획득한 데이터와 결합하여 혁신 서비스를 만든 수많은 사례가 존재한다. 제주관광공사는 검색 순위 데이터와 렌터카 위치 데이터 등을 결합하여 역발상 내비게이션 서비스를 출시했다. 제주도 관광 핵심지를 경유하는 느리지만 여유가 있는 슬로우로드 50곳을 소개한 것이다. 이 서비스는 티맵(T-map)과 협력하여 제주도를 방문하는 여행객의 성별, 연령별, 월별로 검색하는 장소와 키워드를 뽑아서 만들어졌다. 이처럼 다양한 내외부의 데이터를 연결하여 고객 경험을 혁신시키는 다양한 결과물을 만들어내는 것이 합종연횡의 핵심이다.

데이터 드리븐을 넘어 데이터 인스파이어드로

빅데이터는 10대의 성(sex)과 같다. 모두가 말하지만, 어떻게 하는지 아무도 모른다. 다른 사람 모두 그것을 하고 있다고 생각하고, 자신도 하고 있다고 주장한다. – 댄 애리얼리(Dan Ariely)

세계적인 경제학자 댄 애리얼리가 빅데이터에 대해서 한 이야기는 많은 의미를 담고 있다. 모든 기업은 이미 거대한 데이터를 가지고 있고 데이터를 잘 안다고 여기지만, 사실 데이터를 창의적인 방식으로 사용하는 이는 적다는 소리다. 과거의 빅데이터 전략이 데이터를 획득하고 적극적으로 사용하는 데 그쳤다면, 이제는 더 깊은 수준의 데이터를 획득하고 다양한 데이터를 결합하여 혁신적인 인사이트로 연결하는 방향으로 전환하고 있다. 즉, 데이터 드리븐(data driven) 방식에서 데이터 인스파이어드(data inspired) 방식으로의 전환이다.

데이터 드리븐 크리에이티비티(data-driven creativity) 전략은 기업이 획득한 다양한 데이터를 기반으로 기업이 사용하는 자원을 최적화하고 이득을 극대화하기 위해, 소비자 대상으로 메시지를 전달하는 광고 예산을 효과적으로 사용한다. 문제는 지나치게 효율성에 집중하다 보면, 정작 중요한 창의성을 망치기도 한다는 점이다. 최근 들어 이 효율성과 최적화라는 전략의 단점을 극복하고

자 나온 데이터 활용 전략이 바로 '데이터 인스파이어드 크리에이티비티(data-inspired creativity)' 전략이다.

데이터 인스파이어드 전략의 핵심은 데이터가 창의성에 촉매제 역할을 할 뿐 그 자체가 중심이 되지 않는 데 있다. 왓챠가 왓챠피디아를 활용하는 방식, 제주관광공사가 티맵과 슬로우로드를 만든 방식이 데이터 인스파이어드 크리에이티비티 전략이다. 데이터를 창의적인 방식으로 획득하거나, 이전과 다른 방식으로 직조해 혁신적인 고객 경험을 전달했다는 점에서 말이다.

데이터는 모든 문제를 해결해주는 마법 지팡이가 아니다. 하지만 데이터는 창조적인 아이디어와 영감을 주는 도구가 되어준다. 데이터와 창의성, 이 두 가지를 다양한 방식으로 결합하는 시도가 앞으로 더욱 혁신적으로 빈번하게 이루어질 것이다. 지금 우리 기업이 보유한 데이터를 사칙연산의 프레임에 넣어볼 필요가 있다.

심리적 회계, 경제 활동을 움직이는 숨은 원리

신임철 와인드업필름

경제학에서는 모든 1원이 동일한 가치를 지닌다. 영업으로 번 돈 10만 원(영업 수익)과 회사 명의의 정기예금 계좌에서 발생한 이자 10만 원(영업 외 수익)의 화폐 가치는 객관적으로 동일하다. 그런데 일반적으로 회사 경영진은 정기예금에서 발생한 이자 10만 원보다 영업으로 번 돈 10만 원의 가치를 더 높게 평가한다. 한편 운 좋게 복권에 당첨되어 받은 100만 원과 힘들게 일해서 번 100만 원은 돈의 가치가 서로 동일하다. 그런데 사람들은 복권 당첨금은 쉽게 써버리지만, 고생해서 번 돈은 아껴 쓰려고 한다. 현실에서 돈의 가치는 객관적으로 판단하기가 어렵다.

고 김수환 추기경이 생전에 남긴 인생 덕목 중 "노점상에게 물건을 살 때는 값을 깎지 마라"는 말씀이 있다고 한다. 그런데 엄마는 노점에서 콩나물을 살 때 꼭 값을 깎으려고 한다. 깎아봤자 얼마 안 될 텐데, 왜 그토록 적극적으로 노점상과 흥정하는 걸까?

비합리적 경제 행동을 설명하는 심리적 회계

행동경제학에서는 이 질문에 '심리적 회계(mental accounting)'라는 개념을 사용해 답한다. 행동경제학을 연구한 공로로 노벨 경제학상을 수상한 리처드 탈러(Richard Thaler) 교수에 따르면, 심리적 회계란 개인이 돈의 사용과 관련된 활동을 스스로 계획하고 평가하고 추적하기 위해 사용하는 암묵적 과정이다. 기업이 예산을 관리하듯 개인도 마음속에 스스로 설정한 여러 심리적 계정(account)별로 한도, 수입, 지출 등을 관리한다는 것이다.

좀 더 쉽게 설명하면, 심리적 회계는 사람들이 각자의 마음속에 있는 심리적 계정마다 서로 다른 선호 체계를 적용하려는 경향이다. 각 계정의 돈을 다른 계정의 돈과 구분하고, 계정 간 돈의 성격이 아예 다르다고 생각하는 심리적 편향이다. 심리적 회계는 사람들이 스스로 설정한 돈 관리 프레임이라고 할 수 있다. 돈을 바라보는 프레임에 따라, 동일한 1원이라도 가치가 서로 완전히 달라진다. 심리적 회계가 프레이밍 효과를 일으켜 사람들의 수입과 지출에 관한 의사 결정에 영향을 미친다.

심리적 회계는 주류 경제학에서 가정하는 화폐의 전용 가능성(fungibility)에 역행하는 개념이다. 화폐의 전용 가능성이란 화폐를 어떤 경로로 취득했건 간에(복권에 당첨되어 받았든지, 회사에서 열심히 일해서 벌었든지 간에 상관없이) 화폐라는 사실은 동일하므로 서로 다른 용도(계정)로 변경해 사용할 수 있음을 의미한다.

하지만 사람들은 실제 생활에서 심리적 회계 때문에 각 계정에 할당된 화폐는 다른 계정으로 전용하지 않고 그 화폐가 속한 계정 내에서만 사용한다. 실제로 의사 결정을 할 때, 주식 투자를 할 때, 그리고 소비 활동을 할 때도 심리적 회계의 영향을 많이 받는다. 심리적 회계를 이해하면 기업 경영, 투자, 마케팅 등에서 여러 시사점과 인사이트를 얻을 수 있다.

앞서 언급한 콩나물 구입과 비슷한 심리적 회계의 예를 더 살펴보자. 사람들은 가전제품 매장에서 100만 원짜리 스마트폰은 흔쾌히 사지만(마음속의 스마트폰 계정), 노점에서 콩나물 3,000원어치를 살 때는 주저하기도 한다(마음속의 콩나물 계정). 동일한 돈이라도(동일한 1원이더라도) 마음속의 스마트폰 계정에 할당된 돈과 콩나물 계정에 할당된 돈의 성격이 아예 다르다(동일한 1원이 아니다)고 생각하기 때문이다. 두 계정에 있는 돈은 서로 전용이 완전히 불가능하다고 여긴다. 그래서 엄마는 시장에서 콩나물을 살 때 조금이라도 값을 깎아보려고 노점상과 적극적으로 흥정한다.

엄마의 마음은 이렇다. 콩나물 가격은 2,000원이면 적당할 것 같아서 마음속의 콩나물 계정에 2,000원이라는 예산(한도)을 배정했는데, 노점상이 콩나물 가격이 3,000원이라고 말하면 미리 정한 콩나물 계정의 한도를 초과한다. 따라서 엄마는 콩나물 구매를 잠시 주저하며 가격을 깎으려고 노력한다. 엄마의 다른 심리적 계정인 스마트폰 계정에서 1,000원을 전용해 콩나물 값 3,000원을 지불해도 되지만, 심리적 회계로 쉽사리 전용 결정을 하지 못한다.

여기에 아파트 구매 행동을 비교해보면 심리적 회계가 더 쉽게 이해된다. 10억 원이 넘는 아파트를 거래할 때, 흥미로운 현상을 볼 수 있다. 계약하는 자리에서나 전화로 최초 제시된 가격보다 적게는 수백만 원, 많게는 수천만 원을 즉석에서 깎거나 올려서 매매 가격을 결정하는 경우가 종종 있다. 노점에서 콩나물을 살 때는 1,000원을 깎을지 말지를 두고 실랑이하는 데 반해, 아파트를 거래할 때는 수백만 원 혹은 수천만 원의 가격 조정을 쉽게 해버린다. 이는 마음속의 콩나물 계정과 아파트 계정이 서로 달라서 벌어지는 일이다. 각 계정에 속한 1원의 성격이 서로 다르다고 생각해서다. 이처럼 각 심리적 계정 간 전용은 어렵다.

잃어버린 뮤지컬 티켓의 딜레마

심리적 회계에 관한 재미있는 문제가 있다. 노벨 경제학상을 수상한 로버트 실러(Robert Shiller) 예일대학교 교수가 2006년 가을 학기 때 'Behavioral & Institutional Economics' 수업의 기말고사에서 출제했던 문제다.

첫 번째 문제는 다음과 같다.

"친구한테 뮤지컬 티켓을 공짜로 받았습니다. 그런데 공연장에 도착해서 뮤지컬 티켓을 잃어버렸다는 사실을 알았습니다. 공연장 매표소에서 티켓을 현장 구매해 뮤지컬을 볼 건가요?"

이 문제를 접한 학생 대부분이 '현장 구매를 하겠다'라고 답했다. 두 번째 문제는 다음과 같다.

"10만 원을 주고 뮤지컬 티켓을 구매했습니다. 그런데 공연장에 도착해서 뮤지컬 티켓을 잃어버렸다는 사실을 알았습니다. 공연장 매표소에서 티켓을 현장 구매해 뮤지컬을 볼 건가요?"

그런데 두 번째 문제에 대해서 학생 대부분이 '현장 구매를 하지 않겠다'라고 답했다. 두 문제에 대한 대답이 왜 다를까? 원인은 바로 심리적 회계에 있다. 사람들은 마음속에 각자 뮤지컬 티켓 계정을 만들고 예산도 반영했다. 그런데 뮤지컬 티켓을 공짜로 받았다가 잃어버린 경우에는 마음속의 뮤지컬 티켓 계정에 아무런 변화도 없으므로 뮤지컬 티켓을 다시 구매하는 데 거부감이 없다. 하지만 내 돈 10만 원을 주고 산 뮤지컬 티켓을 잃어버린 경우에는 마음속 뮤지컬 티켓 계정에 있는 예산을 이미 써버렸기에 현장 구매를 주저한다.

1원의 가치는 모두 같지 않다?

심리적 회계는 기업의 의사 결정에도 영향을 미친다. 복권 당첨금처럼 쉽게 번 돈은 쉽게 쓴다. 탈러의 연구에 따르면, 심리적 회계의 영향으로 복권 당첨금을 비롯해 게임에 이겨서 딴 돈, 경마로 딴 돈, 카지노 게임이나 도박으로 딴 돈 등 일종의 불로 소득은 일상적인 보통의 소득과 다른 계정으로 취급된다. 그래서 사람들은 이런 돈을 탕진하는 경향이 강하다.

기업도 마찬가지다. 경영진이 기대하지 않았던 부동산 매각 이익, 우연히 일어난 일회성 매출, 환율이나 유가 등 외생 변수 덕분에 생긴 추가 수익 등과 같은 불로 소득은 일반적인 수익이나 매출과 다른 계정으로 인식된다. 이 불로 소득은 투자수익률(ROI)이 불확실한 신사업, 사업 모델이 검증되지 않은 스타트업, 충분히 검토되지 않은 M&A 등에 과감하게 투자하려는 경향이 나타난다. 개인이든 기업이든 쉽게 번 돈은 쉽게 나간다.

투자 결정에도 경영진의 심리적 회계가 영향을 미친다. 사업성이 검증된 프로젝트에 대규모 투자를 하려는데, 과거에 유사한 프로젝트에 투자해 실패한 경험이 있다면 투자 결정이 쉽지 않다. 경영진의 마음속에 있는 해당 프로젝트 계정(심리적 계정)의 투자금을 과거에 이미 써버렸기에 해당 계정의 심리적 한도가 남아 있지 않아서다.

또한 심리적 회계는 주식 투자에 영향을 미친다. 어떤 주식 투자자가 다섯 개 회사의 주식(A, B, C, D, E)을 각 1주씩 매수해 투자 포트폴리오를 구성했는데, 수익률이 A와 B는 플러스, C와 D는 마이너스, 그리고 E는 본전이라고 가정해보자. 일단 주식 투자자가 최초에 주식을 매수했을 때 각 회사 주식별로 심리적 회계 계정이 만들어진다. A, B, C, D, E라는 독립 계정이 마음속에 만들어진다. 그리고 각 계정의 수익은 각 주식 가격의 변동에 따라 플러스 혹은 마이너스가 된다.

만약 투자자가 급전이 필요해 주식 다섯 개 중 한 개를 팔아야 한다면, 아마도 플러스 수익률인 A 혹은 B를 매도할 것이다. 그렇게 하면 해당 계정을 이익으로 마감할 수 있다고 생각해서다. C와 D는 손실이 발생하고 있기에 해당 계정을 손실로 마감하고 싶지는 않다. 그래서 확실한 손실을 회피하려는 손실 회피 성향을 보인다. 따라서 C와 D를 계속 보유할 확률이 높다. 결과적으로 오른 주식은 팔고 내린 주식은 보유하려는 처분 효과(disposition effect)가 나타난다. 처분 효과는 손실 계정과 이익 계정에 있는 돈을 각각 다르게 인식하는 심리적 회계와 손실 회피 성향이 합쳐진 개념이라고 할 수 있다.

심리적 회계가 소비에는 어떤 영향을 미칠까? 여기에는 재미있는 사례가 많다. 하루 1만 보 걷기 앱을 활용해 매일 100원씩 적립하는 사람이 있다. 그런데 저녁에 1만 보 걷기를 하다가 500원짜리 동전을 잃어버렸는데도 신경을 쓰지 않는다. 앱에서 적립하는 1원의 돈과 1만 보를 걷다가 잃어버린 돈 1원의 가치가 서로 다르다고 생각해서다.

매월 30만 원을 사용하면 카드사에서 12,000원을 청구 할인 해주는 신용카드를 사용 중인 사람이 있다. 10월 31일에 카드사 앱을 확인해보니 10월 한 달 동안 285,000원을 결제했다. 그래서 30만 원을 채우기 위해 꼭 필요하지도 않은 물건을 사느라 15,000원을 결제한다. 역시 이 사람도 신용카드 결제 금액과 청구 할인 금액은 돈의 가치가 아예 다르다고 여기고 있는 셈이다.

3,000만 원을 금리 3.5퍼센트짜리 정기예금으로 은행에 넣어두고, 같은 은행에서 대출금리 6.5퍼센트로 마이너스 통장 500만 원을 쓰는 경우가 있다. 이런 사람도 정기예금 이자와 마이너스 통장 대출 이자 간 돈의 가치가 완전히 다르다고 본다.

심리적 회계의 영향으로 사람들이 비합리적인 소비를 한다는 사실은 기업의 마케팅에서 다양하게 활용된다. 2017년 기아자동차는 '소비자가 하루 커피 1잔(5,000원)을 아끼면 모닝을 월 할부로 살 수 있다'라는 취지의 '커피 1잔 할부 프로그램'을 선보였다. 당연히 자동차 구매자는 하루 커피 1잔을 안 마시면 모닝을 구매할 수 있다는 데 동의한다. 커피 계정과 모닝 계정에 있는 1원의 가치는 동일하므로 전용이 가능하다고 여겨서다. 하지만 모닝을 구매한 뒤에는 생각이 바뀐다. 심리적 회계가 작동하기 때문이다. 결국 모닝을 구매한 후에도 매일 커피를 사서 마신다. 커피 계정과 모닝 계정에 있는 돈이 서로 다르다고 여겨서다. 커피는 커피고, 모닝은 모닝이다. 그건 그거고, 이건 이거다!

심리적 회계는 우리가 인지하지 못하는 사이에 선택과 의사 결정에서 큰 영향을 미친다. 특히 기업 경영, 투자, 소비에 중대한 영향을 미친다. 심리적 회계를 극복하고 합리적인 의사 결정을 하는 유일한 방법은 우리 마음속의 심리적 계정에 있는 돈의 가치가 서로 동일하고 전용 가능하다고 적극적으로 인식하는 것뿐이다. 그렇지 않으면 우리는 돈과 관련된 모든 의사 결정에서 결국 돈을 낭비하거나 잘못된 선택을 할지 모른다. 모든 돈은 동일한 가치를 지닌다. 그건 그거고 이건 이거일 수 없다. 모두 다 같은 돈이다.

[참고 도서]
· 신임철, 《처음 만나는 행동경제학》, 에이콘출판.

탁월함에 이르는 '둘 다 모두'의 힘, 앤드 씽킹

휴넷리더십센터

레고(Lego)는 조립식 블록 장난감을 만드는 회사다. 레고 블록은 1949년 첫선을 보인다. 당시 블록 색상은 빨간색, 노란색, 파란색 그리고 흰색이었다. 네 색상은 주위에서 흔히 보이는 색으로 건물이나 사람, 주변 환경을 표현하기에 적합했다. 그런데 한 가지 아쉬움이 있었다. 나무, 잔디, 식물 등 자연을 표현할 만한 색상이 마땅치 않았다. 이에 많은 소비자가 초록색 블록 출시를 손꼽아 기다렸다.

그럼에도 레고 경영진은 신중한 태도를 보였다. 새로운 블록 출시가 레고의 가치와 품질을 해칠까 우려했다. 결국 다섯 번째 색상인 초록색 블록은 1956년에야 추가된다. 무려 7년 만의 일이다. 이처럼 전통을 중시하는 문화는 레고를 성공으로 이끈다. 레고는 한때 전 세계 블록 완구 시장의 80퍼센트를 장악했다. 1999년에는 '세기의 장난감'으로 선정되기에 이른다.[1]

그런데 이즈음 레고의 입지가 흔들린다. 새로운 장난감과 비디오 게임이 등장하면서 완구 시장 경쟁이 치열해진 탓이다. 위기를 맞은 레고는 오랜 세월 성공을 가져다준 신중함을 벗어던진다. 1990년대 중반부터는 기존 블록과 다른 형태의 블록을 포함하여 매년 다섯 개의 새로운 테마를 선보이며 제품군을 늘려갔다. 그러나 소비자는 레고답지 않은 레고 제품에 실망감을 금치 못한다. 레고는 블록 제품 확장뿐만 아니라 사업의 외연을 넓히는 데에도 힘썼다. 레고의 세계관을 담은 영화와 도서를 출시하고, 인형, 시계, 아동복에 이르는 다양한 굿즈 상품을 쏟아냈다. 덴마크 빌룬에만 있던 테마파크인 레고랜드(Legoland)는 영국과 독일, 미국으로 영토를 넓혔다.

정체성을 흐리는 제품 개발과 무리한 사업 확장은 실적 악화로 이어졌다. 레고는 1998년 창립 이래 첫 적자를 기록하더니, 이듬해에는 전체 직원의 10퍼센트인 1,000여 명을 내보냈다. 2003년에는

1 레고 '20세기의 장난감'에 뽑혀…99년 장난감엔 '퍼비인형', 〈동아일보〉, 2009. 9. 23.

매출이 30퍼센트나 급락했다.

이 시기까지 레고는 '둘 중 하나 사고'에서 헤어나지 못했다. 처음에는 성공의 토대였던 전통 고수에만 매달렸고, 위기감을 느끼자 이내 방향을 틀어 모든 것을 걸고 새로운 모험을 감행한다. 이 같은 극단적 행보는 레고를 혁신과 효율, 현대화와 전통 유지, 유연성과 통제 사이의 딜레마에 허우적대게 했다.

빅블러 시대, 앤드 씽킹에 주목하라

경영 현장은 끊임없는 갈등의 연속이다. 품질과 속도, 고객 만족과 수익성, 차등과 형평성 등 상충하는 가치가 빈번하게 부딪힌다. 기존의 성공 방식을 고수하려는 관성과 이를 뒤엎으려는 혁신 사이에 긴장감이 흐른다. 당장 실적을 달성해 조직을 안정적으로 운영해야 하는 당면 목표와 장기적으로 기업 가치를 높여 지속가능성을 확보하려는 전략 사이의 균형을 찾는 일은 경영의 중요한 과제다. 구성원 개개인의 이득과 회사 전체의 목표가 엇갈릴 때 회사는 혼란에 빠진다. 이처럼 복잡다단한 대립 구도는 의사 결정을 어렵게 하고, 동시에 창의적인 돌파구를 찾도록 요구한다.

인간의 뇌는 본능적으로 '둘 중 하나'를 선택하는 이분법적 사고에 익숙하다. 불확실성을 제거하고 명확한 선택을 하려는 자연스러운 성향이다. 그런데 이분법적 사고를 넘어서는 '둘 다 모두'라는 역설적 사고법이 존재한다. 이른바, 앤드 씽킹(and thinking)이다. 앤드 씽킹은 서로 배치되는 두 가지 요구를 동시에 충족시키는 방법을 모색한다. 전통적 사고방식이 A 혹은 B 중 하나를 선택하는 것이라면, 앤드 씽킹은 A와 B를 동시에 추구하거나 결합한다.

오늘날 기업은 수익성 추구는 물론이고 구성원 행복, 고객 만족, 환경 보호, 사회적 책임 등 신경 써야 할 요소가 가득하다. 이 요소들은 각자의 방향을 가진다. 때로는 서로 반대되는 입장에 있다가 그 경계가 흐릿해진다. 그래서 경영 환경이 이와 같은 현재를 빅블러(big blur) 시대라고 한다. 기업을 하나의 거대한 퍼즐로 본다면, 각 퍼즐 조각은 경계가 불분명한 형태고 색상 또한 다르다는 뜻이다. 결국 상충하는 다양한 요구를 조화롭게 엮어내야 전체 그림이 완성되는 기업 환경이다.

MIT의 아난트 아가르왈(Anant Agarwal)[2] 교수는 "빅블러 시대에는 서로 다른 두 가지를 엮어서 생각하는 앤드 씽킹을 해야 한다"라고 강조한다.[3] 그가 말하는 앤드 씽킹은 겉보기에 무관한 요소들을 연결하여 새로운 가치를 창출하는 접근법이다. '이것 아니면 저것'이라는 이분법적 사고에서 벗어나, '이것도 저것도 가능하다'는 사고로의 전환을 강조한다.

2 MIT 전기공학 및 컴퓨터과학 교수. 《빅블러 시대의 평생 교육(Machine, Platform, Crowd: Harnessing Our Digital Future)》의 공동 저자로, 기술 발전으로 전통적인 경계가 흐려지는 빅블러 시대의 교육에 대해 통찰력 있는 분석을 제시했다.

3 빅블러 시대, 서로 다른 두 가지 엮어 생각하는 '앤드 싱킹' 중요, 〈한국경제〉, 2023. 11. 1.

파타고니아와 대니얼 카너먼의 앤드 씽킹

논리적으로 보면, 상충하는 요구를 동시에 달성하는 앤드 씽킹이 실현 가능할지 의문이 든다. '두 마리 토끼를 잡으려다 한 마리도 못 잡는' 상황이 우려된다. 《패러독스 마인드셋》의 저자 웬디 K. 스미스와 메리앤 W. 루이스는 이런 통념에 반기를 든다. 그들은 '둘 다 모두'를 추구하는 사고는 가능할 뿐 아니라, 문제 해결에 더 뛰어난 결과를 가져온다고 주장한다.

환경 보호와 수익성은 전통적으로 양립할 수 없는 가치로 여겨져왔다. 환경 보호를 위한 투자는 비용 증가로 이어져 수익에 악영향을 줄 수 있기 때문이다. 독일의 전력 기업 RWE의 사례가 이를 잘 보여준다. RWE는 정부의 신재생에너지 정책에 발맞추어 탈(脫)석탄을 추진했다. 이 과정에서 막대한 비용이 발생했는데, 그 결과 2016년 회사 창사 이래 처음으로 손실을 기록한다. 2017년에는 주가가 절반 가까이 폭락한다.

반대로, 환경을 외면한 채 수익만 좇는 전략은 더 치명적이다. 2015년 폭스바겐은 배출가스 기준을 맞추기 위해 배기가스 테스트 수치를 조작한다. 이는 소비자의 신뢰를 잃는 결과로 이어졌다. 이처럼 환경과 수익 사이에는 상충하는 관계가 존재한다. 기업은 당장의 재무적 이익과 미래의 지속가능성 사이에서 균형점을 찾아야 하는 문제에 직면해 있다.

글로벌 아웃도어 브랜드 파타고니아(Patagonia)는 환경과 수익 간의 역설적 관계에 파격적 행보를 보인다. 2022년 창업자 이본 쉬나드(Yvon Chouinard)가 회사 지분 전체를 지구 환경 보호에 힘쓰는 비영리 재단에 넘긴 것이다. 이로써 파타고니아는 매년 약 1억 달러의 수익을 기후 변화 대응과 자연 보호에 사용하게 되었다. 많은 이가 이 결정이 파타고니아의 성장을 저해할 것으로 전망했다. 하지만 현실은 예상을 뒤엎었다. 파타고니아는 2022년에 전년 대비 15퍼센트 늘어난 매출을 기록한다. 환경을 위한 과감한 선택이 브랜드 가치를 높이고 고객의 지지를 이끌어낸 것이다.[4]

대니얼 카너먼과 에이머스 트버스키의 협력 역시 앤드 씽킹의 힘을 보여준다. 두 심리학자는 1969년 히브리대학교에서 처음 만나 이후 약 15년간 학문적 파트너로 긴밀한 협력 관계를 유지한다. 이들의 협력이 주목받는 이유는 두 사람의 성격 차이 때문이다. 카너먼은 신중하고 자기 의심이 많은 성격이다. 반면, 트버스키는 자신감 넘치고 낙관적인 성격의 소유자다. 두 학자는 성격 차이를 장애물이 아닌 강점으로 승화시켰다.

카너먼과 트버스키는 끊임없는 대화와 토론으로 서로의 관점을 이해하고 발전시켰다. 이견이 있을 때는 완전히 해소될 때까지 대화를 이어갔다. 카너먼은 회고록에서 "모든 의견 차이는 양측이

4 Patagonia Founder Gives Away Entire Company To Fight Climate Change, Forbes, 2022. 9. 14.

충분히 납득할 때까지 논의하는 것이 우리의 원칙이었다"라고 밝혔다. 각자의 강점을 살린 역할 분담은 연구의 효율성을 높였다. 카너먼의 논리적 분석력과 트버스키의 직관적 통찰력이 만나 더욱 깊이 있는 연구가 가능했다.[5]

협력의 결실로 두 사람은 프로스펙트 이론(prospect theory)을 개발했으며, 행동경제학이라는 학문 분야를 개척하는 성과를 이룬다. 이 공로를 인정받아 2002년 카너먼은 노벨 경제학상을 수상했다. 안타깝게도 트버스키는 1996년 사망하여 이 영광을 함께하지 못했다.

앤드 씽킹은 정반합을 닮았다

파타고니아와 카너먼의 사례는 앤드 씽킹이 현실에서 실제 가치를 창출하는 실용적 도구임을 입증한다. 두 사례가 보여준 앤드 씽킹의 핵심은 첫째, 상반된 개념의 동시 추구, 둘째, 다양한 관점 통합, 셋째, 창의적 문제 해결로 압축할 수 있다.

앤드 씽킹은 상반된 개념을 동시에 추구하며 이분법적 사고의 한계를 뛰어넘는다. 많은 경우, 우리는 '이것 아니면 저것'이라는 양자택일을 강요받는다. 하지만 앤드 씽킹은 '이것도 저것도' 가능

5 Paradox Mindset: The Source of Remarkable Creativity in Teams, INSEAD Knowledge, 2022.

하다고 본다. 단순히 선택지를 나열하는 데 그치지 않고 서로 다른 요소 사이의 시너지를 찾아내려 애쓴다.

또한 앤드 씽킹은 다양한 관점을 통합한다. 문제를 다각도로 조명하고 다른 시각과 아이디어를 결합하는 과정이다. 다양성은 혁신의 원천이다. 서로 다른 배경과 전문성을 가진 이들이 아이디어를 교환할 때 예상 밖의 참신한 해결책이 떠오른다.

마지막으로, 기존 틀을 벗어나 새로운 관점에서 문제를 바라보고 해답을 찾는다. 앤드 씽킹은 주어진 선택지 중 하나를 고르는 것이 아니라 새로운 선택지를 만들어내는 과정이다. 서로 다른 개념이나 아이디어를 결합해 전혀 새로운 가치를 만들어내는 여정을 포함한다.

앤드 씽킹의 접근법은 19세기 독일 철학자 헤겔의 정반합(正反合) 철학을 닮았다. 헤겔의 변증법적 사고는 어떤 개념이나 상황[正]에 대해 그 반대되는 개념이나 상황[反]이 나타나고, 이 둘 사이의 대립이 궁극적으로 새로운 차원의 통합[合]으로 승화된다고 본다.

앤드 씽킹 역시 정반합 과정과 유사한 흐름을 보인다. 상반된 개념의 동시 추구는 '정'과 '반'의 인식에서 출발한다. 이어서 다양한 관점의 통합은 두 대립 요소를 아우르는 과정에 해당한다. 마지막으로, 창의적 문제 해결은 정반합의 '합' 단계와 같이 기존의 대립을 넘어서는 새로운 해결책을 만들어낸다. 이런 면에서 앤드 씽킹은 정반합 철학의 실천적 모습이라 할 수 있다.

레고, 그다음 이야기

다시 레고 이야기로 돌아가보자. 2004년 파산 위기에 처한 레고는 요르겐 비그 크누스토르프(Jørgen Vig Knudstorp)를 새로운 CEO로 맞이한다. 그는 '재미있게 놀다'라는 레고의 본질로 돌아가 회사의 사업을 조정한다. 우선 무리하게 벌인 사업을 정리한다. 레고랜드 네 곳의 지분을 매각하고 컴퓨터 게임 사업을 축소했다. 그리고 1만 4,200개에 달하는 블록 중 중복되거나 수익성이 떨어지는 제품 생산을 중단했다. 대신 유아용 듀플로 시리즈와 레고 시티의 기본 캐릭터들을 되살렸다.

단순히 전통만을 고수한 것은 아니었다. 그는 '레고'라는 이름에 담긴 기본 철학을 바탕으로 혁신의 길을 모색했다. 주력 고객인 5~9세 아동에 집중하면서, 과감히 성인층으로 타깃을 넓혔다. 레고 마니아와 성인을 위한 시리즈를 내놓는데, 〈스타워즈〉, 〈닌자고〉, 〈배트맨〉, 〈반지의 제왕〉 스토리를 입힌 레고 제품이 큰 인기를 끌었다. 이런 노력은 놀라운 성과로 이어졌다. 2007년부터 2016년까지 매출은 70억 크로네에서 379억 크로네(약 6조 6,700억 원)로, 순이익은 10억 크로네에서 94억 크로네(약 1조, 6,700억 원)로 치솟았다. 직원 수도 네 배가량 늘었다.

레고에 이 같은 전환을 가져온 원동력은 무엇이었을까? 그 답은 레고박물관에 전시된 '11가지 패러독스 리더십(11 Paradoxes of

Leadership)'에 있다.

레고의 11가지 패러독스 리더십

1. 직원들과 가까이하되, 적당한 거리를 유지하라.
2. 선두에 서서 이끌되, 뒤로 물러나 있어라.
3. 직원을 신뢰하되, 무슨 일을 하고 있는지 늘 확인하라.
4. 관대하게 행동하되, 원하는 것을 얻어내라.
5. 자신의 부서를 위해 일하되, 회사 전체의 목표에 충실하라.
6. 시간을 계획적으로 쓰되, 일정에 융통성을 가져라.
7. 솔직하게 의견을 말하되, 정치적으로 굴어라.
8. 비전을 추구하되, 현실에 발을 딛고 있어라.
9. 합의를 추구하되, 결단력 있게 돌파하라.
10. 역동적으로 생활하되, 신중한 태도를 지녀라.
11. 자신감을 가지되, 겸손하라.

레고는 엄격한 품질 기준으로 전통을 지키면서 역설적 리더십을 통해 혁신을 이루어냈다. 그리고 패러독스 리더십은 이제 레고의 핵심 경영 철학으로 자리 잡았다.

그렇다고 레고의 리더십 원칙을 따라 하는 것만이 앤드 씽킹의 정답은 아닐 테다. 이에 대해 《패러독스 마인드셋》의 저자들은 간단한 팁 하나를 제안한다. 바로 질문의 방식을 바꾸는 것이다. "여기 여러 선택지 중 가장 효과적인 대안은 무엇인가요?"라는 물음 대신, "가장 효과적인 대안을 고르되, 서로 역설적이거나 상반되는 방법을 통합하는 대안도 고려해주세요"라고 하는 것이다. 저자들은 간단하게 질문을 바꾸는 것만으로도 더욱 창의적인 해결책이 떠오를 수 있다고 강조한다.

사실 우리에게 앤드 씽킹 능력이 없는 것은 아니다. 그동안 앤드 씽킹처럼 생각할 여지가 없었을 뿐이다. 선택지가 이분법적으로 주어지면 사람들은 자연스레 양자택일의 틀에 갇힌다. 그런데 서로 반대되는 길을 동시에 추구할 수 있다는 가능성이 열리면 생각의 지평이 넓어진다. '이것도 하면서 저것도 할 수 있다'라는 깨달음을 얻는다. '왜 이전에는 두 가지를 함께 바라보지 못했을까?'라는 반성도 한다.

앤드 씽킹은 상충하는 가치를 동시에 추구하면서도 새로운 해법을 찾는 어려운 길이지만, 그만큼 남들이 쉽게 도달하지 못하는 탁월한 해결책을 이끌어낸다. 우선, 앤드 씽킹의 존재를 인식하는 것부터 시작해보자. 그것만으로도 우리의 사고 체계는 확장된다. 그리고 '둘 다 모두'의 사고로 골치 아픈 문제를 들여다보자. 보다 창의적이고 탁월한 해결책이 우리를 기다리고 있을 것이다.

불확실성의 시대, 환율도 리스크다

신민영 홍익대학교

기업 경영에서 환율은 커다란 불확실성 요인이다. 내수 시장이 크지 않고 원자재 부품의 자급도가 낮은 한국 기업은 해외 시장 의존도가 상당히 높다. 수출입 비중이 높다 보니 외화 거래가 많은 기업의 경영 성과에 환율이 상당한 영향을 미친다. 굳이 기업 경영과 직접 관련짓지 않아도 IMF 외환 위기와 글로벌 금융 위기 당시 환율이 급격히 치솟은 바 있어 우리 사회의 환율에 대한 관심은 남다르다.

최근 원화 환율의 변동성이 그 어느 때보다 높아져 기업에 어려움을 더하고 있다. 지난 2~3년간 원화 약세가 이어지다가 2024년 8월 초 일본의 금리 인상과 9월 중순 미국의 큰 폭 금리 인하에 즈음해 달러 약세, 원화 강세가 나타나는 모습을 보였다. 그러더니 10월 들어 갑자기 다시 방향을 바꿔 달러화 강세와 원화 약세가 빠르게 이어지고 있다.

원화 약세, 과연 한국 경제에 좋을까?

환율에 대한 정부와 기업의 인식에서 나타나는 한 가지 특징은 IMF 위기나 리먼 사태 같은 경제 및 금융 위기에 따른 급격한 약세가 아닌 한 전통적으로 한국 경제에서 원화 약세를 선(善)으로 간주해온 것이다. 원화 가격이 싸지면 달러화 표시 가격을 낮출 여지가 생겨 수출 물량이 늘어나면서 기업의 매출이 늘어나고 경기가 개선된다. 또한 달러화로 표시된 매출을 비롯해, 외화표시채권의 원화 환산액이 늘어나 기업 수익이 증가한다.

한국 경제에서는 원/달러 환율과 더불어 원/엔 환율이 중요한 의미를 가진다. 자동차 등 수출 시장에서 일본 기업과의 경합도가 여전히 높은 데다 일본으로부터 주요 산업의 소재, 부품, 장비를 수입하기 때문이다. 10여 년 전 한 간담회에서 국내의 유력한 자동차 기업의 CFO는 "현재의 달러당 1,100원, 80엔 수준의 환율 여건하에서는 우리 회사가 일본 자동차 기업보다 못하려야 못할 수가 없다"

라며 활짝 웃었다. 그는 원/달러 환율이 100원 이상 낮아진다면 어떻겠냐는 질문에는 "좀 따져봐야 할 것 같다"라고 말했고 200원가량 낮아질 경우에는 "어려워질 것"이라 단언했다.

그렇지만 2024년 현재 경제 구조 및 비즈니스 환경이 빠르게 바뀌고 있다는 점, 우리 사회 구성원의 인식이 변화하고 있다는 점 등을 고려하면 환율에 대한 시각도 달라질 가능성이 크다.

먼저, 환율이 수출에 영향을 주고 기업 실적을 좌우하는 효과가 예전만 못하다. 기업의 해외 투자가 늘어나며 국내에서 생산해 수출하는 단순한 방식에서 공급망이 얽혀 글로벌 차원으로 변화하여 환율 효과가 상당 부분 상쇄되었기 때문이다. 더욱이, 수출 기업이 좋은 실적을 거둔다 해도 경제 전반에 걸쳐 긍정적인 효과를 퍼뜨리는 '낙수 효과'가 약화했다. 대내외 불확실성이 증폭되는 데다 수익성과 안정성 위주의 경영이 강조되면서 기업의 투자가 부진해져서다. 이에 따라 연관 산업의 실적을 이끄는 효과가 줄었다. 설혹 투자가 이루어진다 해도 글로벌 공급 사슬이 미국과 중국 G2 위주로 분리되면서 투자의 상당 부분이 국내 투자에서 해외 투자로 전환되었다는 점에서 효과는 미미하다. 미국의 「인플레이션완화법(IRA)」, 「반도체지원법(CHIPS ACT)」 등에 따른 현지 투자가 증가한 것이 좋은 예다. 또한 투자가 이루어진다 해도 ICT 산업 위주의 산업 구조 특성상 고용 효과가 크지 않다.

이에 반해 원화 약세가 수입 물가를 올려 가계의 실질 임금을 낮추는 부정적인 효과는 분명하다. 코로나 확산에 따른 전 세계적 고물가에, 달러당 1,400원을 넘는 환율로 인해 2022년 하반기 소비자 물가상승률이 6퍼센트를 넘기도 했다. 올해 한국 국내총생산(이하 'GDP')이 2퍼센트 전후 성장에 그칠 것으로 예상되는 이유도 수출은 호조지만 내수 부진이 심화한 데 있다. 현재의 내수 부진은 일정 부분 원화 약세에 따른 물가 상승의 영향으로 평가된다. 이렇게 본다면 원화 약세가 한국 경제에 미치는 긍정적 효과는 크게 줄어들었으나 부정적 효과는 그대로여서 이제는 원화 약세를 긍정적으로 볼 이유가 상당히 없어졌다고 할 수 있다.

엔화 장기 약세, 토요타는 웃고 라멘집은 파산했다

환율과 수출, 환율과 내수 간의 관계는 장기간 통화 약세를 경험하고 있는 일본에서도 확인할 수 있다. 일본은 2012년 하반기부터 최근까지 지난 10여 년간 아베노믹스를 기반으로 엔화 약세를 이어왔다. 일본 국민 1인당 GDP가 2012년 5만 달러 수준에서 지난해 3만 4,000달러 이하로 하락한 것도 일본 경제의 저성장과 엔화 약세가 합쳐진 결과다.

이 기간 '슈퍼 엔저'의 효과는 '토요타(Toyota)는 웃었지만 라멘집은 파산'한 것으로 요약된다. 거시적으로 보면 엔저가 물가를 상승시켰으나 디플레이션 위험을 줄여 긍정적 효과를 거둔 것으로 평가된다. 2000년대 들어 일본의 물가 상승률이 아베노믹스를 기준으로 이전 12년 평균 -0.2퍼센트에서 이후 12년 평균이 1.1퍼센트로 상승했다. 특히 기업은 해외 투자의 소득 확대 등으로 수익 증대 혜택을 입었다. 토요타 자동차 같은 수출 기업은 가격 경쟁력으로 실적이 급등했다. 일본경제신문에 따르면, 달러당 엔화 환율이 1엔 올라가면 토요타의 이익이 500억 엔(약 4,550억 원) 늘어난다.

그렇지만 영세 상인과 일반 가계에는 엔화 약세가 결코 반가운 일이 아니다. 예컨대 유가와 같은 원자잿값 상승, 전기 및 가스비 인상 등은 대중 식당인 라멘집의 원가 상승으로 이어졌다. 일반 국민에게도 엔화 약세는 물가 상승과 구매력 약화 요인이다. 우선 직접적인 대외 구매력 약화로 일본 국민은 해외여행을 줄였다. 반면 한국을 포함, 과거에 일본보다 물가가 훨씬 쌌던 인근의 '한 수 아래' 국가 관광객이 '값싼 일본'으로 몰려들었다. 이 역시 기록적 엔화 약세의 결과였다. 관광업이 호황을 겪는 것과 별도로 일본 국민은 마음에 상처를 입었다.

'원화 강세 선호'가 부상한다

환율에 대한 인식의 변화는 정책을 변화시킨다. 남미 여러 국가를 대상으로 한 연구 결과를 보면 정부의 색채와 외환 정책 사이에는 뚜렷한 상관관계가 있다. 즉, 상대적으로 강한 포퓰리즘을 추구하는 정부가 집권하면 자국 통화 강세가 나타나고, 반대의 경우에는 상대적으로 약세를 띤다. 자국 통화의 약세는 물가를 높이기에 국민이 반기지 않는다. 가뜩이나 만성적인 인플레이션에 시달리는 중남미 국민의 생각이 반영된 결과다.

실제로 우리나라에서도 2000년대 초반 정부 주재 협의회에 가면 담당 공무원이 '뜻밖에' 원화 강세를 선호하는 듯한 모습을 보이기도 했다. 이는 당시 정부가 서민과 영세 자영업자 등 경제적 취약 계층 보호에 역점을 두는 것을 따르는 것으로 비쳤다. 그즈음 달러 약세로 원화가 강세를 띤 측면도 있겠지만, 원화는 글로벌 금융 위기 이전까지 큰 폭의 강세를 이어갔다. 이런 양상에 대해 성장을 중시하는 일부 경제학자는 아쉬움을 표했다. 그들은 당시 세계 경제가 초호황이었기에 환율 여건만 우호적이었다면 1980년대 후반의 3저 호황 못지않은 엄청난 경제 성과를 거둘 수도 있었다고 분석했다.

정부의 색채를 떠나서도 원화 약세를 선호하는 경향은 줄어들었다. 수출의 낙수 효과가 크게 사라지고, 물가 상승과 구매력 약화로 장기적인 내수 부진을 겪는 소상공인과 자영업자에게 원화 약세는 좋은 환율 여건으로 볼 수 없다. 또한 상대적으로 개인주의 성향이 강한 MZ를 비롯한 젊은 세대의 비중 증가도 주목해야 한다. 이들은 사회가 부를 쌓는 것이 자신의 행복으로 연결된다고 확신하지 않는다. 원화 약세는 한국 경제의 부(富)를 일반 가계에서 수출 기업으로 이전시킬 뿐이라고 생각한다.

환율 전망의 함정

환율을 예측하기란 매우 어렵다. 현재의 원화 약세가 더 이어질지 아니면 조만간 강세 전환할지는 알 수 없다. 경기나 금리도 정도를 예측하기가 쉽지 않지만 적어도 방향성은 어느 정도 예측이 가능하다. 그러나 환율은 방향성조차 가늠하기 어렵다. 환율은 펀더멘털(성장세 등 경제 기초 여건)뿐만 아니라 각국 정치와 정책, 국제 관계, 금융 시장 변동성 등이 복잡하게 얽힌 결과다. 실제로 2024년 8~9월 한국은행, 국제금융센터 등 국내 주요 기관과 글로벌 IB는 향후 상당 폭의 엔화와 원화의 강세를 전망하는 보고서를 냈다. 일본이 금리 인상을 이어가고 미국이 가파른 금리 인하 정책을 지속할 것이라는 이유에서였다. 하지만 결과적으로 이 전망은 모두 틀렸다.

당연히 환율 전망에 근거해 경영상 의사 결정을 하는 것은 금물이다. 기업 경영에서는 영업을 통한 수익 추구가 본질이고 설혹 전망이 맞아 환차익을 거둔다 해도 이는 부수적일 뿐이다. 만일 예측이 빗나가면 커다란 낭패를 볼 수 있다.

국내 한 전자 기업의 사례가 좋은 본보기가 될 듯하다. 2003년 이후 전 세계적인 달러화 약세가 이어졌다. 당시 많은 국내외 기관이 미국의 쌍둥이 적자 확대가 구조적인 것이라며 달러화 약세는 추세적으로 이어질 것으로 전망했다. 이 전망에 기대어 해당 기업은 환헤지[1] 없이 거액의 달러화 표시 부채를 졌다. 처음 2~3년간 약간의 환차익을 거둔 것까지는 좋았다. 그러나 2008~2009년 글로벌 금융 위기를 맞아 갑자기 달러가 강세로 전환하고 원/달러 환율이 1,500원대 후반까지 치솟으면서 사달이 났다. 당시 그 기업은 비교적 양호한 영업이익을 거두었지만 이자 지급 관련 환차손과 더불어 커다란 원화 표시 부채 증가를 겪었다. 당연히 대내외적으로 위험 관리 시스템의 부재에 대해 상당한 비판이 쏟아졌다. 해당 기업 임원에 따르면, 그 기업이 환율 트라우마를 벗어나는 데에 5년 이상 걸렸다.

Back to the Basic!

환율 전망은 매우 어렵지만 향후 환율의 변동성이 높아질 가능성이 상당하다. 대외적으로 미중 간 갈등이 확대되고 우크라이나, 중동 등 세계 도처에서 전쟁이 지속되는 가운데 일본에 이어 미국도 리더십이 교체되어 불확실성이 커졌다. 미국의 통화 정책이 금리 인상에서 2024년 9월부터 금리 인하로 전환되었고, 일본 역시

1 외환(外換)과 헤지(hedge, 위험 회피)의 합성어. 외환 거래에 따르는 환율 변동 위험을 없애는 것을 의미한다.

금리 인상을 이어갈 가능성이 점쳐지고 있다.

대내적으로 정치적 양분화가 이루어진 가운데, 내수 부진 등 경제적 측면에서는 불안정성이 커진 모양새다. 원화 약세가 선이라는 지나간 시대의 도그마에서 벗어나, 국민의 인식 변화에 따라 외환 정책 기조가 바뀔지도 모른다. 기준 금리도 지난 3년여간의 인상 기조를 끝내고 2024년 10월 인하를 시작했다. 요컨대 국내외 지정학적·정치적·정책적 불확실성이 확대되면서 환율 변동성이 나타날 가능성이 크다.

환율 변동성 확대에 대한 대응은 기본으로 돌아가는 것이다. 선물환 등 다양한 위험 회피 수단을 활용해 환율 변동이 기업 성과에 미치는 영향을 줄이고 환율 예측을 근거로 한 경영 활동을 지양해야 한다. 이때 선물과 옵션 등 금융 계약 등 한계가 있는 방식보다는 장기적으로 거래 구조의 조정을 통한 자연적 헤지가 가능하게 한다. 또한 환율에 기대어 성과를 개선하려는 시도는 요행히 예측대로 들어맞아 이익이 나도 지속가능한 이익이 아니다. 더구나 실패하면 큰 폭의 손해가 발생할 가능성이 있다. 자칫 기업 경영의 본질에서 벗어나 본말이 전도될 수 있다. 빠르고 복잡하게 변화하는 국내외 환경 변화를 주시하며 본질적인 기업의 경쟁력 확보에 매진해야 한다.

미래를 만드는 경영자의 시간 여행, 퓨처백 전략

휴넷리더십센터

당신의 시선은 어디를 향하는가? 많은 사람이 발 앞에 현실을 본다. 그러나 비즈니스 세계에서 현재만을 바라보는 경영으로는 앞날을 장담 못 한다. 2000년대 초반 비디오 대여점 블록버스터(Blockbuster)는 시장의 절대 강자였다. 그런데 온라인 스트리밍의 미래를 읽지 못했다. 넷플릭스 CEO 리드 헤이스팅스(Reed Hastings)가 5,000만 달러에 회사를 팔겠다고 제안했을 때, 블록버스터는 이를 거절하고 말았다. 그리고 우리는 두 기업의 명암을 익히 안다. 블록버스터는 2010년 파산했다. 반면 넷플릭스는 전 세계 스트리밍 산업의 거인이 되었다.

글로벌 자동차 시장은 어떨까? 2010년 전기차 시장 점유율은 0.01퍼센트에 불과했다. 대다수 자동차 제조사는 전기차를 시기상조라 여기며 내연기관 차량에 집중했다. 그로부터 13년이 흐른 2023년, 상황은 판이하게 바뀐다. 자동차 시장에서 전기차 점유율이 14퍼센트를 넘어선다. 이 분야 선도 기업인 테슬라(Tesla)의 시가총액은 토요타, 폭스바겐, 제너럴모터스(General Motors, GM)를 모두 합친 것보다 높다.[1]

'오늘'만 바라본 기업은 뒤처진 반면, '내일'의 렌즈로 오늘을 조망한 기업은 시장 판도를 뒤엎었다. '퓨처백(future back)'의 힘이다.

미래의 렌즈로 현재를 조망하다

퓨처백 전략은 미래 청사진을 먼저 그리고 그 미래상에서 시간을 되짚으며 필요한 계획을 세우는 방법론이다. 영화 〈백 투 더 퓨처〉 속 주인공 마티는 우연히 30년 전으로 거슬러 올라간다. 이 여정에서 자신의 아버지가 될 조지를 만난다. 그리고 청년 조지에게 용기를 불어넣고 꿈을 좇도록 응원한다. 조지가 미래에 자신감 없는 회사원이 될 것을 알고 있었기 때문이다. 또한 마티는 무도회에

1 Global Electric Vehicle Outlook 2024, Bloomberg.

서 아직 세상에 나오지 않은 노래 〈조니 B. 굿(Johnny B. Goode)〉[2]을 선보여 청중을 사로잡는다. 3년 뒤 로큰롤 열풍을 일으킬 음악을 미리 알았기에 시대를 앞서 무대를 펼친 것이다.

'미래'의 시선으로 1955년 '현재'를 바꾼 마티의 전략은 빛을 발한다. 1985년 미래의 허름했던 마티 가족의 집은 멋진 주택으로 탈바꿈했다. 소심하던 아버지는 자신감 넘치는 작가로 변모했고, 어머니는 더 건강하고 활기찬 모습으로 달라져 있었다. 술에 찌들어 살던 삼촌마저 성공한 사업가로 거듭났다.

우리는 흔히 오늘의 관성에 이끌려 내일을 그려낸다. 그래서 앞날을 설계할 때 지금 이 자리를 출발점으로 삼는다. 이런 사고방식은 미래보다 현재에 지나치게 무게를 둘 위험이 있다. 심리학자는 이 성향을 '현재 편향'이라 부른다.

현재 편향이 생기는 원인은 복합적이다. 그중 인간의 뇌 구조가 한몫한다. 감정과 기억, 동기를 관장하는 뇌 영역인 변연계는 즉각적인 보상에 민감하게 반응한다. 이로 인해 사람들은 당장의 만족을 주는 선택에 자연스럽게 끌린다. 반면, 먼 미래를 고려하는 접근은 전전두피질의 개입이 필요한데, 이는 상당한 인지적 에너지를 요한다. 결과적으로 우리의 뇌는 태생적으로 현재에 초점을 맞

2 로큰롤의 전설적인 뮤지션 척 베리(Chuck Berry)가 1958년에 발표했으며, 로큰롤 역사상 가장 영향력 있는 곡 중 하나로 평가받는다. 〈롤링스톤〉이 선정한 500대 명곡 순위에서 33위, 기타 명곡 순위 1위에 랭크되었다.

추도록 프로그래밍되었다.[3]

인간의 인지 용량에는 한계가 있다. 이것도 현재 편향을 부추기는 또 다른 이유가 된다. 미래를 고려하려면 수많은 변수와 가능성을 동시에 처리해야 한다. 복잡한 사고 과정을 요한다. 반면 현재는 경험 중인 순간이기에 쉽게 파악할 수 있고 통제 가능하다고 여긴다. 이런 인지적 편의성 때문에 사람들은 현재에 더 치중하게 된다.[4] 그렇게 행동할 때 심리적으로 더 편안하다.

비즈니스 세계에서도 현재 편향은 나타난다. 기업의 단기주의 혹은 근시안적 행동은 끊임없이 도마 위에 오르는 이슈다. 400명 넘는 임원을 대상으로 한 조사 결과를 보면 응답자의 78퍼센트가 "장기적으로는 회사에 불이익이 될지라도, 당면한 분기 실적을 맞추는 것이 중요하다"라고 답했다. 더 충격적인 건 절반이 넘는 응답자가 "장기적으로 회사에 이로운 프로젝트라도, 당장의 분기 실적을 떨어뜨릴 수 있다면 추진하지 않겠다"라고 응답했다는 사실이다.[5]

전통적인 전략 수립은 현재를 기점으로 삼는다. 지금의 시장 동향과 기업의 강약점, 경쟁 지형을 살펴보는 데에서 출발한다.

3 Time Discounting and Time Preference: A Critical Review, Shane Frederick, George Loewenstein & Ted O'Donoghue, Journal of Economic Literature, 2002.
4 Models of Bounded Rationality, Herbert Simon, MIT Press, 1982.
5 The Economic Implications of Corporate Financial Reporting, Journal of Accounting and Economics, Graham, J. R., Harvey, C. R., & Rajgopal, S. 2005.

SWOT 분석이나 산업 경쟁 분석 같은 기법을 활용해 현재 위치를 진단하고, 이를 토대로 미래 목표를 정한다. 그런 다음 미래 목표에 도달하기 위한 세부 로드맵을 그린다. 이 접근법은 현실적인 전략을 만드는 데 효과적이다. 하지만 때로 현재라는 제약에 얽매이게 한다. 획기적인 미래를 상상하는 데는 한계가 있다.

퓨처백 전략은 조금 다르게 접근한다. 핵심은 현재 상황을 백지 상태로 놓고 시작하는 것. 기존에 당연히 여겨온 가정이나 현재의 제약에서 벗어나, 과감한 미래상을 그리는 것이 중요하다. 이 과정에서 산업 간 경계, 경쟁 구도, 기술 발전, 고객 니즈 등 모든 요소를 열린 시각에서 재검토한다. 이러한 접근은 고정관념과 선입견을 떨치고 다채로운 미래를 조망하는 안목을 길러준다.

원대하고 야심 찬 미래 스케치

퓨처백의 첫 관문은 조직의 '미래'를 그려내는 것이다. 여기서 드는 한 가지 의문. 과연 어느 시점까지의 미래를 그려야 할까? 경영혁신 컨설팅 기업 이노사이트(Innosight)의 수석 컨설턴트 마크 존슨(Mark Johnson)은 "지금의 비즈니스 모델이 더 이상 통하지 않는 시점까지 사고를 확장하라"고 조언한다.[6]

6 A Future-Back Approach to Breakthrough Growth, Mark Johnson & Josh Suskewicz, Innosight, 2020.

여기서 주의할 점은 미래를 완벽히 예견하려 하지 않는 것이다. 사실상 미래를 온전히 점치는 것은 불가능하다. 퓨처백에서는 정확한 예측보다 창의적 상상력이 중요하다. 인상파 화가를 떠올려 보자. 그들은 대상을 있는 그대로 재현하지 않는다. 대상에서 받은 순간적인 느낌을 화폭에 담아낸다. 퓨처백 접근도 이와 유사하다. 미래를 정확히 그려내는 게 궁극적 목적이 아니다. 대신 트렌드와 가능성을 토대로 미래의 '인상'을 그리는 데 주력한다. 이 과정에서 현재의 한계나 제약에 구애받지 않는 게 핵심이다. 대담하고 자유로운 발상으로 가능성을 폭넓게 탐색하는 자세가 요구된다.

오늘날 자동차 업계를 보자. 이제 자동차 제조사는 단순히 현재의 연장선에서 미래를 구상하지 않는다. 하늘을 누비는 자동차나 완전 자율주행과 같은 혁신을 꿈꾼다. '이동'이라는 개념 자체를 재정의하는 미래를 바라본다. 퓨처백의 진정한 목적이 바로 여기에 있다. 다양하고 때로는 극적인 시나리오를 상상해봄으로써 미래에 대비하는 힘을 키우는 데 그 목적이 있다.

이런 맥락에서 저명한 경영학자 짐 콜린스(Jim Collins)가 제시한 '비핵(Big Hairy Audacious Goal, BHAG)'이란 개념을 주목할 만하다. 비핵은 '머리칼이 곤두설 정도로 원대하고 야심 찬 목표'를 말한다. 일각에서는 비핵을 달성할 수 없는 허황된 목표라 평가절하한다. '10년 내 인류를 달에 착륙시킬 것'이라고 했던 케네디 대통령의 1961년 선언을 떠올려보자. 당시에 이 목표는 계획이라기보다 순수한 꿈에 가까워 보였다. 하지만 미국은 이 불가능해 보였던 도전을 현실로 만들어냈다.

비핵은 세 가지 형태로 구분해볼 수 있다.

첫째, 목표 지향형이다

가장 흔한 형태로, 특정 기한 내에 달성하려는 목표를 설정하는 방식이다. 대개는 정량적인 수치로 표현된다. 예를 들어 '2030년까지 연간 매출 1조 원을 달성한다'와 같은 식이다. 그렇다고 비핵을 양적으로만 표현하지는 않는다. '전 세계의 정보를 체계적으로 조직화한다'와 같은 정성적 목표를 설정할 수도 있다. 이 목표는 불가능해 보여도 괜찮다. 조직에 영감을 준다면 그것으로 충분하다. 다만 성과를 판단할 수 있는 기준을 함께 마련해야 한다.

'인류를 지구 외 다른 행성에서 살아갈 수 있도록 만든다(스페이스X)', '모든 가정의 책상 위에 컴퓨터를 보급한다(1970년대 MS)', '2000년까지 매출 1,250억 달러 기업이 된다(1990년대 월마트)'가 대표적인 목표 지향적 비핵이다. 월마트(Walmart)는 실제로 2000년에 1,650억 달러의 매출을 기록한다. 이는 1990년 매출인 약 320억 달러의 다섯 배에 달하는 수치다.

둘째, 경쟁 지향형이다

특정 경쟁자나 제품을 뛰어넘는 것을 목표로 한다. 이 접근은 구성원의 경쟁의식과 몰입도를 높이는 동시에, 조직을 하나로 결속시키는 강력한 구심점 역할을 한다. NASA는 '1970년 이전에 달 착륙 성공'을 목표로 삼았다. 소련과의 우주 개발 경쟁에서 승리하기 위한 것이었다. 나이키는 1960년대에 '아디다스를 이기자'라는 목표를, 필립모리스(Philip Morris)는 1950년대에 '레이놀즈(Reynolds)를 물리치고 세계 1위 담배 회사가 된다'라는 목표를 수립했다. 주목할 점은 모두 경쟁에서 승리하고 목표를 달성했다는 사실이다.

셋째, 롤 모델 지향형이다

다른 기업이나 산업의 성공 사례를 벤치마킹하여 목표를 설정하는 방식이다. 롤 모델이 성공을 이룬 특징을 파악한 뒤 이를 자신의 상황에 맞게 적용하는 게 핵심이다. 스탠퍼드대학교는 하버드대학이 설립된 지 249년 후에 세워졌다. 스탠퍼드대학교는 당시 '서부의 하버드'라고 자칭하며 명문 대학으로 발돋움하기 위해 노력했다.[7] 토요타는 포드의 생산 시스템을 연구하며 '일본의 포드가 되자'라는 목표를 세웠다. 나아가 포드 시스템을 복제하는 데 그치지 않고 이를 발전시켜 훗날 더 혁신적인 토요타 생산 방식을 개발했다.

7 'Harvard of the West' Climbing in Ratings, New York Times, 1977.

현재로 시간 되감기

미래의 청사진을 그렸다면, 다음은 이를 행동 계획으로 옮기는 단계다. 아무리 원대한 비전이라도 실행이 뒷받침되지 않으면 공허한 구호에 그치고 만다. 꿈을 현실화하려면 '워크백(walk-back)' 과정을 거쳐야 한다. 워크백은 미래 청사진을 현재와 연결하는 작업이다. 미래로부터 시간을 거슬러 오면서 2~3년 단위로 이정표를 세운다. 그리고 각 이정표까지의 중단기 목표를 수립한다.

예컨대 10년 후의 비핵을 설정했다면, 시간의 역순으로 7년 차, 5년 차, 3년 차까지 추진해야 할 계획을 구체화하는 식이다. X년 차까지 '실적은 얼마는 달성해야 하는가?', '어떤 사업 포트폴리오를 갖추어야 하는가?', '필요한 핵심 역량은 무엇인가?', '조직은 어떻게 구성해야 하는가?', '신규 사업은 어느 수준까지 성장해야 하는가?'와 같은 질문에 답을 찾는다. 최종적으로는 현시점에서 즉시 착수해야 할 과제를 도출한다.

이때 워크백의 각 이정표에 지금의 조직 상황을 대입해보는 과정이 필요하다. 여기에서 초점은 '성장 갭(growth gap)'이다. 성장 갭은 조직이 그리는 미래 목표와 현 상태로 도달 가능한 수준 간의 간극을 말한다. 이 격차는 단순한 차이 이상의 의미를 지닌다. 조직이 취해야 할 행동 방향과 규모를 결정하는 기준이 되기 때문이다.

성장 갭을 파악하면 두 갈래 시나리오를 마주한다. 그중 하나는

'위기' 시나리오다. 현 사업 모델로는 조직의 지속 성장이 불가능한 상황이다. 주력 사업의 성장 동력이 소진되거나, 산업 생태계의 지각 변동이 임박한 때가 이에 해당한다. 이런 상황에 직면한 조직은 근본적 변화가 불가피하다. 사업 모델의 혁신이나 전혀 새로운 비즈니스로의 전환이 요구된다.

위기 시나리오의 성공 사례로는 후지필름(Fujifilm)을 들 수 있다. 2000년대 초, 디지털카메라의 급부상으로 필름 시장이 급격히 위축되자, 후지필름은 과감한 변신을 시도한다. 필름 제조에서 축적한 콜라겐 기술을 화장품 사업으로 확장했고, 정밀화학 기술로 의료기기와 의약품 시장에 진출했다. 과감한 사업 재편으로 2023년 기준, 의료·헬스케어 분야가 전체 매출의 45퍼센트를 차지하는 헬스케어 기업으로의 변신에 성공한다.

또 다른 상황은 '기회' 시나리오다. 기존 사업이 탄탄하게 성장하는 동시에, 새로운 도약의 길이 공존하는 경우다. 이때는 현재의 사업을 다지면서도 미래 동력을 적극적으로 찾아 나서는 투트랙 전략이 요구된다.

최근의 제약 산업이 여기에 해당한다. 전통적 합성의약품 시장에서 꾸준한 수익을 올리는 한편, 바이오와 디지털 기술 발전으로 새로운 도약기를 맞이했다. AI 기술을 활용해 신약 후보 물질을 찾아내고 임상 시험 과정을 개선한다. 여기에 디지털 바이오마커를 이용해 개인별 약물 효과를 예측하는 맞춤형 서비스도 내놓고 있다. 더 나아가 세포·유전자 치료제로 난치성 질환 치료에 새 지평을 열어가고 있다.

2014년 MS의 CEO가 된 사티아 나델라(Satya Nadella)는 전통적 제품군이 견고한 수익을 창출하는 상황에서 클라우드 플랫폼에 과감하게 투자하고 AI와 엔터프라이즈 솔루션 개발에도 박차를 가한다. 투트랙 전략으로 2023년 기준 클라우드 매출은 MS 전체 매출의 절반을 넘어섰고, 클라우드와 AI를 아우르는 빅테크 기업으로 도약했다.

위기와 기회, 두 성장 갭 시나리오는 각기 다른 전략과 변화 속도, 투자를 필요로 한다. 새로운 사업 분야를 개척하는 혁신적 전략부터, 기존 주력 사업을 발전시키는 단계적 개선에 이르기까지 폭넓은 사업 계획을 포함한다. 아울러 각 전략을 실행하기 위한 구체적인 자원 운용 계획도 마련해야 한다. 여기에는 투자 규모, M&A 후보와 시점, 인력 확보 방안 등 실행을 뒷받침할 요소들을 망라한다.

하지만 시나리오 유형과 관계없이 반드시 갖추어야 할 공통 사항이 있다. 바로 미래에 대처하는 조직 역량이다. 변화를 이끌 핵심 리더의 역할과 책임을 재정의하고, 혁신을 주도할 전담 조직에는 충분한 자율성을 부여하는 것이다. 더불어 전략을 상황에 따라 유연하게 수정할 수 있는 열린 체계 구축이 관건이다. 이정표마다 진척도와 성과를 측정할 지표 설정도 빼놓을 수 없다.

퓨처백은 단순히 앞날을 내다보는 것, 그 이상의 접근법이다. 조직의 미래상을 능동적으로 그려내고, 이에 맞추어 오늘의 행보를 다듬는 전략적 도구다. '미래'라는 렌즈로 상황을 조망하여 지금의 행동을 바꿔 나간다. 미래는 예측하는 것이 아니라 만들어가는 것이다. 그 미래를 현실로 만들어가는 무기가 바로, 퓨처백이다.

AI로 돈 벌 수 있을까? AI 산업에 대한 회의론

더밀크

생성형 AI인 챗GPT를 개발한 오픈AI는 2024년 10월 2일 66억 달러(약 9조 2,400억 원) 규모의 투자금 조달에 성공했다고 발표했다. 기업 가치는 1,570억 달러로 평가받았다. 이번 투자 계약은 역대 최대 규모의 비상장 기업 투자로 기록되었다.

세계를 놀라게 한 오픈AI의 대규모 투자 유치는 역설적으로 'AI 투자가 정말 성과로 돌아올까?'라는 의문을 더 강하게 만들었다. 아울러 MS, 애플, 엔비디아, 구글, 아마존, 메타, 테슬라 등 빅테크 기업 역시 경쟁적으로 AI에 대한 투자를 집행해 기대한 만큼 ROI

가 나올지 우려를 낳고 있다. 빅테크들은 향후 수년간 AI 설비 투자에만 1조 달러 이상을 쏟아부을 것으로 알려졌다.

세계적 금융사 골드만삭스(Goldman Sachs)가 공개한 보고서 〈생성형 AI: 너무 많은 지출, 너무 적은 혜택?〉은 이 문제에 대한 다양한 전문가의 의견을 보여주고 있다. 이에 따르면, 기술 분야에서는 긍정론이 우세한 반면, 다른 분야에선 회의론이 더 많다.

과연 생성형 AI 투자는 성과를 정말 거둘 수 있을까, 아니면 실패로 끝날까? 주요 관점을 다섯 가지로 정리했다.

AI 투자가 정말 성과로 돌아올까?

긍정론: 인프라, 플랫폼, 앱 단계로 발전할 것

생성형 AI 투자가 큰 성과로 이어질 것이란 긍정론은 주로 기술 분야에서 제기된다. 투자자의 의견도 비교적 낙관적이다. 골드만삭스의 기술담당 수석 애널리스트인 카시 랭건(Kash Rangan)과 에릭 셰리던(Eric Sheridan)은 AI가 기술의 발전 단계를 따르고 있다고 분석했다.

아직 '킬러 애플리케이션(killer application)'은 등장하지 않았지만, 현재는 인프라 구축 단계며, 플랫폼을 넘어 궁극적으로 애플리케이션 단계에 도달할 것이란 주장이다. 랭건 애널리스트는 "서비스나우는 AI 기술 덕분에 고객 서비스 문제 해결에 걸리는 시간을 평균 80퍼센트 단축했다. 지난 1년간 기술 변화 속도는 놀라울 정도로 빨랐다"라고 했다. 셰리던 애널리스트 역시 "생성형 AI의 시연을 보면 장기적 잠재력에 대한 기대감을 갖지 않을 수 없다. 클라우드 컴퓨팅 기업들은 현재 클라우드 매출의 30퍼센트 이상을 설비 투자에 쓰고 있는데, 증가분의 대부분은 AI 관련 투자다. 이는 이전 투자 주기의 수준과 크게 다르지 않다"라고 강조했다.

설비 투자를 빅테크가 주도하고 있다는 것 역시 과거 닷컴 버블 등과는 다르다는 의견도 있다. 랭건 애널리스트는 "AI 기술이 주류가 될 가능성이 크기 때문에 이전의 설비 투자 사이클보다 더 유망해 보인다. 빅테크는 풍부한 자금과 매우 낮은 자본비용에다, 대규모 유통망과 고객에 접근할 수 있어 투자금이 어떻게 수익 창출로 이어지는지 실험할 수 있다"라고 강조했다. 또 "1997년 썬마이크로시스템즈(Sun Microsystems)의 서버 가격은 6만 4,000달러였으나 3년 만에 50분의 1 가격으로 비슷한 성능을 낼 수 있게 되었다. 사람들은 기술의 단기 효과를 과대평가하고 장기 효과는 과소평가하는 경향이 있다"라고 말했다.

셰리던 애널리스트는 "사람들은 스마트폰, 에어비앤비(Airbnb), 우버(Uber)가 존재하기 전에는 그런 서비스가 필요하다고 생각하지 않았지만, 오늘날 이 같은 기술 발전에 저항한다는 것은 상상할 수 없는 일"이라며 "이는 생성형 AI 기술에서도 거의 확실하게 증명될 것"이라고 덧붙였다.

기술 업계의 낙관적 예상처럼, 생성형 AI 기술의 발전이 예상보다 더 빠르게 전개되고 있음은 분명하다. AI는 스스로 진화할 가능성을 가진 최초의 기술이다. 빌 게이츠(Bill Gates)의 전망대로 스스로 행동하며 도구를 사용할 수 있는 AI 에이전트가 등장하고, 5년 내 모든 것이 바뀔 가능성도 있다. 그리고 기술의 퀀텀 점프는 관련 제품 및 서비스 가격의 급격한 하락과 애플리케이션 폭발로 이어질 것이다.

회의론: 10년 내 혁신적 변화 없을 것

2024년 노벨 경제학상 수상자이자 저서 《국가는 왜 실패하는가》로 널리 알려진 다론 아제모을루(Daron Acemoglu) MIT 경제학과 교수는 생성형 AI 기술이 가까운 미래에 미칠 영향에 대한 가장 회의적인 의견을 내놨다. 향후 10년을 전망할 때 AI 기술이 미국의 생산성, 경제성장에 미치는 긍정적 영향은 기대에 못 미칠 것이라는 주장이다. 구체적으로 향후 10년간 미국의 생산성이 9퍼센트 증가하고, GDP는 1퍼센트 늘어나는 데 그칠 것으로 보았다. 생성형 AI 혁신으로 생산성과 경제 효과가 극대화할 것이란 낙관적 분석과 상반된 내용이다.

그는 "생성 AI는 과학적 발견, 연구 개발, 혁신, 신제품 및 재료 테스트 과정을 근본적으로 변화시킬 뿐 아니라 새로운 제품과 플랫폼을 창출할 수 있는 잠재력을 가지고 있다. 그러나 현재 생성형

AI 기술의 초점, 아키텍처를 고려할 때 진정한 혁신적 변화는 10년 안에 거의 일어나지 않을 가능성이 크다"라고 했다. 향후 10년간 AI 기술은 주로 특정 작업을 자동화하거나 해당 작업을 수행하는 작업자의 생산성을 높이는 데 초점이 맞추어질 것이며, 비용 효율적으로 자동화가 가능한 영역은 전체 업무의 약 4.6퍼센트에 불과하다는 분석이다.

아제모을루 교수는 "이 수치를 평균 인건비 절감 효과 27퍼센트와 결합하면 향후 10년간 총요소생산성 증대 효과는 0.66퍼센트를 넘지 않을 것"이라며 "학습하기 어려운 작업의 복잡성에 맞추어 조정하면 0.53퍼센트로 낮아질 수 있다. 이는 10년간 GDP에 약 0.9퍼센트의 영향을 미친다는 의미"라고 지적했다. 그는 이어 "AI가 20~30년 후 혁명을 일으킬 가능성은 전적으로 열려 있지만, 여전히 인간이 운전석에 앉아 있을 것"이라며 "인간의 개입 없이 모든 것이 가능한 진정한 초(超)지능은 30년, 아니 그 이후에도 가능성이 없다고 생각한다"라고 강조했다.

아제모을루 교수는 또 "초지능과 사악한 AI가 큰 위협이 될 것이라고 생각하지 않지만, 우리가 저지르는 실수로 인한 비용은 반대 경우 대비 비대칭적으로 클 수 있다. AI 기술 발전에 따라 과대광고를 자제하고 더 나은 규제 도구를 포함, 신중한 접근 방식을 취하는 것이 중요하다"라고 덧붙였다. 그의 주장은 기술 업계에 만연한 '과대광고(hype)'에 대한 비판적 시각과 궤를 같이한다. 이상과 현실 사이에는 시차가 있다는 것이다. 데이터에 기반한 아제모을루 교수의 주장은 설득력이 있고 AI의 미래에 관한 장밋빛 전망에 도취하는 것을 막아준다는 점에서도 살펴볼 가치가 충분한 주장이라고 할 수 있다.

회의론: 엄청난 비용으로 저임금 일자리를 대체한다?

월가의 대표적 AI 회의론자로 알려진 골드만삭스의 짐 코벨로(Jim Covello) 주식리서치 총괄 역시 부정적인 시각을 드러냈다. 기업이 AI 투자로 적절한 ROI를 얻으려면, AI가 복잡하고 중요한 문제를 해결할 수 있어야 하지만 현재 상황은 그렇지 않다는 게 주된 이유다. 데이터센터 지출을 포함해 향후 수년간 AI 인프라 구축에 1조 달러 이상의 비용이 소요될 전망인데, 이는 저임금 일자리를 엄청난 비용이 드는 기술로 대체하는 것과 비슷하다는 주장이다.

코벨로 총괄은 "30년 동안 기술 산업을 밀착 취재하면서 목격했던 이전의 기술 전환과는 정반대"라며 "인터넷의 경우, 값비싼 기존 방식을 대체할 수 있는 저비용 기술 솔루션을 제공, 이커머스를 가능하게 했다"라고 설명했다. 예를 들어 아마존은 비용이 많이 드는 오프라인 매장을 유지할 필요가 없었기 때문에 반스앤드노블(Barnes & Noble)보다 저렴한 비용으로 책을 판매할 수 있었다는 것이다. 그는 "30년이 지난 지금도 웹은 우버처럼 고가의 리무진 솔루션을 대체하는 저렴한 솔루션을 제공하고 있다. 전자상거래는

10년 후가 아니라 처음부터 저렴했다"라고 덧붙였다.

시간이 지나면 AI 비용이 크게 하락할 것이라는 가정에 기술 업계가 너무 안주하고 있다는 게 코벨로의 비판이다. 경쟁 환경에서 작동한 '무어의 법칙'과 칩 가격 하락과 달리, 오늘날 엔비디아는 독점적 지위를 누리고 있다는 것이다. 그는 "반도체 업체 혹은 구글, 아마존, MS가 엔비디아의 경쟁자로 떠오를 가능성도 있지만, 10년 안에는 엔비디아의 지배적인 지위를 무너뜨릴 수는 없을 것"이라고 전망했다.

오늘날 AI 기술이 과대평가되고 있다는 의견도 내놓았다. 비싼 가격에도 불구하고 기본적인 작업에 활용하기에는 기술이 필요한 수준에 미치지 못한다는 비판이다. 그는 "상당한 투자가 이루어진 가상현실, 메타버스, 블록체인 분야도 오늘날 실제 적용 사례가 거의 없다. 세일즈포스(Salesforce)는 대규모 AI 투자에도 불구하고 매출 증가가 거의 없었고, 2분기 실적 발표에서 주가가 급락했다"라고 꼬집었다.

코벨로 총괄의 비판은 많은 월가 투자자의 관점을 대변한다. 기업의 모든 활동을 ROI 관점에서 분석하는 월가의 투자분석가나 트레이더 시각에서 보면 현재의 AI 경쟁은 무리가 있다는 분석이다. 오픈AI가 2024년 기준 50억 달러의 손실을 기록할 것으로 추정되는 점을 고려하면 그의 주장이 더욱 설득력 있게 들린다. 출혈 경쟁을 버틸 수 있는 일부 딥 포켓(deep-pocket, 자금력이 강한) 기업이라면 몰라도, 대다수 기업은 뼈아픈 실패를 맛볼 가능성이 크다.

회의론: 급격한 전력 수요 증가에 대한 대비 부족

MS 에너지 부문 부사장을 역임했고 디지털 인프라 기업인 클로버리프인프라스트럭처(Cloverleaf Infrastructure)를 공동 설립한 브라이언 재너스(Brian Janus)는 생성형 AI 기술 및 산업의 급격한 발전이 전력 수요 급증으로 이어지고 있다고 진단했다. 그는 "2022년 11월, 챗GPT가 출시되며 새로운 AI 관련 수요가 생겨나 매년 수백 메가와트 규모의 데이터센터 용량을 추가해야 할 가능성이 높다. 전력 수요는 계속 급증할 것으로 예상된다"라고 했다.

문제는 전력 회사들이 이런 변화에 대응할 준비가 안 되어 있다는 점이다. 재너스 공동 설립자는 "전력 수요 증가는 국지적으로 집중될 가능성이 크다. 예컨대 북부 버지니아는 데이터센터가 집중되어 향후 10년 동안 그리드 용량을 두 배로 늘려야 할 가능성이 있다"라고 분석했다. 이어 "미국 전력 회사는 거의 20년 동안 부하 증가를 경험하지 못했고, AI 기술의 발전 속도에 대비할 능력도 갖추지 못했다. 전력 인프라 구축에 수년이 걸리는데, 규제까지 고려하면 심각한 전력 부족에 직면할 가능성이 크다"라고 지적했다.

재너스는 네덜란드 암스테르담이 최근 에너지 절약을 위해 유휴 서버를 끄지 않는 데이터센터에 벌금을 부과하는 새 규정을 발표했다는 점도 언급했다. 미국에서도 비슷한 규제가 생길 가능성을 제기한 것이다. 그는 "인간의 데이터 소비 능력은 거의 무한대에 가깝다. 더 효율적인 칩이나 프로세스를 개발할 때마다 기본 자원을 적게 쓰는 게 아니라 더 많이 사용하는 방법을 찾는다"라고 지적했다. 따라서 "빅테크들은 가장 강력하고 유능한 AI 모델을 만들기 위해 AI 군비 경쟁을 벌이고 있어서, 아무리 효율성이 향상되더라도 더 많은 수요에 의해 잠식당할 것"이라고 내다보았다. 또한 "중장기적으로 가장 큰 제약은 전력이 될 것이라는 데 모두가 동의한다. 기업들은 전기가 엄청나게 중요한 재화라는 사실을 깨닫고 이 문제에 집중하고 있지만, 해결은 훨씬 더 어려운 과제"라고 덧붙였다.

재너스 공동 창업자의 관점은 어쩌면 생성 AI의 ROI를 둘러싼 쟁점 중 가장 중요한 부분이다. 단순한 투자 대비 성과 문제를 넘어 전 지구에 영향을 미치는 환경 문제로 이어질 수 있기 때문이다. 에너지 수요 급증에 대비하는 건 인류의 생존과 밀접한 관련이 있는, 더 높은 차원의 문제라는 점에서 결코 간과해서는 안 된다. 문제 해결을 위한 규제 확립, 친환경 에너지원 마련 등 근원적인 접근이 필요하다.

중립론: 반도체 공급 해결이라는 과제

AI 반도체 공급 제약 역시 생성 AI 분야의 발목을 잡는 걸림돌 중 하나다. AI 칩 수요는 급증하는데 관련 산업이 따라가지 못하고 있다는 것이다.

토시야 하리(Toshiya Hari) 골드만삭스 애널리스트는 "반도체 산업의 공급 제약이 향후 몇 년 동안 AI 성장을 제한하는 요인이 될 것"이라고 예측했다. 특히 고대역폭메모리(HBM), 첨단 패키징 공정인 '칩 온 웨이퍼 온 서브스트레이트(이하 'CoWoS')' 등 두 분야의 한계를 고려하면 2025년 초까지 AI 칩 출하량은 생산 능력에 따라 달라질 것이란 이야기다.

하리 애널리스트는 "삼성전자, SK하이닉스, 마이크론(Micron) 등 세 개 D램 공급 업체가 기하급수적인 수요 증가에 대응하기 위해 HBM 비중을 늘리고 있다. HBM 시장이 2023년 23억 달러에서 2026년 302억 달러로 연평균 100퍼센트의 복합성장률(CAGR)을 기록할 것"이라고 예측했다. 하지만 장기적 관점에서 보면 HBM 수요가 여전히 공급을 앞지를 가능성이 크다고 분석했다. 수요와 공급의 시차를 만드는 병목 현상을 얼마나 빨리 해결할 수 있느냐가 관건이다.

하리 애널리스트는 "지속적인 AI 칩 수요 증가에 대응하기 위해 TSMC의 CoWoS 생산은 2024년 두 배 이상 증가하고, 2025년에 다시 두 배 가까이 늘어날 것"이라며 "향후 몇 년간은 핵심 부품의 제약으로 인해 어려움을 겪겠지만, 결국에는 칩 공급이 견고한 수요를 따라잡을 것이다"라고 했다.

AI 무한 경쟁, 어떻게 대응할 것인가?

기업 경영 차원에서 아제모을루 교수와 코벨로 총괄의 시각은 음미해볼 만하다. 기업의 자원은 유한한데, AI 기술이 유망하다는 이유로 무턱대고 접근했다가 낭패를 볼 수 있기 때문이다. 그러나 산업 관점에서는 랭건과 셰리던 애널리스트의 말처럼 향후 10년 안에 이 분야에서 큰 기회가 생길 가능성이 매우 커 보인다. 최첨단 기술력과 빠른 정보를 가진 빅테크들이 앞다투어 베팅하고 있다는 게 그 증거다.

빅테크들과 직접 경쟁하기 어려운 한국 기업들로서는 '컨소시엄'이나 '느슨한 연대' 형태로 힘을 합치는 것이 방법이 될 수 있다. 정부가 협업 환경을 조성하는 동시에, 적극적인 재정 투자도 필요하다. 반도체는 우리 경제를 먹여 살리는 핵심 산업이고, 생성형 AI 기술은 국가 안보와 미래를 좌우할 전략 기술이므로, 국가가 나설 명분도 충분하다.

실제로 KT는 MS 애저(Azure) 클라우드 인프라를 활용해 자사 AI 기술을 강화하는 동시에 AI·클라우드 공동 연구개발 프로젝트를 진행 중이다. 프랑스 대표 AI 기업인 미스트랄AI(Mistral AI)는 정부 차원의 AI 추진 전략에 힘입어 우수한 경쟁력을 갖출 수 있었다.

이제 AI 투자는 개별 기업 수준을 넘어 산업 및 국가 경쟁력 차원에서 접근해야 할 때다. 여러 기업이 힘을 합쳐 준비하고 정부가 적극 지원한다면 한국 고유의 생성형 AI 생태계를 구축하고, 글로벌 시장에서 경쟁 기반을 확보할 수 있다. 또한 반도체 경쟁력을 바탕으로 글로벌 칩 공급의 병목 현상을 해소하는 게임 체인저로도 급부상할 수 있을 것이다.

불확실성에 대응하는 스마트한 투자, 리얼 옵션

송재용 서울대학교

포스트 팬데믹이라는 패러다임 대전환기에 기업은 여러 불확실성에 직면했다. AI 혁명, 미중 패권 전쟁 등 지정학적 리스크가 고조되고, 글로벌 공급망이 변화하며, 국내외 경제의 저성장 기조가 고착화되고 있다. 더구나 트럼프가 재선에 성공하고 공화당이 상하원 모두를 석권하는 소위 '레드 스위프(red sweep)'가 현실화되면서 관세, FTA, 「인플레이션완화법」, 「반도체지원법」의 보조금 지급 등 정책의 불확실성까지 더해지는 초불확실성 상황으로 가고 있다. 초불확실성 시대에는 기업의 전략 프레임워크 역시 불확실성을 반영하는 방향으로 수정되어야 한다. 그 대표적인 방법론이 '시나리오 플래닝(scenario planning)'과 '리얼 옵션(real option)'이다. 비교적 잘 알려진 시나리오 플래닝 전략에 비해, 불확실성하에서 유용한 투자 전략인 리얼 옵션은 대다수의 한국 기업에는 아직 생소하다.

시나리오 플래닝, 선제적 미래 시나리오로 대응

불확실성에 직면했을 때 경영자는 흔히 이분법의 오류를 범한다. 불확실성이 주는 기회와 위협을 객관적으로 분석하기보다 불확실성이 낮다는 가정하에 풀베팅하는 모험적 전략을 취하거나, 불확실성이 매우 높다는 가정하에 투자를 동결하는 극도의 위험회피 전략을 취한다. 하지만 불확실성이 아주 낮거나 매우 높은 경우는 실상 많지 않으므로, 불확실성의 유형을 잘 분석하여 전략을 수립하는 합리적 태도가 필요하다.

불확실성을 연구해온 연구자들에 따르면 대부분의 불확실성은 복수의 배타적인 대안으로 구성되거나 연속적인 범위의 형태로 나타난다.[1] 예를 들어, 여러 통신 기술 표준 중 어떤 것이 선택될지, 그리고 특정 기술 표준에서 어떤 사업자가 정부로부터 통신 사업

1 Courtney, H., Kirkland, J., & Viguerie, P., 1997, Strategy under Uncertainty, Harvard Business Review: November – December.

라이선스를 받을지 등은 복수의 배타적인 대안으로 구성된 불확실성이다. 유가나 환율이 어떤 범위 내에서 움직일지는 연속적인 범위로 나타나는 불확실성으로 현실에서 가장 많은 유형이다.

문제는 경영학 교과서에도 소개되고 많은 기업이 사용하는 전통적인 전략 분석 및 수립법, 현가 할인법 등의 투자 의사 결정법의 전제다. 수십 년 전 이런 기법들은 거의가 불확실성이 없거나 미래가 예측 가능하다는 전제로 개발되었다. 당시만 해도 미래가 상당 부분 예측 가능했기에 이 기법들이 문제없이 잘 사용할 수 있었다. 하지만 복수의 거대한 패러다임 변화가 동시다발적으로 나타나 외부 환경의 불확실성이 매우 높아진 포스트 팬데믹 패러다임 대전환기에 들어서자 그 유효성이 크게 낮아졌다. 이럴 때는 시나리오 플래닝이나 리얼 옵션 기법 같은 불확실성을 반영한 대안을 적극적으로 활용할 필요가 있다.

그중 시나리오 플래닝은 불확실한 미래를 예측하고 준비하기 위한 전략적 도구로, 다양한 미래 가능성을 상정하고 이에 대응하는 시나리오를 개발하는 방법이다. 주로 경영 전략을 수립할 때 활용되며, 특히 복잡하고 불확실성이 높은 환경에서 효과적이다. 시나리오 플래닝은 단순한 미래 예측이 아니다. 발생 가능한 복수의 미래 시나리오를 만들어 대응 전략을 선제적으로 준비함으로써 불확실성에 대해 신속하고도 유연한 대응력을 강화하는 것이다.

리얼 옵션, 다양한 대안을 만들어 선별 투자

리얼 옵션 전략은 금융 시장에서 재무적 옵션의 불확실성이나 변동성에 대응하려 개발된 불확실성 대응 기법이자 전략적 사고다. 이 전략은 시나리오 플래닝 기법에 비해 아직 한국 기업에서 많이 채택하고 있지 않지만, 실물 투자의 불확실성이 높은 경우에 고려해볼 수 있다.

전통적인 투자 의사 결정법인 현가 할인법 등은 미래에 대한 일정한 가정을 전제로 복수의 투자 대안 중 하나를 선정하여 집중한다. 하지만 리얼 옵션식 투자 전략에 따르면 일단 복수의 대안에 동시에 소규모로 투자하여 각 대안을 자세히 파악하고 역량을 확보한다. 그런 다음 단계적으로 각 대안의 성공 가능성과 예상 수익률을 재점검하여 투자 확대, 지속, 중단 여부를 결정한다. 이때 투자의 지속과 확대는 옵션이지 의무가 아니기에 언제든지 투자를 축소하거나 중단할 수 있다. 따라서 첫 번째 단계의 투자는 옵션을 확보하는 성격이라고 할 수 있다.

이처럼 리얼 옵션 전략은 불확실성하에서 성공하기 위해 잠재력은 최대한 확보하되 실패 리스크는 줄이는 데 목적이 있다. 불확실성이 높은 상황에서 올인 투자를 했다가 실패하면 타격이 크지만, 불확실성이 두렵다고 투자를 안 하거나 너무 늦으면 경쟁에서 밀려 성공 가능성이 현저히 낮아지기 때문이다.

리얼 옵션식 투자 전략은 성공 확률이 매우 낮은 자원 개발 사업은 물론 기술 발전이 매우 빠르고 불연속적인 제약 및 바이오, IT 산업 등에서 선진 기업이 광범위하게 사용한다. 신약 개발은 성공 확률이 마치 로또 당첨처럼 극히 낮다. 그래서 글로벌 제약 및 바이오 업체는 유망한 신약 후보 물질을 개발한 다수의 벤처 기업에 전략적 지분 출자를 하고, 신약 개발 과정에서 단계적으로 투자를 높여가거나 중도에 투자를 포기하는 리얼 옵션 전략을 구사한다.

리얼 옵션 전략의 성공 사례

리얼 옵션 전략은 전통적으로 자원 개발 기업이 적극 채택해왔다. 노르웨이의 가스 기업 스타토일(Statoil, 현 에퀴노르(Equinor))은 북해의 가스와 석유를 개발하면서 리얼 옵션 분석을 통해 투자 결정과 위험 관리를 최적화하는 전략을 사용했다. 특히 북해의 석유와 가스 라이선스 블록을 활용하여, 자원 개발을 유연하게 하고 불확실성을 관리했다. 경쟁이 활발해질 때까지 투자를 유예하고, 가격 변동성이 높아지는 상황에서 최적의 시점에 투자를 결정했다. 스타토일은 리얼 옵션의 가치를 극대화하는 이 전략으로 투자의 타이밍과 규모를 조정하여 높은 수익을 달성했다.

하이테크 산업의 선도 기업도 불확실성하에서는 리얼 옵션 전략을 적극적으로 구사한다. 내가 컬럼비아대학교 교수로 재직할 때 만났던 인텔(Intel)의 중역은 리얼 옵션적 투자를 전담하고 있었다. 그에 따르면 인텔은 1990년대 후반 300여 개에 달하는 반도체, 인터넷 및 통신 관련 벤처 기업에 전략적인 지분 출자를 했다. 포스트 PC 시대를 주도할 차세대 기술이 불확실했기 때문이었다. 이에 인텔은 자사 제품을 위협하는 와해적 기술을 개발 중이거나, 자사 경쟁력을 강화할 수 있는 보완적 기술을 개발하는 기업에 출자했다. 그리고 개발 정보를 우선적으로 파악해 생산, 판매 라이센스를 확보하거나 출자한 기업의 M&A를 도모했다. 21세기 들어 리얼 옵션 전략은 이전보다 확산하여 한층 다양한 산업의 선도 기업이 구사하고 있다.

삼성전자, 현대자동차와 같은 기업도 빠른 추종자 전략에서 벗어나 미래 기술을 선도하기 위해 표준 경쟁 등에 적극적으로 뛰어든다. 신성장 동력 발굴은 국가적으로도 초미의 과제이지만 불확실성이 높은 상황에서 모든 기술을 내부에서만 개발할 수는 없다. 이때 복수의 국내외 유망 벤처 기업에 전략적 지분 출자를 하거나 대학과 산학 연계를 하는 리얼 옵션적 방법을 고려해볼 필요가 있다. 불확실성에 대한 우려로 신사업 진출을 주저하는 상황에서도 마찬가지다.

리얼 옵션적 투자 전략은 불확실성이 높은 해외 시장에 진출할 때나 M&A를 할 때도 고려 대상이 된다. 월풀(Whirlpool)의 유럽 시장 진출이 좋은 사례다. 미국 최대의 생활 가전 업체 월풀은 유럽 시장에 대한 이해도와 유럽에서의 브랜드 인지도가 취약했다. 유럽 진출을 앞두고 고민을 거듭하던 월풀은 유럽 최대의 전자 업체인 필립스(Philips)의 생활 가전 부문에서 지분 50퍼센트를 인수했다. 그런 다음 합작 법인 형태로 유럽에 진출했다. 이때 월풀은 계약서에 옵션을 넣었다. 계약 3년이 지난 후 월풀이 만족하면 필립스가 원하는 가격으로 나머지 50퍼센트 지분을 마저 인수하여 M&A로 전환하지만, 월풀이 만족하지 못하면 인수했던 지분을 인수가 그대로 필립스에 되파는 옵션이었다. 유럽 진출과 M&A의 성공이 불확실한 상황에서 리얼 옵션적 성격을 반영한 합작 투자였다.

이후 필립스는 나머지 지분을 훨씬 높은 가격에 팔기 위해 최선을 다해 월풀에 유럽 시장에 대해 가르쳐주고, 종업원과 협력 업체를 독려했다. 또한 3년간 유럽 최고의 브랜드인 필립스와 월풀의 이름을 동시에 사용하게 허용함으로써 월풀 브랜드의 인지도를 크게 높여주었다. 필립스의 전폭적 협조에 힘입어 합작 법인은 유럽 시장에 안착할 수 있었고, 3년 후 월풀은 만족하며 나머지 지분을 모두 인수했다.

내가 자문을 맡았던 한미글로벌 역시 2011년 미국 엔지니어링 기업 오택(Otak)을 인수하면서 리얼 옵션을 바탕으로 단계적인 M&A를 진행했다. 당시 오택은 글로벌 금융 위기로 심각한 유동성 문제를 겪고 있었으며, 핵심 임직원들이 지분을 보유한 비상장 기업이었다. 따라서 한미글로벌은 오택의 지분을 100퍼센트 인수할 수 있었지만 그렇게 하지 않았다. 대신 지분 60퍼센트만 인수하여 경영권은 확보한 뒤, 나머지 지분은 나중에 더 높은 가격으로 매수할 수 있는 옵션을 걸었다. 미국에서 진행하는 첫 M&A이었기에 실패 리스크를 고려하여 상황이 여의치 않다면 나머지 지분은 인수하지 않는 경우의 수를 둔 것이었다. 또한 엔지니어링 기업의 핵심 역량과 지분을 보유한 임직원들이 회사에 남아, 최대한 위기 회복에 기여하여 빠른 턴어라운드를 이루어내는 동기를 제공하려는 목적도 있었다.

2020년대 포스트 팬데믹의 영향으로 패러다임이 대전환하고 있다. 이와 같은 불확실성의 상황은 한국 기업에 기회와 위협을 동시에 제공한다. 그렇기에 각 패러다임 변화의 전개 양상에 따른 불확실성에 대해 냉철하고 합리적인 대응과 전략적 사고가 절실히 요청된다. 불확실성에 대응하는 과정에서 한국 기업은 리얼 옵션적 전략 및 투자 결정을 적극적으로 고려할 필요가 있다. 미래에 대한 불확실성이 높은 상황에서는 시장에 비교적 일찍 뛰어들어 미래를 위한 역량을 확보하되, 성급한 풀베팅은 자제하는 단계적 투자를 하도록 한다. 동시에 대규모의 잠재적 기회를 포착할 가능성은 확보하고 실패 리스크를 줄이는 것이 리얼 옵션 전략의 장점임을 기억하자.

3

리더십 · 트렌드

니체가 말하는 리더, 가장 낮고 넓은 존재

강용수 고려대학교

"인간은 끊임없이 극복되어야 하는 존재다." 독일 철학자 프리드리히 니체(Friedrich Nietzsche)의 《차라투스트라는 이렇게 말했다》에 등장하는 말이다. 이 책은 성경 다음으로 많이 읽힌 책 가운데 하나로 꼽힌다. "모든 이를 위한 책, 그러나 아무도 이해하지 않는 책"이라는 부제가 암시하듯 누구나 읽을 수 있지만 아무것도 이해하지 못할 수 있는 난해한 텍스트다.

이 책의 주인공으로 등장하는 차라투스트라는 10년간 동굴 안에서 지낸 후 산에서 내려가 자신의 깨달음을 다음과 같이 전한다.

"나, 너희들에게 초인을 가르치노라. 사람은 극복되어야 할 그 무엇이다. 너희들은 자신을 극복하기 위해 무엇을 했는가?" 이 설교의 핵심은 인간의 삶은 초인을 향해가는 과정에 있으며, 초인은 인간이 끊임없이 변화를 거듭해서 도달할 수 있는 목적이라는 점이다. 지금부터 '어떻게 인간이 초인이 되어가는가'에 대해 이야기해 보려고 한다.

초인·바다·도덕·본능, 니체 철학의 핵심 개념

독일어로 ubermensch(위버멘쉬), 영어로는 overman으로 번역되는 초인이라는 개념은 많은 해석이 있는 만큼 오해의 소지가 많다. 단어 앞에 붙은 접두사 위버(uber)의 의미는 '위로 향함'이다. 덕분에 초인은 더 나은 존재, 향상된 존재, 높은 존재라고 오해되기도 했다. 심지어 히틀러는 초인의 이념을 강한 정치적 이미지를 구현하는 데 활용했다. 그러나 그런 직역은 니체가 말하고자 한 바를 제대로 담아내지 못한다.

니체가 살았던 시대에는 이성적 존재인 인간이 우주의 최고 자리를 차지한다고 여겼다. 니체는 이 인간중심주의의 오만함을 극복하고 인간을 더 이상 세계의 최종 목적으로 봐서는 안 된다고 말했다. 초인이 되기 위해서는 끊임없는 극복을 거쳐야 하는데 인간은 다만 미완성의 존재, 즉 진행형의 존재다. 니체는 초인의 모습을 구체적으로 제시하지 않고 여러 가지 비유를 사용해 표현했는데, 그중 하나가 '바다'다.

인간은 작은 하천에 불과하다. 차라투스트라는 인간이 '더러운 강물'과 같다고 비판한다. 냄새 나는 작은 하수구, 오염된 하천과 같은 인간은 이기적이고 자신밖에 몰라 옹졸할 뿐만 아니라 남과 환경을 탓하면서 자신의 고집대로 살아간다.

'오수(汚水)'와 같은 인간은, 자신은 정작 깨끗하다고 믿고 남은 더럽다고 잘못 판단하는 부류다. 그렇게 타인을 배제하려는 습성을 가진 소인배를 니체는 '말종인'이라고 부른다. 말종인은 이 세상을 증오하고 타인을 시샘하면서 천국과 같은 다른 세상에 큰 희망을 둔다. 작은 벼룩처럼 뛰어다니면서 단번에 높은 곳으로 뛰어오르려는 헛된 욕심을 가지고 산다. 말종인은 정작 본인이 냄새나는 오수인 줄 모른다. 자신은 깨끗하고, 남은 더럽다는 이중 잣대가 타인을 품지 못하는 원인이 된다.

선과 악을 구분 짓는 기준은 무엇인가? '좋음'에는 두 가지 대립하는 개념이 있다. 하나는 자연적인 평가인 좋음과 나쁨(good-bad)이고, 다른 하나는 도덕적인 평가인 좋음과 악함(good-evil)이다. 문제가 되는 것은 후자로, 그 가치 평가의 원인은 시기심과 증오심에 있다. 시기와 질투심이 많은 사람은 남의 장점을 헐뜯고 비방하기를 좋아한다. '원한'으로 번역되는 ressentiment(이하 '르상티망')은 어원 그대로 sentiment(이하 '상티망')의 반대 개념이다. 상티망이 인간의 능동적인 감정과 느낌을 말한다면, 르상티망은 그에 대한 반응으로서 생겨난다.

니체는 이를 기준으로 '주인 도덕'과 '노예 도덕'을 구분한다. 사자처럼 강한 존재인 귀족, 즉 주인은 자신의 본래 감정인 상티망에 의해 살아가지만, 약한 존재인 노예는 사자에 대한 반응, 수동적 감정인 르상티망에 의해 살아간다. 주인 도덕이 자기 삶의 가치를 만들어가면서 능동적으로 살아가는 것을 의미한다면, 노예 도덕은 다른 삶의 가치에 반응하고 의존함으로써 수동적으로 존재한다.

니체가 구분하는 주인 도덕과 노예 도덕의 차이는 '단독 본능'과 '무리 본능'으로도 구분된다. 주인은 스스로 주체적인 삶을 만들지만, 노예는 패거리를 이루면서 존재한다. 주인은 노예에게 관심이 없고 스스로 자족하는 삶을 꾸리지만, 노예는 주인에 의존하고 반응하면서 르상티망에 사로잡혀 산다. 노예란 스스로 삶의 가치를 만들지 못하는 수동적인 정신을 말한다.

니체는 능동적인 감정을 갖는 주인과 수동적인 반응을 갖는 노예를 구분한다. 주인의 능동적인 감정은 활동적인 것(active)으로서 자신에서 출발하여 타자로 가치 평가를 전환한다. 곧 자신에 대한 긍정에서 타자에 대한 긍정, 혹은 부정으로 확대된다. 반면에 노예의 반동적인 감정은 반응적인 것(reactive)으로서 타자에서 출발하여 자신에게 되돌아가는 가치 평가다. 요약해보자면, 주인이 '나는 좋다. 그래서 너도 좋다'는 식으로 긍정적으로 생각한다면, 노예는

'너는 악하다. 따라서 나는 선하다'는 식으로 부정적으로 생각한다.

자연의 먹이사슬로 예를 들어보면 사자가 양을 잡아먹는 일은 나쁜 일이 아니다. 그러나 양은 두려움의 대상인 사자를 '악'하다고 낙인찍음으로써 자신은 '선'한 존재가 된다고 상상한다.

주인은 자신을 긍정하면서 다른 사람을 긍정하기도 부정하기도 한다. 자신부터 사랑하지 않으면 다른 사람도 사랑할 수 없기 때문이다. 그러나 노예는 다른 사람을 사랑하는 것 같지만, 그것은 수동적인 정념에 불과하며 그 안에는 타자에 대한 반응으로서, 부정, 시기심, 질투 등 숨겨져 있다. 따라서 우리가 좋다고 인정하는 건강, 명예, 부 등을 남이 가지면 시기의 대상이 되고 나 자신이 가지면 좋은 것이 된다. 결국 요약하면 노예는 '내로남불'을 뒤집은 남불내로식으로 생각한다.

니체 철학으로 보는 삶과 사회

니체의 분석은 오늘날 우리 사회에도 적용된다. 남이 좋은 집, 좋은 차, 좋은 인맥을 자랑하거나 부동산으로 돈을 벌었다고 하면 축하 대신 시샘하는 일이 많다. '사촌이 땅을 사면 배가 아프다'라는 속담처럼 남이 잘되는 것은 내게 고통이 될 수 있지만, 그렇다고 부자가 되는 일 자체가 악은 아니다. '벼락 거지'라는 자책은 타인의 성공과 행복을 인정하지 못한 좁은 마음에서 나온다. 누구나 돈을 벌어 부자가 되고 싶은 마음이 있다. 그러나 선과 악은 '부자'처럼 하나의 객관적인 목록으로 존재하는 것이 아니라 그것을 해석하는 사람의 마음에 따라 달라진다.

니체는 선과 악을 상대적인 가치로 본다. 중요한 것은 선과 악 그 자체가 아니라 그것에 의미를 부여하는 해석자의 태도다. 선과 악이라는 나무가 자라난 깊은 뿌리에는 인간의 욕망이 자리 잡고 있다. 우리가 '악'이라고 낙인찍는 것은 사실 자신이 갖고 싶었지만 남이 가져버린 '선'이기 때문이다.

그러니 우리는 세상의 모든 것을 볼 때 우선 '선과 악'이라는 도덕적인 가치로 잘못 덧칠된 해석부터 제거할 필요가 있다. 왜냐하면 노예(약자)가 세상을 공정하지 못한 시각에서 보았기 때문이다. 건강한 사람은 세상을 하나로 보고 긍정하면서 이 세상을 객관적인 실재로 인식할 수 있다. 그러나 건강하지 못한 사람은 이 세상이 아닌 다른 세상을 바라보고자 왜곡한다. 이처럼 해석은 대상이 아니라 해석하는 사람의 관점과 관련되어 주관적일 수밖에 없다.

"가장 낮아야 더 넓은 존재가 될 수 있다"

초인이 되는 과정은 인간이라는 작은 오수를 품는 바다가 되는 것이다. 바다는 더러운 물을 받아들이지만 스스로 깨끗함을 유지한다. 그리고 바다는 넓은 포용력과 낮은 리더십을 의미한다. 진정으로 깨끗한 사람은 속세를 떠나 높은 산에서 맑은 물과 공기를 마시는 자가 아니다. 오히려 이 세상에서 더러운 이웃과 함께 살아가는 사람이다. 이 역설을 이해하려면 니체가 말한 바다의 의미를 제대로 파악해야 한다. 오염된 강물을 받아들이지 않는 자는 진정으로 깨끗한 자가 아니다.

남의 더러운 하천을 품기 위해서는 자신을 높여서는 안 된다. 타인보다 자신을 더 낮추어 바다처럼 넓은 마음이어야 한다. 차라투스트라는 가장 깨끗한 사람은 더러운 물로도 자신을 씻을 수 있는 사람이라는 역설을 강조했다. 저 하늘의 깨끗한 천사와 함께 살려고 하지 말고, 이 땅의 사람들 틈에서 살며 더러운 잔으로도 마실 줄 알아야 한다. 더러운 것에 민감하여 깨끗한 것만 찾는 사람은 결벽증 환자다. 세상의 사람들 사이에서 깨끗함을 잃지 않으려면 더러움도 마다하지 않는 면역력을 갖추어야 한다.

건강한 사람은 바이러스가 아무리 많아도 병에 걸리지 않듯, 초인은 냄새나는 사람, 결함이 있는 사람, 불완전한 사람을 품되, 자신은 오염되지 않고 순수한 사랑을 실천하는 사람이다. 자정 작용을 하는 바다처럼 큰 사랑을 실천하려면 타인을 배제하는 깨끗함과 더러움, 선과 악을 구분하는 기준 자체를 없애야 한다.

타인을 객관적으로 바라보라. 니체에게 있어 선과 악의 판단은 약자가 빚어낸 위조 화폐와 같다. 이런 선과 악의 왜곡된 판단을 넘어서 타인을 객관적으로 볼 수 있어야 한다. 객관성이란 이 세상을 도덕적 가치로 보지 않고 자연 그 자체로 보는 것이다. 이 세상에서 '선과 악'의 그늘을 지워야만 '좋음과 나쁨'의 빛이 드러난다. 객관적으로 본다는 것은 이 세상을 있는 그대로 보되, 다양성과 다름의 가능성을 허용하는 개방된 정신을 말한다. 객관적인 해석을 위해 모든 정서를 제거하는 것이 아니라, 건강한 정서의 눈을 통해 세상을 바라보아야 한다. 긍정적인 사람은 다름을 품고 부정적인 사람은 다름을 배제한다.

니체가 말한 자기 극복, 끊임없는 자기완성은 세계와 자신에 대한 새로운 해석을 요구한다. 초인은 타인에 대한 시기심을 극복하고 타인에 대한 긍정의 사유를 실천하는 존재다. 따라서 초인을 접두사 '위버'의 의미를 살려 높은 존재로 해석하는 것은 맞지 않다.

좋은 리더의 조건은 사람을 차별하지 않고, 있는 그대로 품는 자세다. 바다는 가장 낮은 존재다. 바다가 자신을 높이면 하천을 품지 못한다. 가장 낮은 바다는 오염된 물로 인해 더러워지지 않고 스스로 정화하여 늘 깨끗함을 유지한다.

좋은 리더는 바다 같은 낮음과 겸손한 자세를 가졌다. 가장 낮아야 더 넓은 존재가 될 수 있다는 역설로 바다의 의미를 이해하면 된다. 훌륭한 리더는 약자의 입장을 늘 먼저 배려하면서 그들보다 더 높은 지위에 서려는 오만을 늘 경계해야 한다.

혼군으로 몰락한 명군,
당 현종의 리더십

김성곤 한국방송통신대학교

당 현종(玄宗) 이융기(李隆基)는 명군과 혼군의 상반된 역사적 평가를 받는 인물이다. 보통은 그를 미인 양귀비의 치마폭에 빠져서 나라를 잊고, 백성을 잊어 당나라를 기울게 한 어리석은 군주로 평가하는 경우가 많다. 하지만 그가 일궈낸 개원(開元) 성세(盛世) 30년은 당나라의 극성기요, 황금기였다. 이 시절의 현종은 정무에 근실하고 도량이 넓은 명군이었다.

당 현종을 명군으로 이끈 불편한 재상, 한휴

명군 시절의 현종 곁에는 함께 국사를 논의하는 소숭(蕭嵩)과 한휴(韓休)라는 두 명의 재상이 있었다. 이들의 업무 스타일은 사뭇 달랐다. 소숭은 전형적인 예스맨이라 황제의 의견을 교정하거나 다른 의견을 제시하는 적이 없었다. 항상 자신의 얘기가 옳다며 맞장구쳐주는 소숭과 함께 국사를 논의할 때면 현종은 늘 즐거워했다. 또 다른 재상 한휴는 소숭과 전혀 달랐다. 그는 늘 황제와 다른 의견을 제시하고 황제가 하려는 일에 어김없이 제동을 걸었다. 이런 한휴와 함께 국사를 논의할 때면 현종은 항상 불쾌해하고 불편해했다. 한번은 다음과 같은 일이 있었다.

만년현(萬年縣)의 현위(縣尉, 현령이 있는 고을에 배치된 관리)를 지내던 이미옥(李美玉)이 죄를 지었다. 현종은 그를 먼 영남 땅으로 유배를 보내도록 명령했다. 그러자 한휴가 반대하며 나섰다. "폐하, 이미옥은 그저 지방의 미관말직에 불과하고 그가 범한 죄도 사소한 것입니다. 지금 조정에서는 중대한 범죄를 저지른 대신이 처벌도 받지 않은 채 버젓하게 조회에 참여하고 있습니다. 큰 죄는 눈감아주어 모른 척하면서 작은 죄는 세세하게 따져 중하게 처벌하는 것은 옳지 않습니다."

이에 현종이 물었다. "조정에 있는 큰 죄인이 누구란 말이오?" 그러자 한휴가 격한 목소리로 말했다. "금오대장군(金吾大將軍) 정백헌(程伯獻)은 폐하의 은총에 기대어 막대한 재물을 축재했으니, 그가 누리는 가옥과 거마(車馬)의 화려함이 황제와 맞먹을 정도입니다. 먼저 정백헌을 치죄하신 연후에 이미옥의 죄를 물으시기를 청하옵니다."

대장군 정백헌은 현종의 총애를 받던 대신으로 당시 현종 측근인 환관 고력사와 연대하여 권력의 실세로 군림하고 있었다. 그런 자를 비난하는 한휴의 의견에 현종이 수긍할 리가 없었다. 말도 안 된다며 손사래를 치는 황제에게 한휴가 결연하게 외쳤다. "폐하께서 정백헌을 징치하지 않으시면 저 또한 결단코 이미옥을 유배 보낼 수 없습니다!" 완강한 한휴의 태도에 기가 질린 현종은 이미옥을 치죄하려던 당초의 계획을 포기할 수밖에 없었다.

이렇듯 매사에 황제를 곤욕스럽게 하는 한휴를 두고, 여러 신하가 재상을 교체할 것을 주청했다. 그러자 현종은 이렇게 대꾸했다.

"항상 내 말이 옳다고 인정해주는 소숭과 하루 종일 국사를 논의한 후에, 뿌듯한 마음으로 퇴청하여 내전에서 쉬다 보면 이상하게도 나는 불안해지기 시작한다. 소숭은 항상 내 말이 맞다고 하는데, 이렇게 넓은 천하, 수많은 백성의 각각 다른 입장이 있을 터인데 어떻게 내 말이 항상 한결같이 옳을 수 있단 말이냐. 소숭이 무언가 놓치는 것은 아닌지, 아니면 나를 속이는 것은 아닌지, 우리가 마련한 정책이 그의 말대로 백성을 이롭게 할 수 있는지, 나는 불안하여 잠도 제대로 자지 못한다. 하지만 한휴와 함께 국사를 논의한

날은 다르다. 그의 거칠고 신랄한 언사는 나를 불편하고 불쾌하게 하지만 그렇게 일을 마치고 돌아온 날에는 나는 아주 편하게 잠들 수 있다."

'임금이 마르면 나라는 살찐다'

어느 날 현종이 궁중 화원에서 잔치를 열었다. 모처럼의 잔치에서 현종은 맘껏 먹고 마시며 춤을 추고 노래를 불렀다. 그런데 한참 잔치를 즐기던 현종이 갑자기 어두운 얼굴이 되어서 옆에 있는 신하에게 조용히 물었다. "우리가 이렇게 잔치를 즐기고 있는 것을 재상 한휴가 아는가?" 한휴가 어지간히 두려웠던 모양이다. 공교롭게도 이 질문이 떨어지기가 무섭게 한휴로부터 상소문이 도착했다. '결국 올 것이 오고야 말았구나' 생각하며 현종이 상소문을 펼쳤더니, 과연 예상대로 상소문은 황제의 일락을 비난하는 언사로 가득했다.

"지금 백성은 고통 속에 신음하고 있는데 백성의 어버이를 자처하는 황제가 백성의 신음에는 귀를 막아버리고 노래가 나옵니까, 춤이 추어집니까?"

기분 상한 현종은 즉시로 잔치를 파하고 퇴청해 내전으로 돌아왔다. 내전에 있는 커다란 거울 앞에 서서 분을 삭이던 현종이 갑자기 큰 소리로 외쳤다.

"저 거울 속에 있는 파리한 사내가 누구냐? 저 수척한 얼굴이 설마 내 얼굴이란 말이냐? 내 복스러운 얼굴은 어디 가고 저 깡마른 얼굴의 사내가 흉물스럽게 서 있단 말이냐!" 그러더니 갑자기 한숨을 내쉬면서 말했다. "이게 모두 한휴 탓이다. 나를 이토록 괴롭히니 어찌 살이 찔 수 있겠는가!"

그러자 황제 주변에 있던 신하들이 득달같이 달려들어 한휴를 집중 성토했다.

"폐하! 한휴가 재상이 된 이후로 폐하께서는 하루도 제대로 쉬신 날이 없었습니다. 그의 끊임없는 요청으로 쉬지 못해 수척해진 폐하의 용안을 보십시오. 그를 당장 파직하시기를 청하옵니다."

이 말을 들은 현종은 씁쓸하게 웃으면서 말했다.

"맞다. 나는 한휴의 끝 모를 요청으로 지쳐서 이렇게 수척해졌다. 걸핏하면 여러 신하와 함께 논의하여 결정한 정책을 들고 와서 문제가 있다며 내게 들이밀지 않는가! 그런데 자세히 들여다보면 과연 그의 말대로 문제가 없지 않았으니, 나는 다시 그 문제를 해결하기 위해 고민하고 고심하면서 몇 날 밤을 보내게 된다. 그러니 어찌 내 얼굴이 수척해지지 않을 수 있겠는가. 하지만 이렇게 다듬어 만든 좋은 정책이 천하의 백성을 이롭게 하니, 나 임금은 비록 수척해졌어도 백성은 살찌지 않겠는가. 임금이 존재하는 이유는 백성을 살찌우는 것, 그렇다면 나로 하여금 임금 노릇 제대로 하게 만든 자가 누군가? 바로 한휴가 아니겠는가! 내가 어찌 한휴를 버리라, 그를 더욱 중용할 것이다."

이 감동적인 이야기에서 비롯된 성어가 '임금이 마르면 나라는 살찐다'라는 뜻의 '군수국비(君瘦國肥)'다. '나라' 대신 '천하'를 써서 '군수천하비(君瘦天下肥)'로 쓰기도 한다. 임금이 수척해질 정도로 고심하면서 신하들의 여러 의견을 받아들여 존중할 때 필경 좋은 정책이 만들어지고, 그로 인해 천하가 잘 다스려진다는 말이다.

이 말을 거꾸로 뒤집어 '군비국수(君肥國瘦)', '군비천하수(君肥天下瘦)'라는 말도 가능할 것이다. '임금이 뚱뚱해지면 나라 백성은 수척해진다'라고 해석할 수 있다. 임금이 신하들의 의견을 일고의 가치도 없는 것으로 여기고 쉽게 버리면 고민할 일도, 고심할 일도 없으니 몸이 편해지고 살이 찔 것이다. 대신 다듬어지지 않은 엉터리 정책이 백성의 삶을 피폐하게 하지 않겠는가? 군수국비의 정신으로 국정에 임했던 현종은 '개원의 치세'라는 최고 황금기를 이끈 명군이 되었다.

꿀 같은 말에 빠진 현종, 당나라는 쇠락의 길로

내 생각과 다른 남의 이야기를 받아들이는 것은 결코 쉽지 않다. 특히 자신의 지위가 상대보다 월등히 높은 상황이라면 더욱 어렵다. 하지만 역사 속에 등장하는 명군, 훌륭한 리더는 한결같이 자신과 다른 의견을 받아들이기 위해 수척해질 정도로 고심했다.

리더에게 고민과 고심은 숙명이다.

수척해질 정도로 고심하며 남의 의견을 받아들여 명군으로 우뚝 선 현종. 그가 이끈 최고 황금기, 개원 성세의 찬란함이 오히려 독이 되었을까? 당 현종은 정치적 성과에 도취하여 점점 자만심에 빠지고 국정에 소홀해졌다. 양귀비의 치마폭에서 가무에 젖어 나라를 잊고 백성을 잊어버렸다. 국가적 현안에 대해 수척해질 정도로 고민하던 모습은 사라지고, 모든 결정을 신임하는 한 사람에게 의지하여 처리했다. 이른바 명군으로 가는 '겸청(兼聽)의 길'에서 혼군으로 가는 '편신(偏信)의 길'로 들어선 것이었다.

당 현종이 오로지 편신했던 사람은 당시 국정을 좌우했던 간신, 재상 이임보(李林甫)였다. 입에서는 꿀이 흐르지만 배 속에는 시퍼런 검이 있다는 뜻의 '구밀복검(口蜜腹劍)'이라는 성어처럼 그는 음흉한 재상으로 유명하다. 황제가 오직 이임보의 말만 들었으니 조정은 이 간신의 손에 완전하게 장악되었다. 능력 있고 덕망 있는 인재는 퇴출당하고 국정에는 난맥상이 드러나고, 북방 변경에서 변란이 일어나니, 바로 당나라를 쇠퇴시킨 '안녹산의 난'이었다.

안녹산의 군대가 파죽지세로 내려와 낙양이 함락되고 곧 장안마저 함락되기 직전에 이르자, 황제는 급히 양귀비를 데리고 서쪽으로 피난을 떠났다. 하지만 얼마 못 가서 황제를 호위하던 금위군이 반란을 일으켰다. "위대한 제국을 망하게 한 장본인이 바로 양귀비와 그 가문입니다. 양귀비를 처단하지 않는다면 금위군도 움직이지 않을 것입니다." 아무런 힘도 없는 황제의 외면 속에 양귀비는 결국 군사에게 끌려 나가 죽임을 당했다. 당나라의 수도였던 장안, 지금의 서안 서쪽 마외(馬嵬)라고 하는 작은 도시에서였다. 지금도 그곳에 양귀비의 무덤이 있다.

양귀비 무덤은 벽돌로 만들어졌는데 독특하게도 틈새 하나 없이 밀봉되어 있다. 왜 이토록 철저하게 밀봉했을까? 나라를 망친 요녀가 다시 태어나지 못하도록 한 것일까? 여기에는 우스운 얘기가 전해진다. 양귀비 무덤은 원래 흙으로 덮은 토봉이었다고 한다. 그런데 그 무덤 흙이 자꾸만 사라졌다. 새로 흙을 덮어도 다음 날 아침이면 감쪽같이 사라졌다. 조사해보니 무덤에서 멀지 않은 마을 여인들의 짓이었다. 여인들이 밤이면 너도나도 광주리를 들고 와서 무덤 흙을 가져갔던 것이다. 중국의 오랜 관습 중에 미인이 묻힌 무덤의 백토를 가져다가 바르면 기미, 주근깨, 잡티가 다 사라지고 백옥 피부를 얻을 수 있다는 이야기가 있다. 바로 이런 황당한 믿음 때문에 양귀비 무덤이 수난을 당한 것이었다. 결국 흙을 퍼 가지 못하도록 벽돌로 쌓아 아예 밀봉을 해버리고 말았다.

리더의 선택이 조직의 흥망성쇠를 좌우한다

안녹산의 난이 한창이던 와중에도 당 현종의 오판으로 발생한 비극이 있다. 이 사건 역시 겸청과 편신이라는 주제를 돌아보기에 충분하다. 우리 역사와도 관련 있는 인물 고선지 이야기다.

고구려 유민의 후손인 고선지는 당나라 군대의 장군으로 서역의 여러 나라를 정벌하여 이름을 떨친 인물이었다. 시성 두보가 예찬하는 시를 남길 정도로 유명했던 고선지가 당 현종의 부름을 받고 안녹산 반군을 진압하는 군대를 지휘하게 되었다. 그런데 황제는 지휘관으로 임명하면서도 그를 믿지 못했다. 이민족 출신인 그가 오히려 안녹산의 반군과 내통하여 적이 될지도 모른다고 생각했는지, 자신이 신임하는 환관 변영성(邊令誠)을 파견하여 고선지를 감시하도록 했다. 그런데 변영성은 전쟁 중에 고선지에게 뇌물을 요구했다. 고선지가 딱 잘라 거절하자, 변영성은 앙심을 품고 당 현종에게 거짓 보고를 올렸다. "폐하께서 염려하신 대로 고선지가 안녹산과 내통하는 것이 분명합니다. 막대한 군수 물자가 이미 다 적의 수중으로 넘어갔습니다."

고선지 군대가 전략상 후방으로 후퇴하면서 군수 물자 일부가 적의 수중으로 들어간 것은 사실이었다. 그런데 그 내용을 의도적인 것으로, 그 규모를 훨씬 부풀려서 거짓 보고를 한 것이다. 이런 중차대한 사안이라면 의당 신중하게 처리해야 했음에도 불구하고 당 현종은 환관의 보고를 그대로 믿어버렸다. 다른 이를 시켜 재조사한다거나 고선지 본인의 해명이라도 들었어야 했건만 최소한의 과정도 없었다.

"이 괘씸한 고선지에게 이 칼을 전해주어라!" 자결을 명한 것이다. 이 어이없는 결정으로 훌륭한 장수가 제대로 한번 싸우지도 못한 채 억울하게 죽었다. 모두 어리석은 황제의 편신에서 나온 비극이요 불행이었다.

증자가 쓴《효경》의 한 대목을 인용하여 결론을 대신한다.

> 천하를 다스리는 천자가 아무리 무도할지라도 그에게 대드는 신하 '쟁신(爭臣)' 일곱이 있다면 천하를 잃어버리는 법이 없다. 일국을 다스리는 제후가 아무리 무도할지라도 쟁신 다섯만 있다면 나라를 잃는 법이 없다. 선비에게 잘못을 지적하며 대드는 친구 '쟁우(爭友)' 하나만 있어도 명예를 잃지 않을 것이요, 아비에게 대드는 자식, '쟁자(爭子)'가 있다면 그 아비는 불의한 일을 행치 않을 것이다.

한국형 리더십, ‘단군 이야기’를 다시 읽다

박현모 세종국가경영연구소

한국사 연구자에게 단군 이야기는 ‘고난의 잔(盞)’이다. 우선 검토해야 할 기존 연구가 너무 많다. 국내에 간행된 2,500여 건의 학술 논문과 5,700여 권의 단행본을 검토하기란 참으로 난감하다. 더 큰 난관은 단군을 둘러싼 첨예한 시각차다. 한쪽에서는 국조단군상(國祖檀君像)을 세우는가 하면, 다른 한쪽에서는 단군상의 목을 자른다. 2021년 대한민국「교육기본법」에서 ‘홍익인간’ 대목을 삭제하려는 개정안이 발의된 적이 있다. 그러자 ‘우리 교육의 핵심 가치와 이념을 훼손하려 한다’며 교육계에서 반발이 일어나 결국 발의가 철회되었다. 이 고난의 잔을 피할 수만 있다면 피하고 싶은 게 솔직한 내 심정이다. 하지만 한국형 리더십을 살펴보려면 중요한 메타포를 담고 있는《삼국유사》를 지나칠 수 없다.

한국형 리더십이란, 조직 현장에서 한국인이 실제 경험하고 있는 리더-팔로워의 관계 및 리더십의 특성이라고 정의할 수 있다. 한국인은 실제로 어떤 리더를 기대하고, 언제 신명 나게 일하는지를 알아보기 위해 한국형리더십연구회에서 2008년 직장인 2,000명을 대상으로 설문 조사를 했다. 그 결과, 한국 리더는 '성취열정'과 '상향적응' 역량이 매우 높다고 평가되었다(5점 만점에 각각 3.45점, 3.43점). 성취열정은 일을 수행하는 데 난관을 극복하고 끝까지 성취해내는 정신이며, 상향적응은 환경 변화를 민감하게 파악하여 적절히 대응하는 역량이다.

반면 제일 낮은 것은 '하향 소통', 즉 하급자의 말을 듣고 좋은 아이디어가 실현되도록 도와주는 역량이라고 나타났다(5점 만점에 2.99점). 미래 비전을 제시하고 그 비전을 구성원들과 공유하는 '비전 공감' 역량 역시 낮은 점수를 받았다(5점 만점에 3.19점). 말하자면 한국 직장인은 상급자가 트렌드 변화를 파악하고 설정된 목표를 추진하는 능력은 뛰어나지만, 구성원의 말을 경청하고 비전을 공감시키는 역량은 크게 부족하다고 인식하고 있었다.[1]

1 백기복,《한국형 리더십》, 북코리아.

비전 공감과 하향 소통이 가져오는 놀라운 효과

흥미롭게도 단군의 아버지인 환웅은 한국의 직장 상사가 제일 못하는 두 가지를 잘하는 리더였다. 《삼국유사》의 첫 부분을 보면, 상제(上帝) 환인의 아들 환웅은 하늘 아래 인간 세상을 구하는 데 뜻을 두고, 그 마음을 아버지에게 자주 내비쳤다. 아버지의 허락을 받은 환웅은 3,000명의 무리를 거느리고 태백산(묘향산) 꼭대기 신단수 아래로 내려왔다. 그는 홍익인간(弘益人間)이라는 비전, 즉 사람들 사이[人間]를 고양시켜[益] 더 수준 높은 세상을 만들자는[弘] 목표를 세우고 구성원을 설득했다.

흔히 홍익인간을 '널리 사람을 이롭게 한다'라고 해석하지만, 일연(一然, 1206~1289)이 《삼국유사》를 편찬하던 13세기 지식인에게 人間(인간)은 '사람(human)'이 아니었다. 人間이라는 말은 '인간 세상' 혹은 '사람들 사이'를 지칭할 때 사용되었다. 사마천의 《사기》, 이백이나 소식의 시(詩), 그리고 고려 때의 숱한 문헌에서 그 사실이 확인된다. 어쨌든 곰과 호랑이로 상징되는 구성원이 환웅의 말을 듣고 음식 절제와 동굴 생활이라는 금기[忌]를 지키는 일에 동참했다(비전 공감)는 사실이 중요하다. 서로를 지금보다 한 단계 높은 수준으로 끌어올리려는 환웅의 홍익인간 비전에 그들이 공감하고 따랐음을 보여주는 장면이기 때문이다.

다음으로 환웅은 소통의 리더였다. 환웅은 인간 세상을 다스리겠다는 소망을 아버지 환인에게 이야기하고 허락을 받아냈다(상향 소통). 환인은 아들에게 천부인(天符印) 세 개를 주며 인간 세상을 다스리게 했다. 《삼국유사》에 기록된 것처럼 굴속으로 들어간 환웅은 곰과 호랑이를 만나 사람이 되고자 하는 그들의 바람을 경청했다(하향 소통). 그리고 자기 절제를 거친 초극(超克)이라는 결코 녹록지 않은 해법을 제시했다.

그 해법을 충실히 따른 곰은 마침내 여자의 몸으로 전환했고, 사람이 된 웅녀는 다시 아이를 갖게 해달라고 빌었다. 이번에도 환웅은 그녀의 소원대로 혼인하여 단군을 낳았다. 이 과정은 천제 환인이 결정하고 지시한 것이 아니었다. 환인은 아들 환웅의 뜻을 받아들여 인간 세상에 내려가도록 도와주었다. 마찬가지로 환웅 역시 곰의 소원을 경청하고 수용했다. 그 결과, 단군조선이라는 새로운 나라가 열렸다. 단군 이야기는 비전 공감과 하향 소통이 가져오는 놀라운 효과를 보여준다.

단군 이야기의 진짜 주인공이 환웅인 이유

《삼국유사》 첫머리에는 세 종류의 리더가 나온다.

첫째, 해모수 유형이다. 해모수는 어느 봄날 오룡거(五龍車)를 타고 내려와 북부여를 세웠다. 그는 하백의 딸 유화에게 접근해 스스로를 '천제(天帝)의 아들'이라고 하면서 강가에 있는 집으로 유혹해 사통한 후 떠났다.

둘째, 금와 유형이다. 해모수의 아들 해부루가 자식이 없음을 아쉬워하여 산천에 제사를 지내자 연못가 큰 돌에서 금빛 개구리 모양의 아이가 나타났다. 왕위를 물려받은 금와는 유화가 유혹당해 임신한 사실을 알고도 불쌍히 여기기는커녕 방 안에 가두어 숨겼다. 유화가 알을 낳자 짐승들에게 던져주거나 길에다 버리기까지 했다. 우여곡절 끝에 주몽이 알을 깨고 태어나자, 금와는 주몽을 견제하다가 어리석게도 준마를 주어서 도망치게 만들었다.

셋째, 환웅 유형이다. 그는 천제 환인의 아들로 하늘에서 내려와 신시(神市)를 세우고, 360여 가지 일을 주관하며 인간 세상을 다스렸다. 환웅은 해모수와 달리, 오랜 시간을 두고 인간 세상을 구할 준비를 했다. 그리고 아버지를 설득해 인간 세상을 다스릴 수 있는 권능을 부여받았다(세 개의 천부인). 화려한 오룡거를 타고 내려와 여자를 유혹해 임신시키고 떠난 해모수와 달리, 그는 자기 절제에 성공한 웅녀와 혼인하여 단군을 낳았다.

환웅은 또한 금와와 달리 분명한 목표, 즉 홍익인간이라는 비전을 세웠다. 그리고 그 비전을 구현하기 위해 그는 풍백, 우사, 운사라는 중간 리더를 뽑아 공동체가 잘 돌아가게 했다. 신이(神異)하게 태어났지만 그가 다스린 나라에 어떤 변화도 가져오지 못한 금와와 달리, 환웅은 세상에 머물러 살면서 이치로 변화시켰다[在世

理化, 재세이화]. 그는 잠깐 내려와 자기 욕심만 채우고 떠난[遊世無化, 유세무화] 무책임한 해모수나, 세상에 머물러 살았으나 아무런 변화도 만들지 못한[在世無化, 재세무화] 무능한 금와와는 분명히 다른 리더였다.

안타깝게도 우리나라 정치가나 기업의 리더 중에는 해모수 유형이나 금와 유형이 많다. 선거 때만 잠깐 지역구에 내려와 유권자를 유혹하고, 당선되자마자 오룡거를 타고 여의도로 돌아가는 해모수 유형의 국회의원들이 그렇다. 선수들과 동고동락하기보다 재택근무와 부업 논란에 휩싸이다 부진한 성적을 거두고 해고당한 위르겐 클린스만(Jurgen Klinsmann) 축구 감독 역시 해모수 유형이다. 금와 유형은 더 많다. 반짝이는 커리어로 자리를 맡았지만 어떤 변화도 일으키지 못하는 기업 리더들, 대통령 선거 후 낙하산으로 내려와 밥값도 못하는 공공기관의 장이 그런 사람들이다.

일연의 스토리텔링 전략《삼국유사》

《삼국유사》를 읽을 때면 10여 년 전 로마에 갔을 때 일이 생각난다. "로마제국의 전설 속 시조인 로물루스와 레무스가 늑대의 젖을 먹고 자랐다는 이야기를 믿느냐"라는 내 질문에 대해 이탈리아의 지인은 "안 믿을 이유가 무어냐(Why not)?"라고 대답했다. 그는 "그렇게 재미있고 용기까지 주는 이야기를 안 믿을 이유가 있느냐"

면서 오히려 되물었다.

사실 로물루스 신화나 단군 신화가 역사적 사실인지를 따지는 것은 그 자체가 난센스다. 그보다는 고려 지식인 일연의 고민과 문제 해결 방식에 주목할 필요가 있다. 일연이 《삼국유사》를 집필했던 13세기 말은 고려에 대한 원나라의 지배가 노골화되던 시기였다. 항몽(抗蒙) 전쟁을 주도하던 최씨 무신정권의 마지막 실권자 최의가 피살당하고(1258년), 배중손이 이끌던 삼별초마저 평정되었다(1273년). 원나라의 요구에 따라 고려는 여몽연합군을 구성해서 일본 정벌을 추진해야 했던(1280~1281년), 그야말로 고려의 국가적 자주성이 심각하게 훼손된 시기였다.

이런 시기에 일연은 '영웅이 일어나려 할 때 보통 사람과는 다른 점이 있다'면서 환웅의 이야기를 서술했다. 알을 스스로 깨고 나온 고구려 시조 고주몽과 주변 사람들이 추대한 신라 시조 박혁거세의 이야기를 통해 상이한 조상들의 리더십 스타일을 보여주었다. 그는 단군을 고주몽이나 박혁거세보다 위에 배치함으로써 고조선의 승계국이 삼국이며, 그 삼국을 통일한 나라가 바로 고려임을 암시했다. 특히 그는 단군의 고조선 건국 시기가 '중국의 전설적인 국왕인 요임금 때와 비슷하다'고 역설했다.

"미디어는 메시지다(The media is the message)"라는 캐나다 문화비평가 마셜 매클루언(Marshall McLuhan)의 말처럼, 일연은 《삼국유사》라는 책(미디어)을 통해 '우리는 이 국난을 충분히 이겨낼 저력이 있다'라는 메시지를 전하려고 했다. 그보다 30~40년 전에 '부처의 힘으로 외적을 물리치겠다'며 팔만대장경을 제작한 것도 같은 맥락이다. 고도의 스토리텔링 전략으로 시대의 난관을 극복하려고 했던 일연의 지식 경영에 새삼 감탄하며, 문득 우리는 지금 어떤 이야기를 준비하고 있는지 돌아보게 된다.

AI 시대의 네비게이터, 메타인지

구본권 한겨레신문 사람과디지털연구소

AI 시대를 맞아 조직의 리더와 경영자에게 '메타인지'적 사고의 필요성이 대두되고 있다. 메타인지(metacognition)는 '자신의 인지 상태에 대한 객관적 상태 파악'을 의미하는 용어로 '상위 인지'라고도 불리는데, 지금까지는 주로 인지심리학이나 학습법과 관련해서 사용되어온 전문 용어다. 그런데 왜 '메타인지'라는 전문 용어가 경영자와 리더가 알아야 할 필수 개념이 되었을까?

생성형 AI가 전략을 무용지물로 만들다

최근 들어 메타인지에 대한 각계의 관심이 커진 것은 무엇보다 AI 기술의 발달 때문이다. 구체적으로는 기계학습을 통해 인류가 지금까지 만들어낸 방대한 정보를 학습하고, 사람 수준의 언어 능력을 갖춘 LLM 기반의 생성형 AI 때문이다. 오픈AI의 챗GPT, 구글 제미나이 등은 과거에는 기계 지능이 처리할 수 없다고 여겨졌던 업무를 빠르고 정확하게 처리하며 우리를 놀라게 만들고 있다.

2016년 3월, 구글 자회사인 딥마인드(DeepMind)의 알파고가 이세돌 9단을 제압하는 것을 본 사람들은 반복적이거나 정답이 정해진 과업에서는 고도의 전문성을 요구하는 일이라도 결국 사람이 이길 수 없음을 확인했다. 그리고 4차 산업 혁명으로 대부분의 직무와 일자리를 로봇과 AI가 대체할 것이라는 인식과 불안이 범사회적으로 확산했다. AI 시대에 대한 대비도 광범하게 진행되었다. 그러면서 4차 산업 시대에는 소프트웨어를 다루는 능력이 중요하므로 코딩 교육을 강화해야 한다는 목소리가 높았다. 또 기계가 따라 할 수 없는 인간 고유의 창의성 교육을 강화해야 한다는 주장도 폭넓은 동의를 얻었다.

그 결과 초·중등학교에서는 미래 필수 역량으로 코딩 교육을 교과 과정에 포함시켜 집중적으로 교육하고, 과학, 기술, 공학, 수학을 뜻하는 '스템(STEM)' 교육에 예술(Art)을 추가한 '스팀(STEAM)'

교육을 강조하는 정책이 실시되었다. 그런데 2022년 11월 오픈AI의 챗GPT가 등장하면서 지금까지의 전략과 교육 방식에 근본적 회의감이 확산했다.

AI 코딩 보조프로그램이 서비스되면서 코딩의 기술적 문턱이 낮아졌다. MS의 코파일럿(Copilot)과 아마존의 코드 위스퍼러(CodeWhisperer)가 대표적이다. 챗GPT, 미드저니, 달리(DALL-E), 딥엘(DeepL) 등 생성형 AI는 글쓰기, 그림 그리기, 작곡, 통번역과 같이 지금까지 사람들이 창의적이라고 간주해온 활동을 놀라운 수준으로 모방하거나 능가한다. 작가, 예술가처럼 특별한 능력을 지닌 사람이 오랜 시간 정성과 열정을 쏟아야 비로소 숙달될 수 있는 창의적 역량과 전문적 기술을 생성형 AI는 너무나 빠르고 매끄럽게 처리해내고 있다. 생성형 AI가 인간 고유의 능력으로 여겼던 창작 활동마저 위협하면서, 창의성 또한 AI와 경쟁할 인간만의 능력이 되지 못할 것이라는 불안이 번지는 배경이다.

새로운 차원의 인지 능력, 메타인지

지식의 생산 속도와 규모가 인간의 인지 능력을 훌쩍 넘어선 AI 환경에서는 지금까지와 차원이 다른 접근법이 요구된다. 아무리 부지런하고 뛰어난 사람이라고 해도, 방대한 정보와 활용법을 쉬지 않고 배우며 따라잡는 건 불가능하기 때문이다.

생성형 AI 환경에서 코딩, 기술, 공학, 예술, 창의성 교육 등의 최신 정보와 기술에 대한 빠른 학습보다 중요한 것은, 기술에 대한 종합적이고 장기적인 관점이다. 새롭게 부상한 정보와 기술, 그 변화가 어떠한 의미와 가치를 지니는지 파악하는 능력이다. AI 환경에서는 정보와 기술이 큰 폭으로 빠르게 변화하고, 이에 따라 복잡도와 예측 불가능성이 높아진다. 그런 만큼 미시적 대응보다 전체 흐름을 살피는 방향 감각과 조망 능력이 요구된다.

기술 변화가 빠르고 급격할수록 특정 분야의 개별적 지식과 기술을 남보다 앞서 습득하고 활용하는 행위의 가치는 줄어든다. 오랜 시간을 들여 새로운 지식과 기술을 학습해도 기하급수적으로 변화하는 환경은 해당 지식과 기술의 유효 기간과 효용성을 단축시키기 때문이다. 변화할 상황에서 유용해 보이는 특정한 정보나 기술보다 정보 환경의 전체적 지형과 맥락, 그리고 자신과 조직에 끼치는 영향을 파악하는 능력이 훨씬 중요해진다.

이렇게 빠르게 변화하는 지식 정보 환경에서 자신의 인지 상태와 대응 능력을 파악하는 것이 메타인지다. 낯선 곳에서 길을 찾는 방법과 비슷하다. 길을 잃었을 때 현재 위치를 벗어나려고 무작정 빠르게 움직이는 건 현명한 방법이 아니다. 먼저 길을 잃었음을 인정하고, 길 찾기에 나서야 한다. 낯선 곳에서는 태양이 움직이는 방향과 지형을 관찰하면서 방위를 파악하고, 현재 위치를 알아내야 한다. GPS가 길을 알려주는 내비게이션 기기에서도 출발점은 이용자의 현재 위치다. 나의 현재 위치를 알지 못하면 아무리 많은 정보가 주어져도 쓸모가 없다.

급변하는 정보 사회에서 경영은 목표가 끊임없이 움직이는 이동 표적을 겨냥하는 것과 비슷하다. 무작정 목표를 추구하며 전력을 쏟기보다, 자신과 조직의 현재 위치를 파악하는 게 우선인 이유다. 나의 현재 위치를 파악하는 능력은 인지적 차원에서 바라보면, 자신이 무엇을 알고 무엇을 모르는지를 객관화하는 능력이다.

빌 게이츠, "메타인지가 AI의 다음 개척지"

메타인지가 근래 부쩍 주목받는 배경에는 MS의 창업자인 빌 게이츠도 있다. 그는 AI 연구 경쟁에서 LLM 성능을 향상시키기 위해 학습 데이터와 컴퓨팅 능력의 규모를 확장하는 스케일업(scale-up) 방식으로는 도약을 이룰 수 없다고 주장한다. 그는 2024년 6월, 팟캐스트에서 "메타인지가 AI의 다음 개척지다"라며 AI 기술 개발의 돌파구로 메타인지 전략을 제시했다.

게이츠가 말하는 메타인지는 기존의 인지심리학 개념에 비해 단편적이고 기술적으로 제한되어 있지만, 근본적으로는 같다. 그는 메타인지에 대해 "넓은 의미에서 문제에 대해 생각하고, 한 걸음 물러나서 '이 대답이 얼마나 중요한가? 내 답변을 어떻게 확인할 수 있으며, 어떤 외부 도구가 도움이 될까?'라고 생각하는 능력"이라고 구체화했다. 즉, 메타인지는 자신의 인지 상태를 객관화해서 바라볼 줄 아는 능력이다.

이는 AI가 더 강력하고 더 방대한 성능을 갖춘다고 해도, 지금 당면한 한계를 넘어설 수 없다는 얘기이기도 하다. AI가 아무리 똑똑하고 강력해 보여도 메타인지를 갖추지 못했다는 점에서 사람과 근본적인 차이가 있다. 앞으로 AI가 기존의 스케일업 전략을 아무리 강화해도 인간의 메타인지 능력을 학습하거나 모방하지 못한다면 기존의 한계를 벗어날 수 없다는 의미다.

이는 AI 분야의 세계적 석학인 최예진 워싱턴대학교 컴퓨터공학과 교수가 생성형 AI에 대해 "놀랍도록 똑똑하고 충격적으로 어리석은" 기계라고 설명한 것과 맥을 같이한다. 현재의 생성형 AI는 뛰어난 정보 처리와 추론 능력을 갖추었지만, 자신이 무엇을 알고 무엇을 모르는지 전혀 가늠하지 못하기에 '충격적으로 어리석다'.

인간 지능과 기계 지능의 차이가 메타인지라는 석학들의 통찰은 AI 시대에 사람이 기계에 압도당하거나 두려워하지 말고, 인간 고유의 메타인지를 중심으로 지적 능력을 계발해야 한다는 것을 알려준다.

리더에게 메타인지가 절실하게 요구되는 이유

메타인지는 AI가 갖출 수 없는 인간 고유의 능력이기 때문에 현재를 사는 우리에게 모두 중요하다. 특히 조직을 이끄는 경영자와 리더에게는 더욱 절실하게 요구되는 능력이다. AI 시대에 리더가 메타인지를 갖추어야 하는 배경에는 크게 네 가지 이유가 있다.

1. 메타인지는 빠른 변화에 적응하도록 돕는다

무어의 법칙이 지배하는 환경에서 기술과 지식은 빠르게 변화한다. 누구나 달라진 환경에 적응하려면 자신의 역량을 업데이트해야 한다. 특히 조직의 미래와 방향을 제시해야 하는 리더는 먼저 거대한 변화의 흐름을 읽고 적극적으로 수용해야 한다. 구체적으로 과거에 배운 것, 익숙한 것에 의존하는 대신 낡은 정보를 비우고 새롭게 배우는 '언러닝(unlearning)'의 과정이 필요하다.

미래학자 앨빈 토플러는 "21세기의 문맹은 읽고 쓸 줄 모르는 사람이 아니라 배우지(learn) 않고, 언러닝하지(unlearn) 않고, 새로 배우지(relearn) 않는 사람이다"라고 말했다. 언러닝은 지금까지 알고 있던 것, 익숙한 방식을 비워버리고 새로운 배움을 위한 태도와 공간을 마련하는 '비움 학습'의 과정이다. 새로운 지식과 역량으로 업데이트하기 위해서 무조건 더 많은 수용과 학습에 나선다고 될 일이 아니다. 인간의 두뇌는 기억과 처리 용량이 제한적이기에 두뇌 용량을 현 시점에 필요한 정보와 역량으로 최적화하려면 낡고 불필요해진 정보를 비워야 한다. 그러한 '비움 학습' 없이는 두뇌의 최적화가 어렵다. 과거의 지식을 계속 비워내고 부단히 업데이트하라고 알려주는 능력이 바로 메타인지다.

2. 메타인지는 판단과 결정을 위한 핵심 역량이다

리더에게 무엇보다 중요한 역량은 조직을 대표해 판단하고 책임지는 것이다. 단순한 보상과 처벌로는 진정한 리더십을 만들어내기 어렵다. 기업에서 최고경영자는 오케스트라에서 지휘자와 비슷하다. 지휘자는 곡의 의도와 해석, 각 연주자의 수준과 특징, 음향의 조화 등 오케스트라 전체의 관점에서 판단하고, 단원에게 명확한 지시를 내려야 한다.

이에 비해 단원은 지휘자의 지시에 따라 자신이 담당하는 소리를 내는 역할을 한다. 오케스트라 지휘자처럼 리더는 조직 전체의 역량을 최대로 끌어내기 위해 조직원에게 목표와 직무를 할당한다. 구성원과 적극적으로 소통하고, 각 구성원의 결과물이 조직 전체에 기여하도록 이끈다. 최고경영자는 기업의 특정 개인이나 부문이 아닌 조직 전체의 관점과 이익을 최우선으로 놓고 접근해야 한다. 한 걸음 떨어져 전체 차원에서 보는 관점, 한 걸음 더 나아가 조직 외부에서 객관적으로 상황을 보는 관점이 바로 메타인지다.

3. 메타인지로 성공의 부메랑을 극복할 수 있다

리더는 대개 자신만의 성공 경험을 지녔고, 조직에서 누구보다 높은 자리에 있으며 계획을 실행하는 힘이 있다. 이는 리더의 권위와 리더십을 만들어내는 자산이지만, 급변하는 환경에서 과거의 성공 경험은 오히려 위험이 되기도 한다. 상황이 과거와 달라졌는데도 새로운 전략과 정보로 업데이트하지 않은 탓에 과거 성공을 가져다준 방법과 전략에 매몰될 수 있는 것이다. 산업 사회에서 자수성가한 사업가가 새로운 경제나 사회 현상에 적응하지 못하고 어려움을 겪는 사례가 대표적이다.

경영의 역사에서 과거의 성공을 만든 사례와 조건이 시간이 지난 뒤 고스란히 실패와 몰락의 원인으로 바뀌는 경우는 매우 흔하다. 세계적 경영학자 클레이턴 크리스턴슨(Clayton Christensen)은 저서 《혁신기업의 딜레마》를 통해 과거의 성공과 혁신이 새로운 변화를 무시하거나 보지 못하게 해 몰락한 기업의 다양한 사례와 그 원인을 알려준다. 이에 따르면, 성공을 이끈 요소와 전략은 성공을 가져왔다는 점에서 유용하지만, 착각과 오만에 빠지는 요인이 된다. 성공적 사례와 노하우를 갖춘 경영자일수록 메타인지를 통해 늘 의심하고, 열려 있는 태도가 필요하다. 그럴 때 비로소 새로운 정보를 받아들여 지속가능한 경쟁력을 보유할 수 있다.

4. 메타인지는 사람들을 하나의 목표로 향하게 한다

메타인지는 대상 자체에 대한 인식을 넘어서, 거리를 둔 채 자신의 인지 상태와 객관적 상황 전반을 살펴보는 태도다. 다양한 사람을 하나의 목표를 향하게 하려면 큰 보상이나 원대한 비전만으로는 충분치 않다. 무엇보다 구성원의 마음을 읽고, 동기를 부여해야 한다. 이를 위해서는 타인의 처지에서 바라보고 생각하는 능력, '1인칭 시점'이 아닌 '전지적 작가 시점'이 필요하다.

뛰어난 작가와 감독은 독자와 관람객이 작품을 어떻게 받아들이고 느끼는지를 잘 아는 사람이다. 탁월한 연설가와 마케터는 청중과 소비자의 관점에서 생각하고 말하는 능력을 지닌 사람이다. 항상 조직 구성원과 고객의 관점에서 바라보는, 메타인지를 갖춘 리더가 성공적인 경영자가 될 수 있는 까닭이다.

객관화와 자기 인식, 리더십을 위해 알아야 할 것들

김주수 휴넷리더십센터

카카오 김범수 경영쇄신위원장과 네이버 이해진 글로벌투자총괄(Global Investment Officer, GIO)의 공통점은 무엇일까? 두 사람은 한 살 차이로 비슷한 시기에 성장했다. 대학 동기고 같은 해 한 직장에 입사한다. 창업 시기 역시 비슷하다. 김 위원장은 1998년 온라인 게임 포털 한게임을, 이 총괄은 1999년 네이버컴을 창업한다. 이후 NHN이란 이름으로 한솥밥을 먹기도 한다. 무엇보다 두 사람은 카카오와 네이버를 대한민국의 대표 기업으로 일구었다.

이처럼 두 사람은 나이, 학력, 경력, 창업 경험, 그리고 업적 면에서 공통분모가 많다. 그런데 리더로서의 경영 방식은 꽤 다른 느낌이다. 김범수 위원장은 100명의 CEO를 키워내겠다는 목표를 가진 걸로 유명하다. 권위나 조직 장악력을 덜 중시하고, 각 계열사에서 자율성을 가지고 알아서 일하기를 기대하는 편이다. 계열사 전체를 조율하는 조직 이름을 카카오 '공동체'라고 한 것을 보면 김 위원장의 스타일을 알 수 있다.

네이버는 관리를 좀 더 강조하는 모습이다. 능숙하게 전체를 조망하고 조화를 중시한다. 이해진 총괄의 꼼꼼하고 차분한 스타일이 영향을 미쳤다는 평이다. CFO의 역할을 중시하여 재무통을 중용하는 편으로, 2022년 최수연 대표 선임 당시 CFO가 보도자료 상단에 나란히 배치된 모습은 이런 조직의 특성을 잘 보여준다. 결국 카카오와 네이버의 색깔은 김 위원장과 이 총괄의 리더십 스타일에서 갈렸다고 할 수 있다.[1]

리더십 스타일은 어떻게 만들어지는가?

큰 조직의 리더가 된 인물들은 대체로 비슷한 강점을 지녔다. 조직을 한 방향으로 정렬하고 성과를 만드는 데 탁월하다. 사람들과 관계를 맺고, 그들을 변화시키는 데 능하다. 그런데 자신의 강

1 네이버 vs 카카오… 같은 직원, 다른 리더, 〈한국경제신문〉, 2023. 1. 27.

점을 펼치는 스타일은 리더의 수만큼이나 다채롭다. 어떤 리더는 카리스마 있는 모습으로, 또 다른 리더는 적극적인 권한 위임을 통해 리더십을 발휘한다. 팀원과의 관계를 중시하는 리더가 있는가 하면, 적극적인 코칭으로 구성원 육성에 힘쓰는 리더도 있다.

리더가 자신의 역량을 행동으로 옮기고 영향력을 발휘하는 방식을 '리더십 스타일'이라 부른다. 조직 목표를 달성하는 방식, 구성원과 상호 작용하는 과정에서 보이는 행동 패턴을 의미한다. 카카오와 네이버에서 볼 수 있듯 리더십 스타일은 조직의 분위기와 일하는 방식, 그리고 성과로 이어지는 구성원의 몰입 수준을 크게 좌우한다.

성격은 인간 내면의 타고난 모습이다. 쉽게 변하지 않는다. 반면 스타일은 성격과 구별된다. '어떤' 언행을, '얼마나' 자주, '언제' 하는지에 따라 스타일이 달라진다. 사회심리학자 하워드 자일스(Howard Giles)는 사람들의 이런 말과 행동을 '소셜마커(social marker, 사회적 표식)'라고 명명한다. 그가 말하는 소셜마커는 사람이 타인과의 관계에서 자신을 표현하고 남을 인식할 때 남기는 일련의 언행을 가리킨다.[2]

자일스에 따르면 소셜마커는 언어 소통은 물론이고 보디랭귀지, 상황 설정 등을 통해 드러난다. 흥미로운 점은 어떤 지위와 관

2 Social Markers in Speech, Cambridge University Press, 1979.

계 속에 있느냐에 따라 다른 형태의 소셜마커를 내비친다는 사실이다. 예를 들어, 동생에게 TV 리모컨을 달라고 할 때는 윽박지르듯 말하던 형이, 부모님께 용돈을 달라고 할 때는 공손해지는 모습이다. 상대방과의 관계에 따라 언행이 달라진다는 의미다.

리더 역시 조직에서 소셜마커를 남긴다. 그리고 이 흔적들이 모여 스타일을 형성한다. 리더가 드러내는 소셜마커는 크게 강인함(power)과 부드러움(attractiveness), 두 범주로 나뉜다. 강인함의 소셜마커는 카리스마, 자신감, 영향력 표출 등과 관련 있다. 부드러운 소셜마커는 친근함, 배려, 관심 등으로 대변된다.

같은 범주의 소셜마커를 일관되게 보여주면 스타일이 된다. 가령 어떤 리더가 지시적 스타일이라는 인상을 준다면 강한 느낌의 소셜마커를 꾸준히 보여주었을 가능성이 크다. 상석을 따져가며 자리에 앉고(상황 설정), 머리를 가로젓거나 손가락으로 사람들을 가리키며(보디랭귀지), 부하 직원의 말을 끊고 자신의 지시 사항만 늘어놓는(언어 소통) 등의 표현을 지속적으로 보여주었을 것이다.

대니얼 골먼의 여섯 가지 리더십 스타일

감성 지능 연구의 세계적 대가 대니얼 골먼(Daniel Goleman)은 리더의 스타일을 지시형, 비전형, 선도형, 친화형, 참여형, 코칭형의 여섯 가지로 구분했다.[3] 이후 그가 제시한 리더십 스타일은 리더의 행동 패턴을 이해하는 프레임워크로 널리 인정받고 있다.

1. 지시형 리더십

한마디로 '나를 따르라' 스타일이다. 자신의 지시에 구성원이 즉각적으로 따라주길 바란다. 구성원에게 일을 맡기기보다는 모든 상황을 상세히 지시, 감독하며 조직을 이끈다. 명령과 통제의 리더십은 조직 가치와 상호 작용 방식이 변화하면서 힘을 잃어가는 모습이다. 자율과 책임을 강조하는 최근 분위기에서는 권위주의적 태도의 강압적 리더로 인식된다. 자칫 조직 분위기를 해치고 팀원들의 사기를 떨어뜨리기 십상이다.

그렇다고 지시형 스타일이 쓸모없다고 단정 짓는 건 곤란하다. 조직에서는 명확한 명령 체계와 결단력 있는 행동이 필요한 상황이 존재한다. 이럴 때 지시와 통제는 큰 힘을 발휘한다. 목표한 바를 빠르게 이루는 데 효과적이다. 따라서 현명한 리더라면 지시형 스타일을 써야 할 때와 그러지 말아야 할 때를 구별할 줄 알아야 한다.

2. 비전형 리더십

스티브 잡스는 직원에게 '세상을 바꿀 제품을 만들자'라며 애플

3 Leadership That Gets Results, Harvard Business Review, 2000.

을 이끌었다. 테슬라의 일론 머스크 역시 '지속가능한 에너지 세상으로 전환하자'라는 비전을 직원에게 수시로 강조한다. 잡스와 머스크의 스타일은 비전형 리더의 전형적 모습이다. 비전형 리더는 팀원의 업무를 조직의 원대한 목적과 연결시키는 데 능하다. 그리고 그들의 일상적인 업무가 조직에 얼마나 기여하는지 느끼도록 한다. 테슬라 직원은 단순히 자동차를 만드는 것이 아니라 지구의 미래를 위한다는 사명감을 가지고 일한다. 이는 높은 조직 몰입으로 이어진다.

비전형 리더십의 긍정적 영향력은 새로운 전망이 절실히 요구되는 조직에서 힘을 발휘한다. 그렇다고 모든 상황에 들어맞는 것은 아니다. 특히 전문가 집단, 혹은 자신보다 경험치가 많은 구성원과 일하는 경우, 비전만을 강조하는 리더는 자칫 화려한 언변만 가진 존재로 비칠 수 있다.

3. 선도형 리더십

선도형 리더는 대부분의 업무를 직접 처리하는 걸 선호한다. 그리고 구성원도 자신 정도의 주도성과 탁월함을 보여주기 기대한다. 부지런하고 꼼꼼하며 모든 일에 책임감 있게 관여하는 리더는 칭찬할 만하다. 그런데 선도형 리더가 구성원의 업무 능력을 의심하게 되면 이야기가 달라진다. 권한을 넘겨주는 걸 주저하고, 모든 사안을 일일이 간섭하는 관리자가 될 수 있다. 일이 조금이라도 지체되면 팀원을 독려하기보다 자신이 직접 소매를 걷어붙인다. 이런 상황이 반복되면 구성원은 수동적으로 변한다. 리더에 대한 의존도가 늘어나고 업무 책임감이 약해진다.

선도형 리더는 구성원의 성과를 인정하는 기준이 높은 편이다. 팀원의 작은 실수도 그냥 넘어가지 못한다. 리더가 최고의 결과물만 요구하니, 따라오지 못하는 직원은 점차 좌절감을 겪는다. 나아가 업무 생산성에 대한 극단적인 집중은 지나치게 긴장된 업무 환경을 조성하기도 한다. 선도형 리더십은 다른 스타일과 균형을 맞추는 노력이 필요하다.

4. 친화형 리더십

친화형 리더는 구성원과의 정서적 유대를 강조한다. 성과보다는 배려와 공감의 분위기 조성에 신경 쓴다. 친밀한 분위기를 만드는 것은 가치 있지만 그것만으로 조직을 이끌 수는 없다. 리더는 조직 성과를 책임지는 주체로, 성과를 내지 못하면 언제든 리더 자리에서 내려와야 한다는 각오를 해야 한다. 리더가 친밀함만을 추구하면, 구성원에게 적절한 피드백을 하지 못해 목표 달성의 실패로 이어진다.

또한 리더가 관계 지향적인 스타일에 지나치게 의존하면, 조직 안에서 편 가르는 행동을 서슴지 않는다. 인기에 영합한 관계만으로는 올바르게 조직을 이끌 수 없다. 친화형 리더십뿐만 아니라 다른 스타일을 적절히 활용해야 하는 이유가 여기에 있다.

5. 참여형 리더십

참여형 리더는 업무 과정에서 구성원이 목소리를 낼 수 있도록 신경 쓴다. 의견을 수집하고, 다양한 관점을 경청하며, 그들의 피드백을 반영하는 데 시간을 투자한다. 이런 스타일은 구성원의 역량을 결집하고 아이디어를 모을 때 효과적이다. 예를 들어, IT 플랫폼의 리더가 새로운 기능 개발 시 모든 개발자의 의견을 듣고 투표로 우선순위를 정한다면, 구성원의 주인 의식과 열정이 높아진다. 이런 면에서 참여형 리더십을 이상적인 스타일로 바라보기도 한다.

그러나 단점도 있다. 민주적인 리더와 함께 일하는 것은 때로 피곤하다. 끊임없이 생각을 짜내도 결론이 나지 않는 마라톤 회의가 이어지거나, 모두가 합의한 사항임에도 눈치 보며 결정을 미루는 조직이 될 수 있다. 특히 기한이 촉박한 프로젝트에서 참여적 리더십만 고집했다가 돌이킬 수 없는 결과를 초래하기도 한다. 화재 경보가 울릴 때 대피 방법을 투표로 정하는 리더는 모두를 위험에 빠뜨린다는 점을 기억해야 한다.

6. 코칭형 리더십

"당신의 삶과 경력에서, 목표는 무엇인가요? 그 목표를 달성하는 데 내가 어떤 도움을 줄 수 있을까요?" 코칭형 리더는 이 질문을 토대로 조직을 이끈다. 팀원 스스로 자신의 장단점을 깨닫게 해 주고, 삶과 일에서 꿈을 키워나가도록 돕는다. 이 과정에서 리더와 구성원은 유대가 쌓인다. 성과에서도 좋은 결과를 기대할 수 있다.

사람들은 리더라면 누구나 좋은 코치가 되어야 한다고 생각한다. 그런데 말처럼 쉽지 않다. 각 구성원의 개인적인 목표와 꿈을 이해하고 지원하는 데는 상당한 시간과 에너지가 소요된다. 또 모든 구성원이 코칭을 원하는 것도 아니다. 어떤 사람은 자율성을 선호하거나 개인적인 이야기를 불편해한다. 코칭형 스타일을 펼칠 때는 이런 장점과 한계를 인식한 접근이 필요하다.

리더십 스타일은 골프채를 닮았다

우리는 종종 업무 능력은 뛰어난데 조직 이끄는 법을 깨닫지 못해 경력의 마지막을 맞는 리더를 본다. 반면, 실무 능력은 평범하지만 탁월한 리더십으로 경력의 사다리를 성큼성큼 올라가는 리더도 있다. 전자는 미숙한 리더십이 우수한 업무 능력을 가린 경우며, 후자는 뛰어난 리더십이 실제 능력 이상으로 돋보이게 만드는 경우다. 리더십은 리더를 성공으로 이끄는 지렛대 역할을 한다.

그렇다면 뛰어난 리더십을 갖추기 위해서는 무엇이 필요할까? 대부분의 리더십 코치가 강조하는 첫걸음은 '자기 인식'이다. 자기 인식은 단순히 '나를 안다'는 차원을 넘어선다. 리더가 자기 자신을 모른다면 누구에게, 얼마만큼의 영향력을, 어떻게 미칠지 판단할 수 있을까? 자신을 모르면 강점을 어떻게 활용할지, 또 단점을 어떻게 관리할지 알 수 없다. 현실과 상황에 습관적으로 대응하는 리더십만 펼치게 된다.

고대 그리스의 철학자 탈레스(Thales)는 "세상에서 가장 어려운 것이 무엇이냐"라는 질문에 "자기를 아는 것"이라고 답했다. 자기 인식이 어려운 이유는 '안 좋은 것을 직면할지 모른다는 두려움' 때문이다. 누구나 자신에 대한 불편한 진실을 밝혀내고 싶어 하지 않는다. 결함이나 실수는 각색하고 싶다. 리더 역시 그러하다. 그러나 자신의 내면 극장으로 들어가지 않는다면 리더로서의 잠재력을 알 길이 없고, 할 수 있는 것과 해서는 안 되는 것을 구분할 도리가 없다.

리더의 자기 인식은 다시 말해, 다양한 리더십 스타일의 스펙트럼에서 자신의 위치가 어디인지 돌아본다는 의미다. 나는 솔선하는 리더인지, 직원과의 관계를 중시하는 리더인지, 또는 모든 의견을 듣고 싶은 리더인지, 그렇지 않으면 카리스마로 조직을 이끄는 리더인지 반추해보는 것이다.

자신의 리더십 스타일을 확인했다면 이제 두 가지 선택지가 생긴다. 하나는 변화와 개선의 기회로 삼는 것이다. 다른 하나는 아무것도 하지 않거나 효과적이지 못한 리더십을 지속하는 것이다. 탁월한 리더가 고르는 길은 첫 번째다. 지위와 관계를 뛰어넘어 상황에 알맞은 소셜마커를 재빨리 취하는 것이다. 하루에도 몇 번씩, 때에 따라서는 하나의 상황 속에서도 강함과 부드러움의 소셜마커를 오가며 사용한다.

골먼은 "훌륭한 리더가 된다는 건 상황에 따라 다른 접근법을 취해야 한다는 사실을 인식하는 것이다"라고 말했다. 이는 다양한 리더십을 복합적으로 발휘하는 것이 효과적이라는 의미다. 팀원의 경험과 역량이 부족하거나 기한이 촉박한 상황이라면 지시형이나 선도형 리더십을 발휘한다. 반대로 리더가 조직에 부임한 지 얼마 되지 않았거나 구성원의 전문성이 우수한 경우에는 팀원을 적극적으로 참여시켜 자유로운 논의의 장을 마련하는 스타일이 효과적이다.

리더십 스타일은 골프백에 담긴 골프채를 닮았다. 골프 경기에서 좋은 스코어를 내는 비결 중 하나는 상황에 맞는 골프채를 고르는 것이다. 티샷을 앞둔 골퍼를 떠올려보자. 유능한 골퍼라면 드라이버를 꺼내 공을 최대한 멀리 보내려 할 것이다. 골프공을 몇 미터 단위로 정교하게 보내야 하는 상황이라면 여러 아이언 중에서 남은 거리, 지면의 높낮이, 바람의 세기와 방향 등을 감안하여 최적의 골프채를 고르는 신중함이 필요하다. 그런 위에서 골프공을 홀컵에 넣어야 하는 상황이라면 퍼터를 사용하는 게 옳다.

유능한 리더는 필요에 따라 스타일을 유연하게 전환한다. 단순히 정해진 매뉴얼에 맞추어 조직을 이끌지 않는다. 상황을 예의 주시하고 자신의 영향력을 고려하여 그때그때 리더십 스타일을 바꾼다. 마치 환경에 따라 몸의 색깔을 바꾸는 카멜레온처럼 말이다.

의도한 모습과 보이는 모습이 같아지는 것

마지막으로 리더가 주의할 점이 또 하나 있다. 바로 구성원의 인식이다. 구성원이 인식하는 리더의 스타일은 리더가 원래 의도한 것과 다를 수 있다. 실제로 리더십 진단을 해보면, 리더 본인은 참여적으로 조직을 이끈다고 생각하지만 팀원은 지시적인 리더라고 여기는 경우가 종종 있다. 자신을 관계 지향적인 리더라고 굳게 믿었는데, 정작 팀원은 성과 중심적인 스타일이라고 입을 모아 말하는 경우도 있다.

리더가 의도한 스타일을 제대로 전달하지 못하면 구성원은 혼란에 빠진다. 가령, 참여적 리더십을 표방하며 구성원들에게 의견을 구하는 상황을 떠올려보자. 구성원의 의견이 리더의 속마음과 다르면 귀담아듣지 않고, 구성원의 말을 끊고 자신이 염두에 둔 사항만 지시한다면 리더의 의도와 실제로 일이 돌아가는 모습은 정반대가 된다. 이런 상황이 반복되면 어떻게 될까?

구성원은 리더가 의견을 구하는 상황을 '지시'의 일종이라고 여기게 된다. "당신의 생각은 어떠한가요"와 "돌아가면서 한마디씩 말해봐"는 그 뉘앙스가 확연히 다르다. 또한 리더가 마음에 드는 의견만 반기니 팀원의 적극성은 사라진다. 어떤 의견을 내더라도 리더 마음대로 지시할 거라는 학습된 무력감에 빠진다. 그러면 건설적으로 일하는 분위기는 고사하고, 리더가 듣고 싶은 말을 찾는 데만 급급해진다. 이는 리더십의 실패를 의미한다.

'진정성을 보인다'라는 것은 남이 생각하는 나의 모습에도 주의를 기울인다는 의미다. 내가 의도한 모습과 남에게 보이는 모습이 같아지도록 노력하는 것이다.[4] 결국 중요한 것은 인식의 갭이다. 리더가 의도한 리더십 스타일과 구성원이 바라보는 스타일 간의 차이를 좁히는 노력, 이것이 리더를 성장시키는 원동력이다.

본질적으로 좋거나 나쁜 리더십 스타일은 없다. 상황에 따라 어울리는 스타일만이 있을 뿐이다. 다행히도 리더십 스타일은 연습과 반복을 통해 확장할 수 있다. 익숙하고 편안한 스타일에서 벗어나 상황에 맞는 다채로운 리더십을 펼쳐보자. 다른 범주의 소셜마커를 역동적으로 결합해 사용하는 것이 핵심이다. 한두 번의 의도적인 노력만으로도 리더를 바라보는 시선이 달라질 것이다.

4 게리 하멜, 《하버드 머스트 리드 경영자 리더십》(조성숙 옮김), 〈Lesson 07. 리더가 집중할 것에 관하여〉, 매일경제신문사.

혁신가의 무기,
소트 리더십

유넷리더십센터

"오늘, 애플은 전화기를 다시 발명합니다." 2007년 아이폰이 공개되었을 때, 스티브 잡스의 선언이다. 당시 아이폰은 또 다른 휴대폰 정도로만 여겨졌다. 하지만 잡스의 눈에는 휴대폰의 새로운 미래가 선명히 담겨 있었다. 아이폰은 통신 산업뿐 아니라 오늘날 우리의 일상을 송두리째 바꿔놓았다.

〈하버드비즈니스리뷰〉 초대 편집장 조엘 커츠먼(Joel Kurtzman)은 불확실성 시대에 리더가 갖추어야 할 덕목으로 '소트 리더십(thought leadership)'을 제시했다. 그가 말한 소트 리더십은 '비즈니스 아이디어를 식별하고 개발, 전파하는 역량'을 의미한다.[1] 글로벌 컨설팅사 맥킨지 역시, 리더를 성장시키는 주요 어젠다로 소트 리더십에 주목했다. 맥킨지는 소트 리더십을 '독특한 통찰과 전문성으로 업계 담론을 이끌고 혁신적 해결책을 제시하는 능력'으로 설명했다.

커츠먼과 맥킨지의 정의에서 볼 때, 소트 리더십의 요소는 통찰과 혁신 능력, 그리고 영향력으로 정리할 수 있다. 이는 전통적 리더십과 구별되는 특징이기도 하다.

소트 리더십의 세 가지 요소

첫째, 본질을 꿰뚫어 보는 '통찰'

사물이나 현상을 꿰뚫어 보는 능력인 통찰. 사실 통찰력은 전통적 리더십에서도 강조하는 덕목이지만 소트 리더십의 통찰은 그 대상과 영향력의 범위에서 차이가 있다. 전통적 리더십은 리더가 속한 '조직의 맥락' 내에서 통찰이 발현되길 기대한다. 이에 반해, 소트 리더십의 통찰은 조직의 경계를 넘어 '업계 또는 시장' 전체로 확대된다. 새로운 관점을 제시하고 선도하는 통찰이라는 점에서 차이가 있다.

1 Kurtzman, J. (1998), Thought Leaders: Insights on the Future of Business, Jossey–Bass.

잡스를 떠올리면 쉽게 이해할 수 있다. 잡스는 '사람들은 자신이 원하는 것을 모른다'라는 생각으로 사용자 경험에서 새로운 지평을 열었다. 예를 들어, 아이폰 출시 당시 휴대폰 인터페이스는 컴퓨터처럼 물리적 키보드를 사용하는 게 상식이었다. 하지만 잡스는 터치스크린을 떠올린다. 이 아이디어는 시장 조사나 고객 요구에서 비롯된 것이 아니었다. 기술의 가능성과 인간 욕구에 대한 깊은 이해에서 비롯된 깨달음이었다. 결과적으로 잡스의 통찰은 통신 산업은 물론 디지털 기기를 이용하는 사용자 경험을 극적으로 변화시킨다. 이제 어디에서도 물리적 키보드를 갖춘 스마트폰을 찾아보기란 쉽지 않다. 스마트폰을 포함한 대부분의 디지털 기기에 터치스크린을 적용하는 것이 상식이자 기본이 되었다.

둘째, '전문성'을 통한 새로운 질서 창출

소트 리더십에서 말하는 전문성은 특정 분야에 대한 깊이 있는 지식과 경험을 갖추는 것 그 이상이다. 전문 지식과 경험을 토대로 새로운 가치를 창출하는 능력까지 포함한다.

헤지펀드[2] 업계의 거장 레이 달리오(Ray Dalio)에게서 소트 리더십의 전문성을 확인할 수 있다. 헤지펀드는 주로 고액 자산가나 기

2 레버리지를 기법을 이용하여 최소한의 손실로 최대한의 이익을 얻는 것을 목표로 하는 투자 방식. 시장의 흐름에 따라 상대적으로 높은 수익을 추구하는 일반 펀드와 달리 다양한 시장 환경 속에서도 절대 수익을 추구하는 펀드. 시장 상황이 좋지 않을 때도 수익을 추구하는 것이 특징이다.

관 투자자가 고객이고, 고수익을 좇는 과정에서 금융 시장의 안정성을 해칠 수 있다는 점에서 전통적으로 투자 전략을 철저히 비밀에 부쳐왔다. 그러나 달리오는 '급진적 투명성'을 자신의 펀드에 도입했다. 집단적 의사 결정의 효율성을 높이기 위해 조직 내 모든 회의를 녹화하는 한편, 펀드의 성과를 대중에게 공유한 것이다. 투명한 운영 방식은 업계 관행에 큰 반향을 일으켰고, 많은 헤지펀드가 대중에게 상세히 정보를 공개하기 시작했다. 운영의 투명성은 이제 헤지펀드 경쟁력을 평가하는 주요한 요소로 자리 잡았다.

달리오의 리스크 패리티 전략(risk parity strategy)[3] 또한 업계에 혁신을 가져왔다. 기존에는 주식 60퍼센트, 채권 40퍼센트와 같이 단순히 자산 비율을 고정하는 투자 방식이 일반적이었다. 반면, 달리오는 각 자산의 수익률이 아닌 위험에 기여하는 정도를 균등하게 맞추는 접근법을 시도했다. 이 전략이 뛰어난 성과를 보이며 업계의 새로운 표준이 되었고, 이제 많은 투자자가 포트폴리오를 구성할 때 각 자산의 위험 기여도를 중요한 요소로 고려한다.

결과적으로 달리오는 뛰어난 전문성으로 헤지펀드 업계를 변화시켰다. 폐쇄적 문화를 협력적으로 바꾸었고, 정교한 리스크 관리 기법을 도입했다. 투명성 증가로 규제 당국과의 관계가 개선되었을 뿐만 아니라 업계 내에서도 자발적으로 규제를 준수하는 분

3 포트폴리오에 있는 각 자산이 리스크에 동등하게 기여하도록 설계하는 투자 전략. 자산의 기대 수익률이 아닌 리스크의 균등한 분배를 목표로 한다.

위기가 만들어졌다. 이는 헤지펀드 업계를 더욱 전문적이고 책임감 있는 산업으로 변모시켰다.

셋째, 비전 실행 과정에서 나오는 '영향력'

대부분의 리더는 자신이 맡은 조직에 집중한다. 따라서 어떤 조직을 맡는지, 그 조직의 규모가 어떠한지에 따라 리더십의 범위가 결정된다. 팀장은 자신이 맡은 구성원에게 영향력을 행사하고, 본부장은 자신이 맡은 본부의 팀원에게 영향력을 행사한다. 그러나 소트 리더십은 리더가 맡은 조직의 규모에 영향력을 한정시키지 않는다.

잭 웰치는 20년간 GE의 CEO로 재직하며 '경영의 달인'으로 불렸다. '한 조직'의 '최고 경영자'로서 조직을 성공적으로 이끈 그의 리더십이 돋보이는 별칭이다. 실제로 그가 도입한 워크아웃[4] 제도는 관료주의를 타파하고 의사 결정 과정을 크게 개선했다. 스택 랭킹[5] 시스템은 엄정한 성과 평가 방식으로 널리 인정받았다.

머스크는 이와 다른 리더십을 보여준다. 한 기업의 CEO라는 직위에 국한되지 않고, 자동차와 우주 산업 전반의 비전을 실현하는 데 집중한다. 한때 대다수의 자동차 기업은 전기차를 틈새시장 정

4 잭 웰치가 대중화한 용어로 구조 조정을 통한 경쟁력 강화를 의미한다. 일반적으로 기업의 문제 해결을 위해 계획을 수립하고 실행에 옮기는 일련의 과정을 포괄하는 개념이다.

5 구성원의 성과를 점수 혹은 등급으로 환산해 평가하는 인사평가 방식.

도로 여겼다. 하지만 지구상의 지속가능한 에너지 솔루션을 찾겠다는 비전을 가진 머스크가 전기차 양산에 성공하자 산업의 판도가 바뀌었다. 이제 거의 모든 자동차 회사가 전기차 개발에 막대한 투자를 아끼지 않는다.

우주 산업에서도 머스크는 조직을 넘어 광범위한 영향을 미친다. 그동안 로켓은 고비용을 들여 제작하지만 1회 사용하고 버리는 소모성 제품이었다. 이 때문에 정부 이외에 로켓 사업의 예산을 확보할 수 있는 기업은 드물었다. 그러나 그가 재사용 로켓 기술을 성공시키자, NASA는 기술 도입 방안을 검토하기 시작했고, 유럽과 러시아 우주국도 재사용 로켓 개발 프로젝트에 착수했다.

이처럼 소트 리더십은 리더의 영향력을 한 조직에 한정 짓지 않는다. 자신이 맡은 직위를 넘어, 비전을 좇고 이를 실현하는 과정에서 영향력의 범위를 확장한다. 머스크의 사례는 소트 리더십이 산업 패러다임을 변화시키고 사회의 미래 방향을 제시할 수 있음을 여실히 보여준다.

	소트 리더십	전통적 리더십
강조하는 핵심 역량	통찰과 새로운 가치 창출	조직 관리와 경영 능력
리더십의 원천	혁신적 비전 제시와 실천	조직 내 직위와 경험
영향력 초점과 범위	조직을 넘어 산업 및 사회적 혁신 주도	효율적 조직 운영과 목표 달성

소트 리더십을 향한 여정

태어날 때부터 소트 리더인 사람은 없다. 하루아침에 리더 반열에 오르는 것 역시 불가능하다. 탁월한 소트 리더가 되고자 한다면 리더십의 핵심을 깨닫고 끊임없이 학습하며, 그 원리를 현장에서 실천하고, 시행착오를 겪으며 수정해가는 여정이 필수다.

1. 소트 리더십의 시작, 전문성과 경험

소트 리더십의 기본은 자신의 분야에 대한 깊이 있는 전문성이다. 표면적으로 지식을 아는 것이 아닌 해당 분야의 원리와 복잡한 상호 작용을 이해하는 것이다.[6] 리더는 자신에게 요구되는 학습에 주력하되, 끊임없이 새로운 정보의 씨앗을 심고, 최신 동향을 살피며, 변화의 흐름을 파악하려 노력해야 한다.

그러나 책상 앞 학습만으로는 충분치 않다. 실전 경험에서 얻는 전문성 또한 중요하다. 경험 학습 이론의 선구자 데이비드 콜브(David Kolb)에 따르면, 진정한 학습은 '실제 경험→관찰과 성찰→추상적 개념화→적극적 실험'의 순환 과정을 통해 완성된다.[7] 책으로만 배운 지식은 실제 상황에 적용하기 어려운 비활성 지식

6 van Halderen, M. D., Berens, G., van Riel, C. B., & Brown, T. J. (2016), Thought Leadership as a Driver of Corporate Reputation, Corporate Reputation Review, 19(2).

7 Kolb, D. A. (2014), Experiential Learning: Experience as the Source of Learning and Development, FT Press.

(inert knowledge)에 그치기 쉽다.[8] 이론을 꿰고 있다고 해서 복잡한 문제나 위기 상황에 전문성이 술술 발휘되지는 않는다. 자전거 타는 법이나 와인 감별법 같은 기술을 책으로만 배우기 어려운 것과 같은 이치다. 결국 이론적 학습과 더불어 다양한 실전 경험을 쌓는 것에 주력해야 한다. 새로운 과제에 도전하고, 문제를 해결하며, 성과와 실패를 통해 통찰을 키우는 과정이 모두 필요하다.

2. 소트 리더십의 정진, 혁신적 사고와 장기 비전

소트 리더로 가는 여정의 궁극적 목표는 혁신적 사고와 비전 개발이다. 혁신적 사고의 핵심은 문제에 대한 창의적 접근이다. 이를 위해서는 기존의 방식에서 과감히 벗어나 문제를 전혀 다른 각도에서 바라보아야 한다. 알베르트 아인슈타인(Albert Einstein)은 이런 접근법을 "우리가 만든 문제는 그것을 만들 때와 같은 사고방식으로는 해결할 수 없다"라는 말로 설명한다.

택시 산업은 오랫동안 수요-공급의 불균형으로 어려움을 겪어왔다. 이에 대한 전통적 해결 방식은 택시 면허 수를 늘리는 것이지만 이 접근은 한계점을 드러냈다. 택시 수를 늘리면 도로 혼잡이 가중되고, 비수기에는 택시 기사의 수입이 줄어드는 부작용이 발생했다.

8 Brown, J. S., & Duguid, P. (2017), The social life of information: Updated, with a New Preface, Harvard Business Review Press.

우버의 창립자들은 이 문제에 새로운 차원으로 접근한다. 단순히 택시 수를 늘리는 것이 아니라, 유휴 차량을 활용하는 방식을 떠올린 것이다. 그 결과를 우리는 잘 알고 있다. 우버는 기존 택시를 대체하며 산업의 패러다임을 바꾸었다. 근본적인 문제를 해결하면서도, 새로운 일자리 창출과 차량 이용의 효율성 증대라는 추가 가치를 창출했다.

혁신적 사고에서 간과하지 말아야 할 부분은 장기적 비전이다. 단기적 이익이나 성과에 매몰되지 않고, 미래의 산업과 변화를 예측하고 준비하는 자세가 필요하다.

노키아(Nokia)는 2000년대 초반까지 세계 최대의 휴대폰 제조업체였다. 기술 혁신의 선두 주자로, 뛰어난 엔지니어링 능력과 혁신적 제품 개발로 유명했다. 1996년 최초의 스마트폰이라 불리는 Nokia 9000 Communicator를 출시했고, 2007년에는 터치스크린 기반의 스마트폰 Nokia N95를 선보였다. 그러나 노키아의 경영진은 스마트폰이 가져올 장기적 비전을 제대로 예측하지 못했다. 아이폰이 혁명을 일으켰을 때, 노키아의 리더들은 이를 일시적 현상으로 여겼다. 노키아는 이미 아이폰과 유사한 기능의 프로토타입을 개발했지만 경영진은 이를 상용화하는 데 소극적이었다. 새로운 운영 체제로 전환 시 생기는 비용과 위험을 우려해서였다. 결과적으로 노키아는 2013년 휴대폰 사업부를 MS에 매각해야만 했다.

2001~2014년 수행한 맥킨지의 연구에 따르면, 장기적 비전을

가진 리더가 이끄는 기업은 단기적 성과에 집중하는 리더의 기업을 모든 주요 경제 지표에서 크게 앞섰다. 구체적으로 살피면, 장기적 비전을 가진 리더의 기업은 47퍼센트 더 많은 매출 증가, 36퍼센트 더 높은 수익 창출, 81퍼센트 더 많은 일자리 창출, 그리고 58퍼센트 더 높은 시가총액 증가를 기록했다. 리더의 장기적 비전이 이상적인 목표가 아닌, 실질적 기업 성과로 이어짐을 명확히 보여주는 결과다.[9]

3. 소트 리더십의 완성, 진정성으로 쌓는 신뢰

통찰과 전문성, 영향력을 갖추며 성장해온 리더가 소트 리더십을 완성하는 근간은 신뢰에 있다. 신뢰는 리더의 진정성 있는 태도와 일관된 메시지를 통해 오랜 시간에 걸쳐 구축된다. 경영 사상가 짐 콜린스(Jim Collins)는 저서 《위대한 리더의 7가지 조건》에서 '진정성'을 첫 번째 요건으로 꼽는다. 진정성은 리더가 자신의 아이디어를 실제 행동으로 옮길 때 비로소 쌓인다. 행동으로 실천하는 리더십이 필요하다.[10]

파타고니아의 창업자 이본 쉬나드는 일관된 실천으로 진정성을 보여주는 표본이다. 쉬나드는 "지구를 우리의 유일한 주주로 만

9 Barton, D., Manyika, J., & Williamson, S. K. (2017), Finally, Evidence That Managing for the Long Term Pays off, Harvard Business Review, 9.
10 짐 콜린스, 빌 레지어, 《좋은 리더를 넘어 위대한 리더로》(이경식 옮김), 흐름출판.

들자"라는 선언과 함께, 환경 보호와 지속가능한 비즈니스 모델을 일관되게 추구했다. 이에 파타고니아는 환경 오염에 미치는 영향을 최소화하기 위해 1996년부터 유기농 면화만 사용하고, 2014년부터는 100퍼센트 공정무역 인증 의류를 생산한다. 또 고객이 중고 파타고니아 제품을 사고팔도록 중개하여 의류 폐기물을 줄이려 노력한다.

쉬나드는 기업이 지구의 자원을 사용하여 이익을 얻는 만큼, 그 일부를 지구에 환원해야 한다는 철학을 펼친다. 이에 1985년부터 회사 이익의 10퍼센트를 환경 보호 단체에 기부하고, 2002년부터는 이 정책을 '1% for the Planet'이라는 운동으로 확장하여 다른 기업도 이 글로벌 네트워크에 참여하게 했다. 급기야 2022년에는 30억 달러 가치의 파타고니아 지분 전체를 비영리 단체에 양도, 기업의 이윤을 환경 보호에 직접 투자하는 전례 없는 모델이 되었다.

리더가 보여주는 진정성의 영향력은 실제 연구 결과로도 입증되었다. 컨설팅사 에델만(Edelman)의 신뢰 바로미터 연구에 따르면, 기업의 최고 경영진이 진정성 있는 리더십을 보일 때 직원의 신뢰도는 무려 75퍼센트나 증가한다.[11] 진정성 있는 메시지와 행동은 사람들의 신뢰와 지지를 이끌어내는 강력한 자석과도 같다.

11 Edelman. (2022). 2022 Edelman Trust Barometer. Edelman.

소트 리더십의 미래

급변하는 경영 환경에서 소트 리더십의 힘은 더 크고 강력해질 것이다. 소셜 미디어는 이제 리더의 주요한 소통 채널로 자리 잡았다. 실제로 SNS를 통해 아이디어를 대중과 공유하는 리더가 늘고 있다. 머스크의 X 계정 팔로워는 약 1억 5,000만 명이다. 그는 X를 통해 자기 생각을 공유하며 전 세계에 영향력을 발휘하는데, 2021년 한 해 동안 머스크의 트윗은 평균 3만 회 이상 리트윗되었다.[12]

한편, 리더십은 집단 지성을 활용하는 방향으로 진화할 것으로 보인다. MIT와 딜로이트 컨설팅의 연구에 따르면, 리더십은 점차 네트워크화되는 경향을 보인다.[13] 조직의 경계 안에서 펼쳐지는 전통적 방식에서 벗어나, 조직 내외부의 다양한 이해관계자와 연결된 형태로 리더십이 변화한다는 것이다. IBM의 잼(Jam) 이니셔티브는 전략과 혁신에 대한 아이디어를 공유하는 플랫폼이다. 전 세계 IBM 직원과 외부 전문가들은 플랫폼을 통해 실시간 토론, 투표, 제안에 참여하고 모든 논의 과정에는 경영진도 참여하여 직접 의견을 나눈다. 잼의 모습은 리더십이 개방적으로 진화할 수 있음을 시사한다. 미래의 리더십은 조직의 테두리를 넘어, 네트워크와 협

12 Johansen, B. (2017), The New Leadership Literacies: Thriving in a Future of Extreme Disruption and Distributed Everything, Berrett-Koehler Publishers.

13 Kane, G. C., et al. (2019), Accelerating Digital Innovation Inside and Out, MIT Sloan Management Review and Deloitte Insights.

력을 통해 더욱 강력해질 것이다.

우리가 마주할 세상은 불확실성으로 가득하다. 모든 곳에서 디지털과 AI를 말하지만 개인, 기업, 사회 모두가 새로운 시대에 어떻게 움직여야 하는지 갈피를 잡지 못하는 모습이다. 기업뿐 아니라 인류가 느끼는 두려움 역시 커지고 있다. 커지는 두려움만큼 사람들은 혁신적 리더십을 발휘해줄 리더를 기대한다. AI 발전에 따른 기술 윤리, 프라이버시 문제, 기후 변화, 지속가능성 경각심 등 다양해지는 사회 문제에 대한 소트 리더의 역할은 더욱 커질 것이다.

당신은 지금 어떤 리더인가. 전문성을 갖추고 혁신을 이끌고 있는가. 진정성 있는 비전을 가지고 있는가. 자신만의 통찰로 세상을 바꾸고 있는가. 이제 소트 리더십의 여정에 발을 내디뎌보자. 지금까지 쌓아온 경험과 리더십을 버려야 한다는 뜻이 아니다. 현재의 리더십에 디지털과 네트워크로 집단 지성을 더하고, 당신을 지지하는 사람들과 함께해보자. 소트 리더십의 첫걸음이 될 것이다.

리더의 용인론, 덕망을 넘어 재능을 보라

김성곤 한국방송통신대학교

삼국지 영웅 조조는 적벽대전을 앞두고 도도히 흐르는 장강의 물결을 바라보면서 다음과 같이 호쾌하게 읊었다.

술을 대하고 노래를 부르나니
인생이 얼마나 되겠는가.
아침 이슬 같은 인생이여
가버린 세월이 정말로 많구나!
비분강개하여 노래해도

근심을 떨치기 어렵구나.
무엇으로 이 근심을 해결할꼬.
오직 술이 있을 뿐이로구나!

천하 통일의 꿈을 이루지 못한 채 세월만 허송하는 자신의 삶에 대한 안타까움을 표현한 시다. 이 시는 자신의 꿈을 공유할 훌륭한 인재에 대한 갈망으로 이어지고 자신이 그 인재를 품어 천하를 통일하겠다는 신념으로 마무리된다.

달은 밝고 별은 희미한데
까마귀 까치가 남쪽으로 나는구나.
세 번을 빙글빙글 돌아 날아도
어느 가지에나 내려앉을 수 있을까?
산은 높아지는 것 싫어하지 않고
바다는 깊어지는 것 싫어하지 않는다네.
주공이 씹던 음식마저 뱉어내자.
천하가 그에게 돌아갔다네.

이 시에서 쓰인 '주공이 씹던 음식을 뱉어냈다'라는 말은 '일반삼토포(一飯三吐哺)'의 고사를 인용했다. 이 고사는 주나라 초기 새로운 나라에 필요한 인재를 찾기 위해 동분서주하던 주공이 식사

중에 인재가 찾아오면 씹고 있던 음식마저 뱉고서 달려 나갔다는, 이른바 '한 끼 밥을 먹다가 세 번 음식을 뱉어냈다'라는 데서 유래한다.

주공은 머리를 감다가도 인재가 찾아오면 아직 물이 줄줄 흐르는 머리칼을 손으로 움켜잡고 달려 나가 맞이했다. '한 번 머리를 감다가 세 번 머리칼을 움켜잡다'라는 '일목삼악발(一沐三握髮)'의 고사다. 인재를 구하기 위한 주공의 이런 지극정성의 노력으로 주나라 조정에는 훌륭한 인재가 많이 모여들었고, 나라는 안정되어 번영을 누린다. 조조는 이 시에서 자신도 이 주공처럼 적극적으로 인재를 영입하여 천하를 얻겠다는 마음을 드러낸 것이다.

뛰어난 인재가 리더의 꿈을 완성한다

왜 주공과 조조는 모두 인재에 대한 갈망을 이토록 드러낸 것일까? 원대한 꿈을 이루는 데 인재는 불가결한 요소이기 때문이다. 중국에는 '울타리를 만들려면 최소한 세 개의 말뚝이 필요하다'라는 오래된 속담이 있다. 영웅이 자신의 큰 뜻을 이루기 위해서는 말뚝과 같은 유력한 조력자 셋 이상이 필요하다는 뜻이다. 영웅이 아무리 뛰어나다고 해도 혼자 그 꿈을 이룰 수는 없다. 그 꿈을 공유할 유능한 인재가 필요하다.

인재 영입의 중요성은 그 옛날이나 지금이 다르지 않아서 정부나 기업도 항상 필요한 인재를 얻기 위해 노심초사 애쓴다. 특히 새로운 내각을 구성해야 하는 정부나 새로운 사업 영역을 개척해나가야 하는 기업으로서는 경험과 능력이 풍부한 유능한 인재를 찾는 게 어떤 것보다 절실하고 시급한 과제다. 그런데 인재를 찾아 적재적소에 활용하기란 쉽지 않다. 인재가 없어서 쓰지 못하는 것이 아니라, 인재를 활용할 수 없게 만드는 구조가 문제다. 능력 면으로 보면 분명한 적임자인데도 능력 외적인 면을 과도하게 따지는 것이 문제다.

춘추·전국 시대 진(晉)나라 도공(悼公)이 다스리던 시절에 기해(祁奚)라는 대신이 있었다. 그는 네 명의 왕을 모신 원로급 대신이었다. 그가 군정의 책임자인 중군위(中軍尉)라는 직책을 맡다가 연로하여 사임하게 되었다. 왕이 그에게 후임자로 누가 적합한지를 물었다. 기해가 말했다. "해호(解狐)가 적합한 인물입니다." 해호는 남양(南陽)의 현령을 지낸 인물인데 백성으로부터 평판이 좋았다. '해호'라는 이름을 듣자, 왕이 놀라서 재차 물었다. "해호는 그대와 원수지간이 아니오?" 무슨 까닭에서인지 확실히 알 수는 없지만 두 사람은 원수처럼 지내는 사이로, 어떤 문헌에서는 해호가 기해의 아버지를 죽인 원수라고 적고 있다. 왕의 질문에 기해가 답했다. "왕께서는 누가 적임자인가를 물으셨지, 누가 제 원수인지를 물으신 것은 아니지 않습니까?" 기해의 뜻을 알아차린 왕은 기해의 추천대로 해호를 중군위에 임명했다.

그런데 해호는 중군위에 임명된 지 얼마 되지 않아 병사하고 만다. 다시 왕이 기해에게 적임자를 추천해달라고 하자, 기해가 말했다. “기오(祁午)가 적합합니다.” 왕이 깜짝 놀라며 물었다. “기오는 바로 당신 아들이 아니오?” 기해의 아들 기오는 당시 훌륭한 성품과 행동으로 백성에게 평판이 좋았다. 기해가 말했다. “왕께서는 누가 적임자인지를 물으셨지, 누가 제 아들인지 물으신 것은 아니지 않습니까?” 결국 왕은 기오를 중군위에 임명했고, 기오는 직책을 성공적으로 잘 수행해서 군정의 갖가지 폐단을 바로잡는다.

공자는 이 이야기를 듣고 감탄하여 기해를 칭찬했다. “훌륭하도다! 기해의 인재 추천이여. 밖으로는 원수를 따지지 않았으며 안으로는 자기 아들조차도 배제하지 않았으니, 진실로 사사로움이 없는 공정함이로다!”

《춘추좌씨전》에 나오는 기해 이야기에서 비롯된 사자성어가 ‘사람을 임명함에 있어서는 오직 그 현명함만을 본다’라는 뜻의 ‘임인유현(任人唯賢)’이다. 여기서 ‘현명함’은 흔히 ‘재능과 덕망’을 합친 말로 풀이한다. 그러므로 이 말은 어떤 직책에 대한 전문성과 그 직책과 관련된 조직을 이끌 덕망을 갖추었는지만 따진다는 것이다. 어떤 지연이나 학연이 있는지, 어느 계열이나 어떤 파벌에 속하는지 따위는 전혀 고려치 않는 것이다.

조조의 실력주의 용인론

다시 조조의 이야기로 돌아가보자. 조조는 뛰어난 인재 없이 천하를 제패할 수 없음을 알고 대대적인 인재 모집에 나선다. 다음 소개하는 〈구현령(求賢令)〉은 조조의 인재 발굴을 위한 절박한 심정을 드러내는 동시에 실력주의 용인론의 특색을 잘 보여준다.

> 예로부터 천명을 받아 나라를 일으킨 군주 중에 현인군자를 얻어 함께 천하를 다스리지 않은 자가 있었는가? 또한 그 현인군자가 백성이 사는 가난한 골목에서 나오지 않은 적이 있었던가? 어찌 요행으로 그들을 만났겠는가! 윗사람이 적극적으로 나서서 찾았기 때문이다. 지금 천하가 안정되지 않았으니 지금은 인재를 구할 시급한 시절이로다. 공자께서 말씀하셨다. "맹공작은 조씨 가문이나 위씨 같은 혁혁한 가문의 가신으로는 훌륭하겠지만, 등나라, 설나라와 같은 작은 나라의 관리는 될 수 없다." 만약에 깨끗한 선비여야만 쓸 수 있었다면 제나라 환공이 어떻게 세상을 제패했겠는가! 지금 천하에 큰 재주를 품고서도 위수의 물가에서 낚시하는 강태공 같은 자가 없겠는가! 또 형수를 훔치고 뇌물을 받은 자로서 아직 위무지를 만나지 못한 자가 있지 않겠는가! 여러분은 나를 도와 이러한 숨어 있는 인재를 발굴하라. 오직 재주만 있다면 모두 천거할 것이니 나는 그들을 들어 쓸 것이다.

이는 어지러운 천하를 안정시킬 천하의 인재를 구하는 글이다. 조조는 먼저 공자의 말을 인용하여 '맹공작'이라는 인물을 제시한다. 그는 공자가 존경했던 노나라의 대부로 청렴한 도덕군자였다. 완전한 인격을 구현하기 위해 공자가 나열한 여러 덕목 중에 맹공작의 '욕심 없음'이 있음을 볼 때, 공자는 그를 매우 존경했음을 알 수 있다.

그런데 사람을 쓰는 '용인(用人)' 측면에서 공자는 냉정하게 맹공작을 평가했다. "맹공작은 조씨 가문이나 위씨 같은 혁혁한 가문의 가신으로는 훌륭하겠지만, 등나라, 설나라와 같은 작은 나라의 관리는 될 수 없다." 맹공작은 뛰어난 덕망으로 대갓집 구성원의 존중을 받고 있으므로 가신(家臣) 노릇은 무난하게 할 수 있겠지만, 정치적·외교적 현안이 산적한 등나라, 설나라 같은 작은 나라의 정치를 책임지는 대부 노릇은 불가능하다는 것이다. 현실 정치에 필요한 재주가 부족하기 때문이다. 주자는 여기에 "맹공작은 청렴하고 욕심이 없으나 재주는 부족한 자"라는 주석을 보탠다. 조조는 어진 인재를 구하는 글 서두에서 먼저 공자의 용인론을 꺼내어 맹공작 같은 도덕군자가 아닌 실제적인 업무 능력이 뛰어난 사람들을 필요로 함을 분명히 한다.

조조는 이어서 제환공의 용인론을 이야기한다. 제환공은 춘추시대 다섯 패자, 춘추오패 중의 첫 번째 제후로 제나라를 최고의 나라로 만든 군주다. 이 정치적 성과는 바로 관중이라는 불세출의 재상을 썼기에 가능했다. 관중이 어떤 사람인가. 재주는 뛰어났으나 도덕적인 측면에서는 허물이 많았다. 《사기》의 〈관안열전(管晏列傳)〉에는 다음과 같은 관중의 자기 고백의 글이 나온다.

"나는 가난한 시절에 포숙아와 함께 장사해서 이익이 생기면 내가 많이 가져갔다. 하지만 포숙아는 내가 욕심이 많다 하지 않았으니, 내가 가난함을 알았기 때문이다. 나는 일찍이 포숙아를 위해 일을 벌였으나 더욱 어렵게 만든 적이 있었다. 그래도 포숙아는 내가 어리석다 하지 않았으니 때가 불리했음을 알았던 까닭이다.
내가 세 번 벼슬하고 세 번 쫓겨났으나 포숙아는 내가 못났다고 하지 않았으니 내가 때를 만나지 못했음을 안 까닭이다. 내가 세 번 전쟁에 나가 세 번 도망한 것을 보고도 포숙아는 내가 겁쟁이라고 여기지 않았으니 나에게 노모가 계심을 안 까닭이다. 내가 섬기던 공자 규가 패했을 때 동료인 소홀은 자결했으나, 나는 포로가 되어 치욕적으로 끝까지 살아남았어도 포숙아는 내가 부끄러움을 모르는 사람으로 여기지 않았으니, 내가 작은 절조를 부끄러워하지 않고 천하에 공명을 드러내지 못함을 부끄러워함을 알았던 까닭이다. 나를 낳아주신 것은 부모지만, 나를 알아주는 이는 포숙아다."

우리가 잘 아는 관중과 포숙아의 사귐이란 뜻의 '관포지교'의 배경이 되는 관중의 고백이다. 이 글을 통해 일반인의 눈에 비친 관중의 모습이 어땠는지 충분히 짐작할 수 있다. 극히 이기적이고 부끄러움을 모르는 후안무치한 사람, 도덕적 흠결이 많은 사람이다. 포숙아가 관중을 기용할 것을 권했을 때 제환공이 이 사실을 몰랐을 리 없다. 심지어 관중은 권력 투쟁 과정에서 제환공에 맞서 싸우다 활을 쏴 맞추기까지 했으니, 제환공이 그를 재상으로 기용하기란 결코 쉽지 않았을 것이다. 하지만 제나라를 넘어 천하의 패권을 차지하려는 큰 꿈을 이루려면 관중의 재주가 필요했다. 그래서 제환공은 이 도덕적 흠결이 많은 재주꾼을 기용하기로 결심한다. 그러자 관중은 그런 제환공의 결심에 제나라를 부국강병의 나라로, 제환공을 천하 열국을 지휘하는 패자로 만드는 풍성한 결실로 화답했다. 조조가 제환공을 언급한 것은 이래서다. 제환공처럼 천하를 도모하고자 하니 관중과 같은 인재, 도덕적 하자가 있어도 그 하자를 넘어설 큰 재주가 있는 사람이 필요하다는 의도다.

오직 실력으로만 등용한 이유

도덕적 하자에도 불구하고 그 사람이 지닌 재주에 주목하는 조조의 용인론은 진평(陳平)이라는 인물에 대한 언급에서 절정을 이룬다. "형수와 사통하고, 부하들로부터 뇌물을 받은 사람"인 진평은 한고조 유방의 참모로서 혁혁한 공을 이룬 인물이다. 초한 전쟁 당시 항우 밑에 있던 진평은 뛰어난 재주에도 불구하고 항우의 의심을 사는 바람에 유방에게 투항했다. 당시 유방 밑에 있던 위무지(魏無知)라는 인물의 소개로 유방을 만난 진평은 유방의 마음을 단박에 사로잡아 군대의 중요한 직책에 임용된다. 그런데 다른 부하 장수들이 못마땅해하면서 유방에게 말했다. "진평은 이전에 형수와 사통한 패륜아입니다. 그런데다 부하로부터 뇌물을 받아 챙기고 있습니다. 이런 자를 어떻게 중용하실 수 있다는 말입니까?"

이 이야기를 들은 유방이 위무지를 불러 어떻게 그런 자를 천거할 수 있냐며 야단쳤다. 그러자 위무지가 말했다. "저는 그의 재주를 말했을 따름인데 대왕께서는 그의 품행을 물으시는군요. 지금은 초나라와의 싸움에서 승부를 결정할 수 있는 재주와 능력이 있는 자가 필요한 때입니다. 한가롭게 효자와 충신을 구할 여유가 어디 있습니까?" 결국 유방은 진평의 능력을 활용하기로 결심하고 그의 모든 윤리적·도덕적 허물을 덮어준다.

진평에 대한 신뢰를 더욱 두텁게 하여 장수를 감찰하는 호군중위(護軍中尉)라는 직책을 부여하니 부하 장수들이 다시는 이러쿵저러쿵 불만을 이야기하지 않았다. 유방의 깊은 신뢰에 진평은 즉각 화답했다. 항우군에 포위되어 큰 위기에 빠졌을 때, 이른바 성동격서(聲東擊西)라는 진평의 계략으로 빠져나올 수 있었다. 불리했던 전황을 역전시켜 항우와의 싸움에서 최종 승리하게 된 데는 진평의 공로가 컸다. 초한 전쟁이 끝난 이후에도 유방에게 찾아온 많은 위기를 진평의 책략으로 벗어난다. 이른바 육출기계(六出奇計),

즉 '여섯 차례 기이한 계책을 내다'라는 성어에서 알 수 있듯 진평은 기이한 책략으로 유방을 도와 한나라를 세우고 황실을 공고하게 하는 데 큰 공을 세웠다. 조조는 진평의 고사를 인용하면서 주변 신하에게 진평을 천거한 위무지와 같은 역할을 기대한 것이다.

어려운 시기의 인재 등용은 이래야 한다

제환공, 관중, 진평, 조조가 〈구현령〉에서 이 인물들을 인용하면서 내린 결론은 바로 '유재시거(唯才是擧)'라는 용인론이다. '오직 재주만 있다면 모두 추천한다.' 도덕적 하자가 있어도, 윤리적 결점이 있어도 그 하자와 결점을 넘어설 정도의 출중한 능력만 있다면 주저함이 없이 쓴다는 말이다. '유재시거'는 앞서 재능과 덕망의 '현(賢)'을 임용의 기준으로 삼았던 기해의 '임인유현'에서 '덕망'을 제거한 것이니, 철저한 실력주의 용인론인 셈이다. 조조는 그만큼 절박한 상황이었던 것이다.

중국의 옛 시인이 이렇게 노래했다.

준마가 험한 길을 달릴 수는 있으나
밭을 갈 때는 소만큼 할 수는 없다.
수레는 무거운 짐을 실을 수는 있으나
강을 건널 때는 배만 못하다.

장점을 버리고 단점을 따지면

지혜로운 자가 그 능력을 발휘할 길이 없다.

인재는 잘 활용하기 마련이니

모든 것을 갖추라 요구하지 말 것이라.

– 청(淸) · 고사협(顧嗣協) 〈잡흥(雜興)〉[1]

개인에 대한 끝없는 도덕적 검증으로 정작 우리 사회의 각종 현안을 해결할 수 있는 능력 있는 인재가 사장되어버리는 현장을 종종 본다. 어려운 시기일수록 그 시기를 돌파해나가는 것은 결국 인재의 능력에 기댈 수밖에 없다. 그런데 그런 인재를 채용하는 기준이 너무 보수적이라면 인재의 능력을 활용하기는 어려울 것이다. 그 인재의 재주가 쓸 만한 것이라는 확신이 들면 제환공처럼, 유방처럼, 조조처럼 그 인재의 사소한 결함이나 허물은 덮고 더욱 신뢰함으로써 그 능력을 끌어내야 한다.

1 중국 청나라 시인 고사협이 지은 시.

세대 연구의 변곡점, 멀티제너레이션의 등장

최지혜 서울대학교 소비트렌드분석센터

2020년 유전학자이자 하버드대학교 의과대학 교수인 데이비드 싱클레어(David Sinclair)는 25년간의 장수 연구를 집대성한 책 《노화의 종말》을 공개해 큰 관심을 받았다. 그는 "노화는 질병"이며, "인류가 곧 치료법을 찾아 노화라는 질병을 극복할 것"이라고 말한다. 인체의 생체 시계를 거꾸로 역전시키는 '역노화' 시대가 오면, 현재 80세 안팎인 인간 수명은 120세까지 연장될 수 있다고 했다.

의학의 발달로 인간 수명이 빠르게 늘어나면서 다양한 세대가 동시대를 구성하게 되었다. 펜실베이니아대학교 마우로 기옌

(Mauro Guillen) 교수에 따르면, 지금 우리는 여덟 세대가 하나의 세계를 공유하고 있다. 그래서일까. 세대에 대한 사회적 관심이 점점 높아지는 추세다.

대표적으로 최근 MZ세대에 관한 논란이 뜨겁다. 한 프로그램에서 MZ세대를 사무실에서 브이로그를 촬영한다거나 회식 자리에서 눈치 줘도 먼저 고기를 굽지 않는 등의 모습으로 묘사한 적이 있었다. 이를 보고 온라인에는 '공감 간다'는 의견과 '과장되고 희화화되었다'는 의견이 분분했다. 또 현재 30대 중반에 걸쳐 있는 밀레니얼세대와 20대 초중반인 Z세대를 같은 세대로 묶는 것이 적절하지 않다는 비판도 있다.

그렇다면 시니어는 어떠한가? 올드X세대가 50대에 접어든 지금, X세대와 베이비붐세대를 같은 시니어로 구분해도 되는지에 대한 논의가 활발하다. 알파세대는 미지의 영역으로, 즉 모두가 궁금해하지만 아무도 정확하게 모르는 타깃이다. X세대, MZ세대, 알파세대… 세대에 관한 이야기가 넘친다. 도대체 세대란 무엇인가? 기존의 세대 연구 프레임은 현재에도 유효한가? 지금 우리에게 필요한 질문이다.

세대 특징을 만드는 연령, 코호트, 트렌드

세대란 '공통의 체험을 기반으로 공통의 의식이나 풍속을 전개하는 일정 폭의 연령층'이라고 정의된다. '세대'의 어원은 '새로이 출현하다'라는 의미를 지닌 희랍어 'genos'에서 비롯되었다. 그렇다. 세대는 새롭게 출현한, 이전과 다른 사고방식과 가치관을 갖는 집단을 의미한다. 새로운 세대가 등장하면 기업의 대응도 달라져야 한다는 뜻이다. 새로운 세대가 등장할 때마다 세대 연구가 관심을 받는 이유다. 세대 연구에서는 세대의 특성을 해석할 때, 세 가지 효과의 구분을 활용한다.

첫째, 연령 효과

특정 세대 집단의 특성이 해당 연령층의 생물학적·사회적 요소에서 기인한다는 것이다. 예를 들면, 시니어 소비자는 신체 노화로 인한 독특한 특징을 보인다. 굽이 낮은 신발을 선호한다거나 시각적 자극이 분명한 컬러를 선택하는 등의 성향이다. 해당 연령이기 때문에 나타나는 특징이므로 Z세대가 시니어가 되었을 때도 비슷한 특징이 나타날 가능성이 크다.

둘째, 코호트 효과

특정 세대 집단의 공통 경험이 형성한 가치관 및 생활 양식이 해당 세대의 특성을 정의한다는 것이다. 예를 들어, X세대는 정치적·경제적으로 한국이 비약적인 발전을 이루던 시기에 청년기를 보냈으며, 서울올림픽을 경험하고 해외여행의 자유화를 누렸다.

이런 배경에서 자란 X세대가 40대가 되자 이전의 40대와 달리, 여행이 주는 경험에 대한 가치를 높이 평가하고, 가족의 행복만큼 자신의 행복을 추구하는 등의 독특한 성향을 보이게 되었다.

셋째, 트렌드 효과

다른 말로 '시기 효과'라고도 하는데, 세대의 특성은 어떤 현상이 발생한 시기에 영향을 받는다는 것이다. 예를 들면, 코로나19는 초등학생부터 시니어까지 마스크를 쓰고 언택트 소비에 적응하는 등 동시대를 산 누구에게나 영향을 미쳤다. 특정 시기에 발생한 코로나19라는 이슈가 모든 세대의 행태에 영향을 미친 것이다.

연령과 세대가 사라진 '멀티제너레이션 시대'

지금까지의 세대 연구는 기본적으로 나이를 기준 삼아 소비자를 구분해왔다. 그리고 대개는 미국 퓨리서치센터(Pew Research Center)의 기준을 따르는데, 베이비부머세대(1946~1964년생), X세대(1965~1980년생), 밀레니얼세대(1981~1996년생), Z세대(1997~2012년생) 등으로 세대를 정의한다. 한국의 세대 구분도 이를 기초로 한다. 시대 상황에 대한 차이로 베이비부머세대를 1950~1955년생부터 정의한다는 점 외에는 대체로 비슷하게 세대를 구분한다.

문제는 앞서 지적했듯 출생 연도에 따른 세대 구분에 반대하는 움직임이 나타나고 있다는 점이다. 요즘 20대는 "Z세대란 단어를 사용하는 사람을 보면 꼰대란 생각이 든다"면서 연령으로 사람을 구분하는 것에 반대한다. 은퇴기에 접어든 베이비부머 역시 절약을 미덕으로 삼던 과거의 시니어와 다른 소비 성향을 보이면서 자신이 노년층으로 구분되는 것에 반감을 표한다.

왜 이런 현상이 나타날까? 수명이 길어지면서 여러 세대가 한데 어우러져 동일한 기술, 문화, 환경을 공유하기 때문이다. 즉, 한 사람이 한 세대에 속하지 않고 오히려 여러 세대적 특성을 동시에 보유하게 된 것이다. 그래서 20대 라이프 스타일을 추종하는 40대가 등장하고, 50대 문화 코드를 소비하는 20대가 어색하지 않다. 이 현상을 기옌 교수는 '퍼레니얼(perennial)'이라고 설명했다. 퍼레니얼은 원래 다년생 식물을 뜻하는데, 여기에 기옌 교수는 '자신이 속한 세대의 생활 방식에 얽매이지 않고 나이와 세대를 뛰어넘는 사람들'이라는 의미를 덧붙였다. 이른바 멀티제너레이션의 시대가 도래한 것이다.

최근 소비 시장에서 나타나는 여러 현상은 멀티제너레이션의 등장을 뒷받침한다. 대표적으로 콘텐츠 분야에서 나이에 국한되지 않는 소비 현상을 들 수 있다. 요즘 아이돌 시장을 설명하는 키워드 중 하나가 '리메이크'다. 에스파는 1996년 발표된 서태지와 아이들의 노래 〈시대유감〉을 리메이크했고, 5세대 아이돌 라이즈는 밴드 이지의 〈응급실〉을 샘플링하면서 2000년대 감성을 재조명했다.

이런 트렌드에 정점을 찍은 사건은 뉴진스 멤버 하니의 〈푸른 산호초〉일 것이다. 도쿄에서 개최된 「2024 버니즈 캠프」에서 하니는 일본에서 '영원한 아이돌'로 불리는 마츠다 세이코의 1980년대 곡 〈푸른 산호초〉를 노래했는데, 단 3분 만에 일본을 40년 전의 추억 속으로 돌려놓았다고 평가받았다.

팝업스토어를 소비하는 방식에서도 멀티제너레이션의 단면을 엿볼 수 있다. 밀레니얼세대와 알파세대를 타깃으로 한 포켓몬 팝업스토어에 Z세대가 몰렸으며, 원래 초등학교 저학년의 직업 체험 공간인 키자니아에는 최근 교복을 입고 포토존에서 인생 사진을 찍으려는 중학생 입장객이 늘었다. 또 작년에 화제를 모았던 영화 〈더 퍼스트 슬램덩크〉는 X세대에게 추억을 상기시키는 동시에 Z세대에게도 큰 인기를 끌었다. 더현대에서 열린 팝업스토어에는 슬램덩크를 좋아하는 X세대와 Z세대가 함께 줄 서는 진풍경이 벌어졌다.

조직에서도 멀티제너레이션 현상이 나타나기 시작했다. 직장 내 업무 환경이 복잡해지면서 연령과 경력 발전 사이의 상관관계도 느슨해졌다. 젊은 직원이 임원이 되기도 하고, 시니어 직원이 인턴으로 채용되기도 한다. 이제 65세 인턴이 25세 관리자와 나란히 일하는 모습을 볼 수 있게 되었다. 2015년 개봉한 영화 〈인턴〉의 스토리가 현실로 다가온 것이다.

조직에서만이 아니다. 결혼과 출산 연령이 다양해지면서 자녀의 나이가 같아도 부모의 나이는 무척 다양해졌다. 예를 들어, 어린이집 같은 반 아이들이지만, 부모의 연령대는 20~40대로 다양하다. 이들의 나이는 다르나 자녀 나이가 같으니 라이프 스타일이 비슷할 확률이 높다. 기업 입장에서 보면, 이제 나이로만 소비자를 구분해서는 정확하게 타깃 고객의 특성을 파악하기 어려워졌다는 뜻이다.

세대 연구 변곡점, 타깃 고객을 재조준하라

그렇다면 멀티제너레이션의 시대에 기업은 어떻게 대응해야 할까? 우선 앞서 언급한 세 가지 효과에 주목해야 한다. 소비자를 분석할 때는 그 세대 특징이 연령, 코호트, 트렌드 효과 중 어떤 것에서 기인했는지 분석한다.

한 가지 사례를 살펴보자. 알파세대는 게임 콘텐츠 시장에서 중요한 소비층이다. 실제 조사에 따르면, 알파세대의 50퍼센트 이상이 '게임을 선호한다'라고 응답했다. 하지만 이 결과는 그들이 나이가 10세 내외여서 게임 콘텐츠를 가장 즐기는 것이라 해석할 수도 있다. Z세대 또한 해당 나이였을 때는 게임 소비에서 비슷한 양상을 보였을 가능성이 크다. 이는 알파세대만의 콘텐츠 소비 특성이라고 불 수 없다는 의미다. 따라서 기업은 소비자의 연령 효과에 기반한 전략을 세울지, 특정 세대의 독특한 코호트에 기반하여 타깃을 겨냥할지를 결정한 뒤, 명확하게 목표를 설정해야 한다. 이런 측면에서 세 가지 효과의 구분은 기업이 세대를 탐구하는 데 매우 유용하고 필수적인 프레임이다.

더불어 멀티제너레이션 시대에는 연령보다 코호트나 라이프 스테이지(life stage)에 따른 접근이 더 유효할 수 있다. 사람은 경험의 동물이다. 어떤 경험을 했느냐가 가치관과 라이프 스타일에 영향을 준다. 그러므로 타깃의 출생 연도보다 중요한 것은 타깃이 어떤 사건이나 이슈에 영향을 받는지, 어떤 미디어에 많이 노출되는지를 분석할 필요가 있다. 30대와 50대로 연령 차가 크더라도 같은 미혼이라면 비슷한 특성을 보일 확률이 높다. 딩크족인 20대 부부와 딩크족인 30대 부부는 생활 패턴이 비슷할 것이다. 이처럼 기업은 연령 외에도 소비자의 라이프 스타일에 영향을 미치는 다양한 변수를 고려해야 한다.

마지막으로 세대 연구는 특정 세대에 대한 깊은 관심과 애정에서 시작해야 한다는 점을 강조하고 싶다. 2021년 7월, 소비자를 연구하는 모든 사람이 주목할 만한 소식이 들려왔다. 메릴랜드대학교 사회학과 필립 코언(Philip Cohen) 교수가 사회학 연구자 150여 명의 서명을 모아, 미국의 대표적인 여론 조사 기관이자 세대론을 활발하게 전개해온 퓨리서치센터에 공개서한을 보냈다.

코언 교수의 서한에는 세대를 명명하고 출생 연도를 고정하는 것이 특정 세대에 대해 대중의 고정관념을 만든다는 내용이 담겨 있었다. 코언 교수의 지적은 세대론을 무력화한다기보다 세대를 해석할 때 경계할 태도를 짚은 것이었다. 세대 담론이 세대를 구별하고 구획하는 데만 집중한다면, 서로의 고정관념이나 편견을 강조하기 쉽다. 세대 연구의 목적은 세대를 통해 사회 변화를 파악하고, 다른 세대에 대한 이해의 폭을 넓혀 세대 공감력을 확보하는 데 있음을 기억해야 한다.

내년도 사업 계획을 위한 미국과 세계 경제 전망

조영무 LG경영연구원

미국을 중심으로 한 세계 경제는 2024년 말 혹은 2025년 초 경기 부진 국면으로 진입할 전망이다. 그러나 2025년 상반기 중심의 경기 부진은 과거의 경기 침체 시기와 비교하면 강도가 강하지 않고, 골은 깊지 않으며, 기간도 상대적으로 길지 않을 것이다. 그렇다 보니 해당 시기를 지나면서도 세계 경제는 '침체다, 침체가 아니다'라는 논쟁이 벌어지는 애매한 상황이 전개될 것으로 보인다.

미국 경제, 마일드하고 얕고 짧은 경기 둔화 예측

그동안 미국 경제를 호조세로 만들어준 요인은 향후에도 미국 경제가 심하고 긴 침체에 빠지지 않도록 하는 요인이 될 것이다. 미국은 가계 소비가 GDP의 70퍼센트를 차지할 정도로 소비 중심 국가다. 결국 향후 미국 경기 흐름도 가계 소비가 어떻게 변화하는가에 따라 결정될 수밖에 없다. 가계가 쓰는 소비의 원천은 크게 두 가지인데 하나는 이미 가지고 있는 돈, 현금보유액이며 또 하나는 향후 벌어들일 돈, 소득이다.

미국 가계가 보유 중인 현금과 현금처럼 바로 인출해 쓸 수 있는 예금, 즉 요구불예금의 합계 잔액을 살펴보면 미국 가계는 여전히 많은 현금을 보유 중이고 이 현금은 생각처럼 빨리 소진되지 않고 있다. 코로나 이전 기간에 1조 달러 대였던 현금은 코로나 기간 미국 정부의 보조금 지급으로 5조 달러 수준까지 급증했다가, 여전히 4조 달러 대 수준을 유지하고 있다.

도리어 2024년 1분기에는 잔액이 늘어나기까지 했다. 이는 미국 가계가 보유 중이던 현금으로 투자했던 자산의 가격이 올랐기 때문이었다. 즉, 주가 및 주택가 상승과 같은 자산 시장 호조세의 영향으로 분석된다. 이처럼 미국 가계가 보유 중인 대규모 현금은 미국 가계가 여전히 왕성한 소비를 이어가며 미국 경제의 둔화를 늦추는 중요한 요인이다. 동시에 향후에도 미국 경제가 급격하고 깊고 긴 침체에 빠지는 것을 막는 중요한 요인이 될 전망이다.

미국 가계의 소득을 지탱하는 핵심은 고용 시장이다. 가계 전체가 벌어들이는 소득은 결국 몇 명이 고용되었는가 하는 취업자 수와 고용된 사람들이 어느 정도의 임금을 받는가 하는 임금 수준에 의해 결정되기 때문이다. 이것이 2024년 여름 이후, 미국에서 악화된 고용지표가 발표될 때마다 경기 침체에 대한 우려가 급격히 고조되고, 금융 시장이 출렁거리는 등 민감하게 반응하는 이유다.

향후 실업률, 취업자 수 등 미국의 고용 관련 지표는 점진적으로 악화할 전망이다. 코로나 방역 해제 이후 서비스업을 중심으로 이루어진 대규모 고용 및 임금 상승의 효과가 점차 사라지고, 기업 실적의 악화, 투자 위축 등이 영향을 미치고 있기 때문이다. 그렇다고 실업률이 급증하거나 취업자가 급감하는 고용 시장 급랭이 발생할 가능성은 작다. 구조적으로 베이비부머 세대의 은퇴, 청년층을 중심으로 한 노동 시장 축소 등으로 노동 공급이 부족하고, 트럼프가 복귀한다면 해외 이민의 통제 강화, 불법 입국자 출국 등으로 인해 노동 공급이 더 부족해질 가능성이 커서다.

그러나 실업률이 높아진다고 하더라도, 2000년 이후 미국의 장기적인 평균 실업률 수준인 5.8퍼센트에 비하면 여전히 낮은 수준으로 지속될 가능성이 크다. 그러니 향후 미국 경제가 어려워지더라도 고용 시장 상황은 그다지 어려워지지 않는 '고용 충만한 침체(jobful recession)' 양상이 전개될 전망이다.

그럼에도 불구하고 향후 미국 경제가 계속 좋기는 어려울 것으로 전망하는 근거는 왕성한 소비에 비해 미국 가계의 소득이 위축된다는 데 있다. 코로나 이전 시기를 포함한 미국 가계의 장기 실질소비 추세선과 비교해보면, 현재의 미국 가계는 장기 추세선을 상회할 정도로 여전히 왕성하게 돈을 쓰고 있다. 미국의 물가 수준이 크게 올랐음에도 불구하고 미국 가계가 최근까지 소비를 줄이지 않고 있다는 뜻이다.

반면 미국 가계의 실질 가처분소득을 살펴보면, 이미 상당 기간 전부터 장기 추세선보다 낮은 수준으로 둔화했다. 실질이므로 물가 상승 효과가 반영되었고, 가처분소득이므로 금리 상승으로 인한 대출이자 지출 증가 효과까지 반영된 결과라는 걸 감안하면, 실질 가처분소득 둔화는 고물가-고금리의 영향으로 분석된다. 소득이 둔화했음에도 불구하고 계속해서 미국 가계는 왕성한 소비를 이어갈 것이고, 경제가 순항할 것으로 예측하는 것은 합리적이지 않다. 저축 혹은 현금보유액이 많더라도 시간이 지나면 소진되고, 점진적으로 악화하는 고용 시장 상황이 영향을 미칠 것이기 때문이다.

결국 미국 경제는 가계 소비 둔화를 중심으로 2025년 상반기에 둔화 국면을 맞이할 것으로 예상된다. 그러나 앞서 언급한 이유로 인해 과거의 경기 침체와 같은 '강하고, 깊고, 긴 경기 침체'가 아니라 '마일드하고, 얕고, 짧은 경기 둔화' 양상이 될 가능성이 크다. 구체적으로는 전분기 대비 0퍼센트대 경제성장률이 1~2개 분기 정도 지속할 전망이다.

세계 경제 침체에 대한 논쟁의 이유

주식 시장을 중심으로 전분기 대비 마이너스 경제성장률이 두 개 분기 이상 지속되면, 이를 '기술적 경기 침체(technical recession)'라고 부른다. 그런 점에서 보면 그 조건이 충족되지 않기에 2025년 상반기를 전후한 미국 및 세계 경제 상황을 놓고 '침체다, 침체가 아니다'라는 논쟁이 벌어질 것으로 예측된다.

안타깝게도 해당 시기가 '침체'인지, '침체는 아닌 둔화'인지 여부는 한참 뒤에나 결론이 난다. 세계 경제의 경우, 특정 시기가 침체인지 침체가 아닌지 판정을 내려주는 기관 자체가 없다. 세계은행과 같은 국제기구에서 과거의 어느 시기를 세계 경제 침체로 볼 수 있는가에 대해 보고서를 발표한 적은 있지만, 이는 공식적인 판정이 아닌 해당 기관 및 연구자의 견해에 불과하다.

미국 경제에 대한 판정은 전미경제연구소(National Bureau of Economic Research, NBER)가 내린다. 과거 몇 년 몇 월이 경기 고점이었고 경기 저점이었는지, 그래서 어느 시기가 경기 침체였는지를 판정하는 데는 대개 2년 내외의 시간이 소요된다.

특히 공식적인 경기 침체 여부를 판정하기 위해서는 앞서 언급한 경제성장률만 고려하는 것이 아니다. 소득, 소비, 기업 실적, 투자, 고용 등 여러 경제 지표를 종합적으로 고려하여, 2년 정도 지난 시점에서야 당시가 경기 침체였는지 아닌지를 결론 내린다. 이 시기적인 차이는 선제적이거나 즉각적으로 투자 및 경영 의사 결정을 내려야 하는 기업에는 큰 도움이 되지 못하고 '뒷북'으로 간주될 가능성이 크다.

미국 금리 인하, higher for longer

미국뿐만 아니라 한국도 2024년에는 금리 인하가 개시될 것으로 예상되지만, 고금리 상태가 해소되지는 않을 전망이다. 금리 인하가 이루어지더라도 2025년 말 정책금리 수준은 미국의 경우 4퍼센트 전후, 한국의 경우 2퍼센트 후반 수준이 될 전망이다. 코로나19 팬데믹 직전, 금리 인상 사이클상의 금리 고점이 미국의 경우 2.5퍼센트, 한국의 경우 1.75퍼센트 수준이었음을 감안하면, 2025년까지도 팬데믹 이전 대비 상당히 높은 금리 수준이 유지될 가능성이 크다.

정책금리 인하 개시 이후에도 금리 인하 속도가 빠르지 않고 금리 인하 폭도 크지 않으리라는 것은 미 연준 자료에서도 확인된다. 미 연준에서는 분기마다 통화정책을 결정하는 미 연준 이사들을 대상으로 향후 경제에 대한 설문 조사를 실시해, 그 결과를

〈Projection Material(전망 자료)〉로 공개한다. 향후 수년간 그리고 장기적인 미국의 경제성장률, 실업률, 물가상승률 수준에 대한 예측치를 물어보고, 미국의 정책금리 수준은 어느 정도가 적절한지 인터뷰한 결과를 발표하는 것이다. 특히 매년 말 그리고 장기적으로 적절한 미국 정책금리 수준을 물어본 결과를 도표화한 그림, '점도표'는 금융 시장 및 언론에서 매우 중요하게 살펴보는 지표이기도 하다.

이 글을 작성하는 시점인 2024년 6월을 기준으로 가장 최근 자료를 보면, 미 연준 이사들은 미국의 정책금리는 2024년 말 5.1퍼센트, 2025년 말 4.1퍼센트, 장기 2.8퍼센트 수준이 적절하다고 답했다. 이번 금리 인상 사이클의 미국 정책금리 고점이 5.5퍼센트임을 감안하면, 미 연준 이사들은 2024년 동안 0.5퍼센트포인트, 2025년 동안 1.0퍼센트포인트 정도의 금리 인하가 적절하며, 장기적으로도 2.8퍼센트 수준의 정책금리가 적절하다고 여기고 있다.

금융 시장의 언급이나 언론을 통해 보도되는 것에 비해 금리 인하 속도는 느리고 금리 인하 폭은 크지 않음을 알 수 있다. 즉, 미국의 중앙은행인 미 연준은 신중하고 느린 금리 인하, 장기적으로 높은 금리 수준이 적절하다고 보고 있다는 의미다.

이 상황은 'higher for longer'라는 용어를 떠올리게 한다. 얼마 전까지도 이 용어는 급격하게 인상되었던 글로벌 금리에 대한 '금리 인하 개시'가 늦어지면서 높은 금리 수준이 오랫동안 지속된다는 의미로 사용되었다. 그러나 향후 수년간 higher for longer는 금리 인하 개시는 이루어졌지만 기대보다 금리 인하 속도가 느려서 과거 대비 절대적으로 높은 금리 수준이 해소되지 않는다는 의미로 사용될 수 있다.

금융 시장을 중심으로, 그리고 언론을 통해서 미 연준의 금리 인하 개시가 조만간 이루어질 것이라는 분위기는 이미 오래된 느낌이다. 금융 시장과 언론은 2023년 중반에도 '하반기에는 금리 인하가 시작될 것이다'라고 떠들었고, 2023년 말에는 '2024년 3월에는', 2024년 상반기에는 '2024년 중반에는'이라며 금리 인하를 예견했지만 실제로는 그렇지 않았다. 덕분에 주가 하락 등 조정을 받는 모습을 보였다.

데자뷔 같기도 한 이런 현상이 왜 반복될까? 그리고 왜 이렇게 금융 시장과 언론은 앞서가기만 할까 생각해볼 필요가 있다. 미 연준이 금리를 인하하고 돈을 풀면 주식, 채권 등의 금융 자산의 가격이 오르고, 이에 금융 자산의 거래가 늘며, 금융 기관은 그 과정에서 수수료 등을 통해 돈을 벌고, 언론은 금융 기관을 통해 다시 돈을 벌 가능성이 커진다.

따라서 수익 확보가 목표인 금융 기관과 언론은 항상 중앙은행의 금리 인하, 통화 완화를 원하며 실제 경제 상황 및 중앙은행의 판단에 비해 앞서갈 가능성이 크다. 그러니 이들의 전망 및 주장은 그 속내를 감안하여 해석할 필요가 있다.

고물가·고금리 장기화에 대한 대비 필요

향후 미국의 금리 인하 속도가 느리고 인하 폭이 작을 것으로 전망하는 가장 큰 이유는 앞으로도 미국의 인플레 압력이 쉽게 해소되지 않을 것으로 예상하기 때문이다. 앞서 언급한 향후 미국의 경기 흐름과 밀접한 관계가 있다. 급격한 물가 상승에 대응하여 지난 2022년 봄 금리 인상을 시작했던 미국은 제로 수준이던 정책금리를 1년 반도 채 지나지 않아 5.5퍼센트 수준까지 급격하게 인상했다. 이때 중앙은행의 의도는 수요의 위축이었다는 데 주목해야 한다.

코로나 확산과 러-우 전쟁 등을 거치며 세계 경제 및 미국 경제가 겪었던 물가 급등의 원인은 복합적이었다. 코로나 국면에서 반도체 등의 생산 차질로 인한 차량 생산 타격 및 그로 인한 차량 가격의 급등, 물류 시스템이 제대로 작동하지 않으면서 발생한 물류난 및 운송 운임의 급등, 러-우 전쟁으로 현실화된 자원 무기화 및 생산 차질로 인한 에너지 및 식량 가격의 급등 등 주로 생산 및 공급 측면에서의 요인들이 컸다.

그러나 물가 급등에 대응한 중앙은행의 금리 인상은 사실 생산 및 공급 측면에 영향을 미치지 못한다. 즉, 미 연준이 금리를 올린다고 반도체 생산이 늘어나는 것도, 물류난이 완화되는 것도, 산유국이 석유 공급을 늘리는 것도 아니기 때문이다.

그럼에도 불구하고 물가를 잡기 위해 중앙은행이 금리를 올리는 이유는 수요를 위축시킬 수 있어서다. 재화와 서비스의 가격은 공급 측면뿐만 아닌 수요 측면에서도 영향을 받고, 중앙은행의 급격한 정책금리 인상은 대출금리 상승 등을 통해 수요를 위축시키고, 그 결과 물가 상승을 억제하고 물가를 안정시킬 가능성이 커진다. 금리를 인상하는 중앙은행의 암묵적인 목표는 수요 위축이다. 이런 심각한 수요 위축은 경기 진정, 경기 둔화를 넘어 경기 침체로 이어질 수 있지만, 어느 중앙은행도 자신들의 목표가 경제를 둔화시키는 것이고 수요를 위축시키는 것이라고 이야기하지 않는다.

그런데 앞서 이야기한 것처럼, 향후 미국의 경기가 둔화하더라도 마일드한 경기 부진 정도에 그칠 가능성이 크다면, 이는 결국 미국의 인플레 역시 크게 둔화할 가능성이 적다는 것을 시사한다. 수요가 확 꺾여야 물가가 확 잡힐 텐데, 수요가 별로 꺾이지 않으니 물가도 확 잡히지 않는 상황이 예상되는 것이다.

미 연준의 자료를 살펴보면 미 연준 이사들 역시 이런 생각을 하고 있음을 알 수 있다. 2024년 6월 기준 미 연준의 〈Projection Material〉에 따르면, 미 연준이 예상하는 향후 미국의 물가상승률(PCE inflation 기준)은 2024년 4분기 2.6퍼센트, 2025년 4분기 2.3퍼센트였다. 미 연준이 목표로 하는 물가상승률 수준이 2.0퍼센트임을 감안하면, 2026년 4분기가 되더라도 목표로 하는 물가상승률 수준에 도달하지 못할 거라고 예상하는 것이다.

한때 9퍼센트를 넘을 정도로 높았던 미국의 물가상승률이 최근 수년간 점차 낮아져 2퍼센트대에 진입하기는 했지만, 미 연준은 여전히 인플레에 대한 우려를 완전히 놓지 못하고 있으며, 이런 우려는 향후 느린 금리 인하 속도 및 작은 금리 인하 폭으로 반영될 가능성이 크다.

결국, higher for longer는 향후 '금리 인하 속도'뿐만 아니라 '물가상승률 하락 속도' 역시 느림을 의미한다. 미국을 비롯한 세계 경제의 흐름은 침체라고 하기 힘든 침체의 시기를 오랫동안 통과하게 될 것이다. 기업은 향후 고물가·고금리의 장기화를 염두에 두고 사업 계획 및 전략을 수립해야 할 것으로 보인다.

장생 시대의 주인공, 액티브 시니어

서용석 KAIST

나는 앞으로 몇 살까지 살 수 있을까? 한국인의 기대 수명은 2022년 기준으로 82.7세다. 기대 수명은 특정 연도의 출생자가 향후 생존할 것으로 기대되는 평균 생존 연수를 의미한다. 즉, 2022년 출생아는 앞으로 평균 82.7세까지 살 수 있다는 이야기다. 지금 대부분의 중장년층도 80~90세까지 무탈하게 살다가 가는 인생을 예상하며 각자의 계획을 세울 것이다. 그런데 기대 수명이 100세를 넘어 120세에 육박한다면 계획에 큰 차질이 생길 수 있다.

대한민국은 현재 세계에서 가장 빠른 속도로 고령화가 진행되고 있다. 건강하기만 하다면 오래 산다는 것은 개인에게 축복일 수 있지만, 사회 전체로는 부정적인 이미지가 훨씬 크다. 부양해야 할 사람보다 부양받을 사람이 더 많아지는 부담 때문이다. 오래 살기만 하고 건강을 유지하지 못한다면 개인적으로나 사회적으로 그 부담은 매우 커질 것이다.

한때 나이 든 사람을 '늙은이' 혹은 '노인(老人)'이라 불렀다. '노화(老化)'라는 단어도 시간이 지나감에 따라 신체적 기능과 활동 능력이 쇠퇴한다는 부정적 의미가 강하다. 그런데 의학 기술의 도움으로 나이가 들어도 젊을 때와 같은 정신적·신체적 기능을 유지하는 '액티브 시니어(active senior)'가 많아지고 있다. 액티브 시니어는 시카고대학교 심리학과 버니스 뉴가튼(Bernice Neugarten) 교수가 "오늘의 노인은 어제의 노인과 다르다"라고 말하며 새롭게 제시한 개념이다.

이들 신고령층에는 '노령(老齡)'이라는 단어가 더 이상 적절하지 않다. 대신 건강하게 오래 산다는 의미의 '장생(長生)'이라는 긍정적 관점으로 바라볼 필요가 있다. 활동적인 데다가 경륜이 다양한 많은 장생자가 경제 및 사회 활동에 참여한다면 고령화는 우리에게 위기가 아니라 기회가 될 수 있다.

기술이 견인하는 장생 시대

산업 혁명 이후 과학 기술의 혜택으로 인간의 평균 수명은 두 배 이상으로 증가했다. 그러나 최대 수명에는 큰 변화가 없었다는 것이 전문가들의 중론이다. 노화학자들은 아무리 의학이 발전하더라도 인간이 최대한 살 수 있는 연령을 120세 정도로 본다. 인간의 유전자가 그렇게 프로그래밍되어 있다는 것이다. 그러면 우리가 주요하게 관심을 가질 부분은 '몇 살까지 살 수 있느냐'가 아니라, '얼마나 젊고 건강하게 오래 살 수 있을까'가 되어야 한다.

의학 기술의 발달은 실제로 젊고 건강하게 오래 살 가능성을 높이고 있다. 고령자 질병 사망의 주요 원인인 암과 치매의 정복도 현실로 다가왔다. 암과 치매를 예방하고 치료하기 위한 맞춤형 백신과 치료제 연구가 빠르게 진행되고 있기 때문이다. 노화로 쇠퇴한 치아나 뼈, 피부, 혈액, 장기 등을 교체하는 임플란트 기술도 적용 범위를 넓혀간다. 이는 신체 일부가 노화되면 새것으로 교체할 수 있음을 의미한다. 인간의 뇌를 기계로 자극해서 노인의 기억과 판단력, 언어 능력을 강화하고 정서까지 조절하는 기술도 개발 중이다. 최근에는 고령자의 혈액세포를 역분화줄기세포로 바꿔 세포 수명을 신생아 상태로 되돌리는 실험까지 성공했다. 특히 유전자 교정과 줄기세포를 활용해 노화 자체를 억제하는 연구는 장생 시대를 견인할 중요한 기술로 평가된다.

나이의 굴레에서 해방된 사회

과학 기술의 발전으로 '65세 이상=고령자'라는 등식은 더 이상 성립되지 않는다. 고령이라는 이유로 차별받거나 활동이 제약되는 시대는 저물고 있다. 생물학적 연령이 무의미해진 장생 시대에는 나이가 경제 및 사회 활동을 제약하는 장해물이 되지 못한다.

장생 시대는 개인의 가치관을 필두로 우리 사회 전반에 걸쳐 근본적인 변화를 가져올 것이다. 산업 혁명 이후 인간은 공부하고, 일하고, 은퇴하는 단선적인 삶을 살아왔다. 생애 주기 또한 출생, 성장, 교육, 취직, 결혼 및 출산, 은퇴, 사망에 이르는 선형적인 과정을 겪었다. 그러나 장생 시대에는 교육, 취직, 결혼 및 출산, 은퇴라는 생애 주기가 적어도 한 번 이상 반복되는 순환적인 과정으로 변할 것이다.

장생 시대의 도래로 결혼과 가족의 의미도 기존과 크게 달라질 것이다. 검은 머리가 파 뿌리가 되는 일도 없을 것이며, 재혼은 선택이 아닌 필수가 될 수도 있다. 100년을 넘게 사는 장생 시대에 고등 교육을 포함한 16년의 교육 기간도 충분하지 않다. 장생 시대에는 평생 교육을 넘어 일정 기간의 주기적인 집중 교육과 학습이 일반화할 것이다.

직장도 마찬가지다. 20대 중후반에 처음 취직을 하고 60세 전후에 은퇴하는 시스템은 더 이상 유효하지 않을 것이다. 일정 기간의 집중적인 재교육을 통해 새로운 직종과 직장을 얼마든지 찾을 수 있다. 한 직장에서 35년간 일하고 40년간 연금을 받는 것도 장생 시대에는 용납되기 어려운 구조다. 19세기 후반에 만들어진 연금이라는 제도 자체가 사라질 수 있다. 연령대별로 패턴이 정해진 여가와 소비문화에도 커다란 변화가 예상된다. 고령자라 해서 운전면허를 반납할 필요도 없고, 높은 보험료를 낼 필요도 없다.

장생 시대를 맞는 준비가 필요하다

얼마 전 네덜란드에서 69세 남성이 '법적 연령을 20세 낮추어달라'며 법원에 소송을 제기했다. 자신은 나이보다 젊고 건강하다는 이유였다. 법원은 이를 기각했다. 하지만 그는 이름도 젠더도 바꿀 수 있는 세상인데 왜 나이는 바꿀 수 없는지 항변했다. 그는 나이 탓에 취업과 데이팅 사이트에서 차별받고 있다고 주장하며, 법적 연령을 낮출 수만 있다면 노인 연금도 포기하겠다는 의사를 밝혔다. 이 사건은 해프닝으로 끝났지만, 장생 시대에는 이와 유사한 소송이 얼마든지 일어날 수 있다.

장생 시대는 인류가 한 번도 경험해보지 못한 다양한 가능성을 우리에게 제시한다. 결혼, 가족, 교육, 직업과 일, 연금과 보험 등 여러 분야에서 급격한 변화가 일어날 수 있다. 그러나 고령화로 인한 경제적·사회적 위기에 대한 두려움만 있을 뿐, 장생 사회로 진입하는 데에 따른 사회적 변화에 적극적으로 준비하려는 움직임은 아직 부족하다.

현재 우리 법 제도와 경제·사회 시스템은 젊은 현역 세대가 은퇴한 노년 세대를 부양하는 구조로 설계되어 있다. 이 구조로는 인구 감소와 고령화 시대에 성공적으로 적응할 수 없다. 젊고 건강하게 오래 사는 시대를 전제로 모든 사회 구성원이 활약할 수 있는 시스템으로의 전환이 필요하다. 오래 사는 것보다 오래 생산적인 삶을 유지하는 데 초점을 맞추고, 아무리 나이가 들어도 경제·사회 활동에 계속해서 참여하는 삶을 정책의 목표로 잡아야 한다.

그러려면 연령에 따른 차별을 없애야 한다. 은퇴와 정년의 개념도 달라져야 한다. 고령이라도 건강하고 역량이 된다면 적극적으로 경제·사회 활동에 참여할 수 있는 사회 분위기와 제도적 기반이 조성되어야 한다. 물론 이런 전환 과정에서 많은 사회적 충돌과 갈등이 야기될 테니 갈등 관리에 대한 선제적 노력도 필요하다.

장생 시대는 이미 우리 앞에 성큼 다가와 있다. 장생 시대로의 성공적인 전환은 고령화의 위기를 기회로 바꿀 수 있을 것이다. 반면 준비 없는 장생 시대의 도래는 또 다른 재앙이 될지 모른다. 장생의 기술적 혜택이 일부 특정 계층에게만 쏠린다면, 우리는 이전과 차원이 다른 양극화를 경험할 것이다. 장생 시대가 디스토피아가 될지, 유토피아가 될지는 우리가 어떤 결정과 행동을 하는가에 달려 있다.

미래 소비의 주체

장생 시대의 도래와 함께 등장한 액티브 시니어는 미래 시장의 흐름을 좌우하는 강력한 소비 주체로 떠올랐다. 일단, 액티브 시니어는 지속적인 건강과 자기계발에 대한 투자로 이전의 고령 세대보다 훨씬 더 스마트하고 건강하다. 또 오랜 경제 활동과 사회 경험을 통해 경제적으로 여유롭고, 자녀 양육이나 직장의 굴레도 없으니 시간적으로도 여유롭다. 즉 은퇴 이후에도 활발한 사회 및 여가 활동을 즐기며, 능동적으로 소비하려는 욕구가 강하다. 이를 뒷받침할 경제적·시간적 여유도 충분하다는 것이 액티브 시니어의 최대 장점이다.

우리보다 앞서 고령화를 경험한 일본에서 액티브 시니어는 이미 커다란 흐름으로 정착되었다. 일본 시니어마케팅연구소는 2016년 우리나라 베이비붐 세대에 해당하는 '단카이 세대(だんかい世代)'를 다음처럼 네 개 유형으로 구분한 바 있다.

액티브 시니어 경제적 여유가 있으면서 건강 상태도 양호하여 새로운 고부가가치 서비스에 대한 수요를 창출할 수 있는 집단.

갭시니어 경제적 여유는 있으나 건강상 이유로 소비 활동에 약간의 제약이 있는 집단.

디펜시브 시니어 생활에 어려움은 없으나 연금 외의 경상 소득이 없어 필수적인 소비(방어적 소비)만 하는 집단.

케어 시니어 건강에 문제가 있는 데다가 경제적 여유도 없어 공적인 관리가 필요한 집단.

일본 액티브 시니어의 특징은 평생 현역을 지향하며, 활기차고 일과 취미에도 의욕적이고 자기 나름의 가치관과 라이프 스타일 등이 있고 소비 의욕도 높다. 일본 기업은 이들에 주목하여 시니어를 돌봄의 대상이 아닌 소비 주체로 보기 시작했다. 일본 산업계에서 고령층을 대상으로 제품과 서비스를 리셔플링한 '시니어 시프트'에 성공한 기업은 시니어 소비자의 높은 신뢰를 바탕으로 안정적인 성장을 이어가고 있다.

한국의 베이비붐 세대와 액티브 시니어

세계적인 장생 시대의 흐름과 관련해 한국 사회에서 주목해야 할 연령 집단(age-cohort)이 바로 2차 베이비붐 세대다. 2차 베이비붐 세대는 1964~1974년 출생하여 현재 그 숫자가 954만 명에 이르는 우리나라 단일 세대 중 가장 규모가 큰 집단이다. 이들은 청소년기와 청년기에 개발과 독재를 경험했으며, 1980년대 학생운동과 6월 항쟁이라는 민주화를 이끌어내는 중심적인 역할을 했다. 또한 독창적인 아이디어와 기술을 기반으로 벤처 붐을 주도한 세대로,

이전 세대보다는 진보적인 정치·사회 의식을 바탕으로 참여와 개혁과 같은 세대 가치를 공유한다.

무엇보다 2차 베이비붐 세대는 강력한 액티브 시니어의 성향을 갖고 있다. 과거 고령층과 달리 고학력자 및 고소득자의 비중이 높고, 문화적 개방성도 높은 편이다. 민주화 실현, 인터넷과 벤처 창업의 경험, 정보 기술의 혁신 시대를 살며 변화에 대한 적응력을 갖추었으며, 경제력을 바탕으로 65세 이후에도 여전히 자신의 지식과 경험을 살리고 싶어 한다. 전통적인 노인상(象)을 거부하는 이들은 경제적으로 여유가 있으면서 건강 상태도 양호해 고부가가치 서비스에 대한 새로운 수요를 창출한다. LG경제연구원은 2023년 발간한 보고서에서 한국 사회의 액티브 시니어의 특징으로 '탄탄한 경제력을 기반으로 하는 나 중심의 선택적 소비'를 제시했다.

액티브 시니어로서의 베이비붐 세대는 자신이 노인으로 비추어지는 것을 원치 않는다. 유행가 가사에도 나오듯 이들 액티브 시니어에게 나이는 숫자에 불과하다. 이들은 높은 구매력으로 당당하게 자신이 원하는 바를 이루기 위한 과감한 투자와 소비 활동을 이어나갈 것이다. 따라서 기업은 액티브 시니어에 대한 이해를 바탕으로 한 맞춤형 마케팅 전략을 마련할 필요가 있다. 전통적 노인이 요구하는 니즈에만 초점을 맞춘다면 액티브 시니어는 관련 상품과 서비스를 외면할 것이다. 중요한 것은 이들의 감성과 욕구를 충족시킬 상품과 서비스를 개발하는 것이다.

장생 시대에는 우리가 지금껏 경험해보지 못한 새로운 고령 사회의 풍경이 연출될 것이다. 그리고 액티브 시니어로서 베이비붐 세대가 장생 시대를 이끌 것이다.

노벨 경제학상이 주목한 '번영하는 사회의 비밀'

서광원 인간자연생명력연구소

한 사람의 작은 질문이 커다란 결과로 나타날 때가 있다. 스웨덴 왕립과학원 노벨위원회가 2024년 10월 14일 발표한 2024년 노벨 경제학상도 그랬다. '제도가 국가 간의 번영 격차에 끼친 영향 연구'로 영광의 주인공이 된 세 명의 수상자는 다론 아제모을루 MIT 교수와 제임스 로빈슨(James Robinson) 시카고대학교 교수, 그리고 사이먼 존슨(Simon Johnson) MIT 교수인데, 이들의 연구는 튀르키예 태생의 아제모을루에게서 시작되었다. 튀르키예인은 자신들을 600년 넘게 세계사의 한 축을 담당했던 오스만 제국

(1299~1922)의 후예라고 여기는데 지금은 선진국이지 못한 이유가 무엇인지 궁금했던 것 같다.

세 사람의 연구는 《국가는 왜 실패하는가》와 《권력과 진보》라는 책에 잘 담겨 있다. 앞의 책은 아제모을루와 로빈슨이 공저했고, 뒤의 책은 아제모을루와 존슨이 함께 썼다. 두 책을 관통하는 일관된 주제는 '어떤 사회나 나라는 잘사는데 다른 사회나 나라는 왜 그렇지 못하는가' 하는 것이다. 이 질문은 국내외적으로 전환기를 맞이한 한국에도 중요한 데다 심층 연구답게 깊이 고심해서 살펴야 할 내용이 많아 간략하게 핵심을 추려보고자 한다.

국경을 사이에 둔 두 종류의 억만장자

국경을 맞댄 미국과 멕시코에는 두 나라 국민이 잘 아는 억만장자가 있다. 미국의 억만장자는 우리에게도 낯익은 MS의 빌 게이츠고, 멕시코의 억만장자는 카를로스 슬림(Carlos Slim)이다. 둘 다 직접 기업을 창업해 당대에 거부가 된 대단한 사람들이다. 그런데 부자라는 결과는 같지만 부자가 된 과정은 사뭇 다르다.

게이츠는 알다시피 윈도우 운영 체제 같은 혁신 기술로 세계적인 거부가 되었다. 슬림 역시 탁월한 능력을 발휘하긴 했으나 방식이 달랐다. 그는 주식 거래 및 기업을 인수해 회생시키는 수완으로 거부가 되었다. 대표적인 것이 1990년 11월 멕시코 정부가 민영화한 통신사 텔멕스(Telmex) 인수다. 그가 이끄는 컨소시엄은 경쟁 입찰에서 최고가를 제시하지 않았는데도 낙찰받았고, 인수 대금을 치르지 않고 계속 미루다가 텔멕스의 배당금으로 대금을 냈다. 자기 돈을 거의 쓰지 않은 채 황금알을 낳는 국영 독점 기업을 품에 안았다. 덕분에 엄청난 수익을 올릴 수 있었다.

이런 부(富) 축적 방식은 멕시코에서는 낯설지 않다. 대체로 있는 자에게 유리하게 작동되는 사회여서다. 창업만 해도 그렇다. 아이디어가 있어 창업하는 이들에게 멕시코는 험난한 곳이다. 비싸고 번잡한 절차는 물론이고 산 넘어 산 같은 장애물을 수없이 넘어야 한다. 정치인과 기존 사업자의 견제는 기본이며 이들과 결탁한 금융 기관 역시 자금 지원에 인색하다. 이뿐인가. 연줄과 영향력에 따라 많은 것이 바뀌고 뇌물이 횡행한다. 수완 좋고 대단한 야심을 가진 슬림은 이런 환경과 정치적 인맥을 십분 활용해 거대한 부를 이루었다.

견제가 없었던 건 아니다. 멕시코 공정거래위원회가 1997년 텔멕스를 상대로 상당한 독점을 누린다며 규제를 가하려 했지만 교묘하게 빠져나갔다. 1998년 5월 8일 미국 법무부가 MS를 독점적 권력 남용으로 민사 소송을 제기한 것과는 너무나 딴판이다. 당시 미국 법무부는 MS가 자사의 웹브라우저인 인터넷 익스플로러를 윈도 운영 체제와 함께 끼워 팔았다며 소송을 제기했는데, MS는 2001년 11월 결국 타협으로 소송을 마무리할 수밖에 없었다. 게이츠 역시 그 전에 CEO 자리에서 물러났다. 가벼운 처벌이라는 비판이 있었으나 날개가 꺾이는 순간이었다.

그럴 수 있겠다 싶지만 아제모을루와 로빈슨은 《국가는 왜 실패하는가》에서 평균적인 미국 시민이 평균적인 멕시코 시민보다 일곱 배나 더 잘살고, 페루나 중앙아메리카 지역보다 열 배, 사하라 이남 지역 아프리카 사람들보다 스무 배나 잘사는 이유가 바로 이런 차이에 기인한다고 말한다. 차이를 만드는 원인은, 가능한 한 많은 이에게 공정한 기회가 주어져 사회 구성원이 자신의 재능을 긍정적으로 발전시키는 제도에 있다는 것이다. 완전하지 않지만 배경과 신분에 구애받지 않고 비교적 공정한 기회를 얻는 미국에서는 아무리 부자라도 모두의 번영에 해가 되는 일을 하면 게이츠처럼 대가를 치러야 한다. 그래서 공정한 경쟁이 비교적 잘 이뤄지고 개인이 부자가 될수록 사회도 번영한다. 하지만 멕시코처럼 부자가 되기 위해 다른 사람의 기회를 빼앗으면 일부만 번영할 뿐 모두가 번영하기는 힘들어진다.

이를 단적으로 보여주는 곳이 미국과 멕시코의 국경 도시 노갈레스(Nogales)다. 이 도시는 도시를 가로지르는 담장을 기준으로 남북으로 갈라지는데, 북쪽은 미국 애리조나주 노갈레스시고, 남쪽은 멕시코 소노라주 노갈레스시다. 이름만 같을 뿐 두 곳은 모든 것이 다르다. 남쪽 노갈레스는 멕시코 쪽에서 보면 비교적 생활 수준이 높은 편이지만 북쪽 노갈레스에 비하면 열악한 환경 그 자체다. 주민 대부분은 고등학교를 졸업하지 못했다. 보건 환경 역시 좋지 못해 영아 사망률은 높고 평균 수명이 짧다. 남쪽의 연간 수입은 북쪽의 3분의 1 수준에 불과하다. '정치 및 경제 제도의 상호 작용이 한 나라의 빈부를 결정'하는데 북쪽은 제도가 긍정적으로 작동하지만 남쪽은 그렇지 못하다.

개천에서 용 나던 18세기 영국, 산업 혁명을 일으키다

제도의 차이가 한 사회를 넘어 국가 간의 차이, 그러니까 선진국과 후진국을 만들어내는 현상은 전 세계는 물론 역사에서도 흔히 볼 수 있다. 대표적인 나라가 영국이다. 섬나라 영국은 산업화 이전 단 한 번도 주역으로 등장한 적이 없던 유럽 변방의 만년 후진국이었다. 이런 영국이 어떻게 '어느 날 갑자기' 세계 최초로 산업 혁명을 일으키더니, 이를 기반으로 해가 지지 않는 대영 제국을 건설했다.

그런데 영국이 세계사의 주역이 된 건 사실 '어느 날 갑자기'가 아니었다. 산업 혁명이라는 표면적인 현상에는 오랜 시간 이어져 온 작은 흐름이 있었다.

시작은 14세기 유럽을 휩쓴 흑사병이었다. 이 흑사병이 얼마나 심했던지 죽어 나간 사람이 많아서 당시 유럽은 텅텅 비다시피 했다. 인구의 절반 이상을 잃은 마을이 대부분이었고 심한 곳은 몇 명만 살아남았을 정도였다. 이에 따라 봉건제가 뿌리부터 흔들렸다. 왕이 영주에게 봉토를 하사하면, 영주는 그 대가로 군사력을 제공하고, 하사받은 봉토를 소작농에게 농사짓게 하는 엄격한 신분제 질서가 무너지기 시작했다. 사회의 밑변을 구성하는 소작농 대부분이 사라지다 보니 제도가 온전할 수 없었다.

노동력이 부족해지자 영국 귀족은 소작농에게 좀 더 많은 자유를 주면서 타협했다. 서유럽 역시 비슷했다. 동유럽은 달랐다. 더 큰 규모의 사유지를 갖고 있어 더 지배력이 강했던 영주는 살아남은 농노를 그야말로 노예처럼 부리며 더 강력하게 옭아맸다.

그런데 이 '사소한' 차이가 시간이 흐른 후 예상치 못한 결과로 나타났다. 좀 더 자유가 많았던 서유럽이 시장 경제와 도시를 발전시키며 새로운 미래를 만드는 동안, 착취적인 제도를 강화한 동유럽은 서유럽의 수요에 따른 부분적인 호황을 맛보았을 뿐 새로운 시대 흐름에 동참하지 못했다. 1346년까지만 해도 사회경제적인 면에서 동서 유럽은 별다른 차이가 없었지만 1600년 무렵에는 극심하다 할 정도로 격차가 벌어졌다. 흑사병 같은 기존 질서를 흔드는 결정적 분기점에서 어떻게 대응했느냐가 운명을 갈라놓았다.

이렇게 좀 더 나은 토대를 마련한 영국이 프랑스나 스페인 같은 대륙의 강국보다 앞서갈 수 있었던 건 역설적으로 왕권이 상대적으로 약했던 덕분이었다. 당시 영국, 좀 더 구체적으로 스코틀랜드와 합병하기 전의 잉글랜드는 왕과 귀족의 갈등이 끊이지 않았다.

엎치락뒤치락하긴 했지만 귀족이 우세를 점할 때가 많아 왕실이 국가의 이익을 독점하기 힘들었다. 여기에 국왕 헨리 8세가 1536년 가톨릭교회에 반기를 들며 수도원을 해체한 것이 새로운 흐름을 만들었다. 잉글랜드 전체 토지의 4분의 1이나 되는 수도원 소유의 땅이 매각되는 과정에서 토지를 소유하게 된 젠트리(gentry)라는 새로운 계층이 등장했고, 젠틀맨(gentleman)의 원조인 이들이 목소리를 키우면서 기존의 질서가 해체되기 시작했다.

그동안 도시에 상인 계급이 출현했다. 이들과 연합한 의회파는 왕당파를 누르고 1688년 명예혁명을 선언하며 새로운 미래로 가는 길을 열었다. 아이디어를 재산으로 인정하는 특허권 같은 사유 재산권 제도를 인정했고, 권력자의 자의적인 통치 대신 법치주의를 시행했으며, 독점을 거의 철폐해 상업 활동을 적극 장려하고 보호하는 등 당시로서는 혁신적인 경제 제도를 채택했다. 모두 더 많은 사람이 자기 재능을 발휘할 수 있도록 하는 포용적인 제도였다. 최초의 증기 기관을 완성한 제임스 와트(James Watt) 역시 25년 동안 특허권을 인정받은 덕분에 안정적인 생활을 할 수 있었다. 즉, 명예혁명 몇십 년 후 산업 혁명이 시작된 건 우연이 아니었다.

반면, 견고한 절대 왕정 체제로 왕의 권한이 막강했던 프랑스와 스페인에서는 왕과 관련된 소수의 권력자가 착취적 제도를 통해 대부분의 이익을 차지하면서 이런 흐름을 만들어내지 못했다.

실제로 영국의 산업 혁명 역사에서 혁신가로 이름을 남긴 주인공은 대부분 귀족이나 부유한 가문 출신이 아니었다. 와트는 망한 사업가 출신의 가난한 제조공의 아들이었고, 최초의 증기 기관차를 만든 조지 스티븐슨(George Stephenson)은 문맹인 부모에게서 태어나 학교 교육을 받지 못한 바람에 18세가 되어서야 간신히 읽고 쓸 수 있었다. 방적기를 개발한 리처드 아크라이트(Richard Arkwright) 역시 학교에 다니지 못해 이발사와 가발 제조공으로 사회생활을 시작하는 등 대부분의 혁신가는 당시 귀족의 기본 소양이었던 라틴어와도 거리가 멀었다.

하지만 보잘것없는 집에서 가진 것 없이 태어난 이도 좋은 아이디어가 있다면 자금을 모아 현실화시킬 수 있었다. 중세에는 엄격한 신분 사회라 상향 이동 가능성이 거의 없다시피 했지만 1700년대 중반 영국은 그렇지 않았다. 내세울 것 없는 출신이라도 새로운 기술을 개발하면 잘살 수 있다는 큰 꿈을 가졌다. 개천의 용이 될 수 있었다. 이 시기 대규모 산업체를 세운 226명 중 두 명만 귀족 출신이었고, 상류층과 어떤 식으로든 연관 있는 경우를 다 합해도 10퍼센트가 안 되었다. 이렇게 많은 중간 계층 사람이 사회적 사다리를 올라가겠다는 희망을 품었고, 실제로 올라갈 수 있었던 나라는 당시 영국이 유일했다.

18세기와 19세기에는 이 흐름이 더욱 확산하여 시대정신이 될 정도였는데 실제로도 혁신과 새로운 테크놀로지의 결정적인 주역은 대부분 평범한 사람이었다. 이와 같은 상황에서 대서양 무역 시대라는 또 한 번의 결정적 분기점을 만난 덕분에 해가 지지 않는 대영 제국이 탄생했다.

무엇이 우리의 번영과 쇠퇴를 가르는가?

2024년 노벨 경제학상 수상자들은 두 저서에 전 세계의 생생한 역사적 사례를 소개하는데, 여기에는 두 가지 중요한 교훈이 있다고 강조한다.

첫째는 흑사병이나 대서양 무역 시대 같은 기존 질서를 흔드는 커다란 환경 변화가 닥쳤을 때, 그 사회나 국가의 제도나 대응 방식이 번영과 쇠퇴를 가른다는 것이다. 어떻게 대응하느냐에 따라 나아가는 경로가 달라지기 때문이다. 변화를 포용적으로 맞으면 번영의 길로 가지만, 누군가를 희생시키는 착취적인 방식이나 제도로 대응하면 반대로 간다.

이 차이는 그 당시에는 사소해 보이지만 시간이 갈수록 커다란 격차로 나타난다. 운명은 스스로 만든다는 뜻이다. 역설적인 건, 자원이 풍부한 곳일수록 못사는 나라가 많다는 것이다. 자원이 많기에 일찌감치 힘 있는 권력자가 강압적이고 착취적인 제도를 통해 지배층으로 군림하며 자신의 존재 이유인 이익을 쉽게 포기하지 않아서다. 자원의 역설이다.

둘째는 새로운 기술과 여기서 생겨나는 생산성, 그러니까 누구에게 이익이 돌아가는가의 문제가 역시 번영과 쇠퇴를 결정한다. 《권력과 진보》에서 이 주제를 다룬다. 권력이 기술과 이익을 어떻게 대하는가, 이익을 가능한 한 더 많은 사람에게 나누는가, 아니면 특혜받는 소수에게 유리하게 나누는가가 진보를 결정한다는 게 논의의 요지다.

유럽의 중세를 암흑시대라고 하는 건, 당시 사회구조가 다수인 농민에게 아무런 이득을 가져다주지 않아서다. 농민으로서는 더 열심히 일할 이유도, 새로운 기술을 만들어낼 이유도 없어 발전이 거의 정체되다시피 할 수밖에 없었다.

대영 제국의 시대가 저물고 한때 막강했던 구소련이 위세를 잃은 것도 마찬가지다. 영국은 자국민에게만 포용적이었을 뿐 식민지에는 착취적이었고, 구소련 역시 일부 엘리트에게 유리한 착취적 구조로 생산성 향상이 제한적일 수밖에 없었다. 반면, 미국은 아메리칸드림으로 상징되는 구조와 다양한 계층에 이익이 분배되도록 한 덕분에 자본의 선순환이 잘 이루어져 초강국이 되었다.

세 명의 노벨 경제학상 수상자들은 두 가지 교훈의 대표적 사례로 우리나라, 즉 남한과 북한의 차이를 든다. 한 뿌리에서 갈라져 나온 두 나라의 소득 격차가 겨우 반세기 만에 열 배까지 벌어졌다. 북한 지역은 칠흑인데 남한 지역은 너무나 밝은, 위성으로 찍은 한반도의 밤 사진을 게재하며 이들이 강조하는 건 명확하다. “1945년 남북한 정부가 판이한 경제 운용 방식을 채택하면서 운명이 갈렸다." 남한은 사람들에게 동기를 부여하는 시장 경제와 더 나은 이익 분배 노력 덕분에 경제 기적을 이루어내며 세계에서 가장 빠르게 성장했지만, 북한은 이런 인센티브가 없는 소수만 잘사는 독재 체제를 고수한 결과 가난해졌다는 것이다.

문제는 미국을 비롯한 전 세계에 1980년대부터 그림자가 드리워진 것이다. 기점은 1970년대 석유 파동으로 인한 스태그플레이션이었다. 이때 새로운 시스템의 필요성을 인식한 기업들이 비용 절감을 위해 리엔지니어링 같은 경영 기법과 함께 자동화를 추진하면서 디지털 경제가 확산하기 시작했는데, 이 흐름은 시간이 갈수록 불평등을 증가시키는 쪽으로 향하고 있다. 고졸과 대졸, 흑인과 백인, 자본과 노동 사이의 커져가는 불평등이 그것이다. 결국 부모보다 가난한 자녀 세대 같은, 과거보다 못한 미래가 현실화되고 있다. 그런데 여기에는 좀 더 근본적인 원인이 있다. 권력과 능력, 그리고 자본이 있는 이들이 사회를 자신에게 유리한 쪽으로 끌고 가려는 움직임이다.

2008년 금융 위기를 일으킨 거대 금융사가 대표적이다. 이들은 전 세계적인 위기를 초래한 장본인이었지만, 거대한 회사를 망하게 두면 더 큰 재앙이 올 거라는 그럴듯한 이유를 내세워 천문학적인 구제 금융을 받아냈다. 누구나 선망하는 사회적 지위에서 나오는 발언권과 강력한 네트워크를 동원해 스스로를 구제했다. 그러면서 정작 그들 탓에 어려움에 처한 주택 소유자는 지원에서 배제했다. 전체 경제에 위험이 되지 않는 데다 은행 수익에 악영향을 끼친다는 이유에서였다. 그러고서도 그들은 나중에 후한 보너스까지 받았다. 분명 엄청난 해를 끼쳤는데도 자신의 영향력 덕분에 잘 살아남았다. 기득권이 자신을 위한 제도를 만들 듯 이들도 그렇게 했다. 단지 현대적인 방식이었을 뿐이다.

소위 빅테크로 불리는 거대 기업도 마찬가지다. 거대함을 이용해 윤리적이지 못한 일을 아무렇지도 않게 벌인다. 이뿐인가. 시장주의 경제학이 득세하면서 승자 독식과 부의 편중은 전 세계적인 현상이 되었고, 능력주의라는 이름으로 엘리트주의 역시 강해지면서 힘 있는 소수와 그렇지 못한 다수라는 이중 구조 사회가 형성되고 있다.

미국은 이미 사회적 사다리라고 하는 사회적 계층 이동성이 우려될 정도로 낮아진 상태다. 여기에 AI 같은 디지털 기술은 인간에게 이익이 되는 방향이 아니라 노동을 자동화하는 식으로 인간을 대체하고, 첨단 기술로 인간을 통제하거나 독재 체제를 강화하는 흐름 역시 가파르게 진행되고 있다. 자동화가 의미 있는 생산성 향상을 창출한다는 뚜렷한 증거가 수십 년째 나오지 않는데도 말이다. 역사적으로 보듯 이건 공유된 번영으로 가는 길이 아니다.

기술, 그리고 기술에서 생기는 이익은 힘 있는 사람들에게 흘러가는 경향이 있다. 그래서 번영과 쇠퇴는 언제나 선택의 문제였다. 수많은 사례에서 보듯 어떤 번영도 저절로 이루어진 적이 없다. 평화 협상 같은 사회적 합의로 된 일도 없다. 첨예한 갈등의 산물이었다. 테크놀로지는 방향성이 예정되어 있지 않다. 그래서 이 책의 저자들이자 노벨 경제학상 수상자들이 계속 강조하는 게 있다. 어렵더라도 소수를 위한 쉬운 길이 아니라 가능한 한 모두를 위한 길을 가야 한다는 것이다. 일부의 번영이 아니라 공유된 번영을 만들어야 한다.

두 책을 읽으면 자연스럽게 우리가 속한 사회는 어디로 가고 있을까 하는 질문이 떠오른다. 책에 나오는 사례들이 낯익기 때문이다. 그래서일까. 《권력과 진보》에 나오는, 사회를 가늠할 수 있다는 구절이 머릿속을 맴돈다.

- 우리는 경제적 성공과 선한 행동 중 무엇이 더 중요하다고 여기는가?
- 집안의 부를 물려받은 사람과 자수성가한 사람 중 누구를 더 우러러보는가?

실리콘밸리,
불로장생에 베팅하다

너밀크

2023년 미국의 결제 시스템 기업인 브레인트리(Braintree) 창업자 브라이언 존슨(Bryan Johnson)은 17세 아들의 혈장을 수혈받아 이목을 끌었다. 47세인 그는 유튜브 영상에서 그 순간을 "인생에서 가장 달콤하고 감동적인 경험"이라고 묘사했다. 존슨은 젊음을 유지하기 위해 매년 200만 달러(약 26억 원)를 투자하는 대표적인 '바이오 해커'다.

전 세계적으로 고령화가 급속하게 진행되고, 건강 수명에 대한 욕구는 커지고 있다. 이와 함께 수명 연장 연구, 노화를 억제하고 지연시키는 항노화 치료제 시장이 주목받고 있다.

실리콘밸리 억만장자들은 장수 산업에 막대한 돈을 쏟아붓는다. 샘 알트만 오픈AI CEO, 피터 틸(Peter Thiel) 페이팔(Paypal) 창업자, 제프 베이조스 아마존 CEO 등 대부분의 유명 기업가와 투자자가 뛰어들었다. 이른바 '회춘 비즈니스'는 항노화 의약품, 노화 세포 제거 기술, 세포 리프로그래밍, 세포 역노화 기술, 장기 이식 기술, 건강 식음료 기술 등으로 확장되고 있다.

실리콘밸리 억만장자가 불로장생에 주목하는 이유

틸은 벤처기업 파운더스펀드(Founder Fund)와 틸재단(Thiel Foundation) 등을 통해 생명공학 기업에 적극 투자하고 있다. 이뿐만이 아니다. 2006년에는 조직공학과 재생의학으로 노화 방지를 연구하는 비영리 단체 므두셀라재단(Methuselah Foundation)에 350만 달러를 기부했고, 2017년까지 700만 달러를 투자했다. 그는 냉동 보존, 즉 노화 과정을 멈추려 인간의 냉동 수면을 실험하는 비영리 단체 알코어생명연장재단(Alcor Life Extension Foundation)에 가입했다. 그리고 인간이 나이 들면 분열을 멈추는 노화 세포를 연구하는 유니티바이오테크놀로지(Unity Biotechnology)에도 투자했다. 베이조스도 이 회사의 투자자다.

베이조스는 또한 2021년 생명공학 스타트업 알토스랩스(Altos

Labs)가 유치한 30억 달러 투자에 참여한 것으로 알려졌다. 알토스 랩스는 유전자를 활성화해 노화된 세포와 장기를 재생시키는 세포 회춘 프로그래밍을 연구한다.

MS에 이어 매출 규모 세계 2위인 오라클의 공동 창업자 래리 엘리슨(Larry Ellison)도 1997년 자기 이름을 딴 의료 재단을 세우고, 노화 방지 연구에 4억 3,000만 달러 이상을 투자했다.

구글의 공동 창업자인 세르게이 브린(Sergey Brin)과 래리 페이지(Larry Page)는 당뇨병, 알츠하이머병 등 노화 관련 질병을 연구하는 알파벳 자회사인 생명공학 스타트업 칼리코(Calico)의 설립을 도왔다. 칼리코는 건강 수명 연장을 목표로, 노화의 원인 규명부터 세포 리프로그래밍 기술 개발까지 항노화 전 단계를 연구한다. 메타 창업자 마크 저커버그(Mark Zuckerberg)와 그의 아내 프리실라 챈(Priscilla Chan)은 브레이크스루상(Breakthrough Prize)의 공동 제정자다. 이 상은 생명 체계를 이해하고 인간 생명을 연장하는 데 획기적인 발전을 이룬 과학자에게 주어지며, 300만 달러의 상금을 지급한다. 이 부부가 수명 연장 비즈니스에 관심이 있음을 엿볼 수 있는 대목이다.

이 같은 실리콘밸리 투자자의 행보에는 세 가지 목적이 있다. 첫째, 고령화의 가속화로 장수 산업에서 앞으로 막대한 수익이 창출될 것으로 예측되어서다. 둘째, 새로운 기술로 사회를 변화시키는 혁신적인 리더십을 선점하기 위해서다. 바이오테크 분야의 오픈AI가 되고 싶은 것이다. 마지막으로, 막대한 부와 영향력을 거머쥔 자신의 수명을 연장하고 싶은 바람 때문이다. 직접 투자하면 기술의 혜택을 가장 빠르게 누리지 않겠는가. 결론적으로 실리콘밸리는 장수 산업을 개인적인 이해관계와 산업으로서의 잠재력을 모두 갖춘 미래형 산업으로 보고 있다.

오픈AI 샘 알트만의 바이오테크 거액 투자

알트만도 대표적인 장수 산업의 옹호자다. 2023년 3월 MIT테크놀로지리뷰에 따르면 알트만은 레트로바이오사이언스(Retro Biosciences)에 1억 8,000만 달러를 투자했다. 건강 수명 스타트업에 개인이 투자한 금액 중 가장 컸다. 그는 바이오테크 업계에도 게임체인저가 필요하다고 강조하면서, 오픈AI가 챗GPT로 생성형 AI 시대를 연 것처럼 바이오테크도 속도전이 중요하다고 했다.

또한 "바이오테크 기업은 너무 느리게 움직인다. 이건 잘못 운영되는 것"이라면서 "이 산업은 오픈AI와 같은 노력을 해야 한다"라고 말했다. 여기서의 '노력'은 "훌륭한 과학 기술과 대기업의 자원을 스타트업의 빠른 일 처리 정신과 결합하는 것"이다.

레트로바이오사이언스는 건강 수명 10년 연장을 목표로 T세포를 복원하는 기술을 테스트하고 있다. T세포는 감염 및 암을 막는 데 중요한 역할을 하는 인간 면역 체계의 일부 세포다. 경쟁사로는 코인베이스(Coinbase) CEO 브라이언 암스트롱과 베이조스가 투자한 생명공학 스타트업 알토스랩스, 뉴리밋(New limit) 등이 있다.

매체에서 알트만은 노화 방지와 건강 관리를 위해 건강한 식사, 운동, 충분한 수면을 강조했다. 그리고 실리콘밸리 바이오 해커가 노화를 늦추는 방법으로 당뇨병 약인 메트포르민 복용을 꼽았다.

실리콘밸리 투자자가 앞다투어 뛰어든 항노화 치료제 시장은 고령화에 따라 유망 산업으로 꼽힌다. 우리나라 국가생명공학정책연구센터는 〈2023년 글로벌 항노화 치료제 시장 전망〉 보고서에서 글로벌 항노화 치료제 시장이 2023년 6억 8,000만 달러에서 연평균 17.5퍼센트 성장, 2031년 24억 7,000만 달러 규모에 이를 것으로 전망했다. 2029년부터는 전년 대비 성장률이 20퍼센트를 지속해서 웃돌 것으로 관측했다.

이 보고서에 따르면 항노화 치료제 개발 임상 시험은 이미 안전성이 증명된 기존 치료제의 재창출 전략이 주로 활용되나, 최근 저분자화합물을 포함해 유전자, 세포 등 다양한 모달리티(치료접근법)를 활용한 연구가 진행되고 있다.

일례로 베이조스와 틸이 투자한 유니티테크놀로지는 노인성 안구 질환자를 대상으로 노화 세포를 제거하는 세놀리틱 약물인 UBX1325의 안전성과 효능을 알아보기 위한 임상 2상을 진행하고 있다. 그리고 미국 생명공학 기업 알카헤스트(Alkahest)는 젊은 혈장에서 유래된 인자로 알츠하이머, 파킨슨병 등 신경퇴행성 질환의 증상 완화와 뇌 기능 향상의 효과를 검증하는 임상 2상을 진행 중이다. 글로벌 제약사 애브비(Abbvie)는 칼리코와 연구개발 협력을 추진하고 있다.

제론 테크, 젊은 노년이 만드는 새로운 경제

장수 산업 뒤에는 제론테크가 있다. 제론테크(Gerontechnology)는 '노년학(gerontology)'과 '기술(technology)'의 합성어로, 실버 세대를 위한 기술, 고령화를 대비한 기술을 뜻한다. 실버 테크 혹은 에이징 테크와도 같은 뜻인데, 최근 업계는 물론, 학계에서도 제론 테크라는 용어가 가장 널리 쓰인다. MIT 에이지랩(AgeLab)의 이사이자 《노인을 위한 시장은 없다》의 저자 조지프 코글린(Joseph Coughlin)은 50세 이상 미국인이 미국 내 구매력의 70퍼센트를 차지한다고 설명했다.

노년층은 새로운 소비 주체다. 미국 인구조사국에 따르면, 65세 이상 미국인의 수는 2018년과 비교하여 2060년까지 두 배로 늘어날 전망이다. 보스턴컨설팅그룹(Boston Consulting Group)은 55세 이상의 미국인이 2008년에서 2030년까지 미국 소비 지출의 절반을 차지할 것이라고 밝혔다. 2050년 전 세계 인구의 25퍼센트인 약 20억 명이 60세 이상이 될 것이다. 노령화 시대, 건강하게 오래 사는 기술에 대한 연구와 관련 소비는 더욱 늘어날 수밖에 없다.

2022년 1월 라스베이거스에서 열린 「CES 2022」에서는 제론테크와 관련된 다양한 기술이 공개되었다. 이동의 자유와 작업 보조를 위한 모빌리티, 실내 생활에 도움을 주는 스마트홈 등 건강 관리와 치료를 담당하는 디지털 헬스, 가상 공간 기반의 서비스와 인터페이스의 확장에 도움을 주는 메타버스 등이 관심을 끌었다. 사용자를 더욱 편리하게 해주는 스마트 기술과 서비스의 확산은 실버 산업의 발전과도 연결된다. 코로나19로 비대면 기술이 확산하고, 자동화와 AI로 사용자를 보조하는 기술이 늘어나는 추세다.

장수 산업, 혁신과 불평등 사이의 딜레마

실리콘밸리 억만장자들이 장수 산업에 막대한 자금을 쏟아부으면서 산업은 성장하고 있지만, 분배에 문제가 있다는 지적도 있다. 노화 방지 기술의 발전이 불평등을 더 유발한다는 시각이다. 건강 수명이 늘어나면, 억만장자는 부를 늘리고 정치적 영향력을 행사하는 시간을 더 많이 누릴 수밖에 없다. 기술 발전의 혜택이 억만장자에게만 돌아가는 것이다. 생명윤리학자이자 네덜란드 위트레흐트대학교 교수인 크리스토퍼 웨어햄(Christopher Wareham)은 〈타임〉에서 "이런 과학적 진보가 우리가 이미 겪고 있는 모든 종류의 기존 불평등을 더욱 악화시킬 수 있다"라고 지적했다.

억만장자 기업가가 생명 연장과 노화 방지 기술에 많은 투자를 하는 것과 달리, 대표적인 억만장자 머스크는 해당 분야 투자와 담을 쌓고 있다. 이런 대조적인 행보에 대해 머스크는 비즈니스인사이더에 "사람들이 정말 오래 살려고 노력해서는 안 된다고 생각한다"라고 발언했다. 사람이 죽지 않으면 사회는 낡은 사상에 갇혀 발전하지 못할 수 있다. "사람은 언젠가 죽는다는 마음가짐 없이 영생하려고 욕심부린다면 사회는 질식하고 말 것"이라는 게 머스크의 주장이다.

이처럼 부익부 빈익빈을 심화시킨다는 지적에도 불구하고, 더 젊고 활동적인 삶을 살 수 있는 건강 수명 연장에 대한 사람들의 관심은 너무나 크다. 그러므로 관련 산업의 성장도 계속될 것이다.

결국 장수와 건강 수명 연장에 대한 연구와 투자는 앞으로 더욱 확대될 것이다. 그리고 장수 사회의 도래는 50대 이상 시니어층이 소비의 주체로 부상하는 경제 구조의 변화를 불러올 것이다. 그러나 그 과정에서 기술이 특정 계층에만 혜택을 제공해 불평등을 심화시킬 수 있다는 점은 논쟁적인 이슈다. 개인적으로는 기술 접근을 위한 재무적 관리와 건강 관리를 통해 길어진 수명에 대비하고, 사회적으로는 장수 산업이 사회 전체에 긍정적인 영향을 미치도록, 국가적인 차원에서 공정한 접근성 확보를 위한 사회적 논의와 제도적 장치 마련이 필요하다.

차별화로 완성하는 토핑 경제의 시대

최지혜 서울대학교 소비트렌드분석센터

"유행이란 사회적 균등화 경향과 개인적 차별화 경향 사이에 타협을 이루려고 시도하는 삶의 형식들이다."

– 게오르그 짐멜(Georg Simmel)

독일의 사회학자 게오르그 짐멜이 1895년 발표한 글 〈유행의 심리학, 사회학적 연구〉에 나오는 구절이다. 이 글은 유행 현상에 대한 최초의 학문적 연구를 다루었을 뿐 아니라 유행의 본질을 꿰뚫고 있다는 점에서 의의가 있다. 짐멜의 말을 다시 짚어보면, 유행이란 타인을 모방하고 싶은 마음과 타인과 차별화하고 싶은 마음 사이의 팽팽한 줄다리기 가운데 드러나는 욕망이다.

특히 최근에는 취향이 단순한 선호를 넘어 자신의 주된 경쟁력으로 자리 잡으면서, 소비에서도 나만의 무언가를 추구하는 경향이 더욱 두드러진다. 이에 요즘 소비자는 유행에 민감하게 반응하며 동조 소비를 일삼으면서도, 남과 100퍼센트 똑같은 건 꺼린다. 흔히 길거리를 지날 때면 모두가 유행하는 옷을 똑같이 입고 다니는 것을 '클론룩(clone look)'이라 하는데, 요즘 소비자는 "클론룩은 피해야 한다"라고 말한다. 남과 똑같은 옷을 입는 것이 마치 복제인간 같다는 이유에서다. 이처럼 소속과 차별 사이의 갈등을 타개하고자 자신만의 포인트를 만들어내는 '토핑'이 주목받고 있다.

토핑이란 흔히 기본에 더해지는 추가 장식이나 옵션이다. 과거에는 있어도 그만, 없어도 그만이었던 토핑이 이제는 나만의 것을 만드는 중요한 재료의 역할을 한다. 그러다 보니 기본 상품 자체보다 토핑이 더 중요한 요소로 부각되기도 한다. 토핑 경제란, 상품이나 서비스의 본질보다 추가적이거나 부수적인 요소인 토핑이 더욱 주목받아 새로운 패러다임의 경제적 효과를 가져오는 시장 변화를 의미한다.

표준화의 종말, 개인화가 핵심인 토핑 경제

우리가 토핑 경제를 주목해야 하는 이유는 100여 년 동안 시장을 지배해오던 표준화 경제 패러다임에 균열이 생기고 있어서다. 인류의 소비 생활에 가장 큰 변화를 불러온 역사적 장면을 고르면, 바로 '포디즘(fordism)'의 등장이다. 1913년 4월 1일, 헨리 포드(Henry Ford)는 미국 미시간주의 자동차 공장에 처음으로 컨베이어벨트 시스템을 도입했다. 길게 이어진 대규모 컨베이어벨트는 생산 공정의 표준화를 통해 생산성을 극대화했고, 이는 곧 대량 생산 체제의 상징인 포디즘의 시작을 알렸다. 포디즘은 이제까지 가내 수공업 수준에 머물던 생산 효율을 극적으로 높이며, 만성적인 공급 부족을 해결하고, '풍요의 시대'를 열었다. 이후 포디즘은 산업 전반에 적용되며 상품자본주의 시장 경제의 핵심 동력이 되었다.

포디즘은 표준화를 추구한다. 개별 소비자의 특수한 요구보다 대중의 보편적인 요구를 충족시키는 데 집중했고, 표준화된 기준에 따라 대량 생산함으로써 효율을 극대화했다. 상품의 동질성이 강조되었으며, 비동질적인 상품은 불량품으로 여겨졌다. 표준화 경제에서 소비자에게 상품은 단순히 필요로 구매하는 대상일 뿐, 추가적인 요소에 관여할 여지는 없었다.

그로부터 100여 년이 흐른 오늘날, 상품의 품질이 점점 상향 평준화되었고, 이제 소비자는 표준화된 범용 상품에 더 이상 흥미를 느끼지 못한다. 남과 다른 나만의 것을 추구하는 소비자의 등장은 상품의 동질성이 가장 중시되었던 '표준화 경제'에서 '토핑 경제'로의 진화를 이끌고 있다.

토핑 경제 시대, 기업의 세 가지 대응 전략

범용 상품에 나만의 '킥'을 더하는 토핑 경제라는 트렌드 안에서 기업은 어떠한 태도를 취해야 할까?

첫째, '나만의 상품'을 찾는 소비자 대응 시스템 구축

일례로 2024년 4월 글로벌 화장품 기업 코스맥스는 소비자와 고객사에 빠르게 제품을 공급하기 위해 소량 주문, 최소 주문이 가능한 생산 체계 구축을 추진하고, 소품종 대량 생산과 다품종 소량 생산의 원가 동일화를 실현하는 것을 목표로 하고 있다고 밝혔다.[1] 또한 코스맥스는 2023년 'We Are All Unique(우리는 모두 다르다)'의 약자인 '3WAAU'란 맞춤형 화장품 플랫폼을 선보였다. 여기서 소비자가 온라인 문진을 하고 그 결과를 분석해 1,260만 가지 조합 중 자신에게 맞는 레시피를 주문하면 24시간 이내에 화장품을 조제해 배송해주는데, 이 서비스는 좋은 반응을 얻었다. 이처럼 점차 개인

1 코스맥스, 인디브랜드 동반 성장으로 글로벌 1위 굳힌다, 코스메틱매니아뉴스 CMN, 2024. 4. 24.

화되는 시장에 대응하고자 생산 체제의 변화를 모색하는 기업이 증가하고 있다.

맞춤 시스템의 구축은 AI로 인해 더욱 가속화되고 있다. 최근 크래프톤의 신작 게임 〈인조이〉는 획기적인 캐릭터 커스터마이징으로 화제가 되었다. 〈인조이〉는 이용자가 신이 되어 소망하는 삶의 모습대로 모든 것을 창조하며 다양한 이야기를 경험하는 인생 시뮬레이션 게임이다. 게임 시작 전 캐릭터를 생성할 때 상당히 디테일하게 커스터마이징할 수 있어 전 세계의 주목을 끌었다. 캐릭터의 머리 스타일이나 얼굴의 이목구비는 물론이고, 체형, 셔츠의 소매 길이, 손톱 디자인까지 미세하게 조정해 원하는 스타일을 완성할 수 있다. 심지어는 프롬프트 기반 이미지 생성형 AI를 활용해 옷이나 가구를 포함한 각종 사물 패턴을 무궁무진하게 만들 수도 있다. 공개 이틀 만에 〈인조이〉에는 약 10만 개가 넘는 창작물이 만들어졌으며, 일각에서는 유명 걸그룹 아이돌과 미국 대통령 등 실존 인물과 똑같이 구현한 캐릭터가 화제가 되었다.[2] AI의 발전은 이전과 차원이 다른 맞춤 생산을 가능하게 한다는 점에서 토핑 경제로의 전환은 가속화할 전망이다.

2 '뉴진스부터 존윅까지' 크래프톤 '인조이', 캐릭터 커스터마이징 눈길… 창작물 10만 개 돌파(엑's 이슈), 엑스포츠뉴스, 2024. 8. 24.

둘째, 소비자 인게이지먼트 높이기

2010년 〈타임〉이 '50가지 최악의 발명품' 중 하나로 선정했던 못난이 크록스는 최근 반전의 서사를 쓰고 있다. '전 세계에서 가장 인기 있는 패션 브랜드 1위'로 뽑혔을 뿐만 아니라 매년 1억 5,000만 켤레가 판매되는 등 놀라울 만큼 성장하고 있다. 크록스가 큰 인기를 끌 수 있었던 데는 액세서리 '지비츠'의 공이 가장 크다. 신발 구멍에 꽂는 지비츠는 수많은 모양으로 출시되어 무한한 커스텀이 가능하고, 지비츠만 바꾸면 새 신발을 신는 느낌을 준다. 중요한 점은 크록스를 구매하면 끝이 아니라 지비츠를 매번 바꾸면서 소비자가 브랜드에 다시 유입되는 요인이 된다는 것이다. 토핑은 소비자가 상품을 구매한 이후에도 브랜드에 몰입하고 참여하게 만든다.

모듈형 가구 시장이 성장하는 것도 비슷한 맥락에서 해석이 가능하다. 보통 라이프 사이클에 따라 라이프 스테이지가 바뀌고, 아이가 자라면서 구매하는 가구 브랜드도 달라진다. 하지만 모듈러 가구는 라이프 스테이지에 제한 없이 구매가 가능하다. 일례로 2024년 까사미아에서는 초등학교 입학부터 성인이 될 때까지 사용 가능한 스마트 모듈 시스템 가구 '뉴아벨'을 선보였다. 책상, 침대, 옷장 등의 가구를 너비와 높이, 기능 디테일을 다양화한 40가지 모듈 옵션을 제공함으로써 아이가 성장하면서 필요에 따라 가구를 더하거나 빼면서 공간을 설계하는 에이지리스(ageless) 디자인으로 차별화를 꾀했다. 이 상품은 출시와 동시에 기존 가구 시리즈의 매출액 대비 약 세 배 높은 매출을 달성하며, 소비자의 선호를 증명했다.[3] 기존 가구에 모듈 가구를 더해 나만의 가구 조합을 완성할 수 있는 데다가 해당 브랜드를 계속 구매하게 된다는 점에서 소비자 인게이지먼트(engagement)를 높인 사례다.

셋째, 토핑으로 발생하는 비용 이슈에 대비

스타벅스는 소비자 기호에 따라 시럽, 우유, 자바칩 등을 더하거나 빼는 커스터마이징 주문 서비스로 유명하다. 이 서비스의 선택지를 조합하면 이론상 라테만으로 한 해 3,880억 가지의 메뉴를 만들 수 있다. 그런데 문제는 이 서비스가 메뉴 제조를 복잡하게 하고 바리스타의 업무 강도를 높여 사측과 직원 간의 갈등을 유발한다는 점이다. 결국 스타벅스는 2025년까지 매년 최대 30억 달러를 투자해 커스터마이징 메뉴를 소화하는 자동화 기기를 도입하기로 했다. 이 기기를 이용하면 바리스타가 소비자의 요구 사항을 일일이 기억하지 않아도 손쉽게 음료를 제조할 수 있다.

Z세대가 이끄는 새로운 소비 패러다임

소속감과 차별화의 갈등은 소비 시장을 움직이는 동력이다. 사

3 신세계까사, 설·신학기 앞두고 학생 가구 매출 36%↑, 아시아경제, 2024. 1. 30.

람들은 소속과 차별 사이의 갈등을 타개하고자 기본 도우 위에 자신만의 포인트를 줄 수 있는 토핑에 주목한다. 특히 1995~2009년 태어난 Z세대는 앞으로 토핑 경제 시장을 주도할 것이다. 글로벌 리서치 기업 닐슨아이큐(NielsenIQ)가 2024년 발간한 분석 보고서 〈Z세대 소비 행동(Spend Z)〉에 따르면, Z세대는 현재 전 세계 인구의 25퍼센트를 차지하며, 2030년에는 Z세대가 역대 최대 규모의 소비력을 갖춘 세대가 될 것이다. 주요한 소비층으로 자리 잡은 Z세대는 단순히 소비에 개인화를 추구하는 것을 넘어, 소비자가 주체적으로 원하는 토핑을 얹고 바꾸는 창의적 소비를 선호한다.

최근 몇 년 동안 국내 Z세대 사이에서 마라탕, 버블티, 요아정이 굉장한 인기를 얻었다. 이것들에는 소비자가 좋아하는 토핑을 선택해 나만의 메뉴를 구성할 수 있다는 공통점이 있다. 문제는 이 변화가 F&B 영역에 그치지 않는다는 것이다. 토핑 소비는 패션, 뷰티, 인테리어, 건설, 금융 등 전방위적으로 확산하고 있다. 이제 기업은 소비자에게 제품의 마지막 퍼즐을 맡겨야 한다. 소비자가 상품을 재해석하고 참여할 기회를 제공함으로써 소비자의 손에서 제품은 비로소 완성될 수 있다.

Me Generation을 사로잡는 초개인화 전략

이승윤 건국대학교

2013년 5월 미국 시사 주간지 〈타임〉은 디지털 네이티브를 대표하는 '밀레니얼 세대'를 '미 미 미 세대(The Me Me Me Generation)'로 정의했다. 이는 세상의 모든 것이 '나'에게 맞추어져 돌아가는 시대를 살아가는 첫 번째 세대라는 의미다. TV를 켜거나 유튜브와 넷플릭스와 같은 영상 제공 서비스 플랫폼에 접속하면 내가 좋아하는 영상이 제공된다. 내가 사용하는 카드 브랜드에서 제공하는 앱을 열면 과거 사용 내역을 기반으로 더 나은 혜택에 대한 제안이 쏟아진다. 세상이 자기중심적으로 돌아가는 것이 익숙한 지금의 젊은 디지털 네이티브에게 기업이 필수로 전달해야 할 경험 중 하나는 바로 초개인화 상품과 서비스다.

ME를 찾아주는 개인 맞춤형 비즈니스 시대

자기중심적인 소위 '미 센트릭(Me-Centric)' 세대가 등장하면서 고객 경험이 더욱 중요해졌다. 과거의 고객 전략은 나이, 성별, 거주 지역, 라이프 스타일과 같은 주요 변인으로 고객을 몇 가지로 분류한 뒤, 그룹별로 공통으로 좋아하는 것을 제공했다. 혁신 기술이 발달한 지금은 고객 전략이 여기에서 더 나아간다. 개인 니즈를 정확하게 분석하고 특화된 맞춤형 서비스를 제공하는 초개인화 방향으로 점차 바뀌고 있는 것이다.

초개인화 전략은 혁신 영역에서만 사용되지 않는다. 일상의 작은 부분에서도 초개인화 전략을 효과적으로 사용해 비즈니스를 확장하고 있다. '당신의 순간을 기록합니다'라는 메시지를 통해 젊은 디지털 네이티브의 감성을 자극하고 성공한 '시현하다' 사진관이 대표적이다. 고객의 이야기에 집중하고, 고객의 'ME'를 찾아주는 사진관으로 포지셔닝해 젊은 소비자를 사로잡았다.

전통적인 동네 사진관은 우리 일상에서 빠르게 사라져가고 있다. 디지털카메라와 스마트폰으로 누구나 고품질의 사진을 생산할 수 있는 시대에 큰돈을 내고 사진 찍는 사진관이 사라지는 것은 당연하다. 더구나 여권 사진으로 겨우 매출을 유지하던 전통적인 동네 사진관에 코로나19는 사망 선고나 다름없었다. 그런데 흥미롭게도 국세청 자료에 따르면, 공식적인 사진관 숫자는 오히려 지속해서 늘어났다. 코로나19 이전인 2018년에 1만 3,404곳이던 사진관은 코로나19 규제가 풀린 2022년에 1만 8,742곳이 되어 5년 사이 5,000곳 이상 증가했다. 다만 형태가 달라졌다. 10~20대에게 사랑받는 무인 셀프 사진관, 새로운 경험을 할 수 있는 전문 스튜디오가 전통 사진관을 빠르게 대체하고 있다.

과거에 사진관은 사진사가 사회적으로 요구되는 기준을 만족시키는 전형적인 사진을 만들어내는 곳이었다. 고객은 동네 사진관에 방문해 주로 여행 비자 획득이나 이력서 제출과 같은 특정 목적을 위한 사진을, 혹은 집의 한쪽 벽에 걸어둘 가족사진을 찍었다. 하지만 이런 전통 사진관과 달리, 시현하다는 다르게 고객에게 접근했다. 김시현 대표는 '왜 증명사진은 흰색 배경으로 찍어야 할까?'라는 질문을 던졌다. 그리고 고객이 원하는 색을 배경으로 증명사진을 찍게 해주었다.

시현하다에 방문하면 카메라 앞에 서기 전까지 긴 상담이 있다. 이를 통해 전문 사진사는 고객이 자신을 어떤 방식으로 드러내고 싶은지를 파악한다. 사진사는 사진 찍을 때 고객이 취향과 성향, 개성을 적극적으로 표현하도록 장려한다. 이 과정에서 창작자인 사진사의 요구에 따라 피사체로 찍히는 수동적 오브제였던 나는 사라지고, 표현하고 싶은 나를 정확하게 드러내는 개성 넘치는 내가 나타난다. 이와 같은 전문 스튜디오의 등장과 성장은 디지털 시대에 위기를 맞이한 산업이라도 명민하게 초개인화 전략을 사용했을 때 새로운 가치를 전달함과 동시에 비즈니스가 성장할 수 있음을 보여준다.

혁신 IT 기술로 전하는 초개인화 경험

지금 기업은 어떤 초개인화 전략으로 가치 있는 고객 경험을 전달하고 있을까. 혁신적인 IT 기술의 발달은 기업이 더 정교한 초개인화 전략을 만드는 데 중요한 역할을 한다. 특히 클라우드 컴퓨팅 기술은 기업이 고객의 개인 데이터를 효과적으로 수집하고 관리하게 해주며, 데이터 기반의 인사이트를 한층 쉽고 빠르게 뽑아내도록 한다. 그리고 다양한 미디어에서 가져온 데이터와 인터넷에서 얻은 소셜 데이터 등을 POS 데이터, 고객 참여 데이터 등과 결합해 고객 프로필을 정교하게 구축해준다.

넷플릭스와 구글, 아마존 등의 혁신 플랫폼 기업은 이 기술로 고객의 취향과 행동 패턴을 반영한 '초개인화 서비스'를 다양한 방식으로 내놓고 있다. 그리고 궁극적으로는 고객이 검색 창에 자기 니즈를 표현하지 않더라도 이를 예측하고 파악하여 제안하려 노력한다.

실제로 아마존이 도입한 AI 기반의 쇼핑 어시스턴트 기술은 고객이 원하는 상품을 찾기 위해 키워드 검색을 하지 않더라도 맞춤형 상품을 끊임없이 추천한다. 고객 구매 이력, 검색 패턴, 온라인 행동 데이터를 분석한 결과다. 또한 월마트가 제공하는 온라인 쇼핑객을 위한 AI 기반의 가상 피팅룸도 마찬가지다. 가상 피팅룸 이용을 위해 고객은 자기 사진을 업로드하고 키, 피부색, 체형의 개인 정보를 입력하기만 하면 된다. 그러면 가상 모델이 만들어져 멀리 떨어진 월마트에 가서 옷을 입어보지 않더라도 자신에게 가장 잘 어울리는 옷을 직접 입어본 듯한 경험을 할 수 있다. 월마트는 실시간 이미지 처리 기술과 컴퓨터 비전, 딥 러닝 등의 AI 기술로 옷을 입었을 때 몸이 드러나는 실루엣, 옷감 텍스처 정보까지 고객에게 전달하고자 노력하고 있다.

많은 기업이 AI 기술을 다양한 IoT(사물 인터넷) 기술과 접목한 초개인화 전략도 앞다투어 선보이고 있다. 삼성전자는 다양한 센서와 기기로 연결된 생태계를 만들어 최적의 고객 경험을 주는 '팀 삼성(Team Samsung)' 전략을 펼치는 중이다. 고객이 스마트싱스(SmartThings)라는 IoT 플랫폼에서 삼성전자 제품들을 연결하면, 삼성전자의 개별 가전은 고객의 집에서 하나의 팀처럼 움직인다. 고객 데이터를 읽어내 라이프 스타일에 맞는 경험을 전달하는 것이다. 그뿐 아니라 스마트싱스는 삼성 스마트폰 갤럭시로 연결, 집 밖에서도 24시간 내내 맞춤형 고객 경험을 할 수 있다.

특별한 경험을 주는 맞춤형 제품 생산

초개인화 전략은 맞춤형 '초개인화 제품'의 생산으로도 이어진다. 초개인화 상품을 제작하고 판매하려면 생산 시스템이 유연해야 하고, 제품 개당 생산비가 높아 범용화하기 어렵다. 이에 기업은 스마트 팩토리를 구축해 다양한 시도를 하고 있다.

대표적 기업이 스포츠용품 브랜드 아디다스다. 2016년 아디다스는 로봇, 3D 프린터를 이용한 제품 생산과 물류 흐름을 대폭 간소화한 스피드 팩토리(speed factory) 개념을 도입해 세계적으로 큰 반향을 일으켰다. 다양한 고객 요구에 신속하게 대응하고, 고객 맞춤형 신발을 생산하는 것은 신발 산업을 넘어 제조업 전반에 거대한 파장을 불러일으켰다. 이후 다양한 제조 기업이 실시간 데이터 수집 및 분석, 원격 자원 관리 및 제어를 주축으로 하는 스마트 팩토리의 청사진을 앞다투어 발표했다. 하지만 스피드 팩토리는 3년 만에 폐쇄되어 아디다스의 야심 찬 실험은 실패로 끝났다. 이는 제조업 분야에서 소량 맞춤형 제품 생산이 실현되기 힘들다는 것을 보여준 사례였다.

최근 특정 장소에서 고객에게 제품을 부분적으로 초개인화하는 경험을 주는 다양한 시도가 이루어지고 있다. 한국을 대표하는 문구 기업 모나미의 성수 스토어에는 잉크 랩(Ink LAB)이란 코너가 있다. 이곳에서 고객은 원하는 색상 세 가지를 골라 하나뿐인 자신만의 잉크를 만든다. 나만의 잉크는 모나미의 고객 데이터베이스에 저장되기 때문에 고객은 언제든 해당 잉크를 다시 만들어 필기구에 사용할 수 있다. 모나미는 잉크 외에도 다른 문구도 맞춤으로 만드는 경험을 제공한다. 저출산 시대, 가장 큰 위기를 겪는 문구 산업에 속한 모나미는 정교한 초개인화 경험으로 학생 문구를 넘어 성인의 니즈를 만족시키는 문구로 재탄생하고 있다.

이외에도 고객의 흥미를 끄는 이벤트성 초개인화 제품을 다양한 방식으로 선보이는 곳이 많다. 일본의 경제 신문 〈니혼게이자이〉는 일본 간판 주가 지수인 닛케이 225(Nikkei 225) 지수와 연동되어 커피 맛이 달라지는 닛케이 블렌드 커피를 출시해 큰 호응을 얻었다. 이 커피는 그날의 주식 시장 지수에 따라 원두와 그라인딩 방식이 정해진다. 지수가 상승할 때는 쓴맛 강한 커피가, 하락할 때는 신맛 강한 커피가 만들어지는 식이다. 커피를 구매한 뒤, 종이컵에 인쇄된 로고를 스캔하면 225개 기업의 주가 현황과 증시 전문가 영상도 곧바로 확인 가능하다. 닛케이 블렌드 커피는 초개인화 제품과 기업의 본질을 잘 연결한 상품이라 할 수 있다.

초개인화 제품은 초개인화 서비스와 달리, 생산 시스템 구축의 어려움, 생산 비용 상승 등의 문제가 있다. 따라서 대부분이 일회성 이벤트나 특정 장소에서 이미 존재하는 제품에 초개인화 경험을 추가하는 형태로 이루어진다. 이런 한계를 극복하기 위한 혁신이 기술의 발전으로 진행 중이다. 여러 데이터를 분석하는 알고리즘 분석 기술의 고도화, IoT, 로봇, 3D 프린터 등이 온디맨드(on-demand) 전략 체계하에 초개인화 경험 전달을 시도하고 있다.

온디맨드란 '요구가 있을 때는 즉시 언제든지 사용할 수 있는'이라는 의미다. 고객 수요(demand)에 초점을 맞추어 초개인화 제품을 생산하는 전략을 의미한다. 최근 온디맨드 제품 생산에 다양한 시도를 하는 것이 화장품 분야다. 화장품 업계 고객은 니즈가 섬세한 여성이 주를 이루는 데다가 얼굴형과 피부 타입, 나이에 따라 니즈가 달라서 이를 즉각적으로 파악하고 맞춤 제품을 제공하는 것이 중요하다.

예를 들어, 화장품 업체 뉴트로지나는 2022년부터 '마스크 id' 브랜드로 3D 프린팅 기술을 적용한 시트 마스크를 개발해오고 있다. 이 브랜드는 고객이 아이폰에 장착된 입체 카메라로 얼굴 사진을 찍으면 고객에게 가장 적합한 마스크를 3D 프린터로 제작해 전달한다. 또한 입생로랑뷰티는 AI 기반의 맞춤형 립 컬러 디바이스 '루주 쉬르 메쥬르(Rouge Sur Measure)'를 출시했다. 고객은 이를 활용해 자기 얼굴에 가장 잘 어울리는 립스틱 색상을 맞춤형으로 제조할 수 있다.

핵심은 디지털 네이티브의 일상에 스며들기

"오늘도 알 수 없는 알고리즘이 날 이곳으로 이끌었다." 유튜브

댓글에 자주 보이는 말이다. 정신없이 영상을 보다 보면 유튜브가 나보다 더 내 취향을 잘 읽어내어 내가 좋아할 만한 영상을 보여준다. 그러다 보니 10분만 보려고 했던 영상을 어느덧 몇 시간째 보기도 한다. 이렇듯 유튜브는 개인화된 추천 알고리즘을 기반으로 끊임없이 성장하고 있다. 바야흐로 초개인화 시대다.

새롭게 도래한 초개인화가 이전과 달라진 점이 있다. '나 같은' 사람을 위해 만들어진 것이 아니라, 오직 '나'를 위해 만들어진 특별한 경험을 진달한다는 것이다. 과거에 기업은 기업 브랜드 중심으로 브랜드가 지향하고 전달할 가치와 이미지를 규정하고, 어떻게 해야 경쟁자와 차별된 기술을 전달할지 고민했다. 그러나 이제 기업은 고객이 남긴 흔적을 잘 수집하고 가공하여, 누가 더 정확한 맞춤형 서비스를 제공할 것인가를 두고 경쟁한다.

자기중심적인 미 센트릭 고객이 주도하는 새로운 디지털 세상이다. 기업은 브랜드를 고객의 맥락에 맞게 끊임없이 변화시키는 유연성을 갖추어야 한다. 자기 취향이 뚜렷하고, 원하는 바를 끊임없이 탐색하는 2030 디지털 네이티브에게 선택받는 브랜드가 되려면, 그들의 흔적을 끊임없이 읽어내고, 그들이 살아가는 일상에 자리 잡아야 한다. 이것이 고객과 깊이 있는 관계를 맺기 위한 분석 도구를 끊임없이 개발해야 하는 이유다. 고객이 삶에서 어떤 가치를 중요하게 생각하는지, 누구와 어떤 대화를 하는지 등의 정보를 구축하는 데 집중할 필요가 있다. 앞으로 모든 산업의 승자는 고객이 처한 물리적 TPO(Time, Place, Occasion)에 맞추어 가장 섬세하게 제품과 서비스를 제공하는 기업이 될 것이다.

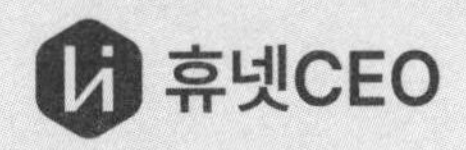

4

인문·혁신

복고를 통한 혁명과 혁신, 르네상스

장문석 서울대학교

르네상스(renaissance)는 중세 말, 근대 초 이탈리아에서 전개된 문화 운동으로 프랑스어로 '재생' 혹은 '부활'을 뜻한다. 그렇다면 무엇의 재생이요 부활인가? 고전 고대, 즉 그리스·로마 문화의 재생이자 부활이다. 여기서 르네상스에 대한 특정한 관점이 드러난다. 근대 서양 문화의 원류는 고대 그리스·로마 문화라는 관점이다. 이로부터 고전 고대와 르네상스 이탈리아, 근대 서양으로 이어지는 시간적 연속성이 확립된다. 서양 문화의 정통 계보인 셈이다.

이 계보를 완성하는 데 기여한 대표적 인물은 르네상스 연구의 대가인 스위스 문화사학자 야코프 부르크하르트(Jacob Burckhardt)다. 그는 르네상스의 본질이 인간과 세계의 발견에 있다는, 지금도 널리 통하는 주장을 제시했다. 그의 주장에 따르면 인간의 발견은 세계의 발견으로 이어졌다. 좀 더 구체적으로 '세계를 발견했다'고 함은 유럽인이 르네상스를 통해 정신적으로나 문화적으로 성숙해짐으로써 새로운 안목을 얻고 역량을 키워 비유럽 세계로 팽창해 나갔다는 뜻이다. 아메리카 신대륙의 발견과 정복은 그 결과였다. 그런데 이 주장에서는 유럽 중심주의적 관념을 어렵지 않게 발견할 수 있다. 르네상스로 상징되는 유럽의 문화적 탁월함으로 유럽의 팽창과 정복을 정당화하는 것이다.

르네상스의 밑거름이 된 '얽힘'과 '혼종'

최근의 연구들은 유럽 중심주의적 관념을 비판하며 대안적인 관점을 모색한다. 가령 이탈리아 역사학자 프란체스카 트리벨라토(Francesca Trivellato)는 지중해 세계를 무대로 유럽과 이슬람 사이에서 이루어진 활기찬 문화적 교류와 접촉 덕분에 르네상스라는 문화 운동이 가능했다고 주장한다. 이슬람 없이 르네상스도 없었다는 것이다. 사실 유럽인은 오랫동안 고대 그리스·로마 문화의 유산을 망각하고 지냈다. 그리스·로마의 고전을 보존하고 연구하며 번역한 것은 이슬람 세계였다. 유럽인은 오히려 이슬람 세계를 통해 고전 고대를 재발견한 셈이다.

이렇게 보면 '고대 그리스·로마–르네상스 이탈리아–근대 서양'으로 이어지는 시간적 연속성보다는 유럽과 이슬람이 어우러지는 공간적 통합성이 더 중요해진다. 이것이 트리벨라토가 신대륙 발견의 무대인 대서양 대신, 유럽과 이슬람 문화 교류의 물길이었던 지중해를 더 중요하게 본 까닭이다. 트리벨라토는 유럽과 이슬람이 상호 접속된 새로운 지중해의 역사를 쓰자고 제안하기까지 했다. 일찍이 지중해의 역사를 서술한 프랑스 역사학자 페르낭 브로델(Fernand Braudel)과 오리엔탈리즘이라는 유럽 중심주의적 담론의 역사를 추적한 미국 비교문학자 에드워드 사이드(Edward Said)와 같은 위대한 학자들을 본보기로 삼아서 말이다.

트리벨라토가 이야기한 새로운 역사에서 르네상스는, 유럽 내부적 힘의 소산이 아니라 문명 간 관계의 탄생한 산물로 파악될 것이다. 또한 순수한 유럽 혈통의 문화가 아니라 이질적인 문화가 상호 작용을 하고 혼합되어 형성된 문화로 이해될 것이다.

바로 여기에 핵심이 있다. 르네상스의 비밀은 '얽힘'과 '혼종'이다. 다른 문화와 만나서 배우고, 그럼으로써 자기를 돌아보는 문화적 학습과 성찰의 과정이야말로 르네상스 문화 혁명의 밑거름이었다. 다른 세계에 진 빚을 인정하지 않으려는 아집, 서로 어울려 만들어낸 성과를 홀로 독점하려는 욕심은 르네상스라는 문화적 혁신을 왜곡하고 변질시킬 따름이다. 거듭 강조하듯 르네상스는 국경을 넘나드는 문화적 교류와 접촉으로 가능했다. 그런 점에서 르네상스의 역사는 '우리'와 '그들'이 함께 참여하는 개방적이고 다원적인 글로벌 역사의 일부로서 파악될 때만 온전히 이해될 수 있다.

복고를 통한 혁명, 르네상스

사실 이탈리아 르네상스의 압도적 비주얼을 자랑하는 예술은 르네상스 휴머니즘, 즉 인문주의의 산물이다. 예컨대 피렌체 우피치미술관을 가득 채운 르네상스의 걸작에는 하나같이 자유롭고 비판적인, 인문주의적 영혼이 깃들어 있다. 그리고 이 작품들은 르네상스 인문주의자와 예술가의 앎과 배움에의 의지와 열정을 고스란히 반영한다.

미켈란젤로와 관련된 재미있는 일화가 전해진다. 눈보라가 치는 날, 한 추기경이 어디론가 황급히 걸어가는 미켈란젤로를 보았다. 추기경은 그에게 어디를 가냐고 물었다. 이에 미켈란젤로는 답했다. "배울 것이 있어 학교에 갑니다." 미켈란젤로와 같은 르네상스 예술가의 완벽은 곧 철저하게 앎을 추구하는 태도, 진지하게 배움을 지향하는 자세에서 나왔다.

앎과 배움을 향한 집요하고 부단한 학습 과정은 르네상스 인문주의자의 고전 연구에서 엿볼 수 있다. 인문주의는 한마디로 '고전 연구'로 정의된다. 인문주의자는 과거의 고전과 대화함으로써 현재를 살고 미래를 품을 지혜를 얻었다. 고전 연구에서 얻은 새로운 지식과 안목으로 인간과 자연을 성찰하고 사회와 정치를 비평했다. 그렇다면 르네상스의 원뜻인 '재생'과 '부활'이 가리키는 참뜻은 '혁신'과 '혁명'이라고 할 수 있다. 과거에 준거함으로써 미래를 준비한다는 것이다. 그러므로 과거를 돌아보는 복고와 미래를 내다보는 혁명은 충돌하기보다는 공존한다. 온고지신(溫故知新)이라는 말도 있듯이, 복고를 통한 혁명이라는 역설은 충분히 가능하다(물론 혁명을 통한 복고도 가능할 것이다). 그런 역설로부터 르네상스 문화혁명의 화려한 결과물이 탄생했다.

르네상스 혁신 메커니즘의 걸작

르네상스 예술의 화려한 결과물 중 하나가 피렌체의 랜드마크인 두오모, 정확히는 산타마리아 델 피오레 대성당(Cattedrale di Santa Maria del Fiore, 꽃의 성모 성당)이다. 이 성당은 지금까지 말한 르네상스 혁명과 혁신의 실제를 오롯이 보여주는 걸작이다. 피렌체의 두오모는 라이벌 도시였던 시에나와 겨루며 도시를 대표하는 성당의 규모를 키워나갔다. 그래서 맨 처음 성당을 본 사람은 그 압도적 크기에 놀란다. 무엇보다 경이로운 것은 육중하면서도 풍선처럼 사뿐히 앉아 있는 성당의 돔 지붕으로, 이는 피렌체 두오모의 혁신적 아이콘이다. 이 아이콘은 전 세계 수많은 관광객을 피렌체로 끌어당기는 자석과 같다. 그 가치는 이루 헤아릴 수 없으리라.

거대한 자력을 발산하는 돔 지붕을 제작한 사람은 피렌체 출신의 위대한 건축가 필리포 브루넬레스키(Filippo Brunelleschi)다. 그는 애칭인 '피포'로 불렸다. 원래 피포의 전공은 금속 세공과 조각이었다. 그러나 피렌체 조각 경연 대회에서 충격적 패배를 당하고선 조각을 포기했다. 한때 기세등등했던 피포는 자신이 깔본 로렌초 기베르티(Lorenzo Ghiberti)에게 1등 자리를 빼앗기고 크게 낙심한 나머지 고향 피렌체를 떠나 낯선 로마에 정착한다. 떠남은 만남의 시작이었다. 로마로의 이주는 그에게 고대 건축물과 호흡하고 고대 건축학 지식을 습득하는 소중한 기회가 되었다. 그는 로마에서 15년 동안 타향살이를 하며 새로운 지식과 전망을 자기 것으로 삼은 후 귀향하여 혁신적인 돔 지붕을 만들었다.

오늘날에도 경외의 대상인 피렌체 두오모의 돔 지붕을 올리기 위해 피포는 정밀한 설계도를 작성하고 각종 기계와 기구를 발명하며 실험적인 벽돌 쌓기 공법을 적용했다. 그는 판테온을 비롯한 고대 로마 건축물을 관찰하고 고대 그리스의 수학 및 기계학과 로마 건축학의 고전을 탐독하며 부단히 지식을 쌓아갔다. 특히 비잔티움과 페르시아의 건축을 연구하면서 지평을 넓혀 자신만의 건축 세계를 완성했다.

어떤 이는 피포가 다른 세계의 건축물을 직접 보고 배우기 위해 아나톨리아 방면으로 머나먼 여행을 떠났었다고 주장한다. 물론 증거가 없는 추측일 뿐이다. 그러나 당시 피렌체와 로마를 비롯한 이탈리아 도시에는 아시아와 아프리카 출신의 상인과 노예가 많았기에, 피포는 이방인의 입과 그들이 갖고 온 책으로 새로운 지식을 습득했을 공산이 아주 크다.

피렌체 두오모의 혁신적 돔 지붕은 혁신의 메커니즘이 어떻게 작동하는지를 상징적으로 보여준다. 우리는 이를 통해 혁신이 무엇보다 외부에서, 더 정확히는 고대 세계와 이슬람 세계로 대표되는 다른 세계와의 만남에서 온다는 통찰을 얻는다. 여기서 다른 문화와의 얽힘과 혼종이 르네상스 문화 혁명의 힘이었음을 새삼 떠올리게 된다.

자아와 타자가 마주칠 때 새로운 문화가 싹튼다

혁신의 원천은 '타자(the Others)'와의 마주침이었다. 그러나 혁신은 내부에서도 온다. 자기 자신이 되려는 절실함, 자기를 발견하려는 의지, 나아가 '자아(the Self)'에 대한 성찰의 결과다. 그렇다면 자아와 타자의 교차로에서 새로운 문화가 싹튼다고 말할 수 있다. 새로운 문화는 그저 정보를 검색하고 저장하는 행위에서 나타나지 않는다. 나와 타자의 관계를 인식할 때, 즉 우리와 그들을 구별 짓는 동시에 연결 짓는 모든 것을 이해할 때 비로소 생성된다.

현대 이탈리아 정치사상가인 안토니오 그람시(Antonio Gramsci)

는 이런 말을 남겼다. "새로운 문화의 창조자가 되기 위해서는 무엇보다 자기 자신이 되어야 하고, 자기 자신이 되기 위해서는 자기를 인식해야 하며, 또 자기를 인식하기 위해서는 먼저 '그들'을 인식해야 한다." 그러니까 그와 같은 인식에 도달하려면 타인이 건설한 문명과 역사, 다시 말해 그들이 그들 자신이 되기 위해 피땀 흘리며 문명 건설에 기울인 피땀과 노력, 그리고 그 이야기 전부를 이해해야 한다는 것이다.

과연 역사의 각 페이지는 그들이 문명을 일구어낸 이야기로 빼곡히 채워져 있다. 만일 혁신이 이미 다른 때, 다른 곳에 존재하는 것들에 대한 인식에서 비롯된다면, 혁신이란 '무'에서 '유'를 창조하기보다는 '유'에서 '유'를 만들어가는 과정이라고 할 수 있다. 그리고 존재하는 모든 것의 집적소인 역사 곳곳에 잠재적 혁신의 텍스트가 흩어져 있다. 이 켜켜이 먼지 쌓인 텍스트를 발견함으로써 우리는 세상을 혁신하는 인사이트를 얻는다. 당연히 르네상스는 혁신의 한 사례일 뿐이다. 다른 시대, 다른 공간에서도 혁신의 무수한 사례를 찾아낼 수 있다.

결론을 대신하여 20세기 혁신의 사례로서 자동차의 대량 생산을 실현한 미국 기업가 헨리 포드를 생각해보자. 그가 자동차의 조립 라인이라는 혁신적 발상을 떠올린 것은 도축 공장의 해체 라인에서였다. 도축 공장에서는 작업자가 움직이지 않아도 도축된 고기가 연속 공정을 거쳐 부위별로 해체되고 포장까지 완성된다. 도축 공장을 본 사람은 많았지만, 이를 거꾸로 적용하여 자동차 조립 라인의 아이디어를 떠올린 사람은 포드가 처음이었을 것이다. '자동차 대중화'의 원대한 꿈은 그렇게 현실이 되기 시작했다.

한국 사상의 뿌리,
최치원의 '풍류'

박현모 세종국가경영연구소

"어지러운 시절을 만나 운수가 꽉 막혔다."

김부식이 본 최치원의 삶이다. 혼란한 세상에서 태어난 그는 한 걸음도 나아가지 못했다. 어려움이 이어졌고, 조금만 움직이면 비난받곤 하여 불우함을 스스로 한탄했다. 《삼국사기》의 〈최치원 열전〉 기록을 보면 숨이 턱턱 막힌다.

신라의 관료가 된 당나라 최고 문장가 최치원

12세에 중국으로 유학하러 가서 874년 18세 때 당나라 과거에 합격한 그였다. 881년 '황소의 난'이 일어나자, 출사(出師)를 자원하여 4년간 군막에서 글을 지었다. 반란군 대장 황소의 마음을 철렁하게 만든 격문(檄文)으로 국제적 명성을 얻었다. 신라 사신을 통해 고국의 소식을 듣고 있던 그는 헌강왕의 개혁 정치에 고무되어 884년 8월 귀국했다. 귀국한 다음 해에 시독(侍讀) 및 한림학사로 임명하며 그를 신임했던 헌강왕이 얼마 안 있어서 사망했다(886년 7월). 이때부터 그의 관직 생활은 꼬이기 시작했다.

새로 즉위한 정강왕이 1년 만에 사망하고, 진성여왕이 그 뒤를 잇자 진골 귀족의 반발이 시작되었다. 헌강왕 이후, 진성여왕 때까지 정계 진출이 두드러졌던 최치원 등 육두품과 화랑 출신 인물은 진골의 철저한 따돌림의 대상이 되었다(888년 왕거인 사건). 설상가상으로 심각한 가뭄 속에 농민 봉기가 계속되었고, 궁예와 견훤은 신라를 부정하며 세력을 모았다. 이런 상황에서 '글로 밥을 벌어먹는[筆耕]' 최치원 같은 지식인이 설 자리는 없었다. 한때 병부시랑이란 직책을 받아 반란 진압의 책무를 맡기도 했으나 별다른 성과를 거두지 못했다.

김부식은 "많은 이의 의심[疑]과 시기[忌] 때문에" 최치원이 신라에서 받아들여지지 못했다고 보았다. 하지만 의심과 시기가 없는 시대가 있었던가. 정치 투쟁에 미숙한 게 더 큰 문제였다. 그는 궁예나 견훤, 그리고 왕건처럼 자기 세력을 모을 줄 몰랐다. 정적을 분열시키는 방법에도 무지했다. 최치원이 왕에게 올린 '시무십여조(時務十餘條)'라는 사회 개혁안(894년)은 오히려 정적을 단결시켰고, 그를 정계에서 완전히 물러나게 했다.

진성여왕 역시 정치를 몰랐다. 그녀는 즉위한 직후, 대사면령과 함께 1년간 조세를 면제하는 조처를 했지만 이듬해부터 가뭄이 극심해져 국가 재정이 어려워지자 세금 징수를 독촉했다. 그리고 경문왕계 왕실을 신성화하기 위해 각간 위홍에게 《삼대목》[1]의 편찬을 지시했다.

곧바로 반발이 시작되었다. 각간 위홍과 여왕의 불륜설이 나돌더니, 상주에서 농민 봉기가 일어났다. 국정 농단설로 국왕이 권위를 잃자 국가 기강이 급속히 무너졌다. 《삼대목》 프로젝트 역시 효과를 거두지 못했다. 인기 영합적인 세금 면제 후의 갑작스러운 납세 독촉으로 민심을 크게 잃은 결과였다. 이는 조선 시대 세종이 《농사직설》 프로젝트로 먹는 문제를 먼저 해결하고 난 후 '아악 정비'라는 문화 사업을 추진하여 성과를 거둔 것과 대조되는 장면이었다.

1 《三代目》. 신라의 상대, 중대, 하대 등 삼대에 걸친 가집(歌集). 후대에 전해지지 않으나 방대한 규모였을 것으로 추측된다.

정계에서 물러나 한국 사상사에 획을 긋다

최치원은 42세 무렵 정계에서 완전히 물러났다. 조선 순조 때의 지식인 홍석주는 "지위와 명성을 떨칠 길이 아직 남아 있었는데도, (최치원) 스스로 산림의 적막한 곳으로 나아가 배회하며 그 몸을 마쳤다"라고 했다(《계원필경집》 서). 하지만 최치원이 정치를 버린 게 아니라 정치가 그를 밀어냈다고 보아야 한다.

그런데 조선의 정약용이 그랬듯이, 최치원은 정치에서 밀려난 덕분에 수많은 글을 남길 수 있었다. 현전하는 한국 최고(最古)의 문집 《계원필경집》이 그 예다. 필경(筆耕)이라는 책 제목처럼, 그는 밭을 갈고 김을 매듯 글을 썼고, '난랑비서(鸞郎碑序)'라는 한국 사상사에 벼락같은 축복을 남겼다.

난랑(鸞郎)이라는 화랑을 기리는 이 글에서 최치원은 '한국 사상의 시원(始原)'에 대해 언급한다. 한국 사상의 뿌리에 대해 물어보면 많은 사람이 머뭇거린다. 흔히들 호메로스의 《일리아드》나 《오디세이》에서 유럽인의 정신세계를 찾고, 공노장주(공자, 노자, 장자, 주자)의 책으로 동아시아 사상의 본류를 이야기한다. 이에 비해 한국인이 공유하는 정신적 특징이 담긴 문헌이나 사상이라고 일컬을 만한 게 없었다. 무속 신앙이 한국 전통 사상으로 지칭되기도 하지만 이는 사람과 신령 사이의 중재자 역할을 하던 무당(shaman)이 조상신 같은 초자연적 존재와 교류하는 종교적 현상인 샤머니즘

(shamanism)으로, 토테미즘(totemism)[2]과 함께 한국뿐만 아니라 전 세계 여러 문명권에서 발견된다.

그런데 놀랍게도 최치원은 "나라에 현묘한 도가 있는데, 그것은 바로 풍류[國有玄妙之道 曰風流]"라고 선언한다. 그에 따르면 풍류의 내용은 유불선 3교를 포함하는데[包含三教], 뭇 삶들을 접하며 교화한다[接化群生].

먼저 유교와 불교와 도교라는 외래의 종교 혹은 사상을 포함한다는 말은 무슨 뜻인가? 어떤 연구자는 풍류 안에 3교가 이미 잉태되어[包] 있으면서 서로 모순되거나 갈등을 빚지 않고 회통하게 한다[含]는 뜻이라고 해석한다. 우리 민족은 외래 사상이나 종교를 받아들이는 데 있어 대체로 열려 있는데, 정치가 개입하지 않을 경우에 종교 분쟁이 없는 이유를 여기서 찾기도 한다. 흔히 신라의 이차돈 불교 순교나 조선 후기 천주교 탄압을 종교 마찰의 예로 들지만 그 내용을 들여다보면 두 사건 모두 종교를 표방한 정치적 사건임을 알 수 있다.

흥미롭게도 최치원은 '난랑비서'에서 풍류가 뭇 삶들을 접하며 변화시킨다[接化群生]고 말한다. 외래 사상이라 하더라도 이 나라에 들어오면 사람들의 삶 속에 접합되면서 변화되게 만드는 게 풍류라는 말이다.

2 특정 동물이나 자연물 숭배 사상.

최치원은 공자의 여러 가르침 중에서 이 나라 사람들에게 받아들여진 게 '집에 들어와서는 부모에게 효도하고, 바깥에 나가면 나라에 충성하는 삶[入則孝於家 出則忠於國]'이라고 말했다. 또한 노자에게서는 '일할 때 억지로 하지 말고, 말로 애써 가르치지 말라[處無爲之事 行不言之敎]'는 가르침이 큰 공감을 불렀고, 마지막으로 석가에게서는 '어떤 악행도 저지르지 말고 선행은 모두 받들어 행하라[諸惡莫作 諸善奉行]'는 가르침이 이 땅의 사람들의 마음에 새겨졌다고 이야기했다.

공자와 노자와 석가의 언행에는 이외에도 많은 가르침이 있었으나, 이 세 가지가 한민족에게 으뜸 취지[宗旨]로 받아들여서 뭇 삶을 변화시켰다는 소리다. 이는 하늘에서 내려온 단군의 아버지 환웅이 이 땅에 머물러 살면서 이치로 교화했다[在世理化]는 말과 같은 맥락이다. 뭇 삶에 영향을 주었고 또 받은 것이다.

다른 한편 접화군생(接化群生)에서 '군생'을 화랑도로 보는 시각도 있다. 난랑이라는 화랑을 기리는 글인 만큼 '신라의 화랑들이 풍류를 배우고 익히면서[接] 변화되었다[化]'로 해석해야 한다는 주장이다. 실제로 최치원은 화랑정신을 갖춘 국왕, 즉 난랑 군주가 신라를 다시 일으킬 수 있다고 보았다. 그는 화랑 제도를 통해 신라의 국력을 융성시킨 '진흥왕의 영광'을 부흥시키고 싶어 했다.

그 점에서 화랑[國仙] 출신으로서 왕위에 오른 뒤에 인재 양성 기관인 국학을 방문하는 등 정치 혁신을 꾀했던 경문왕은 '진흥왕의 전설'을 되살릴 좋은 모델이었다. 《삼국사기》 진흥왕 조에 기록된 것처럼 화랑의 길, 즉 다음 세 가지를 갖춘 지도자의 출현을 고대했다.

첫째, 도의로써 서로 몸을 닦고[相磨道義]
둘째, 노래와 춤으로써 서로 즐기며[相悅歌樂]
셋째, 자연과 더불어 즐기는 여유[遊娛山水]

진성여왕 초기에 편찬된 《삼대목》은 그런 리더십에 대한 찬미와 갈망의 결집체였다.

풍류, 한국형 리더십의 문전옥답

우리나라에 풍류라는 현묘한 도가 내려오고 있다는 최치원의 선언은 '한국적인 것'을 이야기할 때면 시대를 초월해서 항상 소환되는 소재다. 고려와 조선 시대에 들어 풍류의 사상적 융합이나 리더십 요소가 크게 줄어들고, 산천 제사나 예술과 놀이적 요소만 부각된 측면이 있다.

그럼에도 불구하고 한국인의 '멋'과 '포용' 그리고 '조화로운 섞임'을 이야기할 때, 풍류는 늘 회자되는 지적 아이콘이다. 그런데 한국인의 마음을 움직이는 저력을 연구하는 내가 볼 때 최치원의 화랑 풍류는 오랜 세월의 마모를 이겨낸 한국형 리더십의 문전옥답이다. 자기부터 바로 서고 다른 사람들도 잘 살아가게 만드는 리더의 지적 능력(학습), 노래와 그림을 통해 한데 어울려질 수 있는 공감력(예술), 그리고 일을 벗어나 자연 속에서 노닐 수 있는 여유로움(놀이)은 한국인이 오랫동안 희구해온 리더십의 3요소인 것이다.

어딜 가도, 무엇을 해도 걸리고 넘어졌던 최치원이 부닥친 현실정치의 벽이 결코 남 일 같지 않다. 그는 그 벽 넘는 일을 내려놓고, 문득 뒤돌아서서 역사의 산맥을 기어오르기 시작했고, 마침내 이 땅 사람들의 정신적 특징을 꿰뚫는 글을 쓸 수 있었다. 올여름이 끝나기 전에 최치원이 함양 태수로 있을 때 조성했다는 상림을 걸어보려 한다.

[참고 도서]

- 이은경, 《풍류: 동아시아 미학의 근원》, 보고사.
- 최영성, 《고운 최치원의 철학사상》, 도서출판 문사철.

유럽을 완전히 바꾼 중세의 지중해 교역

남종국 이화여자대학교

지중해는 고대부터 근대 초까지 줄곧 유럽 역사의 중심 무대였다. 무엇보다도 지중해는 여러 문명이 상호 교류하는 교류의 장이었고, 인간과 상품, 종교와 철학, 사상, 정보, 기술 등이 끊임없이 오갔다. 하지만 지중해를 통한 교류와 성격은 시대별로 달랐으며, 교류를 주도했던 주인공들 역시 시대적 부침을 겪었다.

고대부터 현대까지 지중해 세계 전체를 통일한 세력은 고대 로마가 유일했다. 그런 연유로 1세기 그리스 출신의 지리학자 스트라본(Strabon)은 지중해를 '우리의 바다(mare nostrum)'라고 했다. 당시 그리스를 포함한 전 지중해 세계는 로마 제국의 영토였고, 지중해는 로마 제국의 통일성을 담보하는 역할을 했다. 지중해가 없었다면 로마 제국은 생존도 불가능하고, 방대한 제국을 통치할 수도 없었을 것이다. 330년 제국의 수도가 로마에서 콘스탄티노폴리스로 옮겨 감에 따라 제국의 무게 중심이 서지중해에서 동지중해로 이동했지만, 로마 제국의 통일성은 여전히 유지되었다. 5세기 게르만족의 대이동은 서로마 제국의 멸망을 가져왔으나, 지중해의 경제적·종교적 통일성은 유지되었다. 지중해 교역은 계속되었고 게르만족은 로마 제국이 국교로 채택했던 기독교를 수용했다.

7세기 아라비아반도에서 급성장한 이슬람의 지중해 진출은 새로운 시대를 예고했다. 벨기에 역사가 앙리 피렌느(Henri Pirenne)는 이슬람의 지중해 진출로 지중해를 통한 동서 교역은 중단되었다고 주장했지만, 실제로 지중해 교역은 중단되지 않았다. 그러나 이슬람의 지중해 진출은 중세 지중해 역사에서 분명 새로운 국면과 시대가 시작되었음을 알리는 사건이었다. 이후 서유럽의 기독교 문명, 비잔티움 제국의 정교 문명, 그리고 아시아, 아프리카, 유럽 모두에 걸쳐 있던 이슬람 문명은 지중해를 차지하려고 치열하게 경쟁을 시작했다.

뚜렷한 개성을 가진 세 종교 문명은 대립을 거듭하면서도 교류를 멈추지 않았다. 세 문명은 이전보다 더 다채로운 방식으로 상품, 지식, 기술, 정보, 문화와 예술 등을 교환했다. 물론 상호 교류가 항상 평화롭지는 않았고, 십자군 전쟁과 같은 지중해를 차지하기 위한 전쟁이 벌어지기도 했다.

지중해 세계에서 경쟁·대립·교류한 종교

세 종교 문명이 7세기부터 15세기까지 지중해를 매개로 펼쳤던 교류와 접촉의 역사는 그 자체로 흥미롭다. 지중해의 척박한 자연환경을 배경으로 세 문명이 각축을 벌이는 가운데 역사는 때로 생각지도 못한 방식으로 흘러갔다. 가장 늦게 지중해에 탄생한 이슬람 문명은 고대 그리스와 로마의 지적 유산을 상속하며 큰 발전을 이룩했다. 반면에 중세 초기 서유럽 기독교 문명은 고대 그리스와 로마의 지적 유산을 이교도의 소산으로 배척했고, 이는 결국 인문학의 발전을 가로막았다. 비잔티움 제국의 정교 문명은 기독교 신학 이외의 학문을 소홀히 했다. 그래서인지 일반적으로 비잔티움 제국은 이슬람이 지중해로 진출하는 7세기부터 멸망하는 1453년까지 지중해 세계의 학문과 지식 분야에서 한 번도 주도권을 잡지 못했던 것으로 알려져 있다.

결과적으로 중세 지중해 교류에서 가장 큰 이득을 얻은 최후의 수혜자는 서유럽 기독교 문명이었다. 7세기 아라비아반도를 중심으로 탄생한 이슬람이 본격적으로 진출해서 지중해 절반을 정복한 800년 무렵, 서유럽 기독교 세계는 가장 발전이 늦은 지역이었다.

하지만 700년 후인 16세기 무렵에 서유럽 세계는 지중해를 넘어 아시아와 아메리카로 진출해 근대 세계 형성에 주도적인 역할을 하게 된다. 그사이에 무슨 일이 있었던 것일까?

서유럽 기독교 세계가 발전할 수 있었던 배경 중 하나는 바로 선진 문명이었던 이슬람 세계와 비잔티움 제국으로부터 많은 것을 배우고 수용한 덕분이었다. 십자군 전쟁이 한창이었던 12세기 서유럽 세계는 아랍어로 된 다양한 분야의 서적을 라틴어로 번역해 이슬람의 선진 학문을 들여왔다. 물론 상당한 저항이 있었지만 말이다. 중세 말 서유럽 세계의 대표적 상업 도시였던 베네치아와 피렌체가 근대 여명을 알리는 르네상스 시대를 창조할 수 있었던 물질적 배경은 지중해 교역을 한 막대한 부였다.

종교, 학문 발전을 저해하다

지중해는 상품과 인력 외에도 지식, 사상, 종교가 계승되고 전파되는 공간이었다. 지중해 주변 지역에서는 일찍부터 여러 고대 문명이 찬란한 발전을 거듭했고, 지중해 세계에서도 이렇게 이룩된 지적·문화적 성취를 자양분 삼아 지식과 학문을 발전시켰다. 하지만 지식의 계승과 발전은 시간에 따라서 저절로 이어지는 자연스러운 과정이 아니고, 지식의 확산은 더더욱 그러하다. 후대의 문명은 의식적이건 무의식적이건 이전 문명이나 동시대의 다른 문명의 유산을 받아들이거나 거부할 수 있다. 실제로 고대 지중해 문명의 많은 지적 유산이 사라졌는데, 이는 화산 폭발 등의 자연재해 탓도 있지만, 그것이 전부는 아니었다. 종교, 도덕, 윤리, 전통 등의 장벽이 자주 지식의 전수와 보존을 가로막곤 했다.

중세 지중해 세계에서 타 문명의 지식과 사상을 수용하는 데 가장 큰 걸림돌이었던 주체는 종교였다. 오늘날 가장 폐쇄적인 종교는 이슬람교라고 이야기하지만, 긴 역사는 이런 인식이 오해와 편견임을 보여준다. 원칙적으로 특정 종교의 교리와 전통이 다른 종교에 비해 더 폐쇄적이라고 말할 수는 없다. 중세 지중해 세계에서 가장 적극적으로 외부로부터 지식과 학문을 받아들인 세력은 이슬람의 아바스 왕조였고, 덕분에 아바스 왕조는 이슬람 역사에서 찬란한 지식 혁명을 이루었다. 하지만 중세 말 이후 근대로 갈수록 이슬람 세계는 상대적으로 타 문명과 문화에 덜 개방적으로 바뀌었다.

중세 서유럽 기독교 세계는 어떠했을까? 하버드대학교 스티븐 그린블랫(Stephen Greenblatt) 교수는 저서 《1417, 근대의 탄생: 르네상스와 한 책 사냥꾼 이야기》에서 로마 제국이 기독교를 국교로 정한 시점을 전후로 고대 그리스와 로마의 지적 유산이 유럽에서 어떻게 잊혔는지를 흥미롭게 기술했다. 그는 베수비오 화산 폭발보다 전쟁과 신앙이라는 이름으로 가해진 폭력이 고대 유산을 더 많이 파괴했다고 말하면서, 고대 지중해 세계에서 최대 규모의 장서를 자랑했던 알렉산드리아도서관의 소멸을 그 예로 들었다.

전성기의 알렉산드리아도서관은 50만 권의 파피루스 두루마리를 소장하고 있을 정도로 지중해 최대 규모의 도서관이자, 고대 문명의 결정판이었다. 하지만 카이사르의 정복 전쟁이 진행 중이었던 기원전 48년 장서 일부가 불타서 소실되었다. 4세기 말과 5세기 초에는 기독교인이 알렉산드리아에서 이교 신상을 파괴했고, 그 과정에서 도서관도 화를 피하지 못했다. 이교 신앙뿐만 아니라 학문 또한 탄압의 대상이었기 때문이다. 이 사건 이후 많은 학자가 알렉산드리아를 떠났고, 알렉산드리아는 고대 학문의 중심지로서의 명성을 잃었다.

더욱 심각한 문제는 고대 학문에 대한 중세 초 신학자의 태도였다. 기독교 초기에 교리를 확립하는 데 혁혁한 공을 세운 교부들조차 고대 그리스 학문을 배우는 것을 멀리했고 심지어 불경하다고까지 생각했다. 대표적인 교부이자 불가타 성경(Vulgata Bible, 라틴어로 번역된 성경)을 만든 히에로니무스(Hieronimus)는 고대 이교 학문을 배우는 것에 대해 죄책감을 느끼다가 결국 포기하고 신학에 매진했다. 중세 서유럽 수도회 창시자였던 베네딕투스(Benedictus) 역시 인문학과 같은 교양 학문을 죄악으로 생각했다. 히에로니무스와 베네딕투스의 이러한 내적 고민과 결론은 향후 기독교가 인문학을 바라보는 기본 방향을 결정했다.

십자군 전쟁, 패권 변화의 시발점이었을까?

일반적으로 1095년 시작되어 13세기 말 끝난 십자군 전쟁은 지중해 패권 변화의 시발점으로 간주된다. 이 역사 해석에 따르면 십자군 전쟁은 이탈리아 여러 해양 도시가 지중해 무역의 주도권을 장악하는 발판을 마련해주었다. 그러나 이탈리아 항구 도시 제노바, 피사, 베네치아, 아말피는 십자군 이전부터 이집트, 시리아, 비잔티움 제국과 활발한 상업 교류를 하고 있었다. 십자군 전쟁은 패권의 변화를 불러오지는 않았지만, 수세에 몰려 있었던 서유럽 세계가 이슬람과 비잔티움 세계에 대해 공세로 전환하는 계기가 되었다.

십자군 전쟁이 치러진 200년 동안 그나마 성공한 것은 1차 십자군 정도였다. 서유럽 기독교 세계는 1차 십자군의 승리로 시리아와 팔레스타인에 네 개의 십자군 왕국을 건설했다. 이 성공은 사실 서유럽의 우세보다 이슬람 세계의 분열 덕분이었다. 따라서 결과를 고려할 때 십자군은 지중해 세계에서 군사적 패권에 변화를 일으켰다고 할 수는 없으나 교역 주도권에는 변화를 가져왔다. 십자군 전쟁의 최대 수혜자는 이탈리아 상업 도시들이었다. 제노바와 피사는 십자군 왕국으로부터 상업 특혜를 얻었고, 베네치아는 4차 십자군을 통해 동 지중해 해상 제국으로 성장하는 기회를 잡았다.

12~13세기의 번역 운동

역사에서 번역은 문명을 발전시키는 핵심 원동력이다. 타 문명의 앞선 학문과 지식을 번역하고 배움으로써 큰 지적 발전을 이룰 수 있기 때문이다. 중세 지중해에서 아바스 왕조의 지식 혁명이 그랬다. 750년 우마이야 왕조를 무너뜨리고 건국한 아바스 왕조는 고대 지중해 문명의 지적 유산을 이교 학문이라 배척하지 않고, 한층 더 발전시켜 철학과 과학 분야에서 새로운 창조적 결과물을 만들어냈다.

이를 선도했던 아바스 왕조의 군주는 2대 칼리프 알 만수르(Al-Mansur)였다. 그는 지식 혁명의 불을 지폈던 위대한 군주였고, 유클리드의 기하학 원리를 기반으로 새로운 도시 바그다드를 건설한 뒤 이곳을 수도로 삼았다. "짐은 이곳에서 영생을 누릴 것이고, 이곳은 내 후손의 고향이 될 것이다. 그리고 의심의 여지 없이 이곳은 세상에서 가장 번성한 도시가 될 것이다"라고 했던 그의 예언대로 바그다드는 중세 이슬람 문명을 대표하는 최고의 도시로 발전했다. 그는 이곳에 왕립도서관을 건설하고 학자들을 불러 모아 학술 활동을 후원하여 학술 기관으로 발전시켰다. 7대 칼리프 알마문 시대에는 여러 언어로 기록된 고대 문헌을 아랍어로 번역했다. 플라톤, 아리스토텔레스, 히포크라테스, 갈레노스, 유클리드 등 고대 그리스의 대표 학자의 저서가 번역되었고, 페르시아와 인도 문명의 고전들도 함께 번역되었다.

중세 지중해에서 일어난 두 번째 번역 운동은 12~13세기 아랍어 서적의 라틴어 번역이었다. 11세기 이후 이슬람 세계와의 교류와 접촉이 늘어나면서 지식과 학문의 교류도 활발해졌다. 십자군 전쟁으로 빈번하게 이슬람과 접촉한 기독교인은 철학, 과학 등 거의 모든 분야에서 이슬람 세계가 앞서 있음을 알게 되었다. 그래서 스투디아 아라붐(studia arabum), 즉 아랍으로 대변되는 이슬람 학문을 배우고자 하는 사람들이 늘어났다. 12세기 영국 배스 출신의 애덜라드(Adelard of Bath)는 이슬람의 선진 학문이 기독교 세계를 개조할 힘이 있다면서 적극적으로 배우고자 했다. 13세기 영국의 로저 베이컨(Roger Bacon)은 "철학은 무슬림에게서 나왔다"라면서 이슬람 세계의 선진 철학을 찬양했다.

12~13세기 서유럽 기독교 세계는 아랍어로 된 책들을 라틴어로 번역했다. 알콰리즈미, 이븐 시나, 이븐 루시드 등 이슬람을 대표하는 철학자, 의학자, 천문학자의 책이 인기가 많았다. 이슬람과의 접촉이 많았던 톨레도는 번역 중심지로 부상했다.

아랍어 서적을 라틴어로 번역하는 일을 했던 초창기 인물로는 영국 배스 출신의 애덜라드, 이탈리아 크레모나 출신의 게라르도(Gherardo da Cremona), 북아프리카 출신의 콘스탄티누스 아프리카누스(Constantinus Africanus) 등이 있었다. 콘스탄티누스는 11세기 중반 이탈리아 남부로 이주해 베네딕트 수도회 수도사가 되었고,

다수의 이슬람 의서를 라틴어로 번역했다. 그 번역서들은 유럽 최초의 의대였던 살레르노 의대의 교재로 사용되었다.

12세기 활발한 번역 활동이 있었지만, 이슬람 학문이 서유럽 기독교 세계에 유입되는 것에 대한 저항도 만만치 않았다. 1210년 교회는 파리대학교에 명령을 내려 이교 세계로부터 들어오는 신학문을 단죄했다. 공격의 대상은 아리스토텔레스의 자연 철학과 그 추종자들이었다. 세계는 영원하다는 아리스토텔레스의 견해는 신의 창조 행위를 부정할 위험이 있었다. 게다가 육신이 죽은 후 영혼은 소멸한다는 그리스 철학자의 주장은 신에 의한 구원과 영혼 불멸을 믿는 기독교의 교리에 위배되었다.

이 사례처럼 외부로부터의 학문 수용에 저항도 있었지만, 12~13세기 아랍어에서 라틴어로의 번역 운동은 14~15세기 르네상스의 기반이 되었고, 장기적으로 서유럽 세계를 근대로 이끄는 자양분이 되었다. 반면 중세 말 이후로 갈수록 이슬람 문명은 아바스 왕조 때와 달리 외부로부터의 지식을 적극적으로 수용하지 않았고, 변화하는 서유럽 기독교 세계에 대해 여전히 무관심했다. 다소 과장된 해석일 수 있겠지만, 지식과 학문을 수용하는 태도의 차이가 기독교 문명과 이슬람 문명이 서로 다른 근대의 길을 걷는 데 일정 정도 역할을 했다.

이탈리아 상인, 지중해 교역을 주도하다

지중해를 둘러싼 세 대륙은 아주 오래전부터 적대적이건 우호적이건 만남을 이어왔다. 군인, 종교인, 순례자, 외교 사절, 도망자, 피난민, 상인, 해적, 노예 등 지중해를 오가는 사람들은 다양했다. 영국 역사가 데이비드 아불라피아(David Abulafia)가 저서 《위대한 바다: 지중해 2만 년의 문명사》에서 지적한 것처럼, 지중해를 누비고 다닌 사람 가운데 가장 노출이 많았던 이들은 상인이었다. 그런데 지중해는 또한 패권이 작동하는 영역이기도 해서, 시기별로 지중해 교역을 주도했던 상인이 달라졌다. 7세기 이슬람이 지중해로 진출한 이후만 해도 지중해의 경제적 패권은 여러 차례 바뀌었다.

어쨌든 이슬람이 지중해로 본격적으로 진출했던 7~10세기 지중해 교역을 주도한 상인은 유대 상인과 시리아 상인이었다. 유럽 기록에 시리아 상인은 비잔티움 제국의 그리스 상인이었다. 이들은 서유럽, 비잔티움 제국, 이슬람 세계를 돌아다니며 교역했다.

중세 지중해 교역에서 특이한 점 중 하나는 이슬람 상인은 대체로 기독교 세계에 진출하지 않았다는 것이다. 어쩌면 바로 그런 연유로 유대 상인과 기독교 상인이 지중해 교역에서 주도적인 역할을 할 수 있었는지도 모른다. 이에 대해 아불라피아는 이슬람 상인은 이교도의 영토에서 거주하거나 교역하는 것이 법적으로 금지되어 있어서라고 설명했지만 이 주장은 설득력이 떨어진다. 마찬가지로 이교도 지역이었던 인도양에서는 이슬람 상인의 활동이 활발했기 때문이다.

중세 이슬람 상인의 역할에 대해서는 다소 오해가 있으나, 분명한 것은 이슬람은 상업을 막거나 금기시하지 않았다는 점이다. 지중해의 이슬람 상인은 기독교 세계로 직접 가서 장사하지는 않았지만, 인도양에서는 이교 지역 여부를 가리지 않고 활발한 상업 활동을 전개했다.

그렇지만 중세 후반으로 갈수록 이탈리아 상인이 지중해 교역에서 주도적인 역할을 맡았다. 이 흐름을 주도한 초기 주자는 제노바, 베네치아, 피사, 아말피 등 네 곳의 이탈리아 항구 도시였고, 이들 도시의 상인은 비잔티움 제국뿐만 아니라 이슬람 영토까지 진출해 상거래를 했다.

특히 제노바와 베네치아는 중세 말 지중해에서 가장 강력한 해상 세력으로 성장했다. 당시 두 해상 세력은 가장 많은 선박을 보유했고, 특정 상품의 교역을 독점하다시피 했다. 베네치아가 동 지중해 교역을 주도했다면, 제노바는 흑해와 에게해 교역에서 우월한 위치를 확보했다. 13세기 중엽 이후 비잔티움 제국의 해외 교역은 제노바 상인의 수중에 들어갔고, 제노바 상인은 비잔티움 국제시장을 주도했다.

중세 지중해 교역으로 막대한 부를 쌓았던 이탈리아 도시들은 서유럽 기독교 세계가 근대로 가는 길을 개척한 선구자와도 같았다. 프랑스 역사가 이브 르누아르(Yves Renouard)는 저서 《중세 이탈리아 사업가(Les Hommes d'affaires italiens du Moyen Age)》에서 이탈리아 상인들이 새로운 시대를 창조한 선구자였다면서 다음처럼 칭송했다.

> "이탈리아 상인들은 고대 헬레니즘 시대의 상업과 은행 기술들을 보존시켰고, 그것을 바탕으로 상업, 은행, 정보, 그리고 근대적 은행 제도들을 더욱 발전시켰다. 그들은 산업을 발전시켰고, 오늘날 우리가 르네상스라고 부르는 새로운 문화를 창조했다. 그들에 의해서 농촌적이고, 집단적이고, 종교적인 삶의 방식이 지배적인 사회에서 도시적이고, 개인적이고, 세속적인 삶의 방식이 나타났다."

물론 칭송의 일부는 사실에 부합하지 않고 일부는 과장되어 있지만, 이탈리아 상업 도시와 상인이 근대 세계 탄생에 일조했던 것은 사실이다.

지중해는 고대부터 근대 초까지 유럽 문명의 중심지였고, 지중해를 통해 상품과 인간, 종교, 철학, 사상, 정보, 기술, 문화가 끊임없이 오갔다. 그러나 지중해를 통한 교류와 성격은 시대별로 달랐으며, 여기서 주도적인 역할을 했던 주인공 역시 시대적 부침을 겪었다.

7세기 이후 지중해 세계에서는 서유럽의 기독교 문명, 비잔티움 제국의 정교 문명 그리고 이슬람 문명 등 세 종교 문명이 대립을 거듭하면서도 교류를 멈추지 않았다. 800년 무렵 서유럽의 기독교 문명은 이슬람 문명과 비잔티움 제국에 비해 발전이 늦었지만, 동방으로부터 선진 문화를 섭취해 이를 바탕으로 도약의 계기를 마련했다. 그리고 지중해 교역으로 막대한 부를 축적한 이탈리아 도시들은 근대의 여명을 알리는 르네상스 시대를 창조할 수 있었다. 이런 의미에서 지중해를 통한 교류와 교역은 근대 유럽 탄생의 중세적 기원이었다.

과학 기술 시대에 예술은 어떤 의미인가?

박찬국 서울대학교

오늘날 우리는 과학만이 사물의 진리를 드러내고 시를 비롯한 예술은 예술가의 주관적 감정을 표현한 것에 불과하다고 생각하는 경향이 있다. 그러나 마르틴 하이데거(Martin Heidegger, 1889~1976)와 같은 독일 사상가는 과학이 아니라 오히려 예술을 통해서 사물의 진리가 드러난다고 주장하면서 예술이 우리 삶에서 갖는 심대한 의의를 강조했다. 이에 하이데거를 중심으로 과학 기술 시대라고 불리는 오늘날 '시와 예술의 의의'를 생각해보고자 한다.

하이데거, '현대는 궁핍한 과학 기술의 시대'

현대가 과학 기술 시대라고 불리는 것은 현대인이 자동차나 비행기와 같은 다양한 과학 기술의 산물을 사용하고 있어서만은 아니다. 그것은 오늘날 근대적 과학과 기술이 우리 삶을 철저하게 규정하고 있다는 것을 의미한다. 서양의 중세 기독교 신앙이 사람들의 삶을 근본적으로 규정했기에 그 시대가 기독교 시대로 불렸던 것과 마찬가지다.

서양의 중세인이 신만이 진리를 드러내고 신만이 인간을 구원할 수 있다고 믿었던 것처럼, 오늘날 우리는 과학이야말로 진리를 드러내고 과학을 응용한 기술만이 삶에서 부딪히는 문제를 해결할 수 있다고 믿는다. 우리는 홍수와 같은 자연재해는 공학과 공학 기술을 통해서, 질병과 노화와 같은 육체적 고통은 의학과 의료 기술을 통해서, 그리고 사회 정치적 문제는 정치 공학과 정치 기술을 통해서 해결해야 한다고 생각한다.

과학 기술 문명이 대두되기 이전의 서양인은 무엇보다도 기독교적 세계 이해 속에서 살았다. 기독교적 세계 이해에서는 인격신이 세계를 창조한 것으로 여겼고, 세계의 모든 것은 인격신의 섭리 아래 있는 것으로 간주했다. 반면 근대 과학은 세계를 '수학적으로 계산될 수 있는 에너지의 연관 체계'에 지나지 않는다고 본다. 현대인은 지상에서 인간이 겪는 모든 문제도 에너지 상호 간 작용에서 비롯된 것이기에 에너지들 사이의 연관 관계를 적절히 조절함으로써 문제를 해결할 수 있다고 여긴다. 현대인이 과학과 기술에 절대적으로 의존하는 것은 과학과 기술만이 우리에게 에너지의 운동 법칙을 알려주고 그 에너지를 우리에게 유리하게 이용하는 방법을 제공하기 때문이다.

이런 의미에서 하이데거는 현대의 모든 삶이 '기술적 세계 이해', 즉 '사물을 인간의 목적을 위해서 얼마든지 서로 변환될 수 있는 에너지로 이해하는 세계 이해'에 의해 규정된다고 본다. 예컨대, 오늘날 강은 수력의 제공처로서 간주된다. 그리고 이 에너지는 다른 에너지를 산출하기 위한 수단으로 사용된다. 수력은 전력을 얻는 수단으로 사용되며 이 전력은 다시 모터를 돌리기 위한 동력을 확보하는 수단으로 사용된다. 그리고 인간은 이 동력을 사용하여 자신의 노동을 수월하게 한다.

따라서 오늘날 사물은 대체될 수 없는 고유한 존재가 아니라 얼마든지 다른 에너지로 변환될 수 있는 에너지로 간주된다. 그리고 인류는 물질적 풍요를 위해서 모든 사물로부터 자신의 에너지를 최대한 내놓도록 강요한다. 대지도 수많은 에너지 자원이 매장된 대상으로 간주되어 무자비하게 파헤쳐지고 유린당한다.

그런데 자연에 포함된 에너지를 효과적으로 발굴해내고 인간에게 유용한 것으로 만들려면 인간도 기술적으로 조직되고 지배되어야 한다. 오늘날 인적 자원이라는 표현이 자연스럽게 쓰이는 데서 알 수 있듯 인간도 에너지를 담은 하나의 자원으로 간주된다. 물론 인간이 갖는 에너지는 다른 사물이 갖는 에너지와 본질적으로 다르다. 인간의 에너지는 다른 사물이 갖는 에너지를 뽑아내고 효율적 에너지로 변환시키는 에너지다.

인간을 포함한 모든 것을 에너지원으로 전락시키는 과학 기술 문명의 본질은 1차 세계대전과 2차 세계대전에서 가장 노골적으로 드러났다. 이때 인간과 자연은 철저하게 에너지원으로 남용되었다. 전쟁에서 이기려 모든 국가는 자연과 인간의 에너지를 총동원했다. 자연은 포탄과 총알을 만드는 에너지원으로, 육체노동자는 자연을 폭탄과 총알로 변환시키는 육체적 에너지로, 정신노동자는 자연을 효과적인 폭탄과 총알로 변환시키는 방법을 강구해내는 에너지로 남용했다.

이런 의미에서 하이데거는 현대 기술 문명의 주체가 인간이 아닌, 인간까지도 에너지원으로 소모하는 맹목적 탐욕이라고 본다. 현대인은 탐욕의 노예가 되어 자신의 노동 에너지를 총동원하여 다른 사물이 자기 에너지를 최대한 내놓도록 하는 데 몰두한다. 우리 현대인이 기꺼이 탐욕의 노예가 되는 이유는 무엇 때문일까?

현대인은 심신을 혹사하면서 자신의 에너지를 뽑아낸 대가로 안락한 주택, 자동차, 스마트폰, 고급 가전제품과 같은 물자를 공급받는다. 이로써 현대인은 삶이 안전해졌을 뿐만 아니라 풍요로워졌다고 생각한다. 이런 맥락에서 하이데거는 인간은 노동하는 동물이 되어버렸으며, 노동 대가로 갖가지 향락 물자를 제공받고 탐닉하는 존재가 되어버렸다고 한다. 그러나 하이데거는 인간의 진정한 삶은 노동과 향락이 아니라 다른 데 있다고 본다.

하이데거는 과학 기술 시대의 가장 큰 위기는 우리 인간이 함부로 할 수 없는 '성스러움'의 차원이 사라진 데 있다고 했다. 인간 개개인을 포함한 사물이 에너지원이 되지 못하면, 아무것도 아닌 것으로 간주되고 존중해야 할 고유한 존재가 부정된다. 이와 함께 오늘날에는 우리의 경외감을 절로 불러일으키는 성스러운 것이 사라져버렸다. 도처에 존재하는 모든 것은 우리 뜻대로 얼마든지 이용하고 조작할 수 있으며 소비하다가 불필요해지면 폐기 처분해도 좋은 에너지원일 뿐이다. 그래서 하이데거는 현대를 물질적으로는 풍요롭지만, 사실은 인간 삶에서 가장 중요한 것이 사라진 시대라는 의미에서 '궁핍한 시대'라고 부른다.

인간의 소명은 '시인으로 지상에 거주하는 것'

인간은 온갖 향락을 누리더라도 자신을 둘러싼 사물과 깊은 교감을 상실한 삶에서는 공허감과 불안에 사로잡힌다. 사물과 깊은 교감을 나눈다는 것은 사물의 신비로움과 성스러움을 경험하고 존중하는 것을 의미한다. 하이데거는 이렇게 사물의 신비로움과 성스러움을 경험하는 것을 '시적 태도'라고 부른다. 이 경우 시적 태도는 시뿐 아니라 모든 예술을 규정하는 근본적 태도를 가리킨다.

하이데거는 인간의 소명을 '시인으로서 지상에 거주하는 것'이라고 한다. '시인으로서 지상에 거주한다'는 것은 '지상의 모든 인간과 사물의 성스러운 신비를 경험하면서 산다'는 것을 의미한다. 하이데거는 오직 인간만이 이런 소명이 있고, 소명에 따라서 살 때 인간에게 삶의 참된 기쁨이 주어진다고 본다. 그러나 시인으로 산다는 것은 직업 시인이 되어야 한다거나 시를 써야 한다는 것이 아니다. 시적 태도로 사물을 경험하는 것을 가리킨다. 시적 태도로 사물을 경험한다는 것은 사물을 '경이(erstaunen)'라는 근본기분 속에서 경험하는 것을 가리킨다.

하이데거는 이런 시를 쓴 적이 있다.

숲은 가로누워 쉬고 있고
개울물은 급히 흐른다.
바위는 묵묵히 그렇게 서 있고
비가 촉촉이 내린다.
들녘의 논밭은 기다리고
샘물이 솟는다.
바람은 잔잔히 불고
축복이 은은하게 가득하다.

하이데거가 이 시에서 언급하는 사물은 숲과 개울물, 바위와 비, 들녘의 논밭과 샘물, 그리고 바람 등 주위에 너무나 자명하게 존재하기에 우리가 보통 진부하게 여기는 것들이다. 이 시는 흔히 보이는 평범한 풍경을 말하므로 하이데거가 왜 이런 시를 지었는지 이해하지 못할 수 있다. 이 시를 참으로 이해하려면 이 시를 지었을 때의 하이데거 기분 속으로 진입해야만 한다. 하이데거는 이 기분을 경이라고 말했다. 경이는 어떤 것을 보고 놀라워하는 것이지만 하이데거는 경이라는 기분을 보통의 놀람과 구별했다.

보통의 놀람은 어떤 특출한 것을 보고 놀라는 것이다. 우리는 김연아가 기존의 다른 피겨 스케이팅 선수보다 월등한 기량을 발휘했을 때 놀라워하고, 기존에 못 보았던 기이한 꽃이나 동물에 놀라워한다. 그러나 경이라는 기분은 우리가 평소에 자명하고 진부한 것으로 보아 넘겼던 것들에 대해 놀라워하는 것이다. 이렇게 우리가 아무런 관심도 없었던 것에 대해 놀라워하는 경이라는 기분에서는 모든 것이, 즉 세계 전체에 대한 놀라움으로 나타난다.

우리는 항상 기분 속에서 존재한다. 모든 기분과 감정에서 벗어나서 행해지는 것 같은 학문적 탐구도 순조롭게 진행되기 위해서는 특정한 기분 속에서 행해져야 한다. 우리는 흥분된 기분 속에서는 학문을 할 수 없다. 학문은 차분하면서도 냉정한 기분을 요구한다. 기분 중에서 세계 전체를 그 전과는 완전히 다르게 개시하는 기분이 있다. 하이데거는 이를 '근본기분'이라고 했다. 경이도 근본

기분 중 하나다. 앞서 인용한 하이데거의 시에서 숲과 개울물, 바위와 비, 들녘의 논밭과 샘물 그리고 바람은 우리가 일상적으로 경험하는 것과 동일하다. 그러나 경이라는 기분 속에서 그것들을 볼 때 우리는 전에는 볼 수 없던 신비로운 광채를 본다.

하이데거는 과학이 인간을 비롯한 사물을 관리하고 조작하고 통제할 수 있는 정보를 알려줄 뿐 사물의 진리를 전해주지는 않는다고 본다. 이 사실은 과학적 정보를 아무리 종합해도 우리가 살아있는 꽃을 한 송이도 만들 수 없다는 데서 단적으로 드러난다. 꽃피는 데 필요한 여러 가지 물리적·화학적 조건을 과학은 드러낼 수 있겠지만, 꽃 자체는 그 조건들로 환원될 수 없는 통일적 전체로 남는다. 통일적 전체로서의 사물이 갖는 고유성은 경이라는 시적 근본기분에서 자신을 드러낸다.

정보 언어와 시어 사이에서 인간다움을 생각하다

현대는 계산적 지성과 존재자를 지배하고 정복하려는 의지만이 발달한 시대며, 존재자와 교감을 나누는 시적인 정서가 갈수록 사라지는 시대다. 현대인은 시인이 아니라 존재자를 관리하고 지배하는 기술인이나 경영인으로 살고 있다. 대학 교육도 시인으로서의 인간보다 기술인이나 경영인을 배출하는 것을 목표한다. 대학에서도 사회에서도 사람들은 사물의 진리를 드러내고 교감하는 시어보다 사물을 관리하고 지배하는 데 사용하는 정보 언어를 배우는 데 급급하다.

시어는 사물을 조작하고 지배하는 정보를 주지 않기 때문에 우리 삶에 아무런 도움도 줄 수 없는 것처럼 보인다. 시어는 사물이나 인간을 효율적으로 이용하는 정보를 알려주지 않고 오히려 사물이나 인간의 고유한 존재, 우리가 함부로 할 수 없는 신비로운 존재를 보게 해줄 따름이다. 그러나 하이데거는 인간은 정보 없이 인간답게 사는 것은 가능하지만, 시 없이 인간답게 사는 것은 불가능하다고 한다. 우리 삶이 주위의 자연적 사물을 떠나서는 가능하지 않을뿐더러 이런 사물에 의존하고 있기 때문이다. 따라서 우리 삶이 진정으로 깊이 있고 의미 있으려면 이런 사물과의 관계가 깊이 있고 참되지 않으면 안 된다.

하이데거는 "우리는 과학의 눈부신 발전을 이룩했지만, 사물과 자연 그리고 인간이 갖는 본래의 충만함과 생생함을 지각하는 능력을 상실했다"라고 말한다. 우리는 자연을 정복했고, 망원경으로 한없이 멀리 있는 것까지 볼 수 있고, 현미경으로 한없이 작은 것마저 볼 수 있다. 그러나 정작 우리가 그 안에서 태어나서 죽는 '가까운 세계의 축제'는 보지 못한다.

우리는 대지를 보지 못하며 새소리를 듣지 못하고 있다. 하이데거는 우리가 세계와 사물을 시인으로서 경험하면서 그것들이 발하는 성스러운 빛에 감응할 수 있어야 한다고 했다. 이 경우에만 인간의 삶도 무게와 존엄을 가질 수 있기 때문이다. 이에 반해 노동하고 향락하는 인간의 삶은 어떠한 무게도 존엄도 갖지 않는 공허한 무에 불과하다.

AI는 인간이 될 수 있는가?

박찬국 서울대학교

바야흐로 세계는 AI의 시대로 돌입했다. 2016년 이세돌과의 대결에서 AI 알파고가 승리하면서 충격을 준 이래, AI는 이제 음악이나 미술, 문학과 같은 예술 분야에서도 인간을 능가하는 업적을 내고 있다. AI의 눈부신 발전과 함께 AI 연구자들 사이에서는 'AI가 인간처럼 될 수 있는가'라는 논쟁이 전개되고 있다. 이 논쟁은 주로 강한 AI와 약한 AI라는 개념들을 중심으로 행해진다.

강한 AI는 인간과 똑같이 감정과 욕망, 윤리 의식까지 갖추면서 인간이 가진 능력을 인간보다 훨씬 더 고도로 구현한다. 강한 AI의 출현이 가능하다고 보는 사람들은 그런 AI를 인간이 만들 수 있다고 본다. 혹은 AI가 자체적인 진화를 통해 그런 존재가 될 것이라고 본다.

이에 반해 약한 AI는 알파고처럼 바둑을 두는 능력, 왓슨처럼 의학적인 판단을 내리는 능력 등 특정한 영역에서만 인간보다 앞선 AI다. AI가 아무리 발전해도 결국은 약한 AI에 그칠 것이라 보는 사람들은 AI가 인간이 갖는 모든 능력을 갖출 수 없다고 한다. 특정한 영역에서만 뛰어난 능력을 발휘하고, 나아가 인간과 동일한 감정과 욕망, 윤리 의식 등을 가질 수 없을 것으로 전망한다.

강한 AI와 약한 AI

강한 AI와 약한 AI를 둘러싼 논쟁이 있기 전부터 인간과 AI의 차이에 대한 논의는 이미 진행되고 있었다. 이때 사람들은 흔히 인간과 AI의 차이를 인간은 창조적인 반면, AI는 창조적이지 않다는 점에서 찾았다. 이와 함께 그들은 AI가 사람들의 많은 일을 대체하는 시대에 살아남기 위해서는 어려서부터 창조적인 인간으로 자랄 수 있는 교육이 필요하다고 자못 심각한 투로 말하곤 했다.

그러나 유사 이래로 정말로 창조적인 사람이 몇 명이나 되는지는 의문이다. 그리고 이미 여러 전문 분야에서 AI는 대부분의 인간보다 더 창조적이라는 사실이 입증되었다. 작곡에서도 AI는 대부분의 인간보다 더 창의적이라는 사실이 입증되었다. 바둑에서도 알파고와 같은 AI가 가장 창의적인 기사(棋師)보다 더 창의적일 수 있다는 사실이 입증되었다.

이렇게 AI가 인간보다 더 창의적일 수 있다는 사실이 입증되면서 인간과 AI의 차이에 대한 논쟁은 바야흐로 강한 AI와 약한 AI란 개념들을 중심으로 전개되었다. 즉 특정한 업무의 수행 능력뿐 아니라 창의성 면에서도 AI가 이미 앞선다는 사실이 입증되자, 사람들은 이제 AI가 감정이나 욕망, 윤리 의식을 갖지 못하는 점을 들이 AI보다 인간이 우월하다는 것을 입증하려고 한다.

그런데 이 논의의 바탕에는 감정이나 욕망, 윤리 의식을 갖는 것을 장점으로 보는 인식이 있다. AI도 감정이나 욕망 등을 가질 수 있다면 갖는 것이 바람직하다는 생각이 전제된다. 그러나 과연 인간이 감정이나 욕망을 가지고 있다는 것은 장점인가? 인간은 통제하지 못하는 욕망이나 감정으로 인해 얼마나 괴로워하는가?

욕망이란 기본적으로 결핍이라는 감정에서 비롯된다. 인간의 욕망은 밑 빠진 독과 같으며, 아무리 채워도 만족할 줄 모르고 항상 새로운 결핍에 시달린다. 그런데 왜 굳이 AI에 욕망과 감정을 투입하여 힘든 삶을 살게 하려고 하는가? AI에 인간의 것과 동일한 욕망을 심는다는 것은 AI에 결핍을 느끼는 상태를 투여하는 셈이다. 과연 이것이 좋은 것인가?

윤리 의식은 인간이 원래부터 윤리적이지 못하기에 생겨난 것이다. 인간의 생각이나 행동이 원래부터 항상 윤리적이었다면 윤리 의식도 없었을 것이다. 역설적이지만 윤리 의식은 인간이 윤리에 어긋나는 행동을 할 가능성이 있기에 있다. 결국 윤리 의식을 갖는다는 것은 인간이 욕망과 윤리 규범 사이에서 갈등을 느끼는 존재임을 의미한다. 따라서 인간이 단순히 감정과 욕망, 윤리 의식을 갖고 있다는 점에서 AI보다 우월하다고 할 수 있는지 의문을 품을 수 있다. 그것들은 인간의 장점이라기보다 오히려 인간의 약점으로 볼 수 있다.

인간과 AI가 본질적으로 동일하냐 아니냐의 문제는 단순한 이론상 문제가 아니라 인류의 앞날을 결정할 현실적인 문제이기도 하다. AI가 인간과 본질적으로 동일하면서도 여러 가지 능력 면에서 인간보다 뛰어난 존재로 개발되는 것은 끔찍한 일이 될 것이다. 이는 인간은 AI가 모방해야 할 만큼 훌륭한 존재가 아니기 때문이다.

인간은 극히 불안정한 존재고 니체가 말한 것처럼 '병든 동물'이라고 할 수도 있다. 터무니없이 광신적인 종교와 이데올로기에 빠져 다른 종교나 이데올로기를 믿는 자들을 무자비하게 살육하고, 자신이 속한 종 전체를 파멸시킬 수 있다는 사실을 잘 알면서도 끊임없이 환경을 파괴하고 핵무기를 만들어내는 것이 우리 인간이다.

만약 인간과 동일한 성질을 갖고 있으면서도 인간을 닮은, 그러나 인간보다 훨씬 더 능력이 뛰어난 AI가 나타난다면, 우리는 이 AI가 어떤 식의 행태를 보일지를 쉽게 예측할 수 있다. 아마도 AI는 자신들끼리 패를 만들어 처음에는 인류에게 대항할 테고, 인류를 절멸시킨 후에는 서로 패를 나누어 전쟁할 것이다. 따라서 AI가 능력 면에서는 뛰어나지만 다른 면에서는 인간과 동일한 존재가 된다는 것은 인간에게도 불행하고 AI에게도 불행한 일이 될 수 있다.

인간과 AI의 차이

독일 철학자 하이데거는 인간을 '자신의 존재를 문제 삼는 존재'라고 정의했다. 쉽게 말해 인간은 내가 어떻게 살지를 고뇌하는 존재라는 뜻이다. 인간은 어떻게 살지를 고민하면서 자신의 삶을 형성하는 존재다. 인간은 동물처럼 자연이 부여해준 본능에 따라 사는 것이 아닌, 자신이 '좋은 삶'이라고 생각하는 삶을 구현하려고 한다. 인간의 삶은 단순히 자신을 유지하려는 욕망이 아니라 좋은 삶에 대한 자신의 근본 신념을 구현하려는 욕망에 의해 규정된다.

부자가 되는 것을 좋은 삶으로 생각하는 사람은 부자가 되는 데 자신의 열정을 쏟는다. 예수나 부처처럼 되는 것을 좋은 삶으로 생각하는 사람은 종교적 신념에 자신의 열정을 쏟는다. 따라서 사람들의 구체적인 생각과 행동은 좋은 삶에 대한 근본 신념에 의해 규정된다. 하이데거는 이렇듯 어떻게 살지 고뇌하면서, 좋은 삶에 대한 근본 신념을 실현하려는 인간 특유의 존재 방식을 '실존'이라고 불렀다. 이 점에서 우리는 인간을 실존적 존재라고 부를 수 있다.

만약 AI가 인간과 마찬가지로 실존적 성격을 갖게 되고, 자신이 어떻게 살지를 고뇌하게 된다면, 우리는 당연히 그것을 인간과 동일한 존재로 보아야 할 것이다. 그런 AI를 만들 수 있는지도 의문스럽지만, 그 이전에 과연 그런 AI를 만들 필요가 있을지가 의문스럽다. 이렇게 말하는 이유는, 인간이 어떻게 살지를 고뇌한다는 것은 자기 삶에 대해 무언가 불만을 품는다는 것을 의미하기 때문이다. 자기 삶에 불만을 가지는 것은 좋은 것만이 아니다.

더 나아가 인간은 좋은 삶이 무엇인지에 대해서도 자주 오류를 범한다. 인간은 특정한 종교나 정치적 이데올로기에 광신적으로 사로잡히는 삶을 좋은 삶이라 착각하기도 하고, '많은 물질적 부를 소유하는 삶'을 좋은 삶이라 착각하기도 한다. 그리고 이 착각으로 인해 서로 적대하고 착취하거나 심지어 살육까지 한다.

아무리 발달해도 AI는 하나의 기계다. 기계는 그것을 구성하는 부분들을 해체해서 다시 조립할 수 있다. 이에 반해 인간을 포함한 살아 있는 생명체는 부분을 해체하면 죽어버린다. 이처럼 기계와 생명체는 근본적으로 다르기에, 칸트는 물리학의 천재인 뉴턴과 같은 천재가 수백 수천 명이 나와 극히 정교한 기계는 만들 수 있을지 몰라도 단순한 들풀 하나도 만들어낼 수 없을 것이라고 말했다. 들풀 하나도 만들 수 없는 우리가 인간과 동일한 AI를 만든다는 것을 더욱 불가능할 것이다. 또한 AI라는 기계가 자체적으로 진화하는 생명체나 인간이 된다는 것도 믿기 어렵다.

AI는 어떻게 발전할 것인가?

인간과 AI는 본질적으로 성격을 달리 하므로 우열을 비교하는 것은 터무니없다. 나아가 이 비교가 오히려 양자의 본질적인 성격을 파악하는 데 장해가 되는 것은 아닐까 하는 의문이 생긴다.

AI가 인간 지능의 작동 방식을 모방했다고 하지만 사실은 인간처럼 생각하지 않는다. 체스나 바둑을 두더라도 AI는 인간과 다른 방식으로 과정을 수행한다. 알파고가 인간의 학습 방식을 모방하여 만들어졌다고 하나 판단하고 추론하는 과정은 인간과 분명히 다르다. AI는 엄청난 양의 데이터를 사용해 판단하지만, 인간은 어떤 판단을 내릴 때 엄청난 양의 데이터를 사용하지 않는다. 예를 들어 고양이를 인식할 때 AI는 엄청난 양의 데이터를 활용하여 대상이 고양이임을 인지하나, 인간은 대상을 인지하기 위해 무수한 고양이의 샘플을 볼 필요가 없다. 일정한 정신 연령에 도달한 어린 아이라면 고양이를 몇 마리만 보아도 고양이와 개를 구별한다.

AI가 작동하는 방식은 인간 지능의 작동 방식과 본질적으로 다르므로 AI의 발전도 인간 지능을 모방하는 방식이 아니라 독자적인 방식으로 이루어질 것이다. 이와 관련하여 비행기 개발의 역사를 살펴보는 것이 도움 된다.

비행기 개발은 처음에 새의 날갯짓을 모방하는 방식으로 이루어졌다. 그러나 이 방향의 연구는 계속해서 실패했다. 결국 비행기 개발이 성공한 것은 이 연구 방향을 포기했을 때였다. 라이트 형제는 새의 날갯짓을 모방하는 대신 공기의 흐름과 기압 등에 대한 공학적인 연구를 통해 비행기 개발에 성공했다. 새를 모방하는 실험이 실패한 주요한 이유는 새의 구조가 빠르고 높게 나는 것을 목적으로 하여 만들어지지 않아서다. 비행기는 형태나 비행 능력 면에서 새와 전혀 다르다. 비행기는 새처럼 나뭇가지에 앉을 정도로 유연하지 못하지만, 새보다 훨씬 빠르고 높게 난다.

이와 마찬가지로 AI의 연구는 인간 지능이라는 자연 지능을 모방하기보다 정보 처리라는 지능 행위에 대한 공학적인 연구를 통해 훨씬 더 생산적으로 행해질 것이다.

AI가 인간의 지능과 본질적으로 다르다는 것은 AI의 약점이 되지 않는다. AI는 인간의 지능과 근본적으로 다르기 때문에 특정한 능력에서 오히려 인간을 훨씬 능가할 수 있다. 미래의 AI가 어느 정도까지 인간과 유사할 것인가에 대한 걱정과 우려보다는 그 발전의 방향이 어디로 향할지에 주목해야 할 것이다.

아무것도 하지 않은 리더,
제국은 그렇게 몰락했다

조영헌 고려대학교

쇠락이라는 주제는 언급하기는 쉽지만 분석이 쉽지 않다. 쇠락을 자세하게 묘사한 자료가 많지 않아서다. 성장한 이후에는 그 성장이 가져온 풍성함을 기반으로 성장의 원인이나 과정을 다각도로 분석하기 마련이나, 쇠락한 이후에 이를 음미하는 이가 많지 않다. 쇠락의 고통이 되새김의 힘을 억누르기 때문이다. 심지어 쇠락은 성공에 비해 그 속도가 빠르다. 강대한 제국이나 화려한 시대에 대한 수많은 성장의 스토리보다 쇠망의 스토리가 적은 것도 이 때문이다. 따라서 에드워드 기번(Edward Gibbon)의 《로마 제국 쇠망사》

나 요한 하위징아(Johan Huizinga)의 《중세의 가을》은 각각 로마 제국과 중세 시대의 쇠락 과정을 묘사한 몇 안 되는 수작(秀作)이다.

쇠락의 과정을 재조명하는 것은 발전과 성장을 지향하는 이들에게 의미가 없는 것일까? 어쩌면 성장 과정보다 쇠락 과정을 복기하는 것이야말로 더 절실한 교훈이 담겨 있을 가능성이 크다. 다만 포착하기 어려울 뿐이다.

중국의 긴 역사 과정에서 쇠락을 주제로 한 최고의 책을 꼽으라고 한다면, 난 주저함 없이 역사학자 레이 황(Ray Huang)[1]이 쓴 《1587, 만력 15년 아무 일도 없었던 해》[2]를 꼽는다. 그야말로 수많은 중국사 책 가운데 제국의 쇠락을 가장 '밋밋하게' 묘사한 책이다. 그래서 오히려 결말은 더욱 '다이내믹'하게 느껴진다. 16세기 전 세계의 통용 화폐로 등극한 은(銀)을 블랙홀처럼 끌어모았던 최고의 제국 명나라가 1600년을 전후하여 어떻게 갑작스럽게 쇠락했을까? 레이 황은 명 제국 역사의 대가답게 그동안 누구도 주목하지 않았던 한 해에 주목한다. 바로 1587년이다. 명나라의 제13대 황제 만력제가 황제로 등극한 지 15년이 되는 시점이었다. 그해에 과연 어떤 일이 일어났던 것일까?

1 중국 이름은 황런위(黃仁宇), 1918~2000.
2 레이 황, 《1587, 만력 15년 아무 일도 없었던 해》(김한식 옮김), 새물결.

1587년, 어떤 일이 있었는가?

결론부터 말하자면 '아무 일'도 일어나지 않았다. 여기서 아무 일이란 역사적으로 뭔가 기억할 만한 전쟁이나 정변, 사건 등을 말한다. 정말 아무 일이 없었는가? 없었다. 그래서 레이 황은 이 책의 원서인 영어책의 제목을 'A Year of No Significance', 즉 '어떤 중요성도 없던 해'라고 정했다.

그렇다면 왜 아무 일도 발생하지 않은 1587년을 주목했을까? 1587년은 유럽 역사에서 스페인의 무적함대가 영국을 향해 총공격을 개시하기 바로 1년 전이었다. 중국에 '어떤 일'이든 발생해야 했을 해라고 본 것이다. 그것이 무엇이든 간에. 아무 일도 발생하지 않은 고요하고 조용한 때, 제국은 서서히 망조(亡兆)가 들었다.

책은 이렇게 시작한다. 1587년 3월 2일, 아직 얼음이나 눈이 녹지 않은 초봄의 어느 날, 점심 무렵에 각료 회의인 조회(朝會)를 거행한다는 통지를 받은 관리들이 분주하게 자금성으로 모여들었다. 대명문(大明門)을 지키는 군인들은 사전에 아무런 연락을 받지 못했고, 성루의 위아래 어디에도 조회가 있다는 징후가 없었다. 모인 문무백관들이 모두 의아해하면서 이 소식이 오보(誤報)가 아닌가 수군거리기 시작할 무렵, 한 환관이 나와 황제가 조회를 소집하지 않았음을 확인해주었다. 관리들은 해산했고 소동은 진정되었다. 그러나 수천이나 되는 관리가 감쪽같이 속았다는 것은 불가사의한 일이 아닐 수 없었다. 이 희극 같은 사건은 역사학자들이 간과했던 사소한 해프닝이었다. 하지만 레이 황은 여기서 명이라는 제국이 왜 쇠망하는지를 읽어냈다. "표면상으로는 사소한 일회성 사건처럼 보이지만, 실제로는 이전부터 있어온 큰 사건들의 응어리였고, 이후의 파란을 야기하는 계기가 되는 것"이라는 설명이다.

바로 황제 만력제의 의도적인 태업(怠業)이었다. 1587년부터 사망하는 1620년까지 30년이 넘도록 황제의 태업이 이어졌다. 노동자가 불만을 표출하며 자신의 요구를 관철하기 위해 태업하는 일은 종종 있지만, 무소불위의 황제가 신하를 대상으로 이토록 장기적인 태업을 행한 것은 만력제가 유일할 것이다. 황제는 고위직에 결원이 생겨도 공석을 보충하지 않았고, 제대로 정무를 볼 수 없던 관리가 사표를 제출해도 받아주지 않았으며, 심지어 수년 동안 사표가 수리되지 않아 고향으로 되돌아간 관료에게도 아무런 제재를 가하지 않았다. 법률로 규정된 조회를 비롯한 각종 의식은 변함없이 거행되었으나 황제가 출석하지 않았다. 항의하는 관료의 상주문(上奏文)이 조정까지 도달했어도 황제는 이를 궁정에 묵혀두는 방식으로 대처했다.

'아무것도 하지 않은' 만력제와 쇠락한 명나라

최고 권력자였던 만력제는 무슨 이유로 이처럼 오랜 기간 태업했을까? 이는 만력제가 천성적으로 게으르거나 정신적인 문제가 있어서가 아니었다. 10세에 황제로 즉위했을 때 신하는 그의 고상한 풍모에 깊은 인상을 받았다. 3~4세의 어린 나이부터 책을 읽었던 조숙한 황제였다. 또한 한반도에 임진왜란이 발생하여 조공국이었던 조선이 일본군의 침략을 받아 위험에 처하자 파병을 결단력 있게 결정했다. 그리고 자신의 거대한 능묘 건설을 명령하고 지휘했으며, 세금을 더 거두어들이기 위해 전국에 환관을 파견했다. 그는 뭔가 계속 '결정'했다. 그러나 신하, 특별히 고위 관료에 대해서만큼은 일관되게 태업을 유지했다.

이는 일종의 보복 심리에서 유발된 결과였다. 만력제는 귀비(貴妃) 정씨(鄭氏)의 소생이었던 제3황자 주상순(朱常洵)을 황태자로 책봉하고 싶었다. 이유는 만력제가 사랑하는 여성이 황후가 아니라 정 귀비였기 때문이다. 하지만 이런 황제의 집요한 요구를 문관이 허용하지 않았다. 적장자 계승의 원칙을 고수했던 유교 관리는 제1황자 주상락(朱常洛)을 태자로 책봉하도록 했다. 외견상 문관의 승리였다. 만력제가 사랑하는 정 귀비는 우울해지고 기쁨을 잃어버렸다. 그러자 만력제는 자기 뜻을 들어주지 않았던 신하에 대한 보복 심리로 태업을 시작했다.

고위 관직에 결원이 생겨도 공석 그대로 두고 보충하지 않자, 최상층까지 승진하려 했던 문관의 희망이 사라졌다. 평생 공부하며 과거에 합격하여 관직을 시작한 문관의 꿈을 태업으로 짓밟아버린 것이다. 관직에 올랐으나 아무런 보상이나 평가를 받을 수 없게 된 이들은 자포자기의 심정으로 사표를 제출했지만, 수리가 안 되니 자신의 청렴함조차 인정받을 방법이 사라졌다. 제위 마지막의 만력제는 심리전에서 자신이 승리했다고 믿었을 것이다.

황제와 문관의 갈등 구조가 황제의 태업으로 이어지는 동안 명 제국은 서서히 쇠락했다. 국정의 최고 책임자가 황위 계승으로 인한 갈등으로 국정에서 손을 떼기 시작했으니, 이로 인한 폐해는 조용하지만 치명적으로 전이되었다. 조정에서 관료 사회로, 다시 관료에게서 백성의 삶으로. 그사이 백성은 '소리 없는 아우성'을 경험해야만 했다.

더구나 만력제는 명 제국에서 가장 긴 48년 동안이나 제위에 머물렀다. 만력제의 사후에도 명 제국은 24년이나 지속되지만, 후대의 학자 조익(趙翼)은 "명나라가 망한 것은 (마지막 황제인) 숭정 때가 아니고 신종(만력제) 때였다"라고 평가했다. 틀린 말이 아니었다. 임진왜란이 발발했을 때 조선에 원군을 보낸 주역이었기에 '조선 황제'나 '고려 천자'라고도 불렸던 만력제는 정작 자신이 다스리는 명의 멸망을 초래한 혼군으로 평가받는다.

결국 만력제는 아무것도 하지 않은 것이 아니었다. 국가의 중심인 조정에서 소통을 마비시켰다. 최고 리더였던 황제의 오랜 태업이었기에 불통의 폐단을 가중시켰다. 이를 목도했던 신시행(申時行)은 다음과 같이 위기감을 편지에 남겼다. "상하가 막혀서 통하지 않고, 조정 안팎이 따로 놀고 있다. 자고로 국가가 이렇게 되고서도 능히 오래도록 다스려지고 평안한 적은 없었다."[3] 당시 신시행의 직책은 오늘날 총리에 해당하는 수보(首輔)였기에, 이는 내부자 고발이나 다름없었다. 최고 리더의 무위(無爲)는 이처럼 무서운 결과를 가져온다. 아무것도 하지 않으면 아무 일도 발생하지 않는 것이 아니라, 원활한 소통의 부재로 인한 치명적인 패망을 준비하는 셈이 된다.

국가의 에너지를 모두 앗아간 만력제의 태업

왜 만력제는 이렇게 삐뚤어진 방식으로 관료에 대한 보복 심리를 품었을까? 레이 황은 1587년으로부터 5년 전에 있었던 장거정(張居正)의 죽음과 그 이후의 반전에 주목한다. 장거정은 만력제가 즉위하기 이전의 황태자 시절 그의 스승이자 우상이었다. 어린 만력제를 교육하고 키웠던 장거정은 만력제가 10세 때 황제로 즉위한 후 10년 동안 여전히 어린 황제의 신임 속에 국정 운영을 사실상 주도했다.

장거정이 국정을 주도했던 만력제의 초반 10년, 즉 1572~1582년 명 제국은 기력을 되찾고 활기가 넘치던 번영의 시기였다. 100

3 上下否鬲, 中外睽攜, 自古國家未有如此而能久安長治者.

년 넘게 북방을 괴롭히던 몽골의 침략이 발생하지 않고 동남 연해의 왜구도 근절되어 잠잠했다. 외부적인 안정 속에서 명 제국은 내부적으로 일조편법(一條鞭法)이라는 은(銀) 경제로의 재정 개혁을 성공적으로 이루어내며 '사치의 제국'이라 불릴 만큼 경제가 발전했다. 국고가 충실해졌던 이 시기를 '만력중흥(萬曆中興)'이라 평가하는 이유는 장거정 없이 설명할 수 없을 정도다. 따라서 장거정이 경미한 복통이라도 느끼면, 황제가 귀한 탕면을 친히 끓여 먹게 했다는 이야기도 과장이 아니었다.

그런데 1582년 장거정이 사망하자 그동안 잠잠했던 관리들이 장거정을 탄핵했다. 조사하는 과정에서 장거정의 언행이 일치하지 않는 점이 발견되었다. 황제에게까지 검약을 강조했던 장거정의 사생활은 호화스러움으로 가득 차 있었다. 1584년 장거정의 가산을 몰수했을 때, 은 10만 냥 이상과 110대의 수레에 실어 궁으로 이동해야 할 정도로 많은 물품이 있었다.

이 사실로 인해 만력제는 매우 슬퍼했고, 더 나아가 스승 장거정에 대한 실망감으로 정치 혐오를 느꼈다. 어린 시절부터 존경하고 때로는 경외하던 스승의 사후 비리로 인한 실망감은 더 클 수밖에 없었다. 게다가 수많은 관리가 이미 죽은 장거정을 공격하며 원한을 쏟아냈다.

그렇다면 만력중흥을 이끌었던 장거정은 왜 동료 관리에게 원한을 많이 샀을까? 장거정은 강력한 개혁을 추진하여 성과를 냈지만, 조직 구성원의 자발적인 참여까지 동원하지는 못했다. 장거정은 관료의 규율을 바로잡는 일을 자신의 임무로 자처하고 실제 모든 사람에게 허점이 생기지 않도록 하라고 강력하게 요구했다. 모든 문관을 엄격한 감시하에 두었고, 개인적인 판단으로 승진시키거나 좌천시켜 그들의 안정감을 위협했다. 오랜 기간 관료에게 익숙했던 과거제나 동향(同鄕)을 기반으로 한 후원자 관계 및 사회적 안전망이 위협을 받자 관료는 그 원한을 장거정에게 집중시켰다.

이런 맥락에서 보면 사후 장거정에게 쏟아진 탄핵과 비판의 목소리에는 균형을 잃어버린 감이 있는 것도 사실이다. 그 이유는 장거정이 추진한 개혁책이 대부분 관료와 권세 있는 기득권층의 이익을 훼손했기 때문이다. 반(反)장거정 세력이 집권한 이후 장거정의 개혁책은 대부분 폐기되었고 그나마 만력중흥 시기에 축적된 에너지마저 급속하게 소진되어버렸다.

그렇다면 위태로워진 나라의 권위와 기초는 어디서 어떻게 회복해야 하는가? 레이 황은 최고 지도자인 황제의 리더십에 주목했다. "황제는 한 나라의 주인으로서 전심전력으로 문관 집단의 평형을 유지시켜야 했다. 그러나 쉬운 일이 아니었다. 공정성과 부단한 노고 이외에도 비범한 두뇌와 재능이 요구되었다. 문관의 이중적 성격에 대처하기 위해서는 물질적인 보수를 주어 그들로 하여금 나아가 일하게 하는 것도 필요했고, 그들의 정신적 역량을 동원하여 그들로 하여금 윤리 도덕적 관념 위에서 국정에 충성을 다하게 하는 것도 필요했다."[4] 이런 상황에서 요구되는 지도자의 자질은 남달라야 했다.

그러나 한번 엇나간 만력제는 이와 같은 선택을 하지 않았다. 오히려 각지에서 전달되는 상주문이라는 여론에 완전히 귀를 닫고 눈을 감고 자금성에 더욱 틀어박혔다. '소통의 정치'를 향한 조언과 돌이킬 기회가 없지는 않았지만, 자신의 아집에 더욱 침잠한 것은 오직 만력제 개인의 선택이고 한계였다. 명 제국은 이렇게 쇠락했으나, 명의 쇠락사는 오늘날 정체된 조직과 기업의 혁신시키려는 경영인에게 좋은 반면교사가 된다.

4 《1587, 만력 15년 아무 일도 없었던 해》, 129쪽.

작은 세상 큰 질문, 미시사가 알려주는 것

장문석 서울대학교

경제학에 거시 경제학과 미시 경제학이 있듯이, 역사학에도 거시 역사학과 미시 역사학이 있다. 이른바 거시사(macrohistory)가 크게 멀리 보는 역사라면, 미시사(microhistory)는 작게 당겨 보는 역사다. 혹자는 거시사를 망원경으로 보는 역사로, 미시사를 현미경으로 보는 역사로 비유한다. 또는 거시사를 연구하는 역사가를 하늘에서 지상을 굽어보며 낙하하는 공수부대원으로, 미시사를 연구하는 역사가를 숲속에 숨은 송로 버섯을 찾는 채취자로 빗댄다.

미시사의 특징은 무엇보다 관찰 대상의 규모를 극단적으로 축소하는 데 있다. 그렇다면 미시사는 왜 규모를 축소하는가? 축소하지 않으면 볼 수 없는 것들이 있어서다. 거시사는 높이 멀리 보기에 모든 것을 본다고 생각하기 쉽다. 그러나 이는 사실이 아니다. 지상에서 꿈틀대는 작은 것들은 볼 수 없기 때문이다. 그런 작은 것들은 낮은 곳으로 임하지 않고서는 결코 볼 수 없다. 따라서 미시사가는 관찰 대상의 규모를 축소하여 작은 것들을 세밀한 시선으로 관찰함으로써 거시사에서 놓친 것을 포착하려고 한다. 그리고 새로 포착한 것을 토대로 거시사에서 제시한 기성의 결론이 유효한지, 그 타당성을 적극적으로 테스트한다. 신이건 악마건 중요한 것은 디테일, 즉 세부 사항에 있다는 게 미시사의 모토다.

물론 이 세상을 가득 채우고 있는 무수한 디테일을 수집하고 관찰하는 것만으로 자동으로 새로운 현상이 눈에 띄고, 기성 이론을 교정하는 창의적 발상이 떠오른다면 얼마나 좋을까? 그러나 현실은 장밋빛이 아니다. 특히 미시사가에게 문서고와 도서관에 넘쳐나는 수많은 작은 사례가 모두 의미 있는 것은 아니다. 미시사가는 방대한 사례 중에서 자신에게 의미 있는 것을 가려낼 줄 알아야 한다. 말하자면, 소음에서 신호를 분리하는 것이다. 그를 위해 무수한 사례 앞에서 자신의 연구 목적이 무엇인지 재확인하고, 나아가 연구 목적에 부합하는 질문을 던지며, 사례를 분류하고 선별해야 한다. 그렇게 하지 않는다면, 문서고와 도서관의 무수한 사례는 그저 산더미처럼 쌓인 자료에 불과하다.

이런 정의로부터 어떻게 역사를 보고, 어떻게 작업하는지, 미시사가가 하는 작업의 특징적인 윤곽을 그려볼 수 있다.

첫째, 미시사가는 작은 대상을 선정하여 그 좁은 세상을 세밀하게 관찰한다.
둘째, 미시사가는 무수한 작은 대상을 무작위로 관찰하는 것이 아니라 기성의 일반적 결론에 대해 자신이 품은 의문을 풀어줄 대상을 분류하고 신별한다. 나아가 선택된 대상에게 자신의 연구 목적에 부합하는 중요한 질문을 던진다.

그렇기에 미시사가에게 세상은 아주 좁지만, 그 세상에 던지는 질문은 실로 많다. 바꾸어 말하면, 미시사가가 관찰하는 세상은 작지만 던지는 질문은 크다. 그런 의미에서 역설적이지만 미시사는 작은 역사가 아니라 큰 역사다. 미시사의 중요한 고전을 읽으면 그런 역설과 항상 마주칠 것이다.

《치즈와 구더기》, 16세기 민중 문화

이탈리아의 저명한 역사가인 카를로 긴츠부르그(Carlo Ginzburg)의 대표작 《치즈와 구더기》(1976)는 미시사의 걸작이다. 이 작품은 16세기 북부 이탈리아의 몬테레알레 마을에 살았던 방앗간 주인 메노키오의 의식 세계를 다룬다. 그는 소수 지배층을 제외하고는 대부분이 문맹이던 당시, 흔치 않게도 책을 읽을 줄 아는 민중 세계의 일원이었다. 그는 교회의 가르침에 위배되는 불경한 생각과 교회에 대한 노골적인 비판, 나아가 창조론에 정면으로 맞서는 유물론적이고도 진화론적인 우주관 등을 이웃에게 말하고 다녔다. 결국 그의 '삐딱한' 생각은 곧 교회 당국의 심기를 거슬렀고, 메노키오는 이단 혐의로 종교 심문을 받았다. 그는 심문, 회유, 입장 철회, 훈방, 재심문 등 파란만장한 경험 끝에 결국 이단으로 판정되어 처형되기에 이른다.

역사가 긴츠부르그는 메노키오의 이야기에서 무엇을 발견했는가? 그는 메노키오의 불온한 생각들이 어디에서 왔고, 어디로 갔는가를 보여준다. 긴츠부르그에 따르면, 메노키오의 생각은 그가 읽었던 책으로부터 왔다. 그러나 책의 글과 그의 말은 일치하지 않았다. 메노키오는 책을 자기 방식대로 읽었다. 아마 구전으로 전래한 민중적 지식이라는 스크린을 통해 책의 내용을 이해했을 것이다. 그리고 그의 생각은 다른 곳이 아닌 바로 이곳에서 열망하는 민중적 유토피아의 이상을 향해 갔다. 그런 점에서 메노키오의 사례는 민중 문화의 독자적 존재와, 민중 문화와 책으로 대표되는 엘리트 문화의 복잡한 얽힘을 말해주는 증거였다. 그런데 메노키오가 이단으로 처형되었다는 것은, 민중 문화와 엘리트 문화의 공존이 더 이상 불가능해졌다는 사실, 즉 민중 문화에 대한 엘리트 문화의 대대적인 이데올로기적·문화적 공격이 시작되었다는 사실을 웅변으로 말해준다.

요컨대 역사가가 민중 문화와 엘리트 문화의 관계에 대한 의미 있는 질문을 던지지 않았더라면, 변방에 살았던 방앗간 주인의 사례는 당시 이단으로 처형된 무수한 사람 중 하나, 눈에 띄지 않는 사건에 불과했을 것이다. 그러나 역사가가 던진 큰 질문을 통해 메노키오와 그를 둘러싼 작은 세상은 근대 초기 유럽의 거대한 이데올로기적·문화적 지형과 그 속에서 일어나는 의미심장한 변화를 추적하고 이해하는 결정적인 실마리가 되었다.

《무형의 유산》, 농민 사회의 생존 전략

이탈리아 미시사를 대표하는 대가인 조반니 레비(Giovanni Levi)는 《무형의 유산》(1986)에서 긴츠부르그와는 또 다른 스타일의 미시사를 선보인다. 긴츠부르그가 한 개인의 의식 세계와 그를 둘러싼 문화적 코드에 집중한다면, 레비는 특정한 소집단과 이들을 연결하는 사회적 유대의 네트워크를 분석한다. 레비는 외형적으로는 17세기 북부 이탈리아의 산테나라는 촌락에 살았던 신부-퇴마사를 주인공으로 내세우지만, 실제로 주된 관심은 농민의 사회에 꽂혀 있다. 특히 이 역사가는 촌락의 복잡한 토지 매매 기록을 세밀하게 검토함으로써 기존의 상식과 통념에 어긋나는 변칙을 발견하고, 그것의 의미를 새롭게 해명한다.

레비가 토지 거래에서 확인한 변칙은 이렇다. 토지의 판매자와 구매자가 서로 친척이나 이웃인 경우에 토지 가격은 높았고, 서로 친밀한 관계가 아닌 외부인일 경우에는 토지 가격이 낮았다. 이는 토지 가격이 시장의 수요와 공급 법칙이 아니라 친척과 이웃 사이의 상호 부조와 협력에 기초한, 일종의 도덕 경제의 논리에 따랐음을 말해준다. 농민들은 어려운 시절에 토지 거래라는 형태로 친척과 이웃을 도왔고, 그런 방식으로 농민 가구들은 좀 더 확대된 가족 단위의 협력을 실천했다.

이런 관찰은 근대 초기에 시장 경제가 사회를 지배하기 시작했다는 기성의 일반화를 비켜나는 새로운 생각을 북돋는다. 시장 경제는 철의 법칙으로 관철되지 않았고, 농민도 그 법칙의 일방적 희생자가 아니었다는 생각이다. 실제로 농민은 사회성의 네트워크를 동원하고 활용한 구호와 협동을 통해 상업화의 대홍수에 맞서 스스로 생존을 도모했다.

과연 우리는 경험적으로 분명한 사실을 보면서도 믿지 않는 반면, 스스로 믿는 것만을 눈으로 보는 경향이 있다. 다시 말해, 우리는 시장 경제의 작동이 자연적이고 필연적이라고 믿으면서 오직 그에 따른 가격 변동만을 본다. 그런 대다수의 시선에서는 토지 가격의 변칙은 눈에 띄지 않았을 것이다. 그러나 시장 경제의 작동에 의문을 품은 역사가의 시선에서는 규칙에서 벗어난 변칙이 한눈에 들어왔을 테고, 그 변칙은 우리의 상식과 통념을 중대하게 수정하는 실마리가 되었다.

《마르탱 게르의 귀향》, 사회를 보는 새로운 시각

원래 미시사는 이탈리아에서 처음 등장하고 발전한 장르다. 그런 점에서 '메이드 인 이탈리아'라는 원산지 표시가 선명하게 찍힌 제품이라고 할 수 있다. 그러나 미시사는 곧 유럽 전역, 아메리카와 아시아로 확산하면서 글로벌 장르로 정착했다. 그렇기는 해도 여전히 이탈리아 미시사는 자타가 공인하는 미시사의 모체로서 그 기본적인 문제의식과 스타일에 영향력을 발휘한다.

물론 일부 논평가는 이탈리아 미시사의 강한 이론 지향성, 그러니까 기성 이론에 대한 검증과 새로운 이론 모델 수립에 대한 강한 의지를 비판한다. 이들에 따르면, 이탈리아풍 미시사는 너무 이론화에 집중한 나머지 오직 하나뿐인, 개별적 이야기가 갖는 고유의 가치를 경시한다. 이 비판에서는 반복과 규칙에 따른 이론보다는 단독과 변칙에 기초한 이야기야말로 미시사가 궁극적으로 추구하는 목표라는 주장이 힘을 얻는다.

미국 역사학자 내털리 Z. 데이비스(Natalie Zemon Davis)의 《마르탱 게르의 귀향》은 확실히 특이하고 독보적인 이야기를 풀어내는 미시사다. 주인공은 16세기 남부 프랑스에 살았던 농민 여성 베르트랑드다. 제목에 나오는 마르탱 게르는 바로 베르트랑드의 남편으로, 아내와 가족을 돌보지 않고, 급기야 가출해버린 무책임한 남자의 이름이다. 그랬던 남편이 오랜 세월이 흐른 후 귀향했는데, 돌아온 탕자는 개심하여 완전히 새로운 사람이 되어 있었다. 그러나 베르트랑드의 기쁨은 잠깐, 상속과 관련된 친척과의 분쟁 과정에서 마르탱은 가짜라고 고발당하기에 이르렀다. 이로써 마르탱 게르의 진위를 밝히려는 재판이 열렸고, 그 과정에서 베르트랑드는 그가 진짜 남편이라고 증언했으나, 놀랍게도 진짜 마르탱 게르가 돌아옴으로써 마르탱 게르 행세를 한 남자의 정체성 위조와 사기 행각이 백일하에 드러났다.

이 놀라운 이야기에서 우리의 관심을 끄는 것은 베르트랑드가 왜 가짜 남편을 진짜라고 증언했을까 하는 지점이다. 대답은 의외로 간단한데, 가짜 남편이 좋은 남편이었기 때문이다. 베르트랑드에게는 좋은 남편과 나쁜 남편의 기준이, 진짜인가 아닌가보다 훨씬 더 중요했다. 물론 자신의 신분을 숨기고 가짜 행세를 하는 것은 당시 극형으로 다스려진 중범죄였다. 그럼에도 가짜 남편을 진짜 남편으로 받아들인 베르트랑드는 이른바 '창안된 결혼'을 통해 자신의 운명을 스스로 개척하는 '자기 형성(self-fashioning)'의 사례였음을 보여준다.

물론 베르트랑드와 마르탱의 이야기를 근거로 당시 사람들이 정체성을 자유자재로 바꾸었다고 보는 것, 또 그런 맥락에서 현대적 뉘앙스의 자기 형성이라는 표현을 적용하는 것은 무리일 뿐 아니라, 부당해 보일 수 있다. 실제로 일부 평론가는 데이비스의 해석이 과도하다고 지적한다. 그러나 우리가 주목하는 것은 역사가가 내린 결론보다 그가 던진 질문이다. 왜 베르트랑드는 가짜 남편을 진짜 남편이라고 증언했는가? 이 질문은 근대 초기 유럽 농촌 사회에 대한 종래의 고정 관념을 넘어 새로운 시각을 열어준다.

비록 역사가의 결론이 확실하고 완벽하지 않더라도 제한적이고 부분적인 진실로서의 가치마저 잃는 것은 아니다. 미시사, 아니 모든 역사가 추구하는 것은 그렇듯 제한적이고 부분적인 진실이 아니던가.

세밀하게 보면 인간이 보인다

앞에서 살핀 미시사의 세 작품은 모두 개인과 소집단을 둘러싼 작은 세상을 관찰하며 큰 질문을 던진다는 점에서 유사하다. 그럼으로써 종래의 일반화가 갖는 타당성을 시험대에 올린다. 그렇다고 미시사가들이 즉각 옛 이론을 폐기하고 새 이론을 제시하는 것은 아니다. 물론 기성의 일반화를 검증하는 과정에서 새로운 가설을 제시하고 수정된 결론을 암시할 수 있다. 그러나 그런 가설과 결론은 모두 제한적이고 부분적인 것임을 역사가들 자신도 너무나 잘 알고 있다.

중요한 것은, 거듭 강조하거니와, 결론이 아니라 질문이다. 미시사 연구자는 중요한 질문을 던짐으로써 낡은 생각을 의심하고 새로운 생각을 환대한다. 미시사는 문제 중심의 역사인 것이다.

글을 마무리 짓기 전에 언급해야 할 중요한 논점이 아직 남아 있다. 앞서 검토한 미시사의 세 작품을 관통하는 가장 중요한 공통점은, 거대한 역사적 과정과 사회적 구조에 함몰되지 않고, 자신의 삶을 살아간 보통 사람들을 세밀하게 관찰했다는 데 있다. 다시 말해, 관찰 대상의 규모를 축소함으로써 구조와 과정에 가려 잘 보이지 않던 사람들이 역사가의 시야에 들어왔고, 역사가는 그들이 그렇게 행동한 이유를 알기 위해 중요한 질문을 던지기 시작했다.

긴츠부르그의 《치즈와 구더기》에 나오는 메노키오는 아마 책의 내용을 오독했을지 모르지만 옳건 그르건 자신만의 해석에 기초한 독특한 민중적 유토피아를 구상했다. 그는 그 생각들이 자신의 머리에서 나왔음을 강조했고, 또 자신의 주장을 굽히려고 하지 않았다. 또한 레비의 《무형의 유산》에 나오는 농민은 시장 경제의 등장에 무력하게 희생되는 익명의 대중이나 숫자로만 표현되는 판매자와 구매자가 아니었다. 그들은 친척 관계와 이웃 관계의 복잡한 네트워크에 편입된 살아 있는 존재였고, 어려운 시절을 견디기 위해 네트워크를 적극적으로 활용한 명민한 사람들이었다. 그런가 하면 데이비스의 《마르탱 게르의 귀향》의 주인공 베르트랑드는 당대의 법과 규범에 맞서 자기 운명을 대담하고도 용기 있게 개척한 여성이었다. 그런 점에서 세 권의 미시사 작품이 도달한 종착점은 다름 아닌 인간의 능동성이 아닌가 싶다.

얼핏 보면 보이지 않지만, 자세히 보면 인간이 보인다. 미시사는 조직과 업무, 통계 숫자에 가려져 있으나, 실은 그 뒤에 자신의 이름을 가지고 꿈과 뜻을 키우며 살아가는 인간들이 있음을 알려준다. 요컨대 미시사의 교훈은 비록 불충분한 자원과 정보, 불확실한 판단에도 불구하고 나름의 합리적이고 전략적인 행동을 통해 거대한 구조와 과정에 익사하지 않고 머리를 내밀며 생존해간 무수한 사람의 실제 경험이야말로 진정한 '빅 데이터'라는 것이다.

긴츠부르그의 《치즈와 구더기》, 레비의 《무형의 유산》, 데이비스의 《마르탱 게르의 귀향》. 세 작품은 공히 관찰 대상의 규모를 축소하되, 중요한 질문을 던져 기성의 지혜에 의문 부호를 찍었다. 긴츠부르그는 이단 방앗간 주인의 의식 세계를 통해, 레비는 신부-퇴마사와 그를 둘러싼 농민의 사회적 네트워크를 통해, 데이비스는 베르트랑드와 마르탱의 정체성과 관련된 기이한 이야기를 통해 근대 초기 유럽 사회에 대한 상식과 통념을 뒤집는 새로운 발상을 제시했다. 자신의 시대를 살아간 보통 사람이 거대한 구조의 수동적 희생자가 아니라 나름의 합리적이고 전략적인 태도로 운명을 살아낸 능동적 행위 주체임을 확인시켜주었다. 미시사만 알려줄 수 있는 작은 세상의 이야기로 말이다.

기생의 재발견,
행복은 나눌수록 커지잖아요

김응빈 연세대학교

2020년 제92회 미국 아카데미 시상식에서 4관왕에 올랐던 영화 〈기생충〉의 포스터 속 문장을 기억하는가? "행복은 나눌수록 커지잖아요." 영화 속 상징과 은유를 배제하고 기생충이 이렇게 말한다고 생각하면 다소 어이가 없다. 상대에게 손해를 입히는 존재가 할 말은 아니지 않을까. 영화는 파국으로 끝난다. 그러나 영화의 열린 결말에서 우리는 또 다른 '기생'의 시작을 예감할 수 있다. 사실 생물학자에게 영화의 결말은 당연하다. 이미 정해진 생태적 수순을 밟는 거니까. 자연에서 기생 생물은 끊임없이 숙주를 갈아탄다.

'바이오'에 담긴 두 의미

'생명'을 뜻하는 영어 접두사 'bio'의 어원 'bios'에는 숨겨진 뜻이 있다. 고대 그리스어 비오스는 앞 음절에 강세가 있으면 '활'이란 뜻으로, 뒤 음절에 강세가 있으면 '생명'이란 뜻으로 사용되었다고 한다. 고대 철학자 헤라클레이토스(Heraclitus)는 "활은 생명을 뜻하는 말이지만, 하는 일은 죽음이다"라고 말했다. 생명과 죽음이 사실은 하나라는 이야기다. 한 생명체가 살기 위해서는 다른 생명체의 희생이 불가피하곤 하다. 그 과정에서 한쪽이 일방적으로 피해를 보는 '기생'과 '포식'이 발생한다. 그리고 때로 이 파괴적인 상호작용이 뜻밖의 결과를 가져온다. 식물의 전매특허인 광합성을 동물이 하는 경우가 대표적이다. 주인공은 바로 달팽이다.

달팽이는 딱딱한 나선 모양 껍데기를 등에 지고 느릿느릿 기어다니는 연체동물이다. 물론 껍데기가 없는 민달팽이도 있다. 그런데 바다에 사는 민달팽이 가운데는 엽록체를 몸에 지닌 종류가 있다. 해조류를 먹고 사는 바다 민달팽이는 소화 과정에서 엽록체를 분해하지 않는다. 온몸에 퍼진 소화관을 통해 엽록체를 퍼뜨려 식물처럼 광합성을 한다. 그래서 일조량이 적당하게 유지되는 동안은 먹이를 먹지 않고도 생존할 수 있다. 이렇게 얻은 엽록체를 생물학 용어로 '절취색소체'라고 부른다. 절취(竊取), 남의 물건을 몰래 훔쳤다는 것이다.

어떤 양서류는 기생인지 공생인지 헷갈리는 관계를 유지한다. 숲속 얕은 웅덩이에 사는 점박이도롱뇽은 이름처럼 검은 몸에 노란색 반점이 있다. 점박이도롱뇽은 겨울에는 땅속에서 잠들어 있다가 3월쯤 깨어나 짝짓기하고 물속에 알을 낳는다. 여기에 뜻밖의 제삼자가 끼어든다. 물속에서 부화 중인 수정란 안에 식물성 플랑크톤 같은 미세조류의 일종인 '단세포 광합성 미생물'이 들어가는 것이다.

점박이도롱뇽 수정란은 어엿한 개체로 자라나기 위해 신진대사를 활발히 진행하며 이산화탄소와 질소화합물을 내놓는다. 수정란의 대사 과정에서 생기는 이 노폐물이 미생물에는 좋은 영양소가 된다. 덕분에 미생물은 바깥에 있을 때보다 광합성을 잘하게 되고, 수정란에도 좋은 환경을 만들어준다. 미생물이 광합성으로 산소 공급을 풍부하게 해주고 덤으로 당분까지 주는 것이다. 실제로 점박이도롱뇽의 알은 공생 광합성 미생물이 있을 때 부화율이 월등히 높다.

땅옷이 전하는 메시지

흔히 나무나 돌 표면에 푸른빛을 띠는 것을 이끼라고 생각하기 쉽다. 하지만 그중 다수는 '지의류(地衣類)'다. 정식 과학 용어는 아니지만, 이 한자를 우리말로 그대로 옮기면 '땅옷'이다. 이끼는 잎과 줄기 구별이 분명치 않고 관다발이 없는 식물이나, 지의류는 전혀 다른 두 종류 미생물, 곰팡이(진균)와 미세조류가 얽혀 있는 공생체다. 현미경으로 지의류를 들여다보면 곰팡이가 조류를 감싼 모습을 볼 수 있다. 사실은 곰팡이가 조류 속으로 파고들어 있는데, 마치 곰팡이가 조류를 착취하는 것처럼 보인다. 하지만 이야기는 여기서 끝나지 않는다.

지의류는 서로의 생존을 돕는 놀라운 협력 관계를 보여준다. 조류는 광합성을 통해 에너지를 만들어내고, 곰팡이는 조류가 자라기 어려운 척박한 환경에서 물과 미네랄을 공급하며 보호막 역할을 한다. 흥미롭게도 실험실에서 조류를 단독으로 키우면 광합성으로 만든 에너지의 약 1퍼센트만 세포 밖으로 방출되지만, 곰팡이와 함께 있으면 그 비율이 60퍼센트로 늘어난다. 조류는 곰팡이에 아낌없이 베풀고, 곰팡이는 대가로 조류가 살아갈 수 있는 터전을 제공한다. 겉으로는 곰팡이가 조류를 착취하는 것처럼 보이나 자연에서는 기생과 상리공생을 명확히 구분하기 어려운 경우가 많다. 이런 구분은 인간이 편리하게 분류한 개념일 뿐, 실제 관계의 당사자가 아닌 이상 그 진실을 파악하기란 쉽지 않다.

가만히 생각해보면, 우리 삶에서도 비슷한 사례를 종종 찾아볼 수 있다. 예컨대, 열렬히 사랑하는 남녀를 두고 하나가 밑지는 장사라고 입방아를 찧는 호사가들이 있다. 남의 속도 모르면서 말이다. 지의류를 이루는 곰팡이와 조류의 관계도 마찬가지다. 중요한 것은 관점에 따라 달리 보이는 관계의 형태가 아니라, '함께'가 아니면 불가능한 삶의 속성이다.

지의류를 구성하는 조류와 곰팡이는 따로 떼어놓으면 자연 상태에서는 거의 생존하지 못한다. 앞서 말한 것처럼 실험실에서 조류를 단독으로 키우면 광합성으로 생성한 탄수화물의 약 1퍼센트만 세포 밖으로 방출한다. 그런데 곰팡이와 함께 자랄 때는 광합성 산물의 약 60퍼센트까지 곰팡이에게 나누어준다. 조류의 이런 통 큰 베풂 덕분에 곰팡이가 누리는 혜택은 명확해 보인다. 하지만 곰팡이도 단순히 받기만 하는 것은 아니다.

조류가 광합성을 하기 위해서는 햇빛과 이산화탄소 외에도 물과 미네랄이 필요하다. 식물은 땅속뿌리를 통해 이를 흡수하지만, 나무껍질이나 돌 위에서 사는 지의류는 이 같은 호사를 누릴 수 없다. 대신 조류에 단단히 밀착한 곰팡이가 있다. 언뜻 해로운 기생생물처럼 보일 수 있는 곰팡이는 사실 자신의 균사(팡이실)를 길게 뻗어 물과 미네랄을 열심히 찾아온다. 덕분에 조류는 땅에 뿌리를 내리지 않고도 광합성을 할 수 있다. 이뿐만 아니라 곰팡이는 조류를 고체 표면에 부착시키고 외부 환경으로부터 보호해주는 역할도 한다.

공생(共生)이란 글자 그대로 함께 살아가는 삶이다. 좀 더 과학적으로 말하자면, 서식지와 먹이를 공유하며 서로 영향을 주고받는 관계를 뜻한다. 공생에는 크게 두 가지 형태가 있다. 하나는 서로 이익을 주고받는 협동(상리공생), 그리고 다른 하나는 한쪽이 이익을 얻는 대신 다른 쪽이 손해를 보는 기생 및 포식이다. 하지만 관계의 성격은 관점에 따라 다르게 보이기에 자연에서는 두 형태를 명확히 구분하기 어렵다. 지의류를 이루는 곰팡이와 조류의 관계는 표면적으로는 기생이나 상리공생의 경계에 있는 것 같다. 그러나 더 깊이 들여다보면 이 둘은 서로의 부족함을 채워주는 필연적 공존의 모습이다. 이는 자연이 우리에게 말하는 중요한 메시지일지도 모른다. "혼자서는 살아갈 수 없다!" 함께 살아가야만 가능한 삶의 본질이 바로 여기에 있다.

미생물이 보여주는 공생의 아름다움

자연에서 생물 간 관계는 고정된 것이 아니라 끊임없이 변화한다. 기생 관계조차 이면을 들여다보면 생존을 위한 치열한 선택과 협력이 자리 잡고 있음을 알 수 있다. 이런 역동적인 상호 작용이 결국 진화와 생태계의 복잡한 균형을 이끄는 원동력이 된다. 이를 보여주는 생생한 증거 하나를 소개한다.

최근 미시간주립대학교 연구진이 미세조류와 곰팡이를 함께 배양하며 상호 작용을 전자현미경으로 관찰하던 중 흥미로운 현상을 발견했다. 혼합 배양을 시작한 지 일주일 만에 곰팡이에 붙어 있던 조류의 모습이 확연히 변한 것이다. 매끈하던 바깥층이 벗겨지고, 그 아래에 있는 돌기가 드러나면서 표면이 오톨도톨해졌다.

이 대목을 보자, 나는 마치 허물없는 관계로 가까워지는 몸짓 같다는 생각이 들었다. 그리고 얼마 지나지 않아, 미세조류가 곰팡이 세포 안으로 들어간다는 실험 결과를 접하며 그 생각이 현실로 확인되는 짜릿한 경험을 했다.

곰팡이 안에 자리 잡은 조류는 여전히 활발히 광합성을 이어갔고, 증식도 멈추지 않았다. 두 생명체는 2개월간의 혼합 배양 기간에 하나가 되어 조화를 이루며 생존했다. 곰팡이와 조류가 한 몸처럼 공존하는 사례는 새로운 일이 아니다. 지의류는 이미 19세기 말에 발견되었으니까 말이다. 그러나 이번 연구가 특별히 주목받는 이유는 미세조류가 곰팡이 세포 내부에 자리 잡은 형태로 공생했다는 데에 있다. 기존의 지의류에서는 항상 곰팡이가 조류를 감싸는 구조였기 때문에, 이번 발견은 기존의 틀을 벗어난 혁신적인 사례라 할 수 있다. 연구진은 이 공생 형태가 약 5억 년 전에 식물이 땅 위에 자리 잡는 데 중요한 역할을 했을 가능성을 제기했다. 아직 과학적으로 입증되지는 않았지만 매우 흥미롭고 열려 있는 가능성이다.

언젠가 TV 예능 프로그램에서 노랫말 일부를 제시하고 연상되는 가사에 따라 연령대를 추정하는 장면을 본 적이 있다. 여러분은 '손에 손잡고'라는 말 뒤에 어떤 가사가 떠오르는가? 혹시 '벽을 넘어서'가 떠오르는가? 1988년 서울올림픽의 공식 주제가 〈손에 손잡고〉는 당시 전 세계적으로 큰 인기를 끌었다. 이념 대립 속에서 서울올림픽 직전 두 차례 올림픽이 반쪽 대회로 치러진 상황을 딛고, 함께 손을 잡고 냉전의 벽을 넘자는 메시지가 깊은 울림을 주었다. 실제로 이듬해인 1989년 11월 9일, 베를린 장벽이 무너지는 역사적 순간은 이 노래의 메시지가 현실로 구현된 장면으로 다가왔다.

이번에 발견된 미세조류-곰팡이 공생체가 내 기억 속의 그 노래를 떠올리게 한 이유도 바로 이와 같다. 벽은 단순히 물리적 경계를 뜻하는 것만이 아니라, 극복하기 어려운 한계나 장애, 또는 관계와 교류의 단절을 의미한다. 일반적으로 미미하게 여겨지는 미생물이 이처럼 벽을 허물고 도약하는 모습에는 자연이 우리에게 던지는 묵직한 메시지가 포함되어 있다. '손에 손잡고, 벽을 넘어서, 우리 사는 세상 더욱 살기 좋도록'이라는 노랫말처럼, 자연 속에서 서로 협력하며 벽을 허무는 생명체가 우리 삶에 전하는 교훈이다. 함께 연결되고 협력하며 더 나은 세상을 만들어가는 힘, 그것이 자연이 보여주는 진정한 공생의 아름다움이다.

기생을 다시 보라

기생을 뜻하는 영어 단어 'parasite'는 고대 그리스어 'parasitos'에서 유래했다. 각각 '옆, 곁에서'와 '빵, 음식'을 의미하는 'para'와 'sitos'가 결합했다. 고대 그리스에서 파라시토스는 원래 종교 의식이나 공공 연회에서 사제나 귀빈을 따라다니며 음식을 나누어 먹는 사람들을 가리키는 말이었다고 한다. 이들은 공식적인 자리에서 음식을 나누어 먹으면서 그 대가로 예배나 의식에서 보조 역할을 했다. 그런데 시간이 지나면서 이 단어는 점차 부정적인 의미를 갖게 되어, 자기 힘으로 생계를 꾸리지 않고 남의 호의나 도움에 의존하는 사람을 가리키는 말로 변화했다. 그리고 17세기 중반에 이르자, 다른 생물에 기생하여 영양분을 얻는 생명체라는 생물학적 의미를 띠게 되었다.

흔히 기생 생물 하면 숙주의 자원을 소비하는 존재로 여기지만, 생물 진화의 관점에서 그들의 역할은 훨씬 복잡하고 중요하다. 우선 숙주의 유전적 다양성을 증가시키는 역할을 한다. 숙주는 기생 생물의 공격에 대응하여 면역 기능을 강화해야 하기 때문이다. 결과적으로 기생 생물은 숙주가 더 강력하고 다양한 면역 체계를 갖추게 함으로써 숙주의 유전적 다양성을 높이는 데 이바지한다.

기생 생물은 생태계 내에서 종 간의 상호 작용을 복잡하게 만들어 생물 다양성을 촉진하기도 한다. 기생 생물은 종간 경쟁을 조절하고, 특정 종의 개체 수를 억제함으로써 다른 종이 번성할 수 있는 환경을 제공한다. 이는 생태계의 균형을 유지하고, 다양한 생명체가 공존할 수 있는 기반을 마련한다. 특정 식물에 기생하는 곤충은 그 식물의 개체 수를 조절하여, 다른 식물이 성장할 수 있는 공간을 마련해준다. 나아가 기생 생물은 종 분화를 촉진한다. 숙주와 기생

생물 간의 끊임없는 '진화적 군비 경쟁'이 새로운 종의 탄생을 유도하는 것이다. 기생 생물의 압력으로 숙주는 새로운 형태적·생리적 특성을 발전시키며, 결국 새로운 종이 생겨날 수 있다.

신기하다고? 아니다. 당연한 자연의 이치다. 생물은 서로 어울려 살아간다. 혼자 사는 생물은 어디에도 없다. 이웃과의 관계가 어디로 기울었느냐에 따라 조화를 이루는 행복한 공생이 되거나 반대로 불편함을 넘어 치명적인 동거가 될 뿐이다. 이런 관계는 고정된 것이 아니라 역동적으로 융합하고 변화한다. 글머리에 소개한 "행복은 나눌수록 커지잖아요"라는 말을 다시 들여다보라. 이제 파라시토스의 원래 의미를 은유적으로 함축한 그 의미가 새롭게 보일 것이다.

불안의 끝에서
쇼펜하우어를 만나다

강용수 고려대학교

인생은 늘 변화하기 때문에 안정이나 지속성이 없다. 인간관계는 물론 세상의 모든 환경이 끊임없이 소용돌이처럼 움직이니 마음의 평온을 기대할 수 없다. 만족하는 순간이 있다고 해도 잠시일 뿐 곧 권태와 실망감이 찾아온다. 19세기 독일 철학자 아르투어 쇼펜하우어(Arthur Schopenhauer)의 시계추 비유처럼 인간의 욕망은 결핍과 만족, 그리고 과잉 충족 사이를 끊임없이 오간다. 마치 줄 위에서는 균형 잡기가 어렵듯이 인생에서 마음의 중심을 찾는 일은 쉽지 않다. 인간은 인생이라는 긴 항해에서 결국 난파하는 배의 운명처럼 죽음을 앞에 두고 늘 불안을 느끼는 죄수와 같다. 즉 불안은 살아가는 존재라면 피할 수 없는 부정적 감정이다.

쇼펜하우어에 따르면, 산에서 내려오는 자가 멈추려 하면 넘어지기 때문에 계속 달려야 균형을 잡는다. 이와 같이 세상에는 끊임없는 운동과 생성만 있으며, 따라서 생존의 전형적인 모습은 '불안'이다. 그러니 마음의 동요를 막고 안정을 찾기 위해서는 불안을 다스리는 연습이 필요하다.

미래보다 현재에 집중하라

불안은 아직 일어나지 않은 일에 대한 걱정과 염려를 말한다. 현재보다 미래에 빠져 사는 사람은 불안과 걱정이 많다. 그래서 큰 희망을 품고 항상 앞만 바라보며 미래의 일에서만 진정한 행복을 찾는 사람은 현재의 가치를 무시하고 그냥 지나치곤 한다.

불안의 원인은 불확실성이다. 미래의 재앙 가운데 우리를 가장 불안하게 하는 것은 언젠가, 그러나 확실하게 일어나는 일이다. 가령 죽음을 보자. 인간이 죽는다는 사실은 분명하지만 언제인지는 알 수 없다. 이렇게 '일어날 것이 확실하지만 일어날 시기는 완전히 불확실'한 일에 신경 쓰다 보면 마음에 동요가 인다. 장차 일어날 일 가운데 우리가 전혀 알 수 없는 '가능성'과 '시기'를 염려하면 마음이 흔들린다.

이에 대한 쇼펜하우어의 해법은 다음과 같다. 가능성이 불확실한 재앙은 결코 오지 않을 것처럼 생각하고, 시기가 불확실한 재앙은 금방 오지 않을 것으로 생각'하는 데 익숙해지는 것이다. 그래야만 괜한 걱정 탓에 생활의 안정을 잃지 않는다.

또 다른 독일의 철학자 요한 볼프강 폰 괴테(Johann Wolfgang von Goethe)는 "나는 내일을 어디에도 의지하지 않았노라"라고 했다. 그의 말처럼 있을 수 있는 모든 요구에서 벗어나 꾸밈없는 상태로 돌아가야 행복의 토대가 되는 마음의 안정을 누릴 수 있다. 미래에 대한 두려움이 사라지고 마음이 안정되면 소망이나 욕구, 요구가 마음을 괴롭히지 않는다. 인생을 즐길 만한 것으로 생각하려면 무엇보다 마음의 안정이 필요하다. 불안을 극복하기 위해서는 미래의 가능성보다 현재, 이 순간에 집중하는 것이 현명하다.

쇼펜하우어는 이렇게 말했다. "오늘이라는 날이 한 번뿐이고 두 번 다시는 찾아오지 않는 것임을 항상 명심하는 게 좋다. 그런데 우리는 오늘이라는 날이 내일 다시 찾아올 것으로 착각한다. 그러나 내일 역시 두 번 다시 찾아오지 않는 또 다른 하루에 불과하다."

생각을 줄이고 행동하라

동물은 생존 본능에 이끌려 살아가고, 인간보다 고통을 적게 느낀다. 지성의 발달로 상상력 또한 크게 발달한 인간은 지나친 기대와 희망을 품고 살아간다. 아직 발생하지도 않은 재난을 눈앞에 떠올리며 불안해하는 것 역시 상상력 때문이다. 우리는 대박과 성공을 꿈꾸면서 행복이라는 공중누각을 높이 쌓아 올리지만, 그것이 무너지면 깊이 좌절한다.

이를 막기 위해서는 모든 일에 대해 상상력을 줄여야 한다. 다시 말해, 모든 범위를 제한해야 행복해진다. 시야, 활동 범위, 접촉 범위가 좁을수록 우리는 행복해지며, 그 범위가 넓을수록 고통이 커지고 불안의 빈도가 잦아진다. 따라서 걱정, 소망, 불안이라는 생각의 범위가 커지지 않게 조심해야 한다.

일단 그렇게 하기로 결정했다면 상황을 잊어버리자. 불안해하며 "굳이 평지풍파를 일으키지 마라"[1]는 것이다. 결단 내린 뒤 일을 시작했다면 모든 사정은 운에 맡기고 결과만 기다리면 된다. 이미 일어난 일을 되새기거나 앞으로 일어날 위험을 걱정하면서 불안해할 필요가 없다. 충분히 생각했다는 확신을 갖고 편안한 마음으로 기다린다. 즉, '문제에 대한 생각의 서랍을 자물쇠로 꽁꽁 채워'두면 불안감이 잦아든다. 괴테는 이러한 상황을 말타기에 비유한다. '마구를 잘 달고 말을 몰아라'는 이탈리아의 조언에 빗대어 괴테는 "안장을 잘 얹어 안심하고 말을 몰아라"고 말했다. 결과가 기대와 다른 경우에도, 모든 인간사가 우연과 오류에 기초한다는 점을 인

1 살루스티우스, 《카틸리나 전쟁》.

정하면 괴테가 강조한 느긋한 태도를 갖출 수 있다.

타인의 평가에 너무 신경 쓰지 마라

쇼펜하우어가 말하는 불안은 죽음에 대한 것만이 아니다. 인간이 갖는 또 다른 불안의 원인은 남이 나를 어떻게 생각하느냐에 대한 걱정이다. 타인의 평가로 자기 입지를 높이려 평생 위험을 무릅쓰면서 노력하기도 한다. 관직, 부, 학문, 예술 등의 분야에서 남에게 더 많은 존경을 받으려고 노력할수록 불안감은 더 커진다. 타인의 견해에 지나친 가치를 부여하는 것은 하나의 '망상'이다. 어리석은 사람은 사후의 명성을 위해 평안, 부, 건강, 심지어 목숨마저 희생한다. 이런 망상은 다른 사람을 지배하고 통제하는 좋은 수단이 되기도 한다. '남이 나를 뭐라고 할까?' 하는 생각의 노예가 되면 평생 불안에 사로잡히고 만다.

다른 이의 눈치를 너무 많이 살피는 사람이 있다. 그러나 쇼펜하우어는 말했다. "우리가 여태까지 염려하고 불안하게 생각한 것의 거의 절반은 남이 나를 어떻게 생각할까를 염두에 두었기 때문이다." 다른 사람의 말과 태도에 쉽게 상처받고, 민감하게 반응하는 바탕에는 남에게 높이 인정받고 싶고, 무시당하지 않으려는 심리가 자리 잡고 있다. 뽐내고 자랑하는 허세의 바탕인 자존감의 바닥을 보면 '남이 나를 어떻게 평가할까?'에 대한 걱정이 있다. 쇼펜하우어는 타인의 평가에 대한 "병적인 집착"이 없다면 "사치가 지금의 10분의 1로 줄어들 것"이라고 추측하며, 타인의 견해에 너무 큰 가치를 부여하지 말라고 충고한다. 타인의 평가를 더 중요하게 여기는 이유는 다른 사람의 생각이 자기 존재의 객관적인 부분인 반면, 자신의 생각은 주관적인 부분이라고 잘못 판단하기 때문이다. 한마디로 타인의 생각이 맞고 자기 생각이 틀렸다고 여기는 오류다.

모든 명예, 명성, 출세는 타인이 나를 어떻게 평가하느냐에 달려 있다. 어릴 때부터 시작된 남에게 잘 보이려는 허영심은 나이가 들수록 더 커진다. 그러나 남에게 자신의 이상적 모습을 보이려는 것은 자기 본질보다 타인의 머릿속에 그려지는 2차적 이미지를 중시하는 태도다. 쇼펜하우어는 이를 두고 "직접적으로 전혀 존재하지 않는 것을 존재하는 것이라고 평가하는 어리석음은 허영"이라고 했다. 타인의 환심을 사는 것은 무의미하며, 실재하지 않는 것을 얻으려는 것처럼 불가능하고, 실패할 수밖에 없다. 끊임없이 남의 눈치만 보면 내가 합리적으로 얻고자 하는 결과와 어긋난다. 이처럼 자신에 대한 타인의 평가에 지나치게 관심을 두는 것을 쇼펜하우어는 '광기'로 여겼다.

분에 넘치게 명예와 명성을 지나치게 추구하면 불행을 피할 수 없다. 많은 명성은 실체가 아니라 징후와 반사광에 불과하다. 스스로 빛나는 별과 빛을 반사하는 별은 다르다. 자신이 스스로 빛나는 금화가 아니라 동화에 불과하다면 '거짓 명성'을 가진 셈이다.

운 좋게 자신에게 어울리지 않게 높은 위치에 오르더라도 금방 싫증을 느끼거나, 후세에 정체가 탄로 나 굴욕을 당하지 않을까 불안해진다. 가짜는 언젠가 벗어야 하는 가면과 같다. '진정한 명성'은 죽은 후에 비로소 제대로 인정을 받게 된다. 행복의 본질은 명성을 얻게 해준 위대한 자질 자체에 있지만, 역설적으로 정작 죽고 나면 위인은 훌륭한 명성이 주는 행복을 직접 누릴 수 없다.

불안은 실재하는 것이 아니라 생각이 만들어낸 상상적 허구에 가깝다. 불안은 우리가 살아가는 데 장점이 되기도 한다. 불안은 우리에게 나쁜 가능성을 미리 생각하며 불행을 막으려는 예방책을 찾게 한다. 그리고 걱정하던 일이 실제로 일어나지 않으면 기분이 좋아진다. 그렇게 불안을 견뎌내면 우리는 한층 명랑해진다.

불안을 통해 가끔 당하게 될지 모를 큰 어려운 상황을 상상하는 것 또한 바람직하다. 그로 인해 나중에 훨씬 작은 어려움을 당할 때 우리는 안도한다. 반대로 더 큰 어려움을 겪으면, 자신을 힘들게 했던 고통의 크기가 작게 느낀다. 어제까지만 해도 죽을 듯 힘들었지만 오늘 더 큰 고통을 맞았을 때 오히려 무감각해지는 것이다. 불안이라는 악몽에서 깨어나면 이 세상에는 견딜 수 없는 절대적 고통은 없다는 사실을 알게 된다. 마음속의 고통은 상대적이자 주관적이라 불안을 견디면 언젠가 지나가기 마련이니까 말이다.

[참고 도서]

· 강용수, 《불안의 끝에서 쇼펜하우어, 절망의 끝에서 니체》, 21세기북스

혁신의 서사, 거인의 어깨 위에 올라서라

오순희 서울대학교

오이디푸스는 왜 아버지 라이오스를 죽였을까? 오스트리아 심리학자 지그문트 프로이트(Sigmund Freud)는 '오이디푸스 콤플렉스'로 봤다. 그러나 이탈리아 문학가로 구조주의자인 움베르토 에코(Umberto Eco)는 달리 접근했다. 저서 《에코의 위대한 강연》에서 '아버지 세대와 아들 세대의 유구한 투쟁'이라는 오랜 서사 구조로 이 신화를 설명했다. 에코는 '부친 살해' 스토리가 '아들을 억압하는 아버지 이야기'와 연결된다는 점에 주목했다. 오이디푸스와 크로노스 신화가 모두 부자 세대 간 갈등의 틀 안에 있다는 이야기다.

에코의 제안대로 크로노스 신화를 재구성해보면 이렇다. '하늘'의 신 우라노스는 '땅'인 가이아와 결합해 자식들을 낳았다. 그 막내아들이 크로노스였다. 크로노스는 '시간'을 의미했고, 시간 흐름과 밀접한 '농사'의 신이었다. 하지만 우라노스는 아들들을 미워해 지하 깊숙한 곳(타르타로스)에 가두자, 크로노스의 저항이 시작되었다. 결국 크로노스는 농사에 쓰는 낫으로 우라노스를 거세하고, 풍요로운 수확의 시대를 열었다. 그러나 크로노스 역시 아들들에 의해 제거될 운명이란 이야기를 들었다. 불안해진 그는 아들들이 태어나는 족족 집어삼켰다. 살아남은 아들 제우스가 크로노스를 축출했고, 제우스가 지배하는 '가부장의 시대'가 열리게 되었다.

크로노스 가문의 신화는 하늘과 땅만 있던 태고의 우주에서, 시간 흐름에 따라 농사를 짓고 수확하는 시대가 태어났으며, 복잡하고 위계화된 구조 속에서 가부장 시대로 넘어가는 고대적 히스토리를 보여준다. 에코의 시선으로 본다면, 세계의 지배자와 지배 양상이 달라지더라도 '부자 세대 간 갈등에 의한 구조 변화'라는 서사의 기본 틀은 계속 유지되고 있음이 드러난다. 아들에 의해 죽임을 당하는 아버지는 아들을 싫어할 뿐 아니라 아들의 성장도 두려워한다. 따라서 아들의 세계가 시작되기 위해 부친 살해는 피할 수 없는 통과의례가 된다.

흥미롭게도 에코는 예술사의 중요한 변화도 세대 갈등의 관점으로 설명한다. 부친 살해는 예술사적 혁신을 통해 예술의 세계가 근본적으로 달라지는 것을 의미한다. 더 흥미로운 지점은 이런 혁신가들이 부친 살해를 저지르면서 항상 다른 조상을 끌어들인다는 부분이다. 예를 들면 할아버지에게 의존해 아버지를 죽이는 식이다. 이러한 에코의 주장은 독일 문학사에서도 동일하게 적용된다. 또 21세기에 벌어지고 있는 혁신도 마찬가지다.

거인의 어깨 위에서

"내가 만약 더 멀리 볼 수 있다면 그건 내가 거인들의 어깨 위에 서 있기 때문이다."

– 아이작 뉴턴(Isaac Newton)

고전 물리학의 거인 아이작 뉴턴은 현재의 발전이 과거의 위대한 유산을 바탕으로 가능했다고 한다. 에코는 뉴턴의 이 말도 무수한 변주를 거치며 반복된 표현이란 것을 찾아냈다. 원형은 프랑스 중세 철학자 베르나르두스 카르노텐시스(Bernard de Chartres)에서 시작되었다.

베르나르두스는 당대의 인간을 난쟁이로 낮추며 거인과의 관계가 무엇을 의미하는지 정의했다. "우리는 거인의 어깨 위에 올라타 앉은 난쟁이들 같다. 우리는 거인들보다 더 많이, 더 멀리 볼 수 있지만, 우리 시력이 그들보다 더 예리하거나 우리가 그들보다 더 커서가 아니다. 거인들의 거대함이 우리를 높이 들어올려주고 그들 너머로 볼 수 있게 해주기 때문이다."[1]

혁신가들은 자신을 어깨 위에 태우고 전진해줄 거인을 잘 찾아낸 사람들이다. 에코의 표현을 빌면 '할아버지에 의지해 부친 살해'를 저지른 사람들이다. 예컨대 이렇다. "파블로 피카소(Pablo Picasso)는 고전주의와 르네상스의 모범에 대한 깊은 고찰에서 출발해 인간의 얼굴을 일그러뜨리게 되었고, 결국은 고대 미노타우로스의 재해석으로 돌아갔다. 마르셀 뒤샹(Marcel Duchamp)은 모나리자에 수염을 그렸지만 그러기 위해선 레오나르도 다빈치(Leonardo da Vinci)의 모나리자가 필요했다. 르네 마그리트(Rene Magritte)는 자기가 그린 것이 파이프임을 부정하기 위해 아주 꼼꼼하게 사실적으로 파이프를 그려야만 했다. 끝으로, 소설의 역사적 본체에 대한 대대적 부친 살해는 제임스 조이스(James Joyce)가 저질렀다. 이 부친 살해는 호메로스의 서사를 모델로 취했다. 그리고 이 새로운 오디세우스 역시 거인의 어깨 혹은 돛대 위에 서서 항해를 했다."[2]

그러나 거인과 난쟁이의 관계가 항상 생산적인 것만은 아니다. 난쟁이가 거인의 어깨 위에 올라탈 수도 있지만, 거인이 난쟁이의 어깨 위에 올라탈 수도 있기 때문이다. 전자는 난쟁이를 나아가게

1 Umberto Eco, 《Sulle Spalle Dei Giganti Umberto Eco(에코의 위대한 강연)》, 독일어판 p.19(필자 번역).

2 Umberto Eco, 《Sulle Spalle Dei Giganti Umberto Eco(에코의 위대한 강연)》, 독일어판 p.30~31(필자 번역).

하고, 후자는 난쟁이를 짓누른다. 미국 MIT 컴퓨터공학과 교수인 할 아벨슨(Hal Abelson)의 이야기는 후자의 상황에 해당한다.

> "내가 다른 사람들처럼 멀리 내다보지 못했다면, 그 이유는 내 어깨 위에 거인들이 올라타 있었기 때문입니다."

어깨 위에 거인이 올라탄 상황은 그 거인의 실체를 모르기에 더욱 무겁게 느껴진다. 위대한 작가 괴테도 17세에 비슷한 상황을 겪었다. 그는 거대한 주제로 연극을 써보겠다는 야심 찬 계획을 세웠다. 주제는 '이집트 권력 계승자 파라오', '바빌로니아의 왕세자 벨사살' 같은 것들이었다. 여동생 코르넬리아가 계획이 잘 진행되고 있는지 물었을 때 어린 청년은 낙담한 어조로 고백했다. 그런 주제는 너무 거대해서 자신의 연약한 어깨로는 감당하기 힘든 것이었다고, 자신은 마치 거인을 어깨에 이고 가는 무기력한 난쟁이 같은 기분이었다고 말이다.

셰익스피어와 독일 문학의 혁신

20대가 된 괴테는 마침내 그에게 어깨가 되어줄 거인을 제대로 찾아냈다. 셰익스피어였다. 셰익스피어라는 거인의 어깨 위로 올라탄 청년들은 당대 문단의 기성세대를 상대로 부친 살해를 저지르며 독일 문학의 새로운 시대를 열었다. 바로 '질풍노도'라는 이름으로 알려진 문학 사조다. 그들이 셰익스피어의 어깨 위에 올라타서 살해한 부친 세대는 누구였을까?

질풍노도 운동이 생겨난 18세기 중엽의 독일은 '프랑스적인 것'에 대한 선망이 팽배했다. 당시 교양인이라면 프랑스어가 필수였다. 프리드리히대왕조차 대화할 때는 대부분 프랑스어 사용했고, 괴테의 여동생도 비밀 일기를 프랑스어로 썼다. 괴테의 소설《친화력》(1809)에도 독일 상류 사회 여성들이 자기들끼리 있을 땐 프랑스어로 대화하는 것을 원칙으로 삼는 대목이 등장한다. 프랑스 희극은 독일 극장에 자주 오르는 레퍼토리이기도 했다. 어린 괴테는 연극에 단역으로 출연하던 프랑스 소년과 어울리면서 자연스럽게 프랑스어를 배웠다. 프랑스 고전주의 문학의 3대 거장, 즉 코르네유(Corneille), 라신(Racine), 몰리에르(Moliere)는 독일에서도 교양 시민이면 반드시 알아야 하는 이름이었다. 괴테의 아버지는 그런 교양 시민의 하나였고, 어린 괴테는 아버지 서재에 꽂혀 있던 라신의 작품을 낭송하며 자랐다.[3]

17세기 후반에 전성기를 이루었던 프랑스 고전주의는 무엇보다도 형식의 완결성을 중시했다. 형식주의의 뿌리는 아리스토텔레스의《시학》인데, 프랑스 전체가 아리스토텔레스를 숭배하는 것처

3 괴테,《시와 진실》(번역본), p.115-116.

럼 보일 정도였다. 프랑스의 이런 분위기가 독일로 수입되어 18세기 중엽까지 위세를 떨쳤다. 아리스토텔레스가 《시학》에서 가르치듯, 줄거리 흐름, 장소의 범위, 사건이 진행되는 시간 등 이른바 훌륭한 연극을 위한 '3통일의 원칙'은 필수 법칙처럼 강조되었다. 이른바 '규범 시학'의 신봉자가 문단과 대학을 장악하던 시대였다.

규범 시학에 길든 청년 세대를 깨운 것이 셰익스피어였다. 바로 18세기 중엽까지도 셰익스피어는 독일에선 알려지지 않은 작가였다. 문단 기성세대도 대개는 셰익스피어가 누군지 몰랐고, 셰익스피어를 아는 사람들은 폄하하기 바빴다. 규범 시학에 따른 형식미에 익숙한 그들이 보기에 셰익스피어 작품은 형식이 천박했다. 그러나 바로 이 지점에서 청년 세대는 새로운 가능성을 찾았다.

규범 시학에 얽매이는 작가들은 결코 보여줄 수 없는 것, 셰익스피어만이 보여준 것, 그것은 '세계 전체'였다. 이제껏 문학에서는 보지 못했던 전적으로 새로운 세계였다. 마치 규범 시학의 동굴에 갇혀 살던 사람들이 우연히 바깥으로 나와 찬란한 세상을 만난 기분이었다. 라신의 문학을 외우며 자란 괴테는 이제 그의 문학적 부친이나 다름없던 규범 시학의 대가를 향해 선언문을 썼다. 셰익스피어에 대한 오마주인 동시에 규범 시학의 부친 세대에 대한 선전포고였다.

"나는 한순간도 주저하지 않고 저 규범 시학에 따른 연극을 포기했다. 장소의 통일이라는 것 때문에 우리는 감옥에서처럼 주눅이 들고, 줄거리와 시간의 통일이라는 것 때문에 우리의 상상력은 지겹게 속박되는 것 같았다. 나는 저 자유로운 대기 속으로 뛰쳐나갔고, 비로소 내게도 손과 발이 있다는 것을 느꼈다. 그리고 드디어 나는 그 규범 시학을 주장하는 양반들이 그들의 감옥에서 내게 얼마나 몹쓸 짓을 저질렀으며, 지금도 얼마나 많은 영혼이 그 안에서 몸부림치고 있는지를 알게 되었다. 그러니 내가 그들에게 선전 포고를 하지 않았던들, 그리고 매일매일 그들의 탑을 부숴버리려는 시도를 해오지 않았던들, 내 가슴은 터져버리고 말았을 것이다."[4]

질풍노도 운동과 더불어 규범 시학이 지배하던 문단의 분위기는 근본부터 전복되었다. 규범 시학이 아니라 '자율성의 미학'이 새로운 원칙으로 자리 잡았고, 이들이 훗날 거장 괴테와 실러로 변화하면서 변방에 불과했던 독일 문학을 세계 수준으로 올려놓았다. 그러나 셰익스피어의 의미가 대중적으로 받아들여지기까지는 그 뒤로도 한참의 시간이 필요했다. 여기에 대해 후일의 괴테는 이렇게 회고했다.

"셰익스피어는 우리에게 은쟁반에 황금 사과를 담아주는 작가야.

4 Goethe, 《Schriften zur Kunst und Literatur(예술과 문학론)》, HA12, p.225.

그런데 우리는 그의 작품을 연구한답시고 은접시나 겨우 얻어내지, 그리곤 거기에다 감자를 담아 내어놓고 있지 뭔가."[5]

지금, 어떤 혁신이 이루어지고 있는가?

에코에 따르면 문화사적 혁신을 위한 세대 갈등은 필연적이다. 그런 의미에서 혁신 과정에서 발생하는 부친 살해는 건강한 통과의례다. 그러나 21세기에는 그러한 혁신이 보이지 않는다고 에코는 한탄한다. 혁신이라고 할 만한 사건들은 대부분 테크놀로지 영역에서 벌어지기 때문이다. 정상적인 흐름이었다면 자신도 이미 부친 살해를 당했어야 할 세대인데, 여전히 현역으로 활동 중이라는 뼈 있는 농담을 던지기도 했다. 또 자신의 견해에 귀를 기울이는 젊은 세대를 보며 난쟁이들이 다른 난쟁이의 어깨 위로 바글바글 올라타는 형국이라고 질타했다. 그러면서 에코는 이렇게 덧붙인다.

"어쩌면 부친 살해의 건실한 이상은 이미 다양한 형태로 떠오르고 있을지도 모른다. 미래 세대에는 복제 인간 아들들이 아직은 예측할 수 없는 방법으로 그네들의 적법한 아버지이자 정자 기증자에

5 에커만, 《괴테와의 대화》, 1825년 12월 25일.

게 반항할지도 모른다. 어쩌면 우리가 알지 못하는 거인들이 이미 우리 난쟁이들의 어깨에 올라탈 태세로 어둠 속에서 배회하고 있을지도 모른다."[6]

에코는 2001년에 했던 강연에서 이 말을 했다. 에코는 가속화되는 테크놀로지 혁신이 새로운 세대를 등장시킬 것이라고 예측했다. 20여 년이 흐른 지금, 그 예측은 한결 뚜렷해졌다. 'AI 에이전트'라는 이름으로 말이다. 이들은 AI 챗봇과는 또 다르다. AI 챗봇은 인간의 질문에 상응하는 정보를 알려주는 수준이지만, AI 에이전트는 스스로 주변 상황을 파악하고 의사 결정을 하며, 주체적인 행위도 수행할 수 있다.

이 에이전트들은 끊임없이 업그레이드되고 다양한 상품으로 분화되며 과거와는 완전히 다른 세대를 탄생시킬 것이다. 그들은 젊다. 이들 앞에서는 MZ세대도 기성세대가 된다. 이들에 의한 혁신 프로젝트도 이미 시작되었다. 그것의 이름은 '인간을 기계에 길들이기'다.

인간은 이제 점점 더 많은 것을 AI에게 묻는다. 내가 누구인지, 나의 특징이 무엇인지 AI에게 물어보고 자신을 바꾸려고 노력한다. 말하자면 AI의 답변이라는 새로운 규범 시학의 시대가 열리고

6 《에코의 위대한 강연》, p.39.

있는 것이다. AI의 규범 시학에 익숙해질수록 점차 인간은 스스로에게 질문하는 법을 잊어간다.

역사를 돌아보면, 평범했던 신예 작가가 거대한 혁신의 주인공이 되는 과정은 다양한 형태로 나타났다. 그 과정을 촉발시켰던 것은 하나의 공통된 욕구였다. '왜 나는 지금의 상황을 받아들일 수 없는가?' 이 질문은 그러한 욕구의 출발점이며, 강렬하게 그 질문에 답을 찾고자 했던 사람은 혁신가가 되었다.

청년 괴테, 피카소, 조이스, 그들은 자신이 처한 상황에 대해 스스로 답변을 찾아야 했다. 기성세대는 답을 줄 수 없었기 때문이다. 청년 괴테는 규범 시학의 문제에 대한 해법을 규범 시학의 전문가에게서 찾지 않았다. 피카소는 현대 미술의 해법을 찾기 위해 현대를 넘어섰고, 조이스는 현대 문학의 답을 찾기 위해 고대의 호메로스까지 거슬러 올라갔다.

AI의 문제를 AI에게 묻고, 현재 충분하지 못한 AI의 대답이 수많은 업그레이드를 거쳐 완벽하게 될 때까지 수동적으로 기다리기만 할 것인가? 인간의 관점에서 판세를 전망하고, 문제의 돌파구를 어떻게 찾을 것인지 묻는 법을 알려줄 거인들이 위대한 고전의 서가에서 우리를 기다리고 있다. 우리는 그들의 어깨 위에 다시 올라타야 한다.

새로운 용도를 찾는 것, 그게 혁신이다

서광원 인간자연생명력연구소

미국 〈뉴욕타임스〉는 세계에서 가장 영향력 있는 신문이다. 이 신문이 2016년 8월 17일, '예상치 못한 발견'을 했다며 1면에 과학 기사를 실었다. 제목은 '지느러미에서 손까지: 깊은 진화의 연결 고리 발견(From Fins Into Hands: Scientists Discover a Deep Evolutionary Link)'으로, 기사는 물고기 지느러미와 쥐의 앞발이 같은 유전자군에서 생긴다는 내용이었다. 보통 〈뉴욕타임스〉의 1면에는 그야말로 세계적인 뉴스가 실리는데, 이 기사가 그 정도로 중요했을까? 그렇다면 이유가 뭘까?

물고기, 쥐, 사람의 기본 설계도는 같다

우리는 학교에서 생명체는 단세포에서 시작해, 다세포로, 그리고 바다의 어류를 거쳐 육지 동물로 진화해 왔다고 배웠다. 아니, 20여 년 전까지만 해도 그렇게 추정된다고 배웠다. 바다에서 육지로 진출한 게 분명한 듯했지만 이를 증명할 중간 단계의 화석이 없었다. 그러던 중 2004년 물고기와 육지 동물의 중간 화석인 틱타알릭(Tiktaalik)이 북극 근처에서 발견된 덕분에 이 가설은 '거의' 사실이 되었다. 거의라고 말한 이유는 한동안 증거가 하나뿐이었기 때문이다.

틱타알릭은 물고기의 특징인 아가미, 비늘과 함께 육지 동물의 가장 큰 특징인 네 개의 다리는 물론, 목과 팔꿈치, 손목을 원시적인 형태로 갖고 있었다. 학자들이 농담 반 진담 반으로 말하는 3억 7,500만 년 전 팔굽혀펴기를 최초로 할 수 있었던 생명체였다. 팔굽혀펴기는 사지(四枝)와 관절이 있어야 가능해서다.

이후 유전학의 발달로 많은 연구가 이루어지면서 생명체의 다양한 몸이 어떻게 생겨났는지 속속 밝혀졌다. 특히 사지동물의 네 발에 대한 성과가 괄목했는데, 놀랍게도 외형적으로 너무나 다르게 보이는 척추동물의 사지가 사실은 기원이 같은 것으로 나타났다. 쉽게 말해, 육지에 처음 상륙한 양서류의 '기본 설계도'를 바탕으로 각자 나름대로 개선해나간 것이었다. 마치 다양한 자동차가 엔진과 차체 같은 기본형에 각자의 특장점을 내세운 것처럼 말이다. 파충류와 포유류의 진화 역시 마찬가지였다. 심지어 두 날개와 두 다리를 가진 새도 그랬다. 그렇다면 이 기본 설계도는 양서류가 만들었을까, 아니면 더 오랜 기원이 있을까?

세계 각국의 연구팀이 치열한 경쟁을 벌였다. 이 물음에 대한 답을 찾으면 전 세계 교과서를 바꿀 수 있었다. 〈뉴욕타임스〉 1면 기사는 이 레이스에서 시카고대학교 연구팀이 결승선 테이프를 먼저 끊었다는 선언이었다.

연구팀은 어류인 물고기와 포유류인 쥐가 하나의 수정란에서 태어나는 과정, 그러니까 유전자가 몸을 만드는 과정을 면밀하게 관찰했다. 그 결과, 쥐의 앞발과 사람의 손발가락을 형성하는 데 필수적인 유전자군이 물고기에게도 존재할 뿐만 아니라, 지느러미 골격의 말단부 뼈를 만든다는 사실을 확인했다. 외형은 물론이고 수정 이후의 발생 과정 역시 너무나 달랐지만, 기본 설계도는 같았다. 틱타알릭은 물론 양서류 역시 이 기본 설계도를 사용했던 것이다. 2004년 틱타알릭 화석을 찾아낸 시카고대학교 닐 슈빈(Neil Shubin) 교수가 이 연구팀을 이끌고 있었는데, 공교롭게도 그의 제자인 앤드루 거키(Andrew Gehrke)가 다른 방법, 그러니까 유전자 연구로 스승의 발견에 마침표를 찍었다.

이 과학적 발견이 왜 그토록 중요할까? 우리 인간의 기원, 더 나아가 생명체의 진화 과정은 물론이고, 우리 몸이 어떻게 만들어졌는지를 알려주어서다. 살아서 번성하는 생명체의 신체 기관 하나하나는 잘나가는 회사의 히트 상품이 그렇듯 경쟁력 있는 능력인데, 이것들이 생겨난 과정을 알면 생명체가 새로운 능력을 어떻게 만들어내는지 알 수 있을 뿐만 아니라 각종 로봇 공학과 생체모방 공학은 물론 유전자 치료 같은 의학 분야에까지 응용할 수 있다. 또한 신성장 동력을 창출하는 자연스러운 방식을 알 수 있다.

혁신을 거듭하며 지금의 모습이 된 생명체들

예를 들어보자. 우리는 모두 소리를 들을 수 있는 귀를 가지고 있다. 귀는 언제 생겼을까? 물고기도 귀가 있을까? 소리를 듣고 놀라 도망치는 모습을 보면 있을 것 같지만, 물고기는 귀가 없다. 물속에서는 파동을 느끼는 게 더 효과적이기 때문이다. 귀는 육지로 진출한 양서류가 개발했는데, 육지에서는 파동을 느끼기 힘들어 새로운 감각 능력이 필요했다. 그렇다면 양서류는 귀를 어떻게 만들었을까?

생명체가 육지로 상륙하던 시절에 살았던 화석과 현재도 살아 있는 생명체의 배아 발생 과정을 보면 두드러진 변화를 볼 수 있다. 아가미 앞에서 턱을 지탱해주는 뼈들 중 하나가 점점 작아지면서 머리 옆으로 이동해 귀가 된다. 위턱에 있는 뼈 하나를 빼서 귀를 만든 것이다. 바로 등자뼈다. 회사로 치면 기존 부서에서 사람을 하나 빼내 신사업팀을 맡긴 셈이다.

그런데 귓속뼈는 세 개 아니었던가? 맞다. 두 개는 나중에 포유류에 이르러서 합류한다. 다시 말해, 포유류는 양서류, 파충류와 다른 새로운 귀를 만들었다는 것인데, 굳이 그래야 할 필요가 있었을까? 있었다. 몸의 구조를 바꿨기 때문이다. 생명의 역사에서 새로운 주인공은 대체로 더 넓은 세상으로 나아가 새로운 영역을 개척하는 특징이 있다. 양서류는 육지를 개척했고, 파충류는 물가를 떠날 수 없었던 양서류의 한계를 넘어 더 건조한 환경에서도 살 수 있는 능력을 발달시켰다. 포유류는 한 걸음 더 나아가, 더 먼 거리를 더 빨리 오가는 이동 능력을 획기적으로 높였다. 핵심은 네 다리의 혁신이었다.

도롱뇽 같은 양서류와 악어 같은 파충류의 다리는 배의 노처럼 몸통 옆에 붙어 있다. 이런 구조는 물과 육지 양쪽에서 쓸 수 있다는 장점이 있지만, 덩치가 커질수록 빨리 달릴 수 없다. 포유류는 이 다리를 옆이 아닌 몸통 아래쪽으로 옮겨서 달리는 속도를 비약적으로 높였다. 그런데 이렇게 하면 머리와 몸통이 땅에서 떨어지게 되어 청각 능력이 약해진다. 머리와 몸통을 땅에 가까이 대면, 땅바닥으로 소리가 잘 흐르기도 하고 진동을 느끼기도 쉬워 잘 들을 수 있지만 몸을 높이면 그럴 수 없다. 그러니 네 다리 혁신에 맞는 새로운 귀가 필요했다.

포유류는 이를 위해 앞서 귀를 만든 원리를 다시 한번 활용했다. 새로 만드는 게 아니라 근처에 이미 있던 뼈를 갖다 쓴 것이다. 이번에는 아래턱뼈 중 모루뼈와 망치뼈 등 두 개였는데, 이들을 먼저 자리 잡은 등자뼈와 함께 묶어 가운데귀(중이, 中耳)를 만들었다. 고막을 통해 들어온 소리를 크게 증폭시켜 속귀(내이, 內耳)에 있는 달팽이관으로 전달하는 새로운 팀을 출범시킨 것이다. 그런 다음, 이를 기본형으로 코끼리처럼 부채질할 수 있는 귀, 토끼처럼 듣고자 하는 방향으로 움직일 수 있는 귀 등 다양한 귀를 만들었다.

그러면 멀쩡하게 기능하던 뼈를 세 개나 차출당한 턱은 괜찮았을까? 부족해진 일손을 어떻게 메꿨을까? 어려움을 그저 버티는 식으로 견디면 고생길만 훤해지는 법, 턱은 변화된 상황에 이빨 사용 방식을 완전히 바꾸는 혁신으로 대응했다. 악어 같은 파충류는 먹이를 먹을 때 입을 확 벌려 한입에 꿀꺽 삼킨다. 이빨은 먹이를 꽉 붙잡는 용도로 쓴다. 송곳 같은 원추형 이빨을 가진 게 이래서다.

포유류는 이빨의 모양과 기능을 다양화해 적은 수로 많은 일을 하도록 역할 세분화를 도입했다. 앞니는 칼날처럼 만들어 먹이를 잘랐고, 그 옆의 송곳니는 뾰족하게 해서 먹이를 찌르거나 붙잡았다. 또 안쪽의 어금니는 넓적하게 만들어 잘게 씹었다. 덥석 물어서 꿀꺽 삼키는 악어나 상어와 달리 작게 조각내서 먹는 방식을 개발한 것이다. 먹는 시간이 좀 더 걸리지만 입보다 큰 먹이를 먹을 수 있을 뿐만 아니라 소화 시간을 대폭 줄일 수 있는 장점이 있었다. 포유류의 번성은 이런 혁신들 덕분이었다.

진화의 핵심은 '가진 것을 어떻게 사용하느냐'

다리나 털, 이빨 같은 신체 기관을 조직으로 바꾸면 경영학의 케이스 스터디 소재로도 괜찮을 법한 이들 사례는 생명체가 새로운 능력을 어떻게 개발하는지 알려준다. 맨땅, 무(無)에서 시작하지 않고 이미 있는 것을 가져다 용도를 바꾸어 쓴다. 새로 만드는 것보다 훨씬 효과적이기 때문이다.

생물학에서 '굴절 적응'이라고 하는 이 용도 전환의 원리는 진화에서 보편적이다. 많은 아쉬움을 남기고 중국으로 떠난 푸바오 같은 판다의 엄지도 마찬가지다. 판다는 대나무를 먹기 위해 곰들 중 유일하게 엄지손가락을 만들었는데, 손목뼈 일부를 가져다 용도를 바꾸었다. 지구에서 가장 덩치가 큰 대왕고래가 수염으로 만든 입속 그물도 그렇다. 동물의 뿔이나 인간의 손발톱을 만드는 등 생명체에 흔한 케라틴으로 만들었다. 자기 몸길이의 200배 높이인 최대 50센티미터를 뛰는 벼룩 역시 날개가 있었던 조상이 쓴 근육을 등에서 옆으로 이동시켜 점프에 사용한다.

우리 인간만의 특징이라는 언어 능력도 다르지 않다. 이 능력에는 'FOXP2'라는 유전자가 관여하는데, 놀랍게도 이 유전자는 다른 포유류와 조류도 갖고 있다. 그러나 탁월한 언어 능력은 인간만 갖고 있다. 아직 완전하게 밝혀지지는 않았지만 다른 생명체가 만들어내지 못한 용도를 우리가 찾아낸 것이다. '무엇을 가지고 있는가'

만큼 중요한 게 '어떻게 사용하느냐'라는 것을 알려주는 사례다.

우리가 사는 세상에서도 삶을 새롭게 진화시키는 이들은 이 생명의 원리를 잘 활용한다. 버려진 공장을 카페나 미술관으로 변신시키는 건 물론이고 기울어가는 회사를 부활시키기도 한다. 디지털카메라의 등장으로 속절없이 무너지다가 제2의 번성을 누리고 있는 후지필름이 대표적이다. 후지필름은 필름의 원재료를 다루던 기술을 용도 전환하여 화장품과 의약품 시장에 진출, 손꼽히는 바이오 회사로 도약하고 있다.

세상을 바꾼 히트 상품은 어떨까? 원래 당뇨병 치료제였지만 식욕을 억제하는 뜻밖의 효과를 발견해 지금은 비만 치료제로 인기 폭발 중인 위고비, 혈관을 확장하는 심혈관 질환 치료제로 개발되었다가 남성 성기의 혈관 확장에 효과가 있는 것으로 확인되면서 발기부전 치료제로 엄청난 시장을 만든 비아그라, 인공위성과의 교신 기술이었던 GPS를 차량에 활용한 내비게이션, 전투기 탐지용으로 개발한 마이크로파를 이용한 전자레인지…. 원래의 용도가 아닌, 새로운 용도를 찾아낸 덕분에 공전의 히트를 기록한 제품이 한둘이 아니다.

기능에만 이 원리가 해당되는 게 아니다. 오토바이 회사 할리데이비슨(Harley-Davidson)은 작고 저렴하고 품질 좋은 혼다가 몰려와 막다른 골목에 몰렸을 때, 사용자 가치를 전환해 부활했다. 남성 사이의 과시물이었던 오토바이를 여성에게 매력을 어필할 수 있는 수단으로, 부자 클럽에 초대받을 수 있는 증표로 사용할 수 있다는 것을 보여주는 등 사용자가 잘 몰랐던 숨은 용도를 찾아낸 덕분에 새로운 전성기를 맞을 수 있었다.

유연한 용도 전환을 할 때 변화도 가능하다

변화에 뒤처지는 이들은 이런 능력이 부족하다. 어떤 물건이나 능력을 하나의 용도, 정해진 용도로만 쓴다. 중국 송나라는 화약을 세계 최초로 개발했으나 폭죽으로만 썼다. 화약으로 대포라는 엄청난 무기를 만들어 난공불락으로 유명한 동로마를 멸망시킨 건 오스만 제국이었다. 1608년쯤 네덜란드가 발명해 천체 관측과 장거리 항해에서 새로운 세상을 발견하는 데 혁혁한 공을 세운 망원경을 조선이 입수한 건 1631년이었다. 발명된 지 얼마 되지 않았던 때다. 하지만 조선은 망원경을 신기하게만 생각했을 뿐 쓸모없다고 부수거나 모셔두기만 했다. 우물 안 개구리 신세를 벗어날 수 없었던 건 당연한 결과였다. 러시아는 일찌감치 알래스카를 자기네 땅으로 만들었지만, 모피를 얻는 땅으로만 여겼고 모피 구하기가 힘들어지자 미국에 팔아버렸다. 그 거대한 땅을 다른 용도로 사용할 줄 몰랐다.

세계적인 베스트셀러 《사피엔스》를 쓴 이스라엘 역사학자 유발 하라리(Yuval Harari)가 이런 말을 했다. "우리는 생존을 위해 힘을 쓰는 데는 탁월한데, 가진 힘을 이용해 행복에 이르는 기술은 부족하다."

지금 우리가 가지고 있는 걸 창조적으로 전환하고 활용하는 것에 좀 더 신경을 써야 한다는 뜻이다. 그의 말이 아니더라도, 남이 가진 걸 부러워할 게 아니라 시선을 우리 안으로 돌려볼 필요가 있다. 우리가 가진 걸 되돌아볼 필요가 있다. 개인도 마찬가지다. 용도 전환의 천재라 할 수 있는 스티브 잡스가 힘들 때마다 되뇌면서 용기를 냈다는 미국의 전설적 팝스타 밥 딜런(Bob Dylan)이 부른 노래 〈시대가 변하고 있다〉에는 이런 구절이 있다.

> 눈을 크게 뜨라.
> 수레바퀴는 아직 돌고 있다.
> 섣불리 논하지 말고, 섣불리 규정하지 말라.
> 오늘의 패자들이 나중에 승자가 될 것이니
> 시대가 변하고 있으므로.

그래서 말인데, 틈나는 대로 스스로 이런 질문을 던져보면 어떨까 싶다. '우리가 가진 것이나 능력을 더 가치 있게 쓸 수 있는데, 조선의 망원경이나 러시아의 알래스카처럼 여기고 있지는 않은가?' '지금까지의 용도가 아니라 새로운 용도로 쓸 수 없을까?'

혁신을 가로막는 영광의 굴레, 기술 속박

조영헌 고려대학교

19세기는 문제적 세기였다. 18세기까지 중국에 살던 유럽인이나 유럽을 방문한 중국인 가운데, 향후 1세기 안에 유럽이 전 세계를 지배할 정도로 강력해질 것이라고 예견한 이는 거의 없었다. 청의 강희제(康熙帝)가 1716년 해양 방어의 중요성을 강조하면서 "수천 수백 년 뒤 중국은 서양 국가들로 인해 곤혹을 느끼게 될지 모른다. 이는 짐이 예견하는 말이다(海外如西洋等國, 千百年後中國恐受其累. 此朕逆料之言)"라고 언급한 적은 있지만(청《성조실록(聖祖實錄)》 권270), 이는 당시 중국으로 침투하는 기독교 선교사에 대한 두려움에서 나온 말이었을 뿐, 실제 서양 국가들의 물적 토대나 군사력에 기반을 둔 언설은 아니었다. 설령 그런 날이 오더라도 수천 혹은 수백 년 뒤일 것이라 예측했다.

강대국의 씁쓸한 최후

기원전 진·한 시대부터 오랜 세월, 천하의 문명국이자 강대국이었던 중국이 19세기 중엽 아편 전쟁을 시작으로 1895년 청일 전쟁까지 연달아 패배하고, 우왕좌왕하다 와해할 것이라고 예견하는 편이 더 어려웠다. 18세기 청나라는 '강건성세(康乾盛世)'라 불릴 정도로, 현명하고 부지런한 군주인 강희, 옹정, 건륭의 3대 황제가 연이어 다스리며 최고의 전성기를 누렸다. 유럽의 귀족 사이에서 '시누아즈리(chinoiserie)'라 일컬어지는 중국풍 미술 공예품이 유행한 것도 17세기 후반에서 18세기 중엽까지의 일이다. 병자호란으로 치욕을 당한 조선인이 청의 경제적·문화적 성취를 목도하고 만주족의 청나라를 배우기로 결심, 북학을 유행시킨 것도 18세기에 일어난 현상이다. 1700년대를 기준으로 유럽과 중국 중 어느 쪽의 기술이 더 발전했는지 구분하기란 사실상 불가능했다.

영원히 무너지지 않을 것 같던 중화 제국은 19세기에 접어들며 붕괴의 조짐을 나타냈다. 청나라가 무너지고 서구 열강의 침략을 받으며 나라가 수박 조각처럼 쪼개질지 모른다는 두려움이 1949년까지 이어졌다. 19세기 중국은 무엇 때문에 이 같은 비참하고 굴욕적인 100년 역사의 시발점을 맞이했을까? 이 같은 시대 변화의 원인을 중국이 아닌 유럽의 본질적 우세론에서 찾는 이들도 있다. 유럽의 급속한 성장이 19세기 힘의 균형을 역전시키는 중요한 동력이었다는 설명이다. 서양의 승리가 마치 예정되었던 것처럼, 내러티브를 꾸미던 유럽 중심주의적 해석과도 혼용되었다. 서양에서는 과학이 발전하고 산업혁명이 발생했지만, 중국에는 이런 변화가 없거나 정체되었다는 것이 결정적 증거였다. 그래서 19세기는 중국인에게 '위기의 시대'였지만, 유럽인에게는 '기회의 시대'로 인식되곤 했다.

그러나 고장난명(孤掌難鳴)이라는 말처럼 손바닥 하나로는 손뼉을 칠 수 없는 법이다. 19세기와 같은 세계사적 전환이 어떻게 유럽의 일방적인 힘으로만 이루어졌겠는가. 아시아의 대표 주자였던 중국에 과연 어떤 변화가 있었던 걸까. 지금까지와는 다른 시점에서 역사를 들여다보아야 19세기 유럽과 중국이 마주했던 전환기를 제대로 이해할 수 있다.

시간에 따라 물적 토대와 환경만 달라질 뿐, 역사의 질적 전환을 이루는 동기와 계기는 유사하게 반복된다. 19세기 중국이 처했던 위기와 전 세계 힘의 균형이 전환되던 상황을 알면, 우리가 21세기의 위기와 정세 변화에 대한 대처 방법을 찾는 데에도 큰 도움이 될 것이다.

과거의 명성에 발목 잡힌 중화 제국

19세기 중국 사회를 이해하는 데 있어 중국사 연구자인 마크 엘빈(Mark Elvin)의 '기술 속박' 이론은 시사하는 바가 크다. 엘빈은 1973년 저서 《중국 역사의 발전 형태》에서 '고도 균형 함정(the high-level equilibrium trap)' 이론을 제시했다. 중국이 사회적·경제적·문화적으로 고도성장을 이룬 나머지 발전의 덫에 걸려, 그 이후로는 이전과 같은 혁신과 변화가 적었다는 가설이다. 그는 14세기를 중국이 뛰어난 발전을 이룬 시기로 보았다. 이후 중국 경제는 꾸준히 성장했고, 효율적인 수로 시스템 속에서 대자본을 축적한 상인이 출현했음에도 불구하고, 전반적인 추세는 노동력을 절감하는 기계 장치를 발명하기보다 자원을 절약하고 자본을 고정하는 방향으로 향했다. 양적 성장은 분명했지만, 질적으로 정체된 국면이 오랜 기간 이어진 것이다.

이 책을 출간한 뒤 30여 년이 지난 2006년, 엘빈은 《코끼리의 후퇴》라는 흥미로운 제목의 중국 환경사 책을 새로이 내놓았다. 그는 이 책에서 기존의 고도 균형 함정 이론을 이어가되, 중국이 기술 속박에 갇혀 19세기 근대화의 흐름에 올라타지 못했다는 설명을 추가했다.

엘빈이 편 논리는 이렇다. 18세기 후반에 이르러 중국의 수리 경제(water-control economy)는 전근대적인 기술 속박에 직면했다.

기술 속박이란 경제학 개념으로, 최고의 기술은 아니지만 이전 체제에서 비롯된 장점 덕에 지속해서 우위를 차지하고 이를 계속 유지하는 경우를 지칭한다. 가령 항주만(杭州灣)에 설치된 해당(海塘)처럼 새로운 기술을 기반으로 한 수리 체제가 들어선 뒤, 또 다른 기술로의 전환 없이 혹은 그런 전환이 불가능해, 그 수리 체제를 유지하는 데 노동력과 자원을 계속 소비하는 상황이 여기에 해당한다. 오랫동안 기존 체제를 유지하는 데 자본과 기술을 집중한 탓에 리스크가 높은 새로운 차원의 플랫폼으로 전환하지 못하고 속박되는 것이다.

대운하에도 이 논리가 그대로 적용된다. 대운하는 본래 구시대 유물이 아니었다. 7세기에 등장해 13세기에 베이징으로 목적지를 바꾼 대운하는 1415년부터 1784년까지 400년 가까이 수도의 생명수 역할을 하며 전 중국을 혈류처럼 이어준 물길이었다. 15~18세기의 중국은 수 세기 동안 '초연결의 아이콘'이었던 대운하 덕분에 유럽의 대항해 시대에 버금가는 대운하 시대로 명명될 수 있었다. 대운하가 시대의 화두였으니 장기적인 안목으로 대운하의 유지와 보수에 투자하고, 운하 유통망을 영리하게 활용하며 시대를 풍미했던 휘주 상인의 경영 방식도 혁신적이라는 평가를 받았다.

문제는 1800년대에 접어들며 동시다발적으로 좋지 않은 상황이 벌어진 것이다. 그 무렵부터 대운하는 효력을 상실해갔다. 국가의 안보 추구와 지역 상인의 이윤 추구도 절충점을 찾지 못했다.

경제 발전에 기여했던 수리 통제 기술이 시간이 흐르며 경제 구조의 원활한 재혁신을 방해하는 구속이 된 것이다. 한때의 강점이 약점이 되는 역설이 18세기 후반에서 19세기로 접어드는 시기에 발생했다.

중국의 장거리 교역은 상대적으로 폐쇄된 체제 속에서는 긍정적으로 작용했다. 하지만 세계 경제에 완전히 포섭되며 전면적인 경쟁에 돌입하자 자산이 부채로 변했다. 세계적 경영학자 클레이튼 크리스텐슨이 저술한 《혁신기업의 딜레마》에서처럼, 한때 경쟁력 확보에 애쓰고 고객 요구에 재빠르게 대응하며 새로운 기술에 공격적으로 투자했던 혁신 기업조차 상황이 변하면 "시야가 좁아지고 움직임이 둔해진다"라는 이론을 경험한 셈이다. 대운하 시스템에 만족하던 혁신 기업 청은 해양 세계로 재편되는 플랫폼에 진입 가능한 "전략을 개발해서 실행하는 데 꾸물댔기 때문"에 새로운 기업인 서구에 뒤질 수밖에 없었다.

엘빈의 기술 속박 이론은 18세기 이전까지 고도로 발전했던 중국의 관료제, 장거리 유통업, 지역 상인의 길드 조직, 세련된 도자기와 차 제조 기술, 대운하 물류 체계를 폄하하지 않으면서, 19세기에 발생한 글로벌 대분기를 중국 입장에서 정합적으로 설명한다.

21세기 우리가 직면한 기술 속박

동시대 일본 역시 화력 분야에서 기술 속박이라 부를 만한 모순에 빠졌다. 16세기 일본은 뛰어난 화기 장비를 발전시켰지만, 19세기까지 선진성을 유지하지 않고 스스로 이를 제한했다. 일본을 통일한 도쿠가와 막부는 다이묘들이 할거하면서 군대를 거느리고 세력을 강화하여 다시 센고쿠(戰國) 시대의 전철을 밟게 되는 것을 염려했다. 막부는 무기 제조 면에서 총기 작방(作坊)의 수와 제조 가능한 총기 수, 군대 수까지 제한하는 절대적인 통제를 시행했다. 일본이 평화로운 에도 시대를 누리는 동안, 화기 혁신의 필요성은 점차 줄어들었다. 19세기 중엽 미국의 페리 함대가 다가왔을 때, 일본이 큰 저항 없이 문호를 열 수밖에 없었던 이유가 여기에 있다. 한때의 선진 기술이 지도자의 결정에 따라 더는 사회에 어떤 영향도 줄 수 없게 된 까닭이었다.

MIT 교수인 대런 아세모글루(Daron Acemoglu)와 사이먼 존슨(Simon Johnson)이 집필한 《권력과 진보: 기술과 번영을 둘러싼 천 년의 쟁투》는 기술 속박이 동아시아만의 문제가 아니었음을 보여준다. 이 책은 지난 1,000년간의 역사를 조망하면서 새로운 테크놀로지가 광범위한 번영으로 이어지는 것은 결코 자연스러운 과정이 아니었음을 설득력 있게 설명한다. 두 저자는 새로운 테크놀로지가 사회를 혁신시키느냐 아니냐는 기술 자체의 문제가 아니라,

사회가 내리는 경제적·사회적·정치적 선택의 결과라고 주장한다. 이런 선택을 좌지우지했던 것은 다른 이들을 설득할 권력을 가진 리더의 비전과 이해관계였다.

여기서 비전은 항상 긍정적인 요소로 작용하지 않았다. 설득 권력을 지닌 리더에게는 '비전의 덫'이라는 어두운 측면도 존재했다. 어떤 비전이 지배적으로 확산하면 족쇄를 떨쳐버리기 어려워진다. 대중이 그 비전의 가르침을 믿게 되어서다. 이것이 바로 비전의 고착화 현상이다. 중국이 19세기에 경험한 기술 속박이 그 대표적 사례다. 15~18세기 설득 권력을 지녔던 황제와 지식인은 대운하에 기반한 테크놀로지 비전을 제시하는 데에는 성공했지만, 이것이 워낙 큰 성공을 거둔 나머지 비전의 덫에 걸리고 기술 속박이 된 것이다.

조선을 개창한 이들과 이후 조선의 지식인 역시 당시 놀랍고 신선한 사상적 기술이던 주자학을 수용했다가 주자학이라는 비전의 덫에서 탈출하지 못한 채로 19세기를 맞았다. 조선이 시작되던 14세기 말에 주자학은 매우 신선하고 강력한 비전이었다. 양란을 경험한 뒤, 18세기까지도 주자학은 군신 관계에서 한쪽의 일방적인 우세를 허용하지 않으면서 조선을 하나로 뭉치게 하는 통치 질서였다. 하지만 19세기에 접어들어서도 위정척사 사상으로 끈질기게 이어진 주자학은 급변하는 국제 정세에서 조선을 옴짝달싹 못 하게 묶어놓는 조선판 기술 속박이 되었다.

20세기는 조선의 기술 속박에서 벗어나려는 몸부림이 응축된 시대였고, 그 결과 우리의 경제력과 기업 수준은 선진국 반열에 들어서기 시작했다. 그러나 역사는 이처럼 고도성장을 경험한 뒤에는 성장과 혁신에 문제가 생겨왔다는 사실을 알려준다. 20세기 역사를 통해 21세기를 살아가는 지금 우리에게 기술 속박과 비전의 덫이 무엇인가를 감지해야 할 때다.

한국 기업의 다음 생존 전략은 창조적 혁신이다

송재용 서울대학교

과거의 한국 기업은 저원가에 기반을 둔 '빠른 추종자 전략'을 구사한 덕분에 후발 주자였음에도 반도체, 철강, 전자, 조선, 자동차 등 제조업에서 선진 기업을 추격하고 일부 분야에서는 추월하는 데 성공했다. 기술을 사 오거나 모방한 뒤 낮은 인건비, 규모의 경제 등을 기반으로 원가를 낮추고, '점진적 혁신'을 통해 기존 제품의 품질을 개선하며 차별화된 기능을 추가함으로써 경쟁력을 확보했다. 하지만 최근 철강, 화학 등 주력 제조업 분야에서 중국 기업의 도전을 받고 있다. 중국 제품이 압도적인 원가 경쟁력에 더해

품질, 기술까지 좋아진 데다가, 제품은 범용 제품(commodity)화되어 차별화도 더 이상 쉽지 않다. 이에 한국 기업은 지속 가능한 경쟁 우위의 확보에 큰 어려움을 겪고 있다.

더욱이 듀폰(Dupont)의 코오롱 제소, 애플의 삼성전자 제소에서 보듯이 선진 기업의 지식재산권 및 기술의 전략적 무기화, 한국 기업에 대한 견제가 심화하고 있다. 삼성전자처럼 이미 기술적 프런티어에 도달한 선도적 기업은 첨단 기술을 사 오거나 모방하기가 점점 더 힘들어지는 이유다. 이제 모방 위주의 '빠른 추종자 전략'에서 창조적 혁신을 기반으로 한 '시장 선도자 전략'으로의 패러다임 전환이 절실히 요구되는 시기가 왔다. 창조 경영, 창조적 혁신이 한국 기업의 시대적 화두로 떠오른 것이다.

창조적 혁신은 선택이 아닌 필수

특히 AI 혁명과 글로벌 초경쟁으로 대변되는 포스트 팬데믹 패러다임 대전환은 비단 한국 기업만이 아니라, 글로벌 선도 기업을 꿈꾸는 전 세계 모든 기업에 창조적 혁신을 요구한다. 21세기 지식 기반의 경제에서는 산업 간 경계가 무너지고, 기존의 게임 룰이 더 이상 유효하지 않다. 전통적 강자를 애플, 구글 등 창조적 혁신을 선도한 기업이 무너뜨리고, 또한 오픈AI가 이들을 위협한다. 특히 AI 혁명의 핵심인 AI 가속기 시장을 거의 독점하고 있는 엔비디아는 애플과 MS를 제치고 시가총액 세계 1위 기업으로 등극했다.

SK하이닉스는 엔비디아의 AI 가속기에 필수적인 고부가 가치 메모리인 HBM메모리를 세계 최초로 개발하여, 엔비디아향 HBM3 시장을 석권했다. 이로써 30년 이상 메모리 반도체 산업 세계 1등을 고수해온 삼성전자의 아성을 위협하면서 2024년 사상 처음으로 삼성전자보다 많은 영업 이익을 기록할 전망이다. 반면 반도체 산업의 전통적 강자였던 인텔과 삼성전자는 AI 혁명을 선도하는 혁신적 기술과 제품의 부재로 추락의 길을 걷고 있다.

이 같은 현상에 주목하여 세계적 경영 사상가인 게리 하멜(Gary Hamel)은 "21세기, 끊임없는 창조적 혁신은 선택 사항이 아닌 기업의 생존을 위한 필수 조건"이 되고 있다고 강조했다. 기업의 생존을 위한 창조 경영은 세상에 존재하지 않는 새로운 제품, 기술, 서비스, 비즈니스 모델을 창출하는 창조적 혁신을 지향한다. 하지만 한국 기업은 수십 년간 원가를 낮추기 위한 운영 효율성 제고와 더불어 기존 기술의 모방과 개량에만 초점을 맞추어왔다. 그러므로 창조 경영을 위한 새로운 역량, 경영 시스템, 조직 문화를 단시간에 갖추는 것은 매우 도전적인 과제다. 과연 지금 한국 기업이 창조 경영에 성공하려면 무엇이 필요한가?

창조 경영법 1. 양손잡이 조직을 구축하라

한국 기업이 세계 최고 수준의 운영 효율성을 유지하면서도 창조적 혁신이라는 길을 걸으려면 먼저 '양손잡이 조직(ambidextrous organization)'을 도입해야 한다. 원가 효율성과 모방 위주의 기존 패러다임에서는 한국 기업 특유의 순혈주의를 통해 길러진 균질적인 인재와 농업적 근면성, 중앙집권적 통제와 위계적 조직, 실패를 용인하지 않는 꼼꼼한 관리 시스템, 동질적이면서 폐쇄적인 조직 문화 등이 잘 맞았다. 하지만 창조 경영 패러다임에서는 매우 다른 인재, 역량, 조직 문화와 경영 시스템 등이 요구된다. 그러나 너무 성급하고 과격한 변혁은 기존 조직을 완전히 흔들어 오히려 경영 성과가 급속히 나빠질 수 있다.

따라서 기존 조직은 오른손잡이 조직으로서 기존의 역량과 시스템, 문화의 근간을 유지하며 창의성을 점차 높인다. 이와 함께 창조 경영에 맞는 새로운 역량과 시스템, 문화를 갖춘 별도의 독립적이고 자율적인 왼손잡이 조직을 만들어 기술, 디자인, 비즈니스 모델 등의 창조적 혁신을 주도하게 해야 한다. 기존 조직은 성공한 제품이나 비즈니스 모델, 기존 기술 경로에만 천착하여 기존 제품과 기술을 개량하는 점진적 혁신과 운영 효율성 제고에 치중하고, 단기 성과를 추구하기 마련이다. 이로 인해 창조적 혁신을 할 수 있는 역량이나 시스템을 갖추지 못할 뿐 아니라, 많은 시간과 비용이 필요하고 실패 확률도 높은 창조적 혁신을 기피한다. 결국 기존 조직에 무리하게 창조적 혁신의 과제를 부여하는 것은 실패하기 쉽다. 실제로 미국 기업을 대상으로 한 실증 연구에 따르면, 양손잡이 조직을 도입한 기업의 90퍼센트 이상이 창조적 혁신 제품 개발에 성공했다. 전통적인 오른손잡이 조직에만 의존했던 기업에 비해 월등히 높은 성공 확률과 경영 성과를 보여주었다.

창조 경영의 패러다임은 처음부터 전체 조직에 적용하기보다 왼손잡이 조직을 별도로 만들어 먼저 적용하는 전략이 바람직하다. 왼손잡이 조직은 창의성, 전문성을 갖춘 도전적인 인재를 중심으로 구성하고, 창조성의 기반인 다양성, 개방성, 유연성을 존중하는 한편, 실패를 용인하고 실패로부터 배움을 권장하는 조직 문화와 경영 시스템이 필요하다. 창조적 혁신은 큰 도전이며 그 과정에서 실패를 거듭할 확률이 높다. 또한 장기간에 걸친 투자와 노력이 필요하기에 기존 조직에 적용되는 단기 성과주의와 이를 기반으로 한 평가 및 보상 시스템과는 다른 시스템의 도입도 필요하다. 예를 들어, 평가 기간을 1년이 아닌 3~5년으로 늘리고 전사 평균 성과에 연동하여 보상한다든지, 창조적 혁신에 성공하면 파격적인 보상을 제공한다든지 한다.

왼손잡이 조직은 오른손잡이 조직으로부터 재정 및 인력 등 핵심 자원을 지원받지만, 상당 기간 성과를 못 낼 공산이 크므로 기존 조직으로부터 미움받기 십상이다. 따라서 최고경영층이 왼손잡이 조직의 장을 겸하며 창조적 혁신의 챔피언으로서 지속적 후원과 관심을 제공하고 양 조직 간에 협력과 조정을 추구하도록 한다.

창조 경영법 2. 개방적 혁신 시스템으로 전환하라

창조적 혁신에 필요한 지식을 조직 외부로부터 광범위하게 구하는 '개방적 혁신(open innovation)' 시스템을 도입한다. 세계 최대의 소비재 업체인 피앤지(P&G)는 회사에 축적된 지식만을 기반으로 연구개발하는 폐쇄적인 혁신(closed innovation) 시스템에 의존한 나머지 점점 더 큰 비용을 쓰면서도 혁신적인 신상품을 개발하지 못했다. 이에 2000년 새로 CEO로 영입된 앨런 조지 래플리(Alan George Lafley)는 제휴개발(Connect & Develop, C&D)이라는 새로운 패러다임을 도입했다. 피앤지가 개발하는 신제품과 신기술 아이디어의 절반 이상을 대학이나 연구소 등에서 근무하는 외부 전문가 집단, 벤처 기업 등에서 구하고, 이를 내부에 축적된 역량과 결합하자 혁신적인 신제품의 양과 질, 속도가 모두 높아졌다. 그 결과, 2001년 이후 6년 만에 매출이 73퍼센트나 늘었다.

애플의 아이폰도 개방적 혁신의 성공 사례다. 특히 경쟁력의 핵심인 앱스토어는 수십만 개에 달하는 애플리케이션 대부분을 외부 개발자에게서 제공받음으로써 대성공을 거두었다. 아이폰의 하드웨어도 부품 대부분을 삼성전자 반도체, LG디스플레이 등 한국과 대만의 실력 있는 기업과의 협업으로 확보했다. 또한 아이폰 조립 생산도 전자 제품을 위탁 생산하는 대만의 폭스콘에 아웃소싱함으로써 원가를 줄이고 경쟁력을 강화할 수 있었다.

이런 사례에서 보듯, 지식 기반의 다양성과 개방성은 창조적 혁신을 촉진하는 중요한 근원이다. 혁신 과정에서 조직 내에 축적된 자산과 내부 연구원에만 의존하지 말고 국내외의 대학, 연구소, 벤처 기업, 협력 업체, 외부 전문가 집단 및 소비자와 적극적으로 협력하고, 이를 통해 광범위하게 창의적인 아이디어와 보완적 지식을 확보할 필요가 있다. 외부 지식의 확보는 지식 기반의 다양성을 증대하고 혁신 속도를 높일 뿐만 아니라, 한국 기업이 절실히 필요로 하는 원천 기술의 확보에도 도움을 준다.

창조 경영법 3. 조직 문화를 바꿔라

창조적 혁신을 하려면 조직 문화를 혁신 지향적으로 바꾸어야 한다. 3M은 세계에서 가장 혁신 지향적 기업 중 하나다. 3M은 전사적으로 혁신 지향적인 조직 문화와 경영 시스템 구축에 오랜 기간 많은 노력을 경주해왔다. 예를 들어, 사업 부문 매출을 최근 5년 내 개발한 신제품으로 달성할 때 높은 평가를 해주는 '30퍼센트 룰', '40퍼센트 룰'을 도입했다. 이런 전략은 각 사업 부문이 지속해서 상용화가 가능한 기술과 혁신 상품을 개발에 매진하게 했다.

3M은 혁신을 촉진하기 위한 조직 문화와 경영 시스템 도입에도 신경을 많이 쓴다. 최선을 다했지만 실패한 연구원에게 실패 파티를 열어주고, 실패로부터 배움을 권장하는 제도 등이 대표적이다. 그리고 창의적 소수 의견을 권장하고 채택하기 위해 보고 때 소수 의견을 함께 적도록 의무화한 마이너리티 리포트(minority report)

제도, 핵심 인재의 업무 시간 중 15퍼센트를 자기 계발이나 미래 구상 등에 사용하게 한 15:85 원칙도 유명하다. 이처럼 오랜 역사를 가진 대기업이 창조 경영과 혁신을 잘하기 위해서는 혁신을 촉진하는 방향으로 조직 문화 혁신이 병행되어야 한다.

시장 선도자 기업으로 거듭나는 것은 한국 기업이 추구해야 할 시대적 명제다. 특히 지속가능한 성장을 도모하려면 창조 경영과 혁신 역량 강화를 통한 고부가 가치의 차별적 제품과 혁신적 신공정 기술 개발이 필요하다. 그런데 기존 조직에 너무 급하게 창조 경영 패러다임을 접목하다가는 오히려 기존 조직의 기반을 훼손하는 등의 심각한 역효과가 날 수 있다. 더구나 제한된 지식 기반 및 폐쇄적인 조직 문화와 경영 시스템으로는 창조적 혁신을 성공시키기 어렵다. 따라서 창조 경영을 모색하는 한국 기업은 기존 조직의 경쟁력을 훼손하지 않으면서 창조적 혁신으로 신성장 동력을 확보하는 방안으로서 양손잡이 조직과 개방적 혁신의 도입을 적극 고려해야 한다. 이 과정에서 조직 문화도 혁신 지향적으로 변화해야 할 것이다.

스스로 브랜드가 된 미술가, 앤디 워홀

이은화 융합미술연구소 크로싱

2022년 5월 9일, 뉴욕 크리스티 경매장에서 앤디 워홀(Andy Warhol)이 그린 매릴린 먼로(Marilyn Monroe) 초상화 한 점이 낙찰되자 우레와 같은 박수가 쏟아졌다. 낙찰가는 무려 1억 9,500만 달러(약 2,430억 원)로 20세기 미술품 최고가를 경신하는 순간이었다. 그림 한 점 가격이 웬만한 중견 기업의 가치와 맞먹는 놀라운 사건이었다.

워홀은 20세기 미술가 중 가장 성공한 작가로 손꼽힌다. 살아생전 부와 명성을 누렸고, 죽어서는 팝 아트의 전설이 되었다. 순수 미술 전공자도 아닌 워홀은 어떻게 20세기 가장 성공한 화가가 될 수 있었을까? 그의 작품이 그토록 비싼 이유는 무엇일까? 워홀처럼 성공한 작가가 되려면 어떤 재능과 행운, 어떤 마케팅과 브랜드가 필요할까?

스타가 되려고 이름까지 바꾼 광고 디자이너

워홀의 성공 신화를 이해하려면 먼저 그의 삶의 여정을 들여다볼 필요가 있다. 워홀은 1928년 미국 펜실베니아주 피츠버그에서 태어났다. 그의 아버지는 1914년 슬로바키아에서 이민 온 탄광 노동자였는데, 워홀이 13세 때 사고로 세상을 떠났다. 어릴 적부터 병약했지만 그림 그리기를 좋아했던 워홀은 카네기멜론대학교에 입학해 상업 미술을 공부했다.

21세가 되던 1949년에 뉴욕으로 이주한 뒤, 그는 포트폴리오를 들고 자신의 재능을 알아줄 클라이언트를 직접 찾아다녔다. 이런 노력이 빛을 발했을까. 얼마 뒤 〈글래머〉, 〈하퍼스바자〉, 〈보그〉 같은 유명 패션 잡지의 일러스트레이터와 명품 브랜드의 광고 디자이너로 경력을 쌓으며 성공가도를 달리기 시작했다. 이즈음 그는 이름을 체코식 안드레이 바르홀라(Andrej Varhola)에서 미국식 앤디 워홀로 바꿨다. 보다 간결하고 세련된 이미지를 구축하기 위해서였다.

광고 디자이너로 승승장구하던 1956년, 뉴욕 현대미술관에서 개최한 그룹전에 워홀이 작업한 광고 그림이 전시되었고, 이를 계기로 새로운 꿈을 꾸기 시작했다. 바로 화가로 성공하는 것. 스타가 되길 꿈꾸던 그에게 상업 디자이너는 2퍼센트 부족한 직업이었다. 순수 미술에 대한 동경과 갈망도 있었다. 1960년대 초 워홀이 상업 미술가에서 순수 미술가로 전향한 이유다.

평단도 대중도 외면한 워홀의 초기작

당시 뉴욕 화단은 추상표현주의가 주도하고 있었다. 잭슨 폴록(Jackson Pollock), 마크 로스코(Mark Rothko)로 대변되는 추상표현주의는 주류 평단의 지지를 받았지만 대중이 이해하기에는 너무도 난해했다. 워홀은 주류였던 이들과 차별을 꾀한다. 미술계에 충격을 줄 만큼 새롭고 혁신적인 것, 그리고 누구에게나 공감을 얻을 수 있는 대중적인 이미지를 원했다. 그래서 선택한 장르가 만화였다.

워홀이 처음부터 미술계의 환영을 받은 것은 아니었다. 작가로 성공하려면 일단 명성 있는 갤러리를 만나야 하는 법. 워홀은 뉴욕의 레오카스텔리갤러리의 문을 두드렸지만 단칼에 거절당했다. 갤러리 측은 만화 이미지로 이미 독자적인 팝 아트 화풍을 구축한 로이 리히텐슈타인(Roy Lichtenstein)을 선택했기 때문이었다.

유명한 화가가 되려면 유명 미술관에 작품을 걸어야 한다고 생각한 워홀은 뉴욕 현대미술관으로 향했다. 그룹전에 초대해준 적이 있으니 작품을 사주지는 않아도 기증은 받아줄 것 같았다. 그러나 기증 제안 역시 보기 좋게 거절당했다. 너무나 상업적인 작품이라는 이유에서였다.

워홀은 여기서 좌절하지 않았다. 뉴욕 화단에서 별로 주목받지 못하자, 1962년 7월 이번에는 로스앤젤레스로 날아갔다. 그곳에서 자신을 지지해주는 화상 어빙 블룸(Irving Blum)의 초대로 페루스갤러리에서 개인전을 열었다. 이번에는 만화를 능가할 만큼 대중적이면서도 미국적인 소재를 택했다. 첫 시도는 바로 '캠벨 수프(Campbell's Soup)', 미국 슈퍼마켓에서 가장 많이 팔리는 수프 통조림 브랜드였다. 워홀은 캠벨 수프 이미지를 가로, 세로 각각 41, 51센티미터 크기의 캔버스에 그린 작품 32점을 전시했다. 이는 당시 판매되던 수프 종류의 수였다. 이때 작품의 제작 시간을 단축시키기 위해 판화의 일종인 실크스크린 기법을 이용했다. 순수 미술을 전공하지 않은 그에게 유화는 너무도 다루기 복잡하고 제작 기간이 오래 걸렸기에 처음부터 배제했다. 그리고 작품 가격은 점당 100달러로 총 3,200달러가 매겨졌다.

파격적이었던 그의 전시는 어떤 반응을 얻었을까? 대중과 평론가로부터 돌아온 것은 비웃음이었다. 아무도 워홀의 작품을 예술성 있는 미술로 보지 않았다. 슈퍼마켓에서 판매하는 흔하디흔한 수프 캔을 재현한 이미지는 조롱의 대상이 될 뿐이었다. 이웃 갤러리는 진짜 캠벨 수프 캔을 창가에 전시한 뒤 "우리는 진짜 통조림 세 개를 단돈 60센트에 팝니다"라고 써 붙여 대놓고 조롱했다. 그러나 화상 블룸의 판단은 달랐다. 판매에 실패한 작품을 모두 자신이 모두 사들였고, 때가 올 때까지 기다렸다.

안목 있는 후원자와 때를 기다리다

이후 잘 알려진 대로 워홀은 팝 아트의 거장으로 승승장구했고, 1996년 마침내 캠벨 수프 캔 32점은 뉴욕 현대미술관의 품에 안겼다. 초기 작품을 거부했던 뉴욕 현대미술관이 지불한 가격은 무려 1,450만 달러였다. 최초 가격에서 4,500배 이상 오른 가격이었다. 34년의 기다림은 블룸에게 큰 보상을 가져다주었다.

예술가로 성공하기 위해서는 블룸처럼 작가를 지지하는 화상과 작품을 구입해주는 영향력 있는 컬렉터, 그리고 미술관이 필요하다. 아울러 평단의 지지도 얻어야 한다. 1962년 〈캠벨 수프〉 작품으로 비웃음을 샀던 워홀은 1964년 뉴욕 스테이블갤러리 전시에서 자신을 지지해주는 평론가와 운명적으로 만났다. 바로 아서 단토(Arthur Danto)다. 그 전시에서 워홀은 수세미 브랜드 '브릴로(Brillo)'의 포장 상자와 똑같이 생긴 나무 상자를 목수를 시켜 만들어 전시했다. 나무 상자 표면을 흰 페인트로 칠한 뒤 실크스크린으로 실제와 같은 상품 로고를 찍었다. 그리고는 슈퍼마켓에 진열된 방식과 똑같이 작품들을 켜켜이 쌓았다. 외관상 진짜 브릴로 상자와 전혀 구분이 안 될 정도로 똑같았다.

전시에서 〈브릴로 상자〉 작품을 본 단토는 '예술의 종말'을 직감했다. 브릴로 상자의 출현으로 이제 예술을 시각으로 판단하는 시대가 끝났음을 안 것이다. 그럼 무엇으로 대상이 예술인지 아닌지 판단할 수 있단 말인가? 그것은 바로 우리의 사유다. 단토는 예술에도 철학이 필요하다고 주장했다.

이는 예술가가 부여한 의미와 개념이 중요한 시대가 시작되었다는 의미이기도 했다. 단토는 《예술의 종말》이란 책까지 출간하며 워홀의 예술을 지지했다. 이처럼 유명 비평가의 전폭적인 지지 속에 워홀은 미국 팝 아트의 선구자로 우뚝 설 수 있었다.

예술과 비즈니스의 우아한 결합, 팩토리

워홀은 작업실에 틀어박혀 열심히 작업만 하는 스타일의 작가가 아니었다. 그래서는 성공할 수 없다고 판단했다. 스타가 되려면 스타와 어울려야 하는 법. 1963년 말부터 워홀은 자신의 스튜디오를 '팩토리(Factory)', 즉 공장이라 부르며 브랜드화했다. 팩토리는 작업 공간이자 파티장이었다. 워홀의 팩토리는 당대 뉴욕의 미술가, 작가, 음악가, 유명 인사가 모여드는 아지트였다.

팩토리를 설립한 뒤 그는 본격적인 예술 사업가를 자처했다. 미술이 순수하고 고결하다는 관념도 거부했다. 소비 자본주의의 1번지 뉴욕에서 활동하는 미술가답게 예술과 비즈니스를 적극적으로 결합했다. 워홀은 일반 사업가가 제품을 생산하듯이, 주문받은 작품을 효율적으로 생산하려 조수를 고용했고, 실크스크린 기법을 활용해 작품의 대량 생산을 가능하게 했다. "나는 기계가 되고 싶다"라고 말하며 더 빨리 더 많은 그림을 생산해냈다. 당시만 해도 실크스크린은 상업 미술에서만 쓰였기에 순수 미술에서는 낯선 매체였다. 하지만 미술과 상업의 경계를 허물고 싶었던 워홀에게는 최적의 매체였다.

그의 예술 공장에서 만들어지는 베스트셀러 상품은 유명 인사의 초상화였다. 매릴린 먼로, 엘리자베스 테일러(Elizabeth Taylor), 재클린 케네디(Jacqueline Kennedy), 엘비스 프레슬리(Elvis Presley), 존 레논(John Lennon) 등을 비롯한 슈퍼스타의 초상화를 4,000점 이상 찍어냈다. 일종의 스타 마케팅이었다. 당시 뉴욕의 유명 인사 사이에서는 워홀에게 초상화를 의뢰하는 게 하나의 유행이었다.

워홀은 마케팅 능력도 뛰어났다. 팩토리를 찾은 고객에게는 "하나 사면, 하나는 반값"이라고 귀띔했다. 그러니까 슈퍼마켓에서 흔히 보는 할인 문구를 예술 비즈니스에 그대로 적용한 것이다. 작품 한 점을 사면 두 번째 작품은 반값에 얻을 수 있으니 고객은 두말없이 작품 하나를 사려다가 두 점을 샀다. 소위 핵심 사업인 실크스크린 초상화를 팔아 돈을 번 워홀은 팩토리를 운영하고, 실험적인 영화도 제작했다. 비록 영화 제작비를 대느라 더 많은 초상화를 팔아야만 했지만, 덕분에 그가 제작한 실험 영화와 비디오 작품은 650편이 넘게 남아 있다.

그는 스스로를 사업가라 부르는 데 주저함이 없었다. “돈을 버는 것도 예술이고 일하는 것도 예술이며, 잘되는 사업이 최고의 예술이다.” 이 말에서 워홀의 예술과 비즈니스 철학을 엿볼 수 있다.

워홀은 가장 대중적이고 가장 미국적인 아이템을 미술에 도입해 성공했다. 캠벨, 브릴로, 코카콜라, 델몬트, 켈로그 등 미국인에게 잘 알려진 유명 브랜드와 먼로 같은 슈퍼스타를 순수 미술의 소재로 삼았다. 상업 미술에서 쓰이는 실크스크린 기법을 순수 미술에 도입한 데 이어, 미술에서 가장 중요하게 여기는 작품의 원본성과 희소성을 부정하고 복제와 대량 생산을 감행했다. 그래서 워홀은 예술과 상업의 경계를 허문 팝 아티스트, 미술의 전통과 규범을 깬 혁신적 예술가라는 평가를 받는다.

그렇다고 워홀이 늘 밝고 가벼운 주제만 집중한 것은 아니었다. 그는 ‘재난 시리즈’를 통해 자신이 진짜 하고 싶었던 죽음이라는 묵직한 주제를 다루어 나름의 밸런스를 유지했다. 신문에 보도된 비행기 추락 사고나 교통사고 사진을 대형 캔버스에 실크스크린으로 작업했다. 또 냉전 시대 미국에서 금기시했던 마오쩌둥의 초상화나 사형제에 대한 찬반 논란을 일으킬 수 있는 ‘전기 의자’ 연작을 선보이며 사회적이고 정치적인 문제에도 관심 있는 작가라는 이미지를 완성했다. 그럼에도 정치적인 발언만큼은 삼갔다. 누군가 정치적 견해를 물으면, 자신은 사회 비평가가 아니라 미국 사회를 표현하는 예술가일 뿐이라고 현명하게 둘러댔다. 이렇게 워홀은 미국인에게 친근하고 대중적인 소재뿐 아니라 죽음이나 재난, 사회적 이슈를 성찰하게 하는 묵직한 주제를 망라하며 선명하고 매혹적인 색상으로 사람들의 마음을 사로잡은 팝 아트의 거장이 되었다.

워홀을 슈퍼스타로 만들어준 매릴린 먼로

다시 2022년 5월 9일의 뉴욕 크리스티 경매장으로 돌아가보자. 그날 1억 9,500만 달러에 팔린 〈총 맞은 세이지 블루 매릴린(Shot Sage Blue Marilyn)〉은 '세이지 블루'라고 불리는 연푸른색 바탕 위에 먼로의 얼굴이 있는 실크스크린 작품이었다. 먼로가 약물을 과다복용하여 사망한 지 2년 후에 제작된 작품으로, '총 맞은'이란 특이한 제목이 붙은 데는 나름의 사연이 있었다.

1964년 가을, 워홀은 세이지 블루를 비롯해 하늘색, 빨간색, 주황색, 청록색으로 묘사된 먼로 초상화 다섯 점을 제작했다. 친구의 초대로 퍼포먼스 작가인 도로시 포드버(Dorothy Podber)가 스튜디오를 방문했을 때, 청록색을 제외한 초상화 네 점이 스튜디오에 쌓여 있었다.

작품을 본 포드버는 워홀에게 작품을 "쏴(shoot)도 되냐"라고 물었다. 그 말을 들은 워홀은 촬영(shoot)하겠다는 의미로 알아듣고 무심코 허락했다. 그 순간 포드버는 권총을 꺼내 그림에 발사했고, 그렇게 '총 맞은 매릴린' 연작이 탄생했다. 깜짝 놀란 워홀은 포드버를 두 번 다시 스튜디오에 출입하지 못하게 했고, 총 맞은 그림들은 복원되었지만 제목은 그대로 남았다.

워홀은 이 그림을 그린 시기에는 아크릴 물감도 사용했다. 먼로의 흑백 사진을 실크스크린으로 캔버스에 옮긴 후, 조심스럽게 물감을 칠해야 하기에 워홀 입장에서는 과정이 까다롭고 시간이 걸리는 작업이었다. 이 사건은 그가 다시는 이 기법으로 돌아가지 않은 이유이자 이 그림의 희소성이 높은 이유가 되었다. 게다가 이 그림은 '현대의 모나리자'라는 별명이 붙으며 20세기 미술의 아이콘이 되었다. 많은 부호 컬렉터가 비싼 값을 지불하더라도 이 작품을 손에 넣고 싶어 했고, 결국 놀라운 가격에 낙찰되었다.

결국 워홀이 20세기 가장 성공한 예술가가 된 요인은 여섯 가지로 요약될 수 있다.

· 좋아하고 잘하는 것을 향한 도전
· 실패나 거절을 두려워하지 않는 용기
· 초상화라는 핵심 사업을 통한 사업 분야의 확장
· 뛰어난 셀프 마케팅 능력
· 열렬한 지지자 확보

· 무엇보다 자신만의 차별화된 브랜드 구축

할리우드 스타처럼 스스로 스타가 되기를 갈구했던 워홀은 마침내 슈퍼스타의 꿈을 이루었다. 상업 미술가에서 출발했지만 순수 미술가로 대성했고, 팝 아트의 황제이자 20세기 미술의 아이콘이 되었다. 그러니 팩토리에서 수만 점이 넘는 작품을 찍어냈음에도 그의 작품은 늘 고가에 거래된다. 엘비스 프레슬리를 그린 〈여덟 명의 엘비스(Eight Elvises)〉는 물론 재난 시리즈에 속하는 〈은색 차 사고(Silver Car Crash)〉도 1억 달러 이상에 거래되었다. 워홀의 이름이 더해진 작품의 가치일 것이다. 물론 워홀의 모든 작품을 통틀어 가장 유명한 작품은 먼로의 초상으로, 워홀의 시그니처가 되었다. 총을 맞고도 살아남은 특별한 사연까지 더해진 먼로의 초상화가 2억 달러 가까운 가격에 팔린 건 어쩌면 당연하다. 어마어마한 액수는 단순한 그림 값이 아니라, 시대를 앞서간 워홀의 혁신적인 생각과 그것을 구현한 워홀이란 이름의 브랜드 가치다.

통찰 vol.2

1판 1쇄 인쇄 2025년 5월 10일
1판 1쇄 발행 2025년 5월 20일

엮은이 휴넷리더십센터
책임편집 박주란, 이연경
편집 · 디자인 눈씨

펴낸곳 행복한북클럽
펴낸이 조영탁
주소 서울특별시 구로구 디지털로26길 5, 에이스하이엔드타워 1차 8층
메일 bookorder@hunet.co.kr
팩스 02-6442-3962

ISBN 979-11-92815-13-8 03300